KB041371

플라톤의

고르기아스
메넥세노스
이온

ΠΛΑΤΩΝΟΣ
ΓΟΡΓΙΑΣ
ΜΕΝΕΞΕΝΟΣ
ΙΩΝ

플라톤의

고르기아스
메넥세노스
이온

박종현 역주

서광사

이 책은 헬라스어 원전 역주서(譯註書)로서, Oxford Classical Texts(OCT) 중에서 J. Burnet이 교열 편찬한 *Platonis Opera*, 제3권(1903)에 수록된 해당 대화편들을 기본 대본으로 삼고, 그 밖에도 참고문헌 목록에서 밝힌 다른 판본들과 역주서들의 텍스트 읽기를 참조하여 번역하고 주석을 단 것이다.

플라톤의

고르기아스 / 메넥세노스 / 이온

플라톤 지음
박종현 역주

펴낸곳 · 도서출판 서광사
펴낸이 · 김신혁, 이숙
출판등록일 · 1977. 6. 30.
출판등록번호 · 제406-2006-000010호

(10881) 경기도 파주시 회동길 77-12 (문발동)
대표전화 · (031) 955-4331 / 팩시밀리 · (031) 955-4336
E-mail · phil6161@chol.com
http://www.seokwangsa.co.kr / http://www.seokwangsa.kr

제1판 제1쇄 펴낸날 · 2018년 12월 30일

ISBN 978-89-306-0639-4 93160

머리말

재작년에 《향연/파이드로스/리시스》를 내면서 이듬해 내기로 다짐했던 이 책을 이제야 내게 되었다. 이 작업 중에 부득이 논문 한 편('플라톤 철학의 기본 구조' [학술원논문집: 인문·사회과학편 제56집 2호])[1]를 써내느라 해서였다. 그 대신에 《이온》 편을 더해서, 이번에도 세 편의 대화편을 묶어서 내게 되었으니, 그 벌충은 한 셈일 것이다.

《고르기아스》 편과 《메넥세노스》 편은 변론술(rhētorikē)과 관련된 것이다. 앞 것은 변론술 자체에 대한 이론적인 비판의 성격을 갖는 것이나, 뒤의 것은 변론술을 구사한 전몰자들에 대한 추도 연설(epitaphios logos)의 있을 법한 유형을 보여 주는 것이다. 플라톤의 대화편들 중에서는, 변론술 자체를 다루는 것은 《파이드로스》 편(257c~274b)과 함께 《고르기아스》 편이다. 반면에 함께 수록된 《이온》 편은 서사시 음송과 관련된 것이다. 굳이 함께 묶어서 내는 세 대

1) 혹시 인터넷 등을 통해 이 논문을 읽으시게 될 분은 다음 사항을 수정해서 읽어 주시길 바랍니다. 9쪽 위에서부터 아홉째 줄에서 '흑해'를 '흑해 앞 바다(Propontis)'로 고쳐서 읽어 주십시오.

화편의 공통점을 플라톤의 관점에서 찾는다면, 변론술도 시 읊송도 철학적 인식 주체로서의 지성(nous)은 결여된 상태에서의 활동들이며 듣는 이들에게 즐거움을 제공하는 데 초점이 맞추어진 '비위 맞추기' 활동이라고 말할 수 있겠다.

특히 《고르기아스》 편은 어느 면에서 그 기본 구상의 확대 또는 완성을 보게 되는 것이 《국가(정체)》 편이라고도 하겠는데, 그 역주를 책으로 냄에 있어서는 순서가 바뀐 셈이다. 뒤의 것은 21년 전인 1997년에 내었는데, 정작 먼저 내었어야 했을 앞 것을 이제라도 내게 되니, 묵은 빚을 갚는 것이 이런 기분이지 싶다.

이 번역서의 일차적인 대본은 Oxford Classical Texts(OCT) 중에서 J. Burnet이 교열 편찬한 *Platonis Opera*, 제3권(1903)이고, 그 밖에도 참고문헌 목록에서 밝힌 다른 판본들과 역주서들의 텍스트 읽기를 참조하여 번역하고 주석을 달았다. 그리고 함께 수록된 대화편들 하나하나에 대한 해제는 각 대화편 첫머리에 따로 달았으나, 참고문헌들은 한꺼번에 수록해서 밝혔다.

끝으로, 다음에 낼 대화편들은 《소피스테스》 편과 《정치가》 편임을 밝혀 둔다. 별다른 일이 없는 한, 내년 중에는 낼 예정이다.

2018년 가을에

박종현

차 례

우리말 번역본과 관련된 일러두기

1. 본문에서 난외(欄外)에 나와 있는 447a, b, c, … 485a, b, c, … e와 같은 기호는 '스테파누스 쪽수(Stephanus pages)'라 부르는 것인데, 플라톤의 대화편들에서 어떤 부분을 인용할 때는 반드시 이 기호를 함께 표기하게 되어 있다. 그 유래는 이러하다. 종교적인 탄압을 피해 제네바에 망명해 있던 프랑스인 Henricus Stephanus(프랑스어 이름 Henri Étienne: 약 1528/31~1598)가 1578년에 《플라톤 전집》((ΠΛΑΤΩΝΟΣ ΑΠΑΝΤΑ ΤΑ ΣΩΖΟΜΕΝΑ: PLATONIS opera quae extant omnia: 현존하는 플라톤의 모든 저술)을 세 권의 폴리오(folio) 판으로 편찬해 냈다. 그런데 이 책의 각 면(面)은 두 개의 난(欄)으로 나뉘고, 한쪽에는 헬라스어 원문이, 다른 한쪽에는 Ioannes Serranus의 라틴어 번역문이 인쇄되어 있으며, 각 면의 내용을 기계적으로 약 1/5씩 다섯 문단으로 나눈 다음, 이것들을 a, b, c, d, e의 기호들로 양쪽 난의 중앙에 표시했다. 따라서 이 역주서(譯註書)의 숫자는 이 책의 각 권에 표시된 쪽 번호이고, a~e의 기호는 이 책의 쪽마다에 있는 각각의 문단을 가리키는 기호이다. 《고르기아스》(*Gorgias*) 편은 Stephanus(약자로는 St.) 판본 I권 곧 St. I. p. 447a에

서 시작해 p. 527e로 끝난다. 그리고 《메넥세노스》(*Menexenos*) 편은 St. II. pp. 234a~249e이고, 《이온》(*Iōn*) 편은 St. I. pp. 530a~542b이다. 이 역주서의 기본 대본으로 삼은 Burnet의 옥스퍼드 판(OCT)도, 이 쪽수와 문단 표시 기호를 그대로 따르고 있고, 이 역주서에서도 이를 따르기는 마찬가지로 하고 있다. 따라서 우리말 번역도 이들 쪽수와 a, b, c 등의 간격을 일탈하지 않도록 최대한으로 노력했다. 그러나 가끔은 한 행(行)이 쪼개어지거나 우리말의 어순(語順) 차이로 인해서 그 앞뒤의 어느 한쪽에 붙일 수밖에 없게 될 경우에는, Les Belles Lettres(Budé) 판을 또한 대조해 가며 정했다.

2. ( )는 괄호 안의 말과 괄호 밖의 말이 같은 뜻임을, 또는 같은 헬라스 낱말을 선택적으로 달리 번역할 수도 있음을 표시하는 것이다. 더구나 중요한 헬라스어의 개념을 한 가지 뜻이나 표현으로만 옮기는 것이 무리일 수도 있겠기에, 달리 옮길 수도 있는 가능성을 열어 놓기 위해서였다.

3. 번역문에서의 [ ]는 괄호 안의 말을 덧붙여 읽고서 그렇게 이해하는 것이 좋다고 생각했을 경우에 역자가 보충한 것임을 나타내거나, 또는 괄호 속에 있는 것을 함께 읽는 것이 본래 뜻에 더 충실한 것임을 표시하는 것이다.

4. 헬라스 문자는 불가피한 경우를 제외하고는 라틴 문자로 바꾸어 표기했다. 그러나 라틴 문자 ch로 표기하는 것은 kh로, y로 표기한 것은 u로, c로 표기하는 것은 k로 바꾸어 표기하기도 하는 것이다. 여기에서는 헬라스 문자 χ를 훗날의 파생 서양 언어들의 어원을 쉽게 알아볼 수 있도록 가급적 ch로 표기하는 것을 원칙으로 삼았으나, 발음을 잘못할 가능성이 있다고 판단될 경우에는 kh로 표기하기도 했다. 오늘날엔 많은 고전 학자가 일률적으로 kh로 표기하기도 한다. 그리

고 원전 읽기를 Burnet 판이나 다른 판본들과 달리했을 경우에는, 그리고 해당 구절을 원문을 갖고서 말할 수밖에 없는 경우에도 헬라스 문자들을 그냥 썼는데, 이는 헬라스 말을 읽을 수 있는 사람들을 위한 것이니, 다른 사람들은 그냥 넘기면 될 일이다.

5. 헬라스 말을 우리말로 표기하는 경우에는 되도록 실용적이고 간편한 쪽을 택했다. 이를테면, 라틴 문자로 y(u)에 해당하는 u는 '위' 아닌 '이'로 표기했다. 오늘날의 헬라스인들도 '이'로 발음하지만, 우리도 Pythagoras를 이왕에 '피타고라스'로, Dionysos를 '디오니소스'로 표기하고 있음을 고려해서이다. 어차피 외래어 발음은 근사치에 근거한 것인 데다, 현대의 헬라스 사람들도 그렇게 발음하고 있다면, 무리가 없는 한, 우리말 표기의 편이성과 그들과의 의사소통의 편의성을 고려하는 편이 더 나을 것 같다. 더구나 이런 경우의 '이' 발음은 우리가 '위'로 표기하는 u[y]의 발음을 쓰고 있는 프랑스인들조차도 '이'(i)로 발음하고 있음에랴! 그런가 하면 외래어 표기법에 따라 Delphoi를 옛날에는 '델피'로 하던 걸 요즘엔 '델포이'로 더러 표기하는 모양인데, 이는 그다지 잘하는 일은 아닌 것 같다. 고대의 헬라스 사람들도 Delphikos(델피의)라는 말을 썼는데, 이는 Delphoi에서 끝의 -oi가 '이'에 가깝게 발음되었던 것임을 실증적으로 입증해 주고 있다. '델포이'는 결코 Delphoi의 정확하거나 원어에 더 가까운 표기도 아니다. 오늘날의 헬라스 사람들은 물론 세계의 다른 어느 나라 사람들도 그걸 '델피'로 알아들을 리가 없는 불편하고 억지스런 표기이다. 헬라스 말의 우리말 표기는 관용과 실용성 및 편이성을 두루 고려해서 하는 게 더 나을 것 같다. 반면에 영어에서도 the many의 뜻으로 그대로 쓰고 있는 hoi polloi의 경우에는, 영어 발음도 그렇듯, '호이 폴로이'로 표기하는 것이 현대의 헬라스 사람들을 따라 '이 뽈리'

로 표기하는 것보다는 더 순리를 따르는 것일 것 같다.

6. 연대는, 별다른 표기가 없는 한, '기원전' 을 가리킨다.

7. 우리말 어법에는 맞지 않겠지만, 대화자들의 인용문 다음의 '라고' 나 '하고' 는, 되도록이면, 넣지 않는 쪽을 택했다. 너무 많이 반복되는 탓으로 어지러움을 덜기 위해서였다. 그리고 모든 대화편에서 '제우스께 맹세코' 따위의 강조 표현은 그냥 '맹세코', '단연코' 등으로 옮겼다.

원전 텍스트 읽기와 관련된 일러두기

1. 원문의 텍스트에서 삽입 형태의 성격을 갖는 글 앞뒤에 있는 dash 성격의 짧은 선(lineola)들은 번역문에서는, 무리가 없는 한, 최대한 없애도록 했다. 그 대신 쉼표를 이용하여, 앞뒤 문장과 연결 짓거나, 한 문장으로 따로 옮겼다. 대화에서 이런 삽입구 형태의 표시를 많이 하는 건 그리 자연스럽지 않을 것이라 생각해서다.

2. 헬라스어로 된 원문 텍스트에서 쓰이고 있는 기호들 및 그 의미들은 다음과 같은 것들인데, 이 책의 각주들에서도 이 기호들은 필요한 경우에는 썼다.

[ ]는 이 괄호 안의 낱말들 또는 글자들이 버릴 것들임을 가리킨다. 그러나 텍스트에서의 이 괄호 표시와 이 책의 번역문에서의 그것은 다른 용도로 쓰이고 있으니, 앞의 일러두기에서 이를 다시 확인해 두는 게 좋겠다.

〈 〉는 이 괄호 안의 낱말들 또는 글자들이 필사본 텍스트에 짐작으로 덧보태게 된 것들임을 가리킨다.

( )는 활자들이 마모되어 단축된 텍스트의 확충임을 가리킨다. 이

경우에도, 텍스트에서의 이 괄호 표시와 이 책의 번역문에서의 그것은 다른 용도로 쓰이고 있으니, 앞의 일러두기에서 이를 다시 확인해 두는 게 좋겠다.

†(십자가 표시 또는 단검 표시: crux)는 이 기호로 표시된 어휘나 이 기호로 앞뒤로 묶인 것들의 어휘들이 필사 과정에서 잘못 베꼈거나 잘못 고친 탓으로 원문이 훼손된 것(glossema corruptum)이어서, 그 정확한 읽기를 결정짓는 게 난감한 어구(locus desperatus)임을 가리킨다.

***(별표)는 원문 일부의 탈락(lacuna)을 가리킨다.

《고르기아스》편

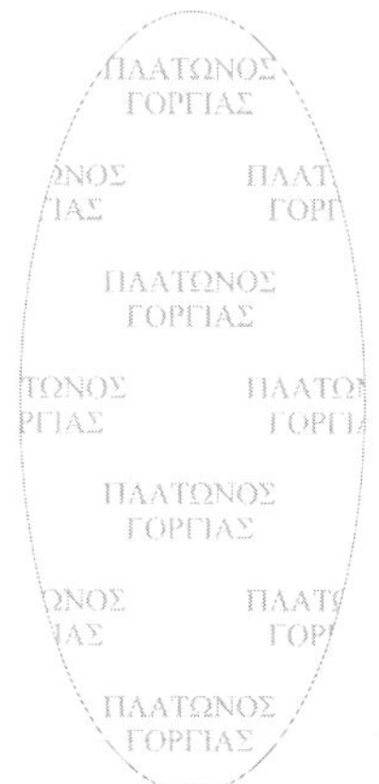
ΠΛΑΤΩΝΟΣ
ΓΟΡΓΙΑΣ
ΠΛΑΤΩΝΟΣ
ΓΟΡΓΙΑΣ
ΠΛΑΤΩΝΟΣ
ΓΟΡΓΙΑΣ
ΠΛΑΤΩΝΟΣ
ΓΟΡΓΙΑΣ

《고르기아스》 편(*Gorgias*) 해제

훗날 사람들이 이 대화편에 붙인 부제는 〈변론술에 관하여〉이다. 실제로 그 내용 또한 당시의 변론술과 관련된 실상과 이와 관련해서 정치 그리고 철학, 특히 도덕적인 문제 등이 다루어지고 있다. 그리고 그 분량이 플라톤의 대화편들 중에서는 《법률》 편, 《국가(정체)》 편 다음으로 많은 것이고, 이것 다음 곧 넷째로 많은 것이 《테아이테토스》 편이다. 그런데 앞의 두 대화편은 그냥 분량이 많은 것이 아니고, 그 각각이 이 대화편의 3.6배가 약간 더 되는 것들이다.[1] 그러나 이것들 중에서는 제일 이른 시기인 40세 무렵에 이 대화편을 쓴 것으로 추정된다. 따라서 이것이 초기 대화편들 중의 하나로 꼽히긴 하지만, 이 무렵의 대화편들 중에서도 특별한 점은, 조만간 자신의 큰 구상을 구체화하기에 앞서, 이를 통해 그 복심을 내비친 선언문 같은 것이라 할 것이다. 그건 42세 무렵에 아카데미아를 설립하게 되는 일과 관련되어 그 근본 취지와 시민들을 사람으로서 더 나아지도록 하며, 더 나아

1) 이들 네 대화편의 분량을 옥스퍼드 고전 텍스트들의 쪽수로 순서대로 계산하면, 각기 423, 409, 115, 100쪽이다.

가서는 뛰어난 변론가 수준의 여느 정치인들이 아닌 진정한 정치가의 배출을 위한 본격적인 철학 교육의 절실한 필요성을 선언적으로 미리 밝히고 있는 예고편이 이 대화편이라 말할 수 있을 것이다.

이 대화편(485a~d)에서 칼리클레스는 철학함에 대해 그리고 소크라테스가 청소년들과 대화하면서 시간을 보내는 활동(diatribē)에 대해 이런 말을 하고 있다. "철학(지혜사랑)에 관여하는 것은, 교양을 위한 것인 한, 훌륭한 것이며, 청소년인 자에게는 철학함(지혜사랑하기: philosophein)은 부끄러운 게 아닙니다. 하지만 이미 나이를 더 먹게 된 사람이 아직도 지혜사랑이나 하고 있다면, … 이는 웃음거리가 됩니다. … 더 나이를 먹고서도 아직도 철학을 하며 이에서 벗어나지 못하고 있는 걸 보게 될 땐, 이 사람은 진작 매질을 당하는 게 필요한 걸로 제게는 생각됩니다, 소크라테스 님! 방금 말한 일이, 비록 그가 아주 훌륭한 자질을 타고났더라도, 도심 지대나 아고라들을 피하는 어른답지 않은 자가 되는 일이 이 사람에게 일어날 수 있겠기 때문이죠. … 이 사람은 은둔해서, 여생을 구석진 곳에서 서너 명의 청소년들과 속삭이면서 살 것입니다." 그러나 소크라테스가 구석진 곳에서 곧잘 젊은이들과 어울려 철학적 담론으로 소일하던 이 활동을, 사람들이 보기에 한심해 보이던 이 '디아트리베'의 활동을 플라톤이 제도화한 것이 바로 아카데미아였고, 《국가(정체)》 편에는 그 교과 과정이 놀랄 만큼 구체적으로 제시되어 있다. 이 제도화를 통해 철학이 왜 필요하며 이를 제대로 배우기 위해서 얼마 동안의 얼마나 진지한 노력이 요구되는지가 언급되고 있다.

그런 뜻에서 이 대화편은 그가 50대에 내놓게 되는 《국가(정체)》 편의 기본 생각들을 그 초기 구상 형태로 접하는 것 같은 느낌을 갖게 하는 것이라 말해도 틀리지는 않을 것이다. 그러면 그런 느낌을 갖게 하는 몇 가지를 짚어 보자.

첫째로, '삶의 방식(tropos)' 곧 어떻게 사는 것이 최선의 방식으로 또는 행복하게 사는 것인지를 두 대화편은 처음부터 끝까지 다룬다는 점에서 그렇다. 그 일환으로 《고르기아스》 편에서는 한 나라에서 가장 큰 권력을 찬탈하게 된 왕의 처지와 《국가(정체)》 편에서의 참주의 처지가, 많은 사람이 부러워하는 것과는 달리, 얼마나 불행한지를 부각시켜 보이고 있다는 점에서도 그러하다. 또한 이와 함께 두 대화편 다 마지막 대목에서 죽은 혼들이 저승에 이르러 받게 되는 심판 광경을 그려 보이고 있다.

둘째로, 즐거움과 좋음의 엄격한 구별, 그리고 모든 행위의 목적으로서의 '좋음'에 대한 언급은 《국가(정체)》 편에서의 궁극적 원리로서의 그것에 대한 초기적 언급이라고 볼 수 있겠다. 특히 예술 공연이나 대중연설이 대중을 즐겁게 하는 비위 맞추기에 초점이 맞추어져 있다고 비판한다는 점에서 그렇다고 하겠다.

셋째로, 《국가(정체)》 편 첫째 권에 등장하는 트라시마코스와 이 대화편에 등장하는 칼리클레스라는 인물은 같은 계열의 주장을 펴고 있다.

넷째로, 이 대화편에서 그려지고 있는 소크라테스라는 인물과 《국가(정체)》 편에서 제시되고 있는 철인 치자의 모습이 어떤 면에서는 자꾸만 겹쳐지고 있다는 점이다. 테미스토클레스나 밀티아데스 그리고 페리클레스 등은 분명히 당대의 뛰어난 변론가들이며 정치인들이었다. 그러나 아테인들을 훌륭한 시민들로 만드는 데는 이들도 실패했다. 이들은 아테네의 외형적인 강대함에 이바지했을 뿐, 아테인들의 혼이 훌륭해지도록 하는 데는 여느 정치인들과 마찬가지로 별로 기여하지 못했다. 그런 뜻에서 정치인들은 많았지만, 참된 정치가는 없었던 셈이다. 그래서 이 대화편(521d)에서 소크라테스는 이런 말을 하고 있다. "나는 참된 치술로 정치하는 걸[2] 시도하는 소수의 아테네인들 중의 한 사람이라 생각하는데, 이는 나 혼자만이는 아님을 말하느라 해서지만, 요즘 사람들 중에서는 나 혼자라 생각하오. 그러니까 내가 매번 하는 말들은 기쁘라고 하는 것이 아니니, 가장 즐거운 것을 위해서가 아니라, 가장 좋은 것을 위해서오." 물론 이는 플라톤이 소크라테스로 하여금 그렇게 말하도록 한 것이지만, 그의 인격이나 정신으로는 바로 그런 사람임을 우리는 알고 있다. "진리를 연마하여, 가능한 한 진실로 더할 수 없이 훌륭한 사람으로서 살다가 죽을 때는 죽도록 할 것이오."(526d) 아닌게아니라 그는 그런 사람으로 생을 마감했고, 그런 인격의 철인이기에, 플라톤이 《국가(정체)》 편에서 제시하고 있는 철인 치자의 모습이 인격적으로는 그랬을 것이다.

그 밖의 전체적인 논의들에 대해서 목차 치고는 지나칠 만큼 자상하게 정리했는데, 이는 그 부피만큼이나 내용이 복잡하고 긴 논의를 담고 있어서다. 따라서 독자를 위해서는 해제는 짧게 한 대신에 목차를 길게 한 셈이다.

그리고 마지막으로 언급하려는 것은 이 대화편과 관련된 코린토스의 한 농부 이야기인데, 유명한 이 전언의 내용은 이러하다. "《고르기아스》 편을 접하게 된 그 농부는 당장 밭과 포도나무들을 버리고, 그 혼을 플라톤에게 맡기고선, [이에] 그의 가르침들을 씨앗으로 뿌리고선 자라게 했다." 이는 헬라스 철학자이며 변론가인 테미스티오스(Themistios: 기원후 약 317~388)의 《연설집》[3]을 통해서 전하는 것

2) 해당 부분에서 각주를 참고할 것.

3) *Themistii Orationes*, Dindorf, xxiii, 356: Harduin, 23, 293c~d.

이다. 아닌게아니라 이제야 이 대화편의 역주를 끝낸 사람인 자신도 오래전 젊었을 적에 이 대화편을 처음 읽었을 때의 그 감흥은 아직도 생생한 기억으로 남아 있다. 읽어 갈수록 대화 속으로 빠져 들어간 탓에 거의 한달음에 읽다시피 하고선, 스스로 무척이나 뿌듯해했던 걸로 기억하고 있다.

목 차

임. 그리고 다른 기술은 배우지 않고도, 변론술 하나만 배우고서도, 다른 장인들보다도 못지않을 수 있음을 말함. 또한 변론술이 특히 올바름(정의)의 문제와 관련해서 가르치는 것이기도 하지만, 그것의 선용을 보장하는 것은 아님이 드러남(456c~461b)

III. 소크라테스와 폴로스의 대화 (461b~481b)

1. 폴로스가 당혹스러워하는 스승 고르기아스를 편들고 나섬(461b~462b)
2. 소크라테스가 변론술의 본질에 대해 말함(462c~466a)
   1) 이는 기술 아닌 일종의 경험: 호의와 즐거움을 생기게 하는 데 대한 경험이며, 요리하기 또는 요리솜씨와도 같은 활동을 하는 것; 그 활동의 핵심은 비위 맞추기임(462c~463c)
   2) 몸의 경우에 있어서 요리솜씨에 해당하는 것이 혼의 경우에 있어서는 변론술이므로, 혼을 돌보는 치술에 대해서는 그 영상에 불과한 것임(463d~466a)
3. 현실에서 정치인이기도 한 변론가들은, 참주처럼, 무엇이나 할 수 있는 힘을 가질 것 같지만, 지성이 결여된 상태에서는 진실로 원하는 것을 하는 것이 아니라, 좋은 것으로 여겨지는 것이나 할 수 있을 뿐임. 유익함이 뒤따르는 것이어야 좋은 것이며, 수단 아닌 목적이 되는 것이 좋은 것임(466b~470c)
4. 폴로스가 더할 수 없이 불의한 방식으로 왕이 된 자의 행복을 말함. 소크라테스의 반박: 불의를 당하는 자보다도 불의를 저지르는 자가 더 비참하며, 그 처벌을 받지 않은 자는 더더욱 비참한데, 이는 그런 상태의 지속으로 해서 더 부끄럽고 괴롭기 때문임(470d~475e)
5. 변론술의 쓰임: 불의를 저지른 자는 재판을 통해 처벌을 받는 것이 그 혼이 나쁜 상태 곧 불의에서 벗어나 더 좋아질 기회를 갖게 되는 것이

기에, 이런 점에서 보면, 변론술의 쓰임이 별로 없음이 밝혀짐(476a ~481b)

IV. 소크라테스와 칼리클레스의 대화 (481b~522e)

1. 칼리클레스가 정색을 하고 소크라테스가 말하는 것이 진담인지를 물으며 따짐: 소크라테스의 주장대로라면, 인간들의 삶은 완전히 뒤집힐 것이라고 주장. 소크라테스는 칼리클레스의 애인인 민중은 변덕스럽지만, 자신의 애인인 철학은 언제나 같은 말을 하는데, 반박하겠으면, 그리 해보라고 함. 칼리클레스는 폴로스도 고르기아스도 부끄러움 때문에, 불의를 저지르는 것이 그걸 당하는 것보다도 더 나쁘다고 시인한 것임을 지적(481b~282d)
2. 자연(physis)과 관습 또는 법(nomos)의 대립 관계에 대한 칼리클레스의 발언(482e~486d)
   1) 약자들인 다수자들이 자신들을 위한 편익을 고려해서 법률 제정을 하고서, 이를 기준으로 칭찬도 비난도 하며, 제 몫보다 더 가짐은 부끄럽고 올바르지 못한 일로 말한다고 함(482e~483c)
   2) 자연 자체는 더 나은 자가, 더 능력 있는 자가 더 가지는 게 정당함을 명시적으로 보여 줌. 이게 올바름이며 '자연의 법'이라 함(483d ~484c)
3. 철학에 대한 칼리클레스의 비판(484c~486d)
   1) 철학에 관여함은 교양을 위해서며, 나이를 먹고서도 그런다는 건 자신을 망치는 일. 정교한 논박 따위나 일삼다가, 세상사에 대한 무경험으로, 공사 간에 실제적인 것들에서 사람들의 웃음거리가 될 것임을 지적(484c~485c)
   2) 더구나 도심 지대를 피해 구석진 곳에서 몇몇 청소년들과 속삭이며

은둔 생활을 하고 지내다가, 누군가에게 고발당하여 법정에라도 서게 된다면, 죽음까지도 당할 수 있는 일임을 말함(485d~486d)

4. 소크라테스가 칼리클레스의 신랄한 지적들을 듣고서, 제 의견들에 대한 시금석 구실을 해 줄 사람을 만났다고 반기는데, 앎과 선의, 특히 앞의 두 사람이 갖지 못한 솔직함을 지녔다고 해서임. 그의 도움을 받아, 진실의 완결에 이르기를 바라, 그가 나무랐던 것들과 관련해 본격적인 고찰을 함. "사람은 어떤 사람이어야만 하며, 나이가 들어서든 젊어서든, 무엇을 언제까지 추구해야만 하는지에 대한 고찰은 그 무엇보다도 고귀한 것이니"라며, 그의 생각을 본격적으로 캐묻기 시작함(486d~488a)

    1) 칼리클레스가 주장하는 '자연에 따라 올바른(정의로운) 것' 또는 '자연적으로 올바른 것'이란 '더 강한 자가 더 약한 자들의 것들을 강제로 가져가고 더 나은 자가 더 못한 자들을 지배하며 더 훌륭한 자가 한결 더 변변치 못한 자보다도 더 많이 갖는 것'임을 다시 확인함(488b)

    2) 칼리클레스가 '더 강함(우월함)'과 '더 힘셈' 그리고 '더 나음'(이 셋의 원어상의 의미들과 관련해서는 해당 부분의 각주 참조)을 같은 것이라 보는 걸 확인하고서, 한 사람보다는 다중이 더 강할 테니, 다중의 관례들과 법규들이 자연적으로 강자들의 것들일 것이라 함. 그런데 다중은 균등한 가짐을 올바르다(정의롭다)고 하며, 불의를 당하는 것보다 저지르는 걸 더 부끄러운 걸로 여기니, 이는 관습(법)으로(nomǭ)만이 아니라 자연적으로(physei)도 그러한 걸로 귀착됨. 따라서 관습(법)과 자연의 대립을 주장한 그의 입론이 흔들리게 됨(488b~489b)

    3) 다시 칼리클레스는 더 강한(우월한) 자들과 더 나은 자들은 같으

며, 이들은 물리적 의미에서 그런 것이 아니기에, 더 훌륭한 자들이며 더 현명한 자들이고 더 용감한 자들이라고까지 보완·수정해 감. 이들은 나랏일들의 분야에서 그러하므로, 나라를 다스리고 갖기도 더 많이 갖는 게 올바른(정의로운) 것이라 주장(489c～491d)

4) 소크라테스는 남들 아닌 저 자신의 다스림, 곧 제 안에 있는 쾌락과 욕구의 다스림에 대해 물음. 이에 칼리클레스는 절제의 어리석음을 강조하며, 욕구의 최대화와 그 충족 그리고 그 힘을 가짐이 '빼어남' 이며 행복이라 함(491d～492e)

5) 최대한의 욕구 충족, 그런 즐거움을 끊임없이 추구하는 생각 없는 자들의 혼은 구멍 뚫린 항아리나 체와 같으며, 평생토록 간지러워서 긁어 대는 자를 닮았으며, 끊임없이 부리로 물을 찍어 넣고 뱉는 물떼새의 삶을 사는 것이라 함(493a～494e)

6) 즐거움들에도 좋은 것과 나쁜 것이 있음: 몸과 관련해서 먹고 마심의 즐거움들 중에서도 몸에 건강을 생기게 하는 좋은 것들과 그렇지 못한 것들이 있듯, 괴로움들의 경우에도 그러함. 이로운 즐거움과 괴로움이 택하고 감당해야 할 것들임. 따라서 모든 행위의 목적은 '좋음' 이니, 즐거움도 이를 위해서임(495a～500a)

7) 좋은 즐거움과 나쁜 즐거움을 구별하는 것은 전문가의 소관임. 즐거움과 관련된 경험으로서의 요리솜씨와 대비되는 건강 곧 몸의 좋은 상태와 관련되는 기술로서의 의술의 전문성(500a～501a)

8) 혼과 관련해서도 좋거나 나쁨은 상관없이 혼의 즐거움만 고려하는 비위 맞추기가 있음: 청중이나 관객이 그것으로 해서 더 나아지는 것과는 상관없이 그저 즐거워하도록 하는 데만 유념하는 활동들(악기연주, 합창가무, 송가, 비극공연, 작시술)은 극장에서 하는 민중상대 연설들의 일종임(501b～502c)

9) 민중 상대의 변론술도 비위 맞추기 기술임. 변론가들로서의 정치인들의 한 부류는 사사로운 목적을 위해서 공동의 것은 경시하며, 민중을 상대로 비위 맞추기나 일삼는 쪽이고, 다른 한 부류는 시민들의 혼들이 훌륭해지도록 최선의 것들을 들려주려는 쪽이겠으나, 현실에서는 이런 부류를 찾아볼 수 없음. 테미스토클레스·페리클레스·밀티아데스 등의 정치인들도 정작 그런 부류까지는 못 되었지만, 자신의 욕망과 다른 사람들의 욕망을 충족시키는 것이 훌륭함(aretē)이라는 칼리클레스의 기준에서라면, 그들도 훌륭한 정치인들일 수 있겠음(502d～503d)

10) 모든 장인이나 전문가는 자신이 제작하거나 상대하는 대상이 질서정연하고 조화롭고 틀 잡힌 것이며 건전한 것이도록 하듯, 훌륭한 변론가 곧 정치가도 혼의 정연한 상태들, 곧 올바름(정의)과 절제 등의 '훌륭함'을 생각하며, 이것들이 생기되 그 반대의 것들은 없어지도록 할 것임. 질병 상태의 몸에 맛있는 음료의 대책 없는 제공이 이로울 게 없듯(503d～505b)

5. 칼리클레스가 제 주장과는 반대방향으로 논의가 진행되어, 더 이상의 논의를 포기하자, 소크라테스는 그동안의 논의가 어디까지나 공동탐구의 일환이었음을 강조하지만, 모두가 원하지 않는다면, 모임을 파할 것을 제의함(505c～506a)

6. 고르기아스가 말리며, 소크라테스 자신이 논의를 완결 지어 줄 것을 부탁해서, 소크라테스가 혼자서 논의를 이끌어 가고, 칼리클레스는 간단한 응답만 하겠다고 함(506a～b)

7. 논의의 재정리: 즐거운 것과 좋은 것은 다른 것이며, 즐거운 것도 좋은 것을 위한 것임. 사물들 각각의 훌륭함(훌륭한 상태)이 구현되는 것은 정돈(질서: taxis)과 바름 및 기술에 의해서 곧 각각의 고유한 질

서(kosmos)가 그것에 생김으로써 훌륭한 것이 됨. 혼 또한 질서를 갖춤으로써 절도 있는 혼 곧 절제력 있는 혼이 됨. 이런 혼은 타인에 대해서는 올바른 것들을 행하나, 신들에 대해서는 경건한 것들을 행함. 절제력 있는 자는 올바르며 용감하고 경건한 자여서 완벽하게 훌륭한 자요, 자기가 하는 것을 아주 훌륭히 할 것이니, 그는 잘 지내게 될 것이며 축복받고 행복할 것이나, 칼리클레스가 칭찬했던 자연에 따른 강자는 무절제한 자여서 비참한 자임(506c~507e)

8. 욕망의 충족을 꾀하느라 약탈자의 삶을 사는 자에게는 공동관계도 우애도 불가. 제 몫보다 더 가지려 하는 자는 우주적 질서(kosmos)에 어긋남. 등비 평등을 강조함(507e~508a)
9. 불의를 당하는 것보다는 불의를 저지르는 것이 더 부끄럽고 나쁨. 불의를 저지르고도 벌을 받지 않음은 더욱 나쁨. 따라서 이에서 벗어남 곧 처벌을 받음이 그 해악에서 벗어남임. 그리고 불의를 저지르는 자는 본의 아님을 주장함(508b~509e)
10. 불의를 당하지 않도록 대비하는 기술은 제 자신이 다스리거나 현 체제에 동화되는 것(510a~513c)
11. 혼과 몸을 보살핌에는 두 가지가 있는데, 하나는 그것들을 즐겁게 하는 것이고 다른 하나는 그것들을 최선의 것들이도록 함임. 앞 것은 천박한 비위 맞춤(아첨)임. 정치가의 참 기능은 시민들을 최대한 훌륭해지도록 마음 쓰는 것. 그런 점에서 테미스토클레스나 페리클레스 등도 이에는 실패함. 이들은 아테네의 외적인 부강에만 곧 아테네를 제국화하는 데나 마음 썼지, 시민들이 정작 절제와 올바름을 갖춤으로써 훌륭하게 되도록 하는 데는 마음 쓰지 않음. 그런 뜻에서는 아테네가 참된 정치가를 배출한 적이 없음(513c~520e)
12. 칼리클레스는 소크라테스에게 젊은 시절에나 할 철학을 이제 그만두

고, 아테네인들을 즐겁게 할 봉사자로 처신할 것을 권했는데, 자신은 아테네인들이 훌륭해지도록 그들과 싸우면서 보살피는 쪽을 택하겠다고 함. 그런 뜻에서 자신은 '참된 치술로 정치하는 소수의 아테네인들 중의 한 사람', 요즘 사람들 중에서는 유일한 사람임을 스스로 내세우며, 자신이 말하는 것은 '가장 즐거운 것' 아닌 '가장 좋은 것'을 위해서라고 밝힘. 이로 해서 법정으로 이끌리어 가서 겪게 될 사태를 짐작하지 못하고 있는 것은 아님을 밝힘. 비위나 맞추는 변론술의 부족으로 해서 죽게 된다 해도, 편안히 죽음을 맞게 될 것임을 천명함(521a~522e)

13. 저승에서의 심판 이야기(523a~526d)
14. 소크라테스가 스스로 '진리를 연마하여, 가능한 한, 진실로 더할 수 없이 훌륭한 사람으로 살다가 … 죽도록 할 것임'을 밝힘(526d~527e)

대화자들

(대화의 설정 시기: 기원전 405년)[1)]

칼리클레스(Kalliklēs): 실존 인물인지가 불명하다. 플라톤의 이 대화편을 통해서만 알려져 오는 인물이기 때문인데, 고르기아스의 제자로 등장하는 소피스테스이다. 그는 자연(physis)과 관습 또는 법(nomos)이 현실에서는 서로 대립되고 있는 것들이라고 보는 대표적인 인물이기도 하다. 현실의 나라들을 보면, 약자들인 다수자들이 자신들의 관점에서 자신들의 이익을 고려해서 법률을 제정한다. 그러나 참으로 우월하고 강한 자가 등장해서, '자연의 정당성'을 구현하게 될 경우에는, 관습이나 법은 자연을 거슬리지(para physin) 않고, 자연을 따른(kata physin) 것이 되고, 이럴 경우에야 '자연의 법(nomos ho tēs physeōs)'이 실현을 본다는 견해를 그는 피력하고 있다. 그러고 보면, 그는 《국가(정체)》 편 제1권에 등장하는 트라시마코스를 연

1) 473e~474a에서 소크라테스 자신의 사건과 관련해서 스스로 언급하고 있는 것이므로, 이 해로 일단 상정해 보는 것이긴 하지만, 확정적인 것으로 단정할 것은 아니다. 그의 대화편들 속에서의 이런 시기 언급들은 정확성과는 무관한 것들이라는 건 널리 알려진 사실이다. Dodds, 17~18 참조.

상케 하는 인물이기도 하다.

소크라테스(Sōkratēs: 469~399): 이 대화편의 473e~474a에서 "지난해에는 협의회 의원으로, 우리 부족이 협의회를 주재하고, 내가 안건을 표결에 붙여야 했을 때, 자신이 웃음거리가 되었으니, 표결법을 내가 몰랐던 거요."라고 말하는 구절이 나온다. 여기서 말하는 지난해는 406년이었으니까, 이 대화편의 대화 시점은 405년이 된다. 이때는 그가 64세였을 때이다. 그리고 또 이 대화편의 461c~d에서 소크라테스가 자신과 고르기아스 곁에 '그대들 젊은이들이 옆에 있음'을 말하고 있으니, 두 사람에 비해 나머지 대화자들은 다 젊은 편이라 말투도 이에 맞추었다.

카이레폰(Khairephōn. 생몰년 미상): 아테네의 스페토스(Sphēttos) 구민이다. 아리스토파네스의 《구름》(104)에서는 소크라테스처럼 맨발로 다니는 창백한 제자로 등장하고 있으며, 그를 열렬히 숭배한 동지이기도 하다. 《카르미데스》 편 153b에서는 광적인 사람으로 묘사되어 있다. 《소크라테스의 변론》 편(21a)에서도 언급하고 있듯, 404년의 30인 참주 정권 때 민주파 사람들과 함께 그도 추방되었다가, 이듬해 이들과 함께 귀환했는데, 소크라테스가 재판을 받던 때에는 이미 사망했다. 그런데 이 카이레폰이 언젠가 델피로 가서, 소크라테스보다 현명한 자가 있는지 신탁의 대답을 구했더니, '없다'는 응답을 얻는다. 이를 전해 듣게 된 소크라테스는 그럴 리가 없음을 확신하고 있는 터라, 그 진의가 무엇인지를 알기 위해 우선 그 반증 작업부터 하게 된다. 그렇게 해서 그의 현자들 찾아가기와 그들의 앎에 대한 캐물음(exetasis)의 편력(planē)이 시작되고, 이는 결과적으로 자신의 죽음을 앞당기는 일이 된다. 지혜롭다는 정치인들과 시인들 그리고 장인들을 찾아가서 갖게 된 대화들을 통해서 확인하게 된 것은, 참된 앎과 관련되는 한, 예외 없이 무지하면서도, 지자인 듯이 행세함이었다. 자신들의 무지함에 대한 그들의 예외 없는 무지(無知: amathia, agnoia)와 이에 대비되는 소크라테스 '자신의 무지에 대한 앎'이 바로 그 신탁의 대답이 암시하는 것이었음을 확인하게 된다. 그러나 그로 인한, 또한 그를 흉내 낸 젊은이들에 의한, 그들의 그런 무지의 폭로는 그들의 알량한 자존심을 건드렸고, 이는 "젊은이들을 타락하게 했다"는 죄목의 고발로 바로 귀결된다.

고르기아스(Gorgias): 시켈리아(시칠리아)의 레온티노이(Leontinoi) 출신(약 485~약 380)으로 프로타고라스(Prōtagoras: 약 490/485~약 420/415)와 더불어 당시의 소피스테스들 중에서도 그 영향력이 가장 컸던 인물이었다. 427년에 레온티노이의 사절단을 이끌고 아테네에 갔는데, 그의 과시성 연설(epideixis)을 듣고 감명을 받은 아테네인들의 요청으로 아테네에 머물면서 변론술(rhētorikē)을 가르침으로써, 많은 추종자를 길러 낸다. 훗날 아테네의 유명한 변론가가 되어 자신의 학원까지 세운 이소크라테스(Isocratēs, 436~338)도 그의 가르침을 받은 것으로 전해 온다. 당시 아테네의 민주 정치에서 지도자들에게 요구되는 설득의 능력을 보장해 주는 것이 곧 변론술이었으니, 이는 언변에 능한 사람으로 만드는 기술이다. 《향연》 편 194e~197e에서 에로스에 대해 아가톤이 하는 화려하고 아름다운 찬양의 발언은 고르기아스 식의 변론의 훌륭한 패러디로 간주되기도 한다. 그는 또한 《있지 않는 것(to mē on), 또는 자연(본질적인 것: physis)에 관하여》라는 책을 썼는데, 이 책의 제목 자체가 당시의 자연철학적 탐구에 대해 다분히 도전적이며 냉소적인 것이다. 자연철학자들은 자연에서 근원적인 것 곧 본질적인 것이 '참으로 있는 것' 이라며, 이를 저마다 다른 것으로 제시하는데, 그런 것은 있지도 않다는 취지로 그런 제목을 단 것이다. 그는 이 책에서 자기가 증명할 세 가지를 말하고 있는데, 그것들은 다음과 같다. 첫째로, 아무것도 존재하지 않는다. 둘째로, 설사 존재한다 할지라도, 사람이 그걸 알 수는 없다. 셋째로, 설령 알 수 있다 할지라도, 그걸 이웃에 전할 수 없고 설명해 줄 수도 없다. 그의 철학적 주장과 관련된 토막글들은 Diels/Kranz, *Die Fragmente der Vorsokratiker*, *II*, Weidman, 1954에 수록되어 있다.

폴로스(Pōlos): 시켈리아(시칠리아)의 아카라가스(Akaragas) 출신으로, 고르기아스에게서 변론술을 배웠다. 《고르기아스》 편에서는 거의 중반까지 소크라테스와의 대화 상대역으로 등장하고 있으며, 《파이드로스》 편 267b에서는 「언변 편람」(*mouseia logōn*)이라는 '편람(便覽)' 성격의 책자를 낸 걸로 언급되고 있다.

칼리클레스: 아, 소크라테스 님, 이렇게 참여하시는 건 전쟁과 싸움의 경우에나 하는 거라고들 하죠.[1] 447a

소크라테스: 그러니까, 속담대로 파장 뒤에야 뒤늦게 우리가 온 것이오?

칼리클레스: 그야말로 멋진 잔치이기도 했는데. 많은 훌륭한 언변의 성찬을 좀 전에 고르기아스 님께서 우리에게 베푸셨으니까요.[2]

소크라테스: 하지만, 칼리클레스, 이는 여기 이 카이레폰 탓이오. 우리가 아고라[3]에서 시간을 보내지 않을 수 없게 해서라오.

---

1) 바로 다음에서 소크라테스가 말하듯, 이는 속담(to legomenon)에 빗대어 하는 말인 것 같다. '축제 잔치에는 누구보다도 먼저 참여하되, 싸움판에는 끝 마당에나 나타날 일' 이라는 뜻의 속담인 것 같다.

2) 여기에서 '언변의 성찬을 베풀었다' 는 것은 고르기아스가 epideixis를 했다는 뜻으로 하는 말이다. '에피데익시스' 는 어느 날 아테네에 나타난 소피스테스들이 해 보이는 '과시성(誇示性) 연설' 을 가리키는 말이다.

3) agora는 원래 민중 집회 자체를 의미하기도 했지만, 민중의 집회 장소를 말하는가 하면, 시장을 의미하기도 한다. 농사와 같은 일을 제외한 일체 시민 생활이나 활동은 이를 중심으로 이루어진다. 그래서 아테인들은 '오전' 을 '아고라가 붐비는 때(agora plēthousa)' 라 하고, '정오가 막 지

b 카이레폰: 문제될 게 없습니다, 소크라테스 님! 제가 그 수습도 할 테니까요. 고르기아스 님께선 실은 저와 친하시죠. 그러시는 게 좋게 여겨지시고, 지금이라도, 선생님께서 원하신다면, 다시금 우리에게 연설을 해 보이시게 될 겁니다.

칼리클레스: 뭔가요, 카이레폰? 소크라테스 님께서 고르기아스 님의 연설을 듣고 싶어 하시는 건가요?

카이레폰: 실은 바로 그 때문에 우리가 온 거요.

칼리클레스: 그야, 저희 집으로 오시고자 하신다면야. 고르기아스 님께서 저희 집에 묵고 계시니까,[4] 여러분께도 연설을 해 보이실 겁니다.

소크라테스: 잘 말씀하셨소, 칼리클레스! 하지만 그분께서 우리와
c 대화를 하실지? 실은 그분 기술(tekhnē)[5]의 힘(dynamis)이 무엇인

났을 때', 그래서 집으로 돌아가는 때를 agorēs dialysis(파시)라 했다고 한다. 또한 아고라와 관련성을 갖는 중요한 두 동사 중의 하나는 시장에서 물건을 사거나 아고라에서 어슬렁거린다는 뜻의 agorazō이고, 다른 하나는 집회에서 연설하거나 공지 사항을 공지한다는 뜻의 agoreuō이다. 아테네의 아고라에는 공공건물이 거의 다 들어가 있고, 시장이 이곳에 서고, 민회(ekklēsia)의 전용 집회 장소였던 프닉스(pnyx)도 이곳에서 남서쪽으로 400미터쯤 떨어져 있는 낮은 언덕배기에 있다. 아크로폴리스도 아고라와 바로 인접해 있다.

4) 외지 사람인 소피스테스가 아테네에 머물게 되면, 부유한 사람들의 집에서 기숙했다. 《프로타고라스》 편(314e~316a)에는 당대의 이름난 소피스테스들인 프로타고라스와 히피아스 그리고 프로디코스가 그들의 일행까지 거느리고 당대 최고 부호였던 칼리아스의 집에 머물고 있는 장면이 나온다. 그러니까 칼리클레스도 부유한 편에 속하는 인물로 등장하는 셈이다.

5) tekhnē(technē)는 라틴어 ars(영어 art)에 해당하는 말로서, 이에는 여러 가지 뜻이 있다. 솜씨, 손재주, 꾀, 방책 등의 일반적 의미, 그리고 더 나아가 어떤 전문적인 분야와 관련된 체계적이고 방법적인 '전문 지식'까지를 가리키는 말이다. 그것은 어떤 제작적인 기술이나 기예일 수도 있

447c

고, 의술이나 치술 또는 변론술 등에서 보듯, 어떤 분야의 '…술(術)' 에 해당되는 말이기도 하다. 이 대화편 500e~501a를 보면, '요리솜씨' 는 tekhnē가 아니라 empeiria(숙련, 경험)일 뿐이지만, '테크네' 의 일종인 '의술' 은 그것이 보살피는 대상의 성질 및 그것을 시행하게 되는 원인들에 대해 고찰하며 그것들 각각에 대한 이론적인 설명을 해 줄 수 있다는 점을 들어, tekhnē와 empeiria의 전문성이 확연히 구별됨을 말하고 있다. 그런데 헬라스인들에 의해 tekhnē와 거의 같은 뜻으로 쓰여 온 epistēmē라는 낱말이 역시 이 대화편에서 어떻게 쓰이고 있는지도 함께 확인해 볼 필요도 있겠다. '수영함(nein)의 epistēmē' (511c)란 표현에서처럼 '에피스테메' 는 수영 따위를 '할 줄 아는 앎' 을 의미하겠다. 그리고 454e~455a에서는 소크라테스가 설득(peithō)에도 두 가지가, 즉 '알게 됨' (이해하게 됨: eidenai)은 없이 '믿음' (pistis)을 갖게 하는 것과 '앎' (이해: epistēmē)을 갖게 하는 것이 있겠는데, 법정이나 그 밖의 군중집회에서 올바른 것들(ta dikaia) 및 올바르지 못한 것들(ta adikia)과 관련해서 변론술(rhētorikē)이 하는 설득은 '알게 됨' 이 없는 '믿게 됨' 을 생기게 할 뿐이어서, 변론술은 올바른 것 및 올바르지 못한 것과 관련해서 믿게 하는 설득을 하게 되는 것이지, 결코 가르침(didaskalia)을 주는 설득을 하지는 못하는 것이라 말하고 있다. 이 경우에는 '에피스테메' 를 '앎' 이나 '이해' 의 뜻으로 받아들일 수 있겠으며, '가르침' 은 이와 관련된 것일 것이다. 그런가 하면, 449d에서는 변론술이 무엇과 관련된 'epistēmē' 인지를 묻고 있는데, 이 경우에는 둘이, 즉 '테크네' 와 '에피스테메' 가 완전히 같은 의미로 교체되며 쓰이고 있다고 할 것이다. 그리고 460b에서는 건축(목공)일을 배움으로써 건축(목공)에 밝은 사람이, 시가를 배움으로써 시가에 밝은 사람이, 그리고 의술과 관련되는 것들을 배움으로써 의술에 밝은 사람이 되듯, 다른 모든 것과 관련해서도 마찬가지로 각각의 분야와 관련된 것들을 배우게 된 사람을 epistēmē가 그런 분야의 사람으로 만든다고 하고 있다. 이 경우에 '에피스테메' 는 어떤 분야의 전문적 지식이나 숙지(熟知)의 뜻으로 받아들일 수 있겠다. 그래서 《국가(정체)》 편 374d를 보아도 어떤 도구의 용도를 알고 그걸 다룰 줄 아는 epistēmē를 가진 자를 그 도구와 관련된 장인으로 말하고 있다. 그러나 '에피스테메' 는 더 나아가 특히 '학문' 또는 그런 지식 그리고 철학적 의미의 '인식' 으로까지 확장해서 쓰게 되는데, 이는 특히 소크라테스를 거쳐 플라톤에 이르러서이다. 그런가 하면, 복수 tekhnai는 450d에서 보듯 '학술들' 을

지, 그리고 그분께서 공언하시며 가르치시는 게 무엇인지 그분께 여쭤 알아보고 싶소. 또 한 차례의 연설은, 선생이 말하듯, 다음 기회에 하시게 하고요.[6)]

칼리클레스: 뭔들 당자께 직접 물어보시는 것만은 못할 것입니다, 소크라테스 님! 이분께는 이게 과시성 연설의 일환이기도 했으니까요. 어쨌든 방금도 안에 있는 사람들[7)] 중에서 누군가가 원하는 것은 무엇이든 묻도록 촉구했으며, 또한 질문하는 모든 것에 대해 대답하게 될 것이라 말씀하셨습니다.[8)]

소크라테스: 정말로 잘 말씀하셨소. 카이레폰, 자네가 그분께 물어봐 주게나.

카이레폰: 뭘 제가 물어볼까요?

d 소크라테스: 그분께서 무엇을 하시는 분이신지를.

뜻하기도 한다.

6) 소크라테스로서는 고르기아스와 문답식 대화를 하고 싶은 것이지, '과시성 연설'에는 아예 관심이 없기에 하는 말이다.

7) 여기에서 '안에 있는 사람들'이라는 표현으로 미루어, Dodds가 시사하듯, 아마도 방금 고르기아스의 공개적인 과시성 연설(epideixis)이 공공건물이나 김나시온(gymnasion: 체력 단련장)에서 끝난 뒤, 밖으로 막 나온 이들을 소크라테스와 카이레폰이 그 입구에서 만나, 이런 대화를 하고 있는 것으로 볼 수 있겠다. 또한 447b에서 고르기아스가 칼리클레스 자신의 집에 머물고 있으니, 나중에라도 찾아오면, 그런 연설을 들을 기회를 갖도록 하겠다는 제의를 하는 걸로 미루어서도 더욱 그렇겠다.

8) 소피스테스들은 어느 날 아테네에 나타나 많은 사람을 상대로 일장 연설을 함으로써 자신의 변론술적 능력을 과시해 보이는 그런 '에피데익시스'를 한 다음, 무엇이든 질문케 하였다는데, 고르기아스는 스스로 무슨 질문이든 대답해 줄 수 있다고 생각한 대표적인 인물이었던 것 같다. 소피스테스들의 등장 배경과 이들이 아테네의 정치 상황에 미친 영향 등과 관련해서는 졸저 《헬라스 사상의 심층》, 124~131쪽을 참조하는 것도 이해에 도움이 될 것 같다.

447d

카이레폰: 무슨 뜻으로 하시는 말씀인지?

소크라테스: 가령 그분께서 신발을 만드시는 장인이시라면, 그분께서는 제화공이라고 자네에게 대답하실 게 분명하네. 혹시 내가 말하는 바를 이해하지 못하겠는가?

카이레폰: 알겠고요, 제가 물어보죠. 제게 말씀해 주세요, 고르기아스 님! 선생님께 누가 무얼 묻든 대답해 주실 것이라고 여기 이 칼리클레스가 공언하는데, 정말입니까?

고르기아스: 정말이오, 카이레폰! 방금도 그 똑같은 것들을 공언했 448a
거니와, 여러 해 동안 아무도 새로운 것이라고는 내게 전혀 묻질 않았다는 사실도 말하오.

카이레폰: 그러시다면 어쩌면 쉬 대답해 주시겠네요, 고르기아스 님!

고르기아스: 카이레폰, 그건 시도해 보아도 되오.

폴로스: 단연코, 카이레폰! 그렇더라도, 원한다면, 나를 상대로 그러시오. 고르기아스 님께선 지치시기도 한 것으로 내겐 생각되기 때문이오. 실은 많은 것에 대한 말씀을 이제 막 끝마치셨소.

카이레폰: 뭐죠, 폴로스? 그대가 고르기아스 님보다 더 훌륭히 대답할 수 있다고 생각하는 거요?

폴로스: 그게 무슨 상관이겠소, 그대에게 어쨌든 충분히 대답을 하
게 된다면야? b

카이레폰: 아무런 상관도 없소. 그대가 그러고자 하니, 대답하시오.

폴로스: 물으시오.

카이레폰: 그럼 묻겠소. 만약에 고르기아스 님께서 이분과 형제간이신 헤로디코스[9]의 바로 그 기술에 대해 정통하시다면, 이분을 우리

9) Hērodikos라는 이름을 가진 사람으로 의술과 관련해서 알려진 인물들

가 뭐라 지칭하는 게 옳겠소? 그분을 지칭하는 바로 그것으로 지칭하지 않겠소?

폴로스: 물론이오.

카이레폰: 그렇다면 이분을 의사시라고 말함으로써 우리가 제대로 말하겠구려.

폴로스: 예.

카이레폰: 그렇지만 아글라오폰의 아들 아리스토폰이 또는 그의 동기[10]가 숙달한 바로 그 기술에 그가 숙달하다면, 그를 어느 부류의 사람으로 우리가 부르는 게 옳겠소?

은 셋이다. 5세기에 이 이름을 가진 유명한 의사는 《국가(정체)》 편(406a) 및 《프로타고라스》(316d)에서 언급되고 있는 트라케(Thrakē) 지역의 셀림브리아(Sēlymbria) 출신으로, 체육교사 겸 섭생(diaita)에 대한 전문가였으며, 히포크라테스의 선생이었다. 히포크라테스의 《섭생에 관하여》는 그의 영향을 받은 것으로 간주되고 있다. 그는 원래 메가라 출신이었지만, 그 식민지인 셀림브리아로 이주해 살았던 것 같다. 또 다른 한 사람은 로도스에 가까운 크니도스(Knidos) 출신으로서, 400년경에 의사로서 활동했으며, 체액 병리학의 발달에 기여한 인물로 알려져 있다. 제3의 인물이 여기서 말하는 고르기아스와 형제간인 헤로디코스로서, 그 또한 의사였던 것 같다. 그가 고르기아스와 함께 있던 트라시마코스와 폴로스를 평하길, 이름 그대로 Thrasymachos는 '싸움(machos)에 대담한(thrasys)' 사람이고, Pōlos는 '망아지(pōlos)'라 했다는데, 이는 아리스토텔레스가 그의 《수사학》(1400b20~21)에서 이른바 '약식 삼단논법'과 관련된 예들로 들었던 것이다.

10) 여기서 이름을 밝히지 않은 이는 어쩌면 당시로서는 오히려 문자 그대로 '많이(poly) 잘 알려진(gnōtos)' 화가 폴리그노토스(Polygnōtos)라서 그랬는지도 모르겠다. 그는 475~447년에 걸쳐 활동했던 화가로서, 타소스(Thasos) 출신이지만, 나중엔 그의 화가로서의 활동으로 해서 아테네 시민이 되기도 했다. 그는 신화들을 소재로 한 대형 벽화들을 많이 그렸다. 그는 역시 화가인 아버지 Aglaophōn에게서 그림을 배웠고, 그와 형제간인 Aristophōn도 화가였다.

폴로스: 화가로 부르는 것이 옳을 게 명백하오. c

카이레폰: 이제 그가 무슨 기술에 정통하기에, 그를 뭐라 부름으로써 옳게 부르겠소?

폴로스: 아, 카이레폰, 인간들 사이에는 경험들을 통해 경험에 의해서 발견하게 된 많은 기술이 있소. 실은 경험이 우리의 생애를 기술에 따라 영위되도록 할 것이나, 무경험은 우연에 따라 그러도록 할 것이오.[11] 이것들 각각에는 사람들마다 다른 기술들에 다른 방식으로 관여하나, 가장 훌륭한 사람들은 가장 훌륭한 것들에 관여하오. 여기 계신 고르기아스 님께서도 그런 분들에 속하시며, 기술들 중에서도 가장 훌륭한 것에 관여하시오.

소크라테스: 아, 고르기아스 님! 폴로스는 어쨌든 논변에는 훌륭히 d
준비가 되어 있는 걸로 보입니다. 그러나 정작 그가 카이레폰에게 약속한 것은 이행하지 않고 있습니다.

고르기아스: 특히 무엇을 말씀입니까, 소크라테스?

소크라테스: 질문받은 것을 전혀 대답하지 않고 있는 걸로 제게는 보이는군요.

고르기아스: 그럼, 선생께서 원하신다면, 몸소 물으시지요.

소크라테스: 아뇨. 혹시 선생님께서 몸소 대답을 해 주시기라도 한다면, 선생님께 묻는 게 훨씬 반길 일이겠습니다. 폴로스는, 이미

11) '경험들을 통해(ek tōn empeiriōn) 경험에 의해서(empeirōs) … 경험(empeiria)이 … 무경험(apeiria)은 … ' 이 문장에서 보듯, 그리고 바로 이이지는 문장 곧 '사람들마다 다른 기술들에 다른 방식으로(alloi allōn allōs)' 에서 보듯, 같은 부류의 낱말들을 반복하는 것(diplasiologia)은 폴로스의 〈언론 편람〉에 나오는 것이라 한다. 《파이드로스》 편 267b~c 참조.

448d

그가 말한 것들로 미루어 보아서도, 대화하는 것[12)]보다는 이른바 변론술(언변술: rhētorikē)[13)]을 더 익힌 게 제게는 명백하기 때문입니다.

e 폴로스: 왜죠, 소크라테스 님?

소크라테스: 폴로스여, 그대는 고르기아스 님께서 정통하신 기술이 무엇인지 카이레폰이 질문한 데 대해, 마치 누군가가 그 기술을 비난하기라도 하는 것처럼, 그분의 기술을 찬양하면서도, 그게 무엇인지는 대답하지 않고 있기 때문이오.

폴로스: 그게 가장 훌륭한 기술이라고 실은 제가 대답하지 않았던가요?

소크라테스: 그야 그랬소. 그러나 아무도 고르기아스 님의 기술이 어떤 것인지[14)]를 묻지 않고, 그게 무엇인지를, 그리고 고르기아스 님께서는 무엇을 하시는 분으로 지칭해야만 할 것인지를 묻고 있소. 카이레폰이 앞서 그대에게 예들을 제시하고, 그대는 그에게 훌륭하게
449a 그리고 간결하게 대답했듯, 이번에도 이처럼 그 기술이 무엇이며 고르기아스 님께서 무엇을 하시는 분으로 우리가 지칭해야만 하는지 말하오. 하지만, 고르기아스 님, 선생님을 무슨 기술에 정통하신 분으로서, 무얼 하시는 분으로 저희가 지칭해야만 하는지 차라리 몸소 말씀

---

12) 원어는 dialegesthai이고, 이는 447c 바로 앞에서도 dialekhthēnai의 형태로 언급된 것인데, 소크라테스의 경우 이는 특히 '문답하는 것'을 뜻한다.

13) rhētorikē를 이렇게 번역하는 것과 관련해서는 앞서 출간한 《파이드로스》 편 260c의 각주 218에서 결코 짧지 않은 언급을 한 바 있으므로, 이를 참조하는 것이 좋겠다.

14) '어떤 것(poion)'을 묻는 것은 속성(pathos)에 대한 물음이지, 무엇(ti)인지를 묻고 있는 게 아니다.

해 주세요.

고르기아스: 변론술에 정통한 것으로요, 소크라테스 선생!

소크라테스: 그렇다면 선생님을 변론가[15]로 지칭해야만 하겠군요?

고르기아스: 어쨌거나 훌륭한 변론가로요, 소크라테스 선생! 호메로스가 말하듯, 물론 '제가 자랑스럽게 공언하는'[16] 것대로 저를 선생께서 진정으로 지칭코자 하신다면 말입니다.

소크라테스: 저야 그러고 싶죠.

고르기아스: 그러시면, 그리 지칭하세요.

소크라테스: 그러니까 선생님께서는 다른 이들도 그럴 수 있도록 b
만드실 수 있다고 저희가 말해도 되겠습니까?

고르기아스: 그야 물론 이 고장에서만이 아니라 다른 곳에서도 공언하고 있습니다.

소크라테스: 그러시다면, 고르기아스 님! 선생님께서는 지금 우리가 대화하고 있듯, 한편으로는 묻고 한편으로는 대답하기를 계속하시되, 폴로스가 시작하기도 한 것 같은 장황한 말은 다음 기회로 미루길 바라십니까? 그럼, 약속하신 바대로, 실망케 마시고, 질문받으시는 것을 간략히 대답하시도록 해 주시죠.

고르기아스: 소크라테스 선생, 대답들 중에는 길게 말함으로써 하

15) 원어는 rhētōr로서, 문자 그대로 변론술(rhētorikē)에 능한 사람이다. 이른바 연설가, 웅변술을 잘 구사하는 사람, 특히 민회에서의 연설자, 따라서 그런 정치인, 그리고 법정 변론가나 변론술을 가르치는 사람 등을 뜻한다.

16) '나는 [자랑스럽게] 공언한다(eukhomai einai)'는 표현은 호메로스의 작품 중에 등장하는 인물들이 특히 자신들의 혈통을 자랑스럽게 늘어놓고 이를 공언한다면서 쓰는 틀 지어진 상투적 표현이다. 《일리아스》 6. 211, 14. 113, 《오디세이아》 1. 180.

는 게 필요한 경우들도 더러 있죠. 그렇더라도 어쨌든 최대한 짧게 하
c 도록 해 볼 것입니다. 그리고 실은 이 또한 내가 주장하는 것들 중의 하나인데, 그건 그 누구도 똑같은 것들을 저보다 더 짧게 말하지는 못할 거라는 겁니다.

소크라테스: 실은 그게 필요합니다, 고르기아스 님! 바로 그것, 곧 간결한 말(brakhylogia)의 시범을 제게 보여 주세요. 긴 말(makrologia)은 나중으로 미루시고요.

고르기아스: 그럴 것이오, 그러면 선생께선 더 짧은 말은 아무에게서도 듣지 못하셨다고 말씀하실 것이오.

소크라테스: 그럼, 해 보시죠. 선생님께서는 변론술에 정통하시며
d 남을 변론가로 만드신다고도 말씀하십니다. 변론술은 사물들[17] 중에서 무엇과 관련된 것인가요? 이를테면, 모직 직조기술은 겉옷들의 제작과 관련된 것이듯. 그렇지 않은가요?

고르기아스: 예.

소크라테스: 그러니까 음악도 노랫가락들의 제작과 관련된 것이 아닌가요?

고르기아스: 예.

소크라테스: 맹세코,[18] 고르기아스 님! 저는 어쨌든 그 대답들에 찬탄하고 있습니다. 가능한 한 가장 간결하게 대답하시고 있어섭니다.

---

17) 원어는 ta onta인데, 이와 관련해서는 역시 《파이드로스》 편 262a의 해당 각주를 참조하는 게 좋겠다.

18) 이 경우의 맹세는 '헤라에 맹세코(Nē tēn Hēran)' 인데, 여인들의 맹세로 쓰이는 것이 보통이지만, 플라톤의 경우에는 찬탄의 표현과 함께 쓰인다고 Dodds는 주석을 달고 있다.

449d

고르기아스: 그러는 것이 아주 적절하다고 생각해서죠, 소크라테스 선생!

소크라테스: 훌륭한 말씀입니다. 자, 그러시면, 변론술과 관련해서도 제게 그렇게 대답해 주십시오. 그것은 사물들 중에서 무엇과 관련된 앎(epistēmē)입니까?

고르기아스: 그건 언설(言說: logoi)[19]과 관련된 것이죠.

소크라테스: 그건 어떤 언설인가요, 고르기아스 님? 병자들이 어떻 e
게 섭생을 하면, 건강해지겠는지를 설명해 주는 것들인가요?

고르기아스: 아뇨.

소크라테스: 그렇다면 변론술은 모든 언설과 관련된 건 아니군요?

고르기아스: 확실히 아닙니다.

소크라테스: 그렇지만 말하기(언변: legein)에는 능하도록 만들겠군요.

고르기아스: 예.

소크라테스: 그러면 자신이 말하는 것들에 대해서는 이해하고도 있겠네요?

고르기아스: 어찌 그러지 않겠어요?

소크라테스: 그렇다면 방금 우리가 말한 것, 곧 의술은 병자들과 관 450a
련해서 이해하고 말할 수 있도록 만들 수 있겠네요.

고르기아스: 그야 필연입니다.

---

19) logoi는 logos의 복수이다. logos에는 계산, 말, 설명, 비율, 이유, 근거, 원칙, 이치, 이성 등, 참으로 다양하기 그지없는 뜻들이 있다. LSJ의 대사전에 수록되어 있는 그 뜻풀이를 우리말로 죄다 옮기면, 아마도 이 책의 20~25쪽은 좋이 될 것이다. 여기에서는 문맥에 따라 '말' 또는 '언설', 특히 복수는 '언설(言說)'로 일단 옮겼다.

450a

소크라테스: 그럼 의술 또한 언설과 관련이 있는 것으로 보입니다.

고르기아스: 예.

소크라테스: 어쨌든 질병들과 관련되는 것들이겠군요?

고르기아스: 특히 그렇죠.

소크라테스: 그러니까 체육 또한 몸들의 좋은 상태와 나쁜 상태에 관한 언설과 관련이 있겠네요?

고르기아스: 그야 물론이죠.

소크라테스: 또한 진실로 다른 기술들도 이러합니다, 고르기아스
b 님! 이것들 각각은 각각의 기술이 대상으로 삼는 것과 관련되는 것들
인 언설과 관련되어 있고요.

고르기아스: 그리 보이네요.

소크라테스: 그러면 도대체 왜 다른 기술들은, 언설과 관련이 있는데도, 변론술들로 일컫지 않으십니까? 정녕 언설과 관련이 있는 것이면, 이를 선생님께서는 변론술로 일컬으시면서요.

고르기아스: 아, 소크라테스 선생, 그건 다른 기술 분야의 전문적인
앎은 거의가 손으로 하는 일이나 이런 유의 활동들과 관련되지만, 이
런 손으로 하는 일은 변론술과는 아무런 관련이 없으나, 변론술의 모
c 든 행위와 효력은 언설을 통한 것이기 때문입니다. 이런 까닭으로 내
가 변론술을 언설과 관련된 기술이라 주장하며, 내가 말하듯, 말하는
것이 옳지요.

소크라테스: 그러니까 제가 선생님께서 그걸 뭐라 일컫고자 하시는지를 알게 된 건가요? 아마도 더 자세히 제가 알게 되겠죠. 하지만 대답해 주십시오. 우리에겐 기술들이 있지 않습니까?

고르기아스: 예.

소크라테스: 물론 모든 기술 중에서도 대개는 자재를 이용하는 작

450c

업이며 말은 적게 필요한 것들이지만, 더러는 말이 전혀 필요 없고, 그 기술의 대상을 완성하길 침묵 속에서 합니다. 이를테면, 회화와 조각 그리고 다른 것들이 또한 많이 있죠. 이런 것들은 변론술과 전혀
관련성이 없는 것들로 선생님께서 주장하시는 것들이라고 말씀하시 d
는 것으로 제게는 생각되는데, 그렇지 않습니까?

고르기아스: 실상 아주 잘 이해하셨습니다, 소크라테스 선생!

소크라테스: 그런가 하면 전적으로 말을 통해서 모든 걸 이루는 다른 기술들 [또는 학술들][20]이 있으며, 말하자면 행동은 전혀 필요 없거나 아주 적게 필요하죠. 이를테면, 수론(數論: arithmētikē)과 셈법(산법, 산술: logistikē)[21], 기하학(geōmetrikē)[22]이나 장기 그리고 그 밖의 많은 기술 [또는 학술]이 그렇습니다. 이것들 중에서 몇몇은 행위와 같은 정도의 언설을 갖지만, 다수가 더 많은 언설을 가지며, 그
것들에 있어서의 일체 행위와 효과는 언설을 통한 것이죠. 선생님께 e
서는 변론술을 이것들 중의 어느 것으로 말씀하시는 것으로 제게는 생각됩니다.

---

20) 여기서 '기술들 [또는 학술들]'로 옮긴 것의 원어는 tekhnai인데, 문맥상 일방적으로 '기술들'만을 지칭하는 것이 아니기 때문이다.

21) 여기서 말하는 '수론'은 문자 그대로 수(arithmos)의 성질과 관련된 학술이다. 헬라스어로 logismos는 셈·헤아림 등을 뜻하는데, logistikē는 셈법·계산술 등을 뜻한다. 영어 arithmetic은 산수 곧 산법과 수의 성질과 관련된 간단한 가르침을 다루는 것이겠는데, 여기서는 '수론'으로서의 arithmētikē와 '셈법'으로서의 logistikē가 엄연히 구별되고 있다. 그런가 하면, 《필레보스》 편(56d)에서는 이것이 다중의 것과 지혜를 사랑하는 사람들의 것으로 구분됨을 말하고 있다.

22) 원어를 밝힌 이것들 모두에서는 tekhnē가 붙지만, 관례상 생략한 채로 쓴다. 그리고 이어지는 e9에서는 geometrikē를 geōmetria로 언급하고 있다. 어원상으로는 땅(토지: gē)의 측량에서 유래된 말이다.

450e

고르기아스: 진실을 말씀하십니다.

소크라테스: 그렇지만 실은 선생님께서는 변론술이 말을 통해서 효과를 갖게 되는 것이라고 표현은 그렇게 하시면서도, 어쨌거나 이것들 중의 어느 것도 변론술로 일컬으려 하시지는 않는 것으로 저는 생각합니다. 그래도 누군가가 논의에서 트집을 잡고자 한다면, 그걸 받아서 묻겠죠. "그러면 선생님께서는 수론을 변론술로 말씀하십니까?" 하고. 하지만 저는 선생님께서 수론도 기하학도 변론술로 말씀하시지는 않을 것으로 생각합니다.

451a 고르기아스: 실상 옳은 생각이시며, 올바르게 이해하시고 있습니다, 소크라테스 선생!

소크라테스: 자, 이젠 선생님께서도 제가 물었던 것에 대한[23] 대답을 끝맺어 주십시오. 변론술은 대부분 말을 이용하는 기술들 [또는 학술들] 중의 하나이겠지만, 그런 것들로는 다른 것들도 있으니까, 언설에 있어서 무엇과 관련해서 그 효과를 발휘하는 것이 변론술인지 말씀해 주시도록 하십시오. 이를테면, 가령 누군가가 방금 제가 말한 기술들 [또는 학술들] 중의 어느 하나에 관하여서든 제게 묻는다고 하
b 죠. "아, 소크라테스, 수론은 무엇이오?" 하고요. 저는 그에게, 선생님께서 방금 말씀하셨듯이, 말(언설)을 통해서 효과를 보게 되는 것들 중의 어느 것이라고 저는 그에게 말해 줄 것입니다. 또한 그가 묻겠죠. "무엇과 관련된 그것들인데요?" 하고. 저는 짝수 그리고 홀수로[24], 그 각각이 얼마나 큰 수이든, 이것들과 관련된 것들이라 말할

---

23) 449d1에서 자신이 물었던 질문, 곧 "변론술은 사물들 중에서 무엇과 관련된 것인가요?"에 대한 명확한 대답을 요구하고 있다.

24) 텍스트 읽기에서 b4의 [gnōsis]는 기호 표시 그대로 삭제하고서 읽었다.

451b

것입니다. 그러나 다시 그가 묻겠죠. "그럼 무슨 기술을 셈법으로 일컫소?" 하고. 저는 이 또한 말로써 모든 것을 이루는 것들에 속하는 것이라 말할 것입니다. 그리고 또다시 "무엇에 관련해선가요?" 하고 묻는다면, 저는 대답하겠죠. 마치 민회에 제출하는 의안 수정자들[25]
이 하듯, 셈법이 '여타의 것들에서는' 수론과 '같다' 고 말하겠죠. 같 c
은 것, 곧 짝수와 홀수와도 관련되는 것이니까요. 하지만 이런 정도만큼은 다르다고 말할 것입니다. 셈법은 짝수와 홀수가 그것들 자체로도 또한 서로에 대해서도 어떤 수치(數値)를 갖게 되는지를 고찰한다는 점에서 말입니다. 그리고 천문학도 말로써 모든 걸 이룬다고 제가 말할 경우에, 누군가가 천문학에 대해 묻는다고 하죠. "천문학의 언설은 무엇에 관한 것인가요, 소크라테스?" 하고 말입니다. 저는 대답하겠죠. 별들과 해 그리고 달의 운동과 관련해서, 서로 간의 속도가 어떤지를 제가 말하겠죠.

고르기아스: 어쨌든 선생께선 옳게 말씀하시고 있습니다, 소크라테스 선생!

소크라테스: 자, 그러면 선생님께서도 그래 주시죠, 고르기아스 d
님! 그야 변론술이 말로써 모든 것을 관철하며 이루어 내는 것이기 때문입니다, 안 그렇습니까?

고르기아스: 그건 그렇습니다.

---

25) 민회(ekklēsia. 여기에서는 dēmos로 언급됨)에 상정할 안건은 일단 협의회(boulē)에서 접수한 다음, 잘못된 표현이나 표기만 바로잡거나, 다른 사람이 제출한 안건과 다른 점만 적시하는데, 여기서 말하는 '의안 수정자들' 이란 이들을 가리킨다. 제출된 의안에서 "여타의 것들에서는 [원안 또는 누구누구의 안과] 같다(ta men alla kathaper …)" 고 표기하는 이 표현은 불필요한 반복은 피한다는 뜻으로 밝히는 이들의 상투적인 공식 표현이었다고 한다.

451d

소크라테스: 그러면 그게 무엇과 관련되는 것들에 속하는지 말씀해 주십시오. 변론술이 이용하는 이들 언설이 관련되는 이것은 사물들 중에서 무엇[26]입니까?

고르기아스: 인간사 중에서는 가장 위대한 것들[27]입니다, 소크라테스 선생! 그리고 가장 좋은 것들입니다.

소크라테스: 그러나, 고르기아스 님, 이 또한 말다툼거리가 되는 걸
e 말씀하시는데, 전혀 명확하지도 않습니다. 선생님께서는 향연장들에서 노래하는 사람들의 이 돌림노래를 들으셨을 걸로 저는 생각하니까요. 이 돌림노래에서 차례를 따라 세면서 노래하기를, 건강함이 제일 좋은 것이지만, 둘째는 준수해지는 것이고, 셋째는, 이 돌림노래를 지은이가 말하듯, 기만하지 않고(정직하게) 부유해지는 것이라고 하죠.[28]

---

26) 텍스트 읽기에서 ⟨ti⟩는 살려서 읽었다.

27) 448e에서 폴로스가 '어떤 것'과 '무엇'을 구분하지 않고서 말했는데, 고르기아스 역시 그러고 있다.

28) 돌림노래(skolion)는 주연에 참석한 이들이 리라 탄주에 맞추어 '포도주를 마시며 하는 노래(hē paroinios ǭdē)'인데, 제 차례로 지정받은 자가 저마다 노래하게 되는 것이다. 여기서 인용된 이 돌림노래의 전문은 Dodds의 주석서(p. 200)에도 수록되어 있지만, D. A. Campbell이 편집한 *Greek Lyric* V에 '890'이라는 번호가 매겨진 상태로 수록되어 있는데, 그 전문은 이렇다.

> 죽게 마련인 인간에게는 건강함(hygiainein)이 제일 좋은 것이지만,
> 둘째는 풍채(phya)가 준수해지는 것(kalon genesthai)이고,
> 셋째는 기만하지 않고(정직하게) 부유해지는 것(ploutein adolōs),
> 그리고 넷째는 벗들과 더불어 젊음을 누리는 것이리.

본문에서 이 넷째 것이 빠진 것을 두고 Dodds는 '기술(tekhnē)'과 무관한 것이어서라고 말하고 있다. 《법률》 편 631c, 661a 그리고 《메논》 편

451e

고르기아스: 실은 들은 바 있죠. 하지만 무엇 때문에 그걸 말씀하시
는지?
소크라테스: 그건 이런 까닭으로 해섭니다. 가령 이 돌림노래를 지 452a
은 이가 찬양했던 것들을 [정작] 조성하는 자들[29], 곧 의사와 체육교
사 그리고 돈벌이를 하는 자가 당장에 선생 곁에 나타나 선다고 해요.
그러면 맨 먼저 의사가 말하겠죠. "아, 소크라테스, 고르기아스 님께
선 그대를 속이고 계시오. 왜냐하면 사람들에게 가장 좋은 것과 관련
된 기술은 이분의 것이 아니라, 내 것이기 때문이오." 그래서 제가 이
사람에게 묻는다고 하죠. 그대는 뭘 하시는 분이기에 이런 말씀을 하
시오? 하고. 그는 아마도 자신이 의사라고 말하겠죠. 그러니까 무슨
말씀을 하시는 건가요? 그래, 그대의 기술이 하는 일이 최대로 좋은
것이라고요? 아마도 그는 말할 겁니다. "사실, 건강이 왜 그런 게 아
니겠소, 소크라테스? 사람들에게 건강보다 더 크게 좋은 것이 무엇
이겠소?" 이 사람 다음에는 다시 체육교사가 이런 말을 한다고 하죠. b

87e에도 이들 네 가지 것이 언급되고 있다. '돌림노래'로 옮긴 skolion의 유래에 대해서는 여러 설이 있지만, 가장 설득력이 있는 것은 혼례식의 주연에서 하나의 식탁 둘레에 여러 침상들이 몰려 있어서, 사랑의 여신 아프로디테의 신목(神木)인 도금양(myrrinē) 가지(다른 경우의 주연에서는 '월계수 daphnē 가지')를 전달하여 노래하게 하는 순서가 건너편으로 넘어갔다 왔다 하길 '비뚤배뚤한(skolia)' 데서 비롯되었다는 것이다. 어쨌든 분명한 것은 노래하는 순서가 유능한 진행자에 의해서 얼핏 보기엔 '되는대로 진행되는' 것처럼 보였던 것 같기도 해서 붙여진 명칭이라는 점이다.

29) 여기에서 '조성하는 자들'로 옮긴 원어는 dēmiourgoi인데, 이는 어떤 분야의 '장인들'을 뜻하는 말이다. 문맥상 그리 옮겼다. 그 단수 형태는 dēmiourgos로서, 영어로는 craftsman, maker, producer 등으로 옮기는 말이다.

452b

"아, 소크라테스! 고르기아스 님께서, 내가 내 것을 보여 드리는 것보다도, 더 좋은 당신 기술의 것을 그대에게 몸소 보여 주실 수 있다면, 나로선 놀라워할 것이오." 하고. 저는 다시 이 사람에게도 물을 것입니다. 보십시오, 그대는 무엇을 하시는 분이시며, 그대가 하시는 일은 무엇이오? 그가 대답하겠죠. "체육교사이며, 내가 하는 일은 인간들을 신체적으로 아름답고 강하게 만드는 것이오." 하고. 그러나 이 체육교사 다음에는 이재가(理財家)가 말하겠죠. 제가 생각하듯, 모두를
c 아주 경멸하면서 말입니다. "생각해 보기나 하시오, 소크라테스! 고르기아스 님의 경우에나 다른 누구의 경우에나 부보다 더 크게 좋은 것이 있는 것으로 그대에게 보이는지." 그러면 우리는 이 사람에게 묻겠죠. 그러니까 뭔가요? 그대는 그걸 조성하는 이인가요? 그렇다고 할 테죠. 무엇을 하시는 분이시기에? "이재가요." 그러니까, 뭔가요? 그대는 인간들에게 가장 크게 좋은 것을 부로 판단하시는 건가요? 우리는 그리 물을 것입니다. "어찌 그렇지 않겠습니까?" 하고 그는 반문할 것입니다. 하지만 여기 계신 고르기아스 님께선 당신 쪽 기술이 그대의 기술보다도 더 크게 좋은 것의 조성 원인이라고 어쨌든 반박하실 거라고 우리는 말할 것입니다. 그러면 그다음에 물을 게 명백합니다. "그래 그 좋다는 게 무엇입니까? 고르기아스 님께서 대답케 하시죠."
d 자, 그럼 고르기아스 님, 저들과 제게서 질문을 받으셨다고 생각하시고, 대답해 주십시오. 선생님께서 인간들에게 최대로 좋은 것이며 선생님께서 그걸 조성하시는 분이라 말씀하시는 것, 그것이 무엇인지를.

고르기아스: 소크라테스 선생! 그건 진실로 가장 크게 좋은 것이며 인간들 자신들에게 있어서 자유의 원인인 동시에, 각자가 자신의 나라에서 남들을 다스릴 수 있게 해 주는 원인이기도 한 바로 그것입니다.

소크라테스: 뭘 그걸로 말씀하시는 겁니까?

고르기아스: 나로서는 법정에서는 재판관들[30)]을, 협의회[31)]에서는 e

30) 아테네의 경우, 완전한 민주화가 이루어진 462년 이후, 법정(dikastērion)의 재판관들(dikastai: 단수는 dikastēs)은 몇백 명에 이르므로, 사실상 배심원들이라 보는 게 옳겠다. 당시의 재판 제도와 관련해서는 역주자의 《소크라테스의 변론》 편 해제를 참조하는 것도 도움이 되겠다.

31) 헬라스어로 협의회(평의회)는 boulē, 협의회 의원들은 bouleutai라 한다. 아테네는 139개나 되었다는 부락 및 그 부락민(dēmos)(복수는 dēmoi임)(dēmos는 '민중' 또는 '평민'을 뜻하는 말이기도 함)을 기반으로 한 새로운 행정 단위인 10개 부족(phylai)으로 클레이스테네스(Kleisthenēs)의 민주화 개혁(기원전 508/7년)에 따라 인위적으로 재편된다. 여기에서 재편되었다 함은 그가 아테네의 도심 지역과 해안 지역 및 내륙 지역을 각각 10개로 나눈 다음, 이들 나뉜 각 지역에서 하나씩, 셋을 하나로 묶어 한 부족으로 하는 10개의 부족으로 재편한 것을 두고 하는 말이다. 그래서 종래의 혈연에 기반을 둔 4부족은 인위적인 행정 단위의 10부족으로 그 성격이 바뀌게 되었고, 각 부족(phylē)을 형성하게 된 세 지역의 각각은 그 부족의 1/3에 해당된다 하여, 이를 '트리티스'(trittys: 1부족의 1/3)라 일컫게 되었다. 그리고 이 '트리티스'는 여기에 속하는 가장 큰 부락(市區: dēmos)의 이름을 따라 불리게 된다. 이처럼 10개 부족 및 그 하부 조직으로 재편된 아테네의 행정 체제가 이후의 아테네의 군 편제 및 모든 분야의 공공 생활의 기반이 된다. 이들 각각의 부족에서 30세 이상인 남자의 대표 50명씩을 매년 추첨에 의해 선출하는데, 한 부족에 속하는 각각의 부락(市區)은 그 규모에 따라 적게는 3명 많게는 22명을 선출하게 된다. 그러나 같은 한 사람이 두 번 이상 협의회 의원으로 될 수는 없다. 이렇게 해서 도합 500명의 협의회 의원들이 뽑히게 되는데, 이들은 1년을 10으로 나눈 각 분기 동안 한 부족의 의원들 50명이 협의회의 운영(실무) 위원회(prytaneis)를 구성한다. 당시에는 음력을 공식 달력으로 썼기 때문에, 추첨에 의해 먼저 협의회의 운영을 맡게 되는 4부족은 36일씩, 나중의 6부족은 35일씩 맡게 된다(아리스토텔레스의 《아테네의 나라체제》 43. 2 참조). 이 기간(prytaneia) 동안 이들은 tholos(둥근 지붕의 원형 건물로서, 영어로는 the Rotunda라 하는 것임. 일명 Skias라고도 하는데, 이는 그 지붕이 양산 모양이라 하여 붙인 이름임.)에 머물며, 국비로 식사도 하고, 협의회 및 민회(ekklēsia)의 업무 및 외교 업무 등을 주관하게 된다. 그리고 그들 가운데서 매일 한 사람의 대

452e

협의회 위원들을, 민회[32]에서는 민회의 의원들을, 그리고 그 밖의 다른 모든 집회에서, 무슨 시민 집회가 벌어지건, 그들을 설득할(peithein) 수 있는 걸 말하고 있습니다. 그렇다고 한다면, 선생은 이 능력으로 해서 의사를 노예로 삼게 될 것이며, 체육교사 또한 노예로 삼게 될 것입니다. 반면에 이 이재가는 남을 위해서 돈을 버는 사람으로 드러나게 될 것이니, 자신을 위해서가 아니라, 말을 할 줄 알며 대중을 설득할 수 있는 선생을 위해서 버는 것으로 말입니다.

소크라테스: 고르기아스 님, 이제 선생님께서 변론술을 무슨 기술이라 생각하시는지를 가장 근접하게 명시하신 것으로 제게는 생각되거니와, 만약에 제가 뭔가 이해하고 있다면, 변론술을 설득(peithō)의

453a

표를 추첨에 의해 선발하게 되는데, 이 사람은 자기가 선택한 한 '트리티스' 출신의 의원들의 도움을 받으며 '톨로스'에서 24시간 당직을 서고, 그날 열리게 되는 협의회 또는 민회의 의장(epistatēs)이 되는가 하면, 국새와 국고 및 국가 문서의 보관 업무도 그의 소관이 된다. 협의회 의원으로서 의장이 되는 것은 일생에 한 번뿐이다. 그런데 협의회 자체에 어떤 의안 결정권이 있는 게 아니라, 민회에서 투표에 붙일 의제 또는 의안들을 협의하고 민회의 소집권을 갖는 기구이다. 그 기간(prytaneia) 동안 네 차례의 정규적인 주요 민회(kyria ekklēsia)가 소집되고, 물론 특별한 안건이 있을 경우에도 민회는 소집된다.

32) 헬라스어로 민회는 ekklēsia, 민회에 참석한 의원들은 ekklēsiastai 혹은 ekklēsiazontes라 한다. 아테네의 경우에 18세 이상의 성인 남자로서 시민 자격을 갖춘 아테네인들로 구성되는 최고 의결기구가 민회였으며, 연간 40회의 정규적인 회의와 필요에 따른 회의를 가졌다. 협의회를 통해 제의된 안건은 대체로 거수 투표(kheirotonia)에 의한 종다수로 의결되는데, 이를 psēphysma(다수표에 의해 통과된 법안, 곧 법령)라 한다. 외교 문제, 재정, 군사 작전 등, 나라의 중대사와 관련된 문제를 의결하며, 장군들(stratēgoi)의 선발, 심지어는 나라의 안위와 관련된 범죄에 대한 재판까지 하게 되는 기구였다.

453a

장인 노릇을 하는 것[33]이라며, 이것이 하는 일 모두와 그 핵심이 이에서 그 끝을 보게 되는 것으로 말씀하시고 계십니다. 혹시 선생님께서는 변론술이 듣는 사람들의 혼에 설득 효과를 보도록 하는 것 이상으로 더 할 수 있는 뭔가를 말씀하실 수 있으신지요?

고르기아스: 전혀요, 소크라테스 선생! 오히려 선생께서 충분히 그 의미 규정을 하신 것으로 내게는 생각되네요. 그게 변론술의 핵심이니까요.

소크라테스: 그럼 들어 보십시오, 고르기아스 님! 만약에 누군가가 대화의 주제가 되고 있는 바로 이것을 알고자 해서 다른 사람과 서 b
로 대화를 정작 하게 될 경우에, 제가 스스로를 설득하고 있듯, 저도 이들 중의 하나임을 잘 알아 두십시오. 선생님 또한 그런 분으로 저는 봅니다.

고르기아스: 그런데요, 소크라테스 선생?

소크라테스: 제가 이제 말씀드리죠. 선생님께서 말씀하시는 변론술로 인한 설득이 도대체 어떤 것인지 그리고 어떤 종류의 일들에 대한 설득인지 제가 명확히는 모른다는 점을 잘 알아 두십시오. 확실히 모르긴 하지만, 선생님께서 그걸 무엇으로 그리고 무엇들에 관련된 것들로 말씀하시는지는 제가 적어도 짐작은 합니다. 그렇다 하더라도

33) 여기서 '장인(丈人) 노릇을 하는 것'으로 옮긴 것의 원어는 dēmiourgos(장인)이다. 변론가 아닌 변론술 자체를 이런 식으로 의인화해서 말하는 것은, Dodds가 지적하고 있듯, 플라톤 또는 소크라테스가 곧잘 쓰는 표현법이기도 하다. 이를테면, 《향연》 편 188d에서 역자가 "예언술은 또한 신들과 인간들 간의 우의를 '조성해 내는 것'이다"로 번역한 문장에서 '조성해 내는 것'의 원어도 실은 dēmiourgos(장인)이다. 452a에서의 '조성하시는 분', c에서의 '조성하는 이', d에서의 '조성하는 자'도 이의 번역어들이다.

453b

저는 물을 것입니다. 선생님께서는 변론술로 인한 설득이 도대체 무
c 엇이며 그것은 무엇들과 관련된 것이라 말씀하시는 건지를요. 제 자신이 짐작은 하면서도, 제 스스로는 말하지 않고, 선생님께 묻게 되는 것은 바로 무엇 때문일까요? 이는 선생님을 위해서가 아니라, 논의를 위해선대, 논의되고 있는 것과 관련해서 우리에게 최대한 명백하게끔 만들도록 진행하기 위해섭니다. 제가 선생님께 질문을 하는 것이 과연 옳게 하는 것으로 선생님께 생각되시는지 살펴 주십시오. 이를테면, 가령 제가 제욱시스[34]가 무슨 화가[35]인지를 선생님께 물을 경우에, 그는 상(像)들[36]을 그리는 자라고 제게 대답하신다면, 그 경우에 그가 어떤 상들을 어디에[37] 그리는 사람인지를 제가 선생님께 물었더라면, 그건 옳지 않았을 테죠?

고르기아스: 물론입니다.

d 소크라테스: 그야 많은 다른 상들을 그리는 다른 화가들이 또한 있

---

34) Zeuxis는 남이탈리아(Magna Graecia)의 헤라클레이아(Herakleia) 출신으로서 대략 435~390년에 활동한 이름난 화가였다. 《프로타고라스》편 318c~d에서는 제욱시포스(Zeuxippos)라는 이름의 젊은이로 등장하고 있다. 그의 그림은 워낙 빼어나고 사실적이기도 해서, 그가 그린 포도나무의 포도를 새가 콕 쪼았다고 한다. 당대에 유명한 그림들을 남겼던 것으로 전한다. 아리스토파네스의 《아카르나이 부락민들》 991~2에서 언급되는 장미 화관을 쓴 에로스의 그림도 그의 작품으로 알려져 있다.

35) 헬라스어로 화가를 zōgraphos라 하는데, 이는 어원상으로는 생명이 있는 것, 넓은 의미에서 자연까지 포함하는 살아 숨 쉬는 것들을 그리는 자를 뜻하는 말이다.

36) 원어 ta zōa는 생물, 특히 동물을 뜻하니까, 여기에서 '상'이란 동물상 또는 인물상을 가리킨다고 보아야 할 것이다.

37) 여기서 '장소'는 어떤 시설 또는 건물에 그리는 그림(벽화) 또는 이 그림의 어떤 부분에 그리는 것인지를 가리키는 것으로 보면 되겠다. 452e에서 설득 장소와 설득 대상을 말한 것에 상응하는 언급이겠다.

453d

다는 이 이유 때문이겠죠?

고르기아스: 예.

소크라테스: 하지만 제욱시스 이외에는 다른 누구도 그림을 그리지 않았다면, 선생님의 그 대답은 훌륭했을 테죠?

고르기아스: 어찌 그렇지 않겠습니까?

소크라테스: 자, 그러면 변론술과 관련해서도 말씀해 주십시오. 선생님께는 변론술만이 설득을 하는 걸로 생각됩니까 아니면 다른 기술들도 그러는 것으로 생각됩니까? 제 말은 이런 것입니다. 누구든 뭘 가르치는 자는 자기가 가르치는 걸 설득에 의해서 합니까 아니면 그러지 않습니까?

고르기아스: 아니죠, 소크라테스 선생! 그 무엇보다도 설득에 의해서죠.

소크라테스: 방금 우리가 언급했던 같은 기술들에 대해 다시 말하 e
도록 하죠. 수론은 하고많은 수의 문제들을 우리에게 가르쳐 주며, 수론을 다루는 사람 또한 그러지 않나요?

고르기아스: 물론입니다.

소크라테스: 그러니까 설득 또한 하지 않습니까?

고르기아스: 예.

소크라테스: 그렇다면 수론 또한 설득의 장인 노릇을 하는 것이겠군요?

고르기아스: 그리 보이네요.

소크라테스: 그러니까 만약에 누군가가 그게 어떤 설득이며, 무엇과 관련된 것인지를 묻는다면, 아마도 우리는 그게 짝수 그리고 홀수와 관련해서 그게 얼마인지를 가르치는 설득이라고 아마도 우리는 대답하겠죠. 또한 방금 우리가 말한 다른 일체의 기술들을 설득의 장 454a

454a

인 노릇을 하는 것들임을 그리고 무슨 종류의 설득이며 무엇에 관련된 것인지를 우리가 밝히어 보일 수 있을 것입니다. 그렇지 않겠습니까?

고르기아스: 예.

소크라테스: 그렇다면 변론술만이 설득의 장인 노릇을 하는 건 아닙니다.

고르기아스: 참된 말씀입니다.

소크라테스: 따라서 그것만이 이 일을 해내는 것이 아니고, 다른 것들도 하므로, 우리가 화가에 대해서 했듯이, 그 주장을 하는 사람에게 당연히 다시금 질문을 그다음으로 우리가 할 수 있겠습니다. 바로 어떤 설득과 무엇과 관련된 설득의 기술이 변론술인가요? 혹시 다시 질
b 문하게 되는 것이 정당치 않은 것으로 선생님께는 여겨지십니까?

고르기아스: 내게야 정당한 걸로 여겨져요.

소크라테스: 그럼 대답해 주세요, 고르기아스 님! 어쨌든 선생님께도 그리 여겨지신다니까요.

고르기아스: 그러면 이제 말합니다, 소크라테스 선생! 그건, 방금도 말했듯, 법정들 그리고 다른 군중들[38] 속에서의 설득이며, 올바른

---

38) 원어는 okhlos의 복수 형태인 okhloi이다. 여기서 '군중'으로 옮긴 okhlos는 마음의 평온 따위를 '흔들어 놓는다'든가 '어지럽히다'는 뜻의 동사 okhleō에서 유래한 말이다. 그러니까 설득으로 해서 '마음이 흔들리는(동요하는) 군중(a moving crowd)'을 지칭하는 말이다. 헬라스어로 비슷한 낱말들이 많은데, 역자는 plēthos(multitude, crowd)를 '대중(군중)' '다수'로, 영어 사전에서 '민중' '대중'으로 번역한 hoi polloi(the many)는 문맥에 따라 '다중' 또는 '많은 사람'으로, 그리고 dēmos(the commons)는 '민중' '평민' 또는 '민회(ekklēsia)' 자체나 '부락'으로 옮기고 있다.

454b

(정의로운) 것들과 올바르지 못한(불의한) 것들에 관련해섭니다.

소크라테스: 저 또한 실은 선생님께서 이 설득을, 그리고 이것들과 관련해서, 말씀하시는 것으로 짐작하고 있었습니다, 고르기아스 님! 하지만 좀 뒤에, 명백한 것으로 여겨지는, 이런 어떤 걸 제가 선생님께 질문하더라도, 놀라지 않으시도록 하느라 해섭니다. 제가 말하듯, c
이는 논의를 차례대로 완결 짓기 위해서 질문을 하는 것이니, 선생님 때문이 아니라, 서로가 말하는 걸 지레 짐작하고서는 낚아채는 버릇을 들이지 않기 위해섭니다. 그래서 저는 선생님께서 바라시는 대로 전제[39]에 따라 선생님의 주장을 이끌어 가셨으면 해섭니다.

고르기아스: 어쨌든 선생께선 옳게 하시는 것으로 내겐 생각되기도 합니다, 소크라테스 선생!

소크라테스: 자, 그러면 이것 또한 고찰토록 하죠. 선생님께선 뭔가를 '배웠다(알게 되었다)'[40]는 말씀을 하시죠?

고르기아스: 그럽니다.

소크라테스: 어떤가요? '믿게 되었다'는 것은요?

고르기아스: 나야 그럽니다.

소크라테스: 그러면 선생님께는 '배웠다(알게 되었다)'와 '믿게 되 d
었다'가, 그리고 배움(앎을 얻게 됨: mathēsis)과 믿음(pistis)[41]이 같

39) 이 전제(가정: hypothesis)는 454a~b에서 고르기아스가 변론술에 대해서 규정한 바를 가리킨다.

40) 원어 memathēkenai는 manthanō(배우다)의 완료형 부정사이다. 이 경우에 '배웠다'는 말은 곧 배워서 '이해하고 있다'든가 '알고 있다'는 걸 뜻한다.

41) 여기에서 '배움(앎을 얻게 됨)'과 '믿음'의 대비는 바로 이어서 '앎(epistēmē)'과 '믿음'의 대비로 바뀐다. 《메논》편 이후로는 '앎'과 대비되는 것을 '의견(doxa)'으로 말하는 게 관례가 되다시피 했다. 그런데

454d

은 것이라 생각되십니까, 아니면 다른 어떤 것이라 생각되십니까?

고르기아스: 나로서야 그건 다른 것이라 생각합니다, 소크라테스 선생!

소크라테스: 옳게 생각하시는 겁니다. 이러면 아실 겁니다. 가령 누군가가 선생님께 묻는다고 하죠. "그러니까, 고르기아스 님, 거짓 믿음과 참 믿음이란 게 있습니까?" 하고요. 제가 생각하기로는, 선생님께선 그렇다고 하실 겁니다.

고르기아스: 예.

소크라테스: 어떻습니까? 거짓 앎(epistēmē)과 참된 앎이 있습니까?

고르기아스: 결코 없습니다.

소크라테스: 그러니까 그것들은 같은 것이 아니라는 게 또한 명백합니다.

고르기아스: 참된 말씀입니다.

e 소크라테스: 그렇지만 어쨌든 배우게 된 자들도 설득되었고 믿게 된 자들도 그렇습니다.

고르기아스: 그건 그렇습니다.

소크라테스: 그렇다면 선생님께서는 우리가 설득의 두 종류를, 곧 앎은 없이 믿음을 제공하는 것과 앎을 제공하는 것을 상정하기를 바라십니까?

고르기아스: 물론입니다.

소크라테스: 그러면 어떤 변론술이 법정들에서 그리고 다른 군중들

《국가(정체)》 편 511d~e에서는 '의견'을 갖게 되는 인식 주관의 상태들 중의 하나로 '믿음'을 언급하고 있다.

454e

속에서 올바른(정의로운) 것들 그리고 올바르지 못한(불의한) 것들과 관련해서 설득을 합니까? 그것으로 해서 앎은 없이 믿음이 생기는 것입니까 또는 그것으로 해서 앎이 생기는 것입니까?

고르기아스: 아마도 그것으로 해서 믿음이 생기는 것일 게 명백합니다, 소크라테스 선생!

소크라테스: 그러니까 변론술은 올바른 것 그리고 올바르지 못한
것과 관련해서 믿음을 생기게 하는 장인 노릇을 하는 것이지, 가르침 455a
을 주는 설득은 아닌 것 같습니다.

고르기아스: 예.

소크라테스: 따라서 변론가는 법정들이나 다른 군중들에 대해 올바른 것들 그리고 올바르지 못한 것들과 관련해서 가르침을 주는 자가 아니라, 설득을 하는[42] 자일 뿐입니다. 그가 그렇게 많은 군중을 이처럼 중대한 문제들에 있어서 짧은 시간에 가르칠 수는 없을 것임이 어쨌든 확실하겠기 때문입니다.

고르기아스: 그리는 못 할 게 확실합니다.

소크라테스: 자, 그러면 변론술에 대해서 도대체 우리가 뭘 말할 것
인지도 보십시다. 저는 제가 뭘 말할 것인지 실은 아직도 전혀 생각할 b
수가 없기 때문입니다. 집회가 의사들의 선발과 관련되거나 또는 조선공들이나 다른 어떤 장인 부류의 선출과 관련된 경우라면, 그땐 변론에나 밝은 자는 나라에 조언해 주지 못할밖에 별도리가 없지 않겠습니까? 그 각각의 선출에는 가장 전문적인 자가 선택되어야만 하는 게 명백하기 때문입니다. 성벽의 축조나 항만과 조선소의 건설과 관련될 경우에도, 그가 아니라, 건축가가 조언할 것이고요. 또한 장군들

42) 텍스트 읽기에서 455a4의 pistikos는 peistikos로 읽었다.

455b

의 선택이나 적들에 대항하는 어떤 전열의 배치나 지역들의 점령과
c 관련된 조언일 경우에도, 그러지 않고, 장군의 통솔력에 밝은 자들이
그땐 조언을 해 줄 것이지, 변론술에 능한 자들이 조언을 하지는 못
합니다. 고르기아스 님, 이런 경우들에 선생님께서는 어떻게 말씀하
시겠습니까? 선생님께서는 스스로 변론가이기도 하시며 남들을 변론
에 능하도록 만드신다고도 말씀하시니까, 선생님의 기술에 속하는 것
들을 선생님께 여쭤서 듣는 것이 좋겠습니다. 지금은 저도 선생님 일
로 열성인 걸로 여기십시오. 아마도 이 안쪽에 있는 자들 중에서 누군
가는 선생님의 제자가 되고 싶어 하겠기 때문인데, 제가 감지하기로
는 좋이 몇 사람이나 아니 여럿이 되겠거니와, 이들은 선생님께 질문
d 하기를 아마 부끄러워하고 있을 겁니다. 그러니까 제게서 질문을 받
으시면, 그들에게서도 질문을 받으시는 걸로 여기십시오. "고르기아
스 님, 만약에 저희가 선생님과 함께하면,[43] 저희가 무엇을 얻게 되나
요? 무엇과 관련해서 저희가 나라에 조언할 수 있게 되나요? 올바른
것 그리고 올바르지 못한 것과 관련해서만, 또는 방금 소크라테스가
언급한 것들과 관련해서도 그럴 수 있게 되나요?" 그러면 이들에게
대답을 하도록 해 보십시오.

고르기아스: 그래요, 소크라테스 선생, 내가 변론술의 전반적인 힘
을 선생께 명확히 드러내 보이도록 해 볼 것입니다. 선생께서 몸소 훌

---

43) 누구와 '함께한다(syneimi)'는 동사 형태나, 이의 명사형 '함께하기(synousia)'는 복합적인 뜻을 갖는 말이다. synousia는 '함께 있기' 또는 '함께하기' 곧 '함께함(being with)'이 그 어원상의 뜻인데, 영어 intercourse 속에 그 대강의 뜻이 담겨 있다고 말할 수 있겠다. '교류', '교제', '대화', '선생과의 교류', '그 청강', '성적인 관계' 등을 뜻한다. 현대의 헬라스어로는 오로지 '성관계'를 뜻할 뿐이다.

455d

륭히 선도하셨기 때문입니다.[44] 아마도 선생께선 이들 조선소들과 아
테네의 성벽들 그리고 항만들의 건설이 테미스토클레스[45]의 조언으 e
로 해서, 또한 그 일부가 페리클레스의 조언으로 해서 이루어졌지, 장
인들로 해서 이루어진 것은 아니라는 걸 알고 계실 테니까요.

---

44) 바로 앞에서 소크라테스가 예를 들어 가며 그런 경우들에 변론술이 실질적으로 무슨 도움이 되겠는지를 짚어 가며 말했던 것들이 사실은 고르기아스 자신으로 하여금 오히려 거꾸로 변론술이 정작 그런 경우들에 기여할 수 있음을 말하도록 길을 터준 셈이라는 뜻으로 하는 말이다.

45) Themistoklēs(약 528/524~약 462/459)는 493/2년에 아르콘(Arkhōn)이, 490년엔 부족을 대표하는 장군(stratēgos)이 되었다. 아르콘일 때, 그는 아테네에서 약 8킬로미터의 거리에 있는 외항 피레우스의 항만 개발을 본격적으로 시작했다. 그때까지의 항구였던 동쪽의 팔레론(Phalēron)의 경우, 전함들을 항구 바깥쪽에 정박하게 할 수밖에 없었는데, 점증하는 국방의 필요성을 절감한 그는 피레우스의 본 항만(Kantharou limēn: 칸타로스 항만)과 함께 바로 인접한 동쪽의 작은 반도에 제아(Zea)와 그 옆의 무니키아(Mounikhia: 지금의 Mikrolimano)라는 훌륭한 방파제와 계류장을 갖춘 천연의 요새 같은 두 군항을 아테네가 확보케 한다. 또한 483년에는 수니온(Sounion) 인근의 라우리온(Laurion) 은광에서 얻은 은의 수익을 시민들에게 분배하자는 주장을 그가 물리치고, 삼단노 전함(triērēs)을 70척에서 200척으로 늘리도록 하는 데 기여했다. 게다가 480년에 있었던 제2차 페르시아 전쟁 때는 살라미스(Salamis) 해전을 총지휘하여 승전함으로써 아테네에 크나큰 영광을 안겼다. 479년에는 스파르타에 사절로 가 있으면서, 스파르타의 감시망을 눈가림해 가며, 아테네 도심을 에워싼 기존 성벽의 개축을 마무리 짓게 함으로써, 이를 기정사실로 만들어 버렸다. 그래서 이 아테네 성벽은 '테미스토클레스의 성벽'으로 불리기도 했다. 이런 일들은 아테네의 방어망을 구축하는 것이라, 특히 479년의 플라타이아(Plataia)에서 페르시아의 세 번째 침공을 막는 데 진두지휘한 스파르타의 파우사니아스(Pausanias)를 필두로 스파르타가 적극적으로 막는 일이었다. 헬라스 나라들 간에 장벽을 치는 일을 하지 못하게 함으로써, 기왕에 장악한 헬라스의 주도권을 계속 쥐고 있겠다는 것이 스파르타의 속셈이었다. 그렇듯 공로가 컸던 그였지만, 그를 시샘한 정적들로 해서 결국엔 471년경에 도편추방을 당했다.

455e

소크라테스: 고르기아스 님, 테미스토클레스에 대해서는 그리들 말하죠. 페리클레스의 중간 성벽과 관련해서는 그가 우리에게 조언했을 때, 제 자신도 들었습니다.[46)]

456a 고르기아스: 그리고, 소크라테스 선생, 어쨌든 선생께서 말씀하신 그런 이들 중의 어떤 선택일 경우, 선생께선 변론가들이 이런 것들과 관련해서 조언을 하는 이들이며 제안들을 관철하는 이들임을 보십니다.

소크라테스: 그런 일들을 제가 놀라워하기도 해서, 고르기아스 님,

---

46) 테미스토클레스가 다목적의 피레우스 항만을 개발한 데 힘입어, 아테네는 461~456년에 걸쳐 아테네에서 피레우스 항까지의 장성(長城: ta makra teikhē)과 그 남동쪽의 팔레론(Phalēron) 만까지의 성벽도 구축한다. 앞 것은 '북쪽 성벽'으로, 뒤엣것은 '남쪽 성벽'으로 불리기도 했다. 그런데 444~442년에 걸쳐서는 이 '북쪽 성벽'과 약 180~170미터 폭으로 또 하나의 성벽을 나란히 쌓는데, 이게 여기서 말하고 있는 '중간 성벽(to dia mesou teikhos)'이고, 이를 추진한 이가 페리클레스(Periklēs)이다. 이와 관련된 그의 연설을 25세의 소크라테스가 들은 것으로 여기선 말하고 있다. 그래서 북쪽의 기존 성벽과 함께 나란히 구축된 이 두 성벽은 '다리 성벽(ta Skelē=the Legs)'이라는 별명까지 얻어 갖게 되는데, 이 장성들과 '테미스토클레스의 성벽'이 연결된 것은 자연스런 일이겠다. 이로써 아테네에서 피레우스까지 약 6킬로미터에 이르는 이 성벽들은 아테네의 요새로서 또한 군사 도로로서 그 구실을 이후에 톡톡히 하게 되며, 다른 나라들에서 들여오는 식품 조달의 안전한 통로로서도 그 큰 구실을 맡게 된다. 반면에 남동쪽의 팔레론 성벽은 차츰 용도 폐기가 되어 간다. 그랬던 탓으로, 404년에 펠로폰네스 전쟁에서 승리한 스파르타가 이 성벽을 무너뜨리는 데 적극적이었던 것은 당연한 일이었을 것이다. 그러나 이 전쟁이 끝날 무렵에 항복하지 않고, 전함 여덟 척을 이끌고 도피했던 코논(Konōn) 장군은 망명자로 자처하며 페르시아 함대에 합류했다가, 이들의 지원을 받으며 394년에 크니도스(Knidos)에서의 해전에서 스파르타 군에 대승을 거둔 뒤에, 이듬해 거금을 갖고 아테네로 귀환해서, 이 장성을 재건한다.

456a

오래전부터 도대체 변론술의 힘이 무엇인지 자문해 오고 있습니다. 이런 생각을 하게 된 제겐 실로 그 힘이 막강하기가 신통한 것으로 보입니다.

고르기아스: 그야, 소크라테스 선생, 그 모든 걸 정말로 아시게 된다면. 말하자면 힘이란 힘은 그게 다 거머쥐고 있다는 사실을 말씀이오. 그 큰 증거를 내가 선생께 말하리다. 실은 나야말로 이미 여 b
러 번 내 동기[47]와 함께 그리고 다른 의사들과도 함께 환자들 곁으로 가서, 약을 마시려 하지 않거나 의사에게 절제 수술이나 소작(燒灼)을 허용하려 하지 않는 환자를, 의사가 설득할 수 없을 경우에는, 내가 설득했죠. 다른 기술 아닌, 변론술로 말입니다.[48] 또한 원하는 어느 나라로 가건, 변론에 능한 자와 의사가 가서, 둘 중에 어느 쪽이 의사로 뽑혀야만 될지를 민회나 다른 어떤 집회에서 언변으로써 겨뤄야만 한다면, 어디에서도 의사가 뽑힐 것 같지가 않고, c
말을 능하게 할 수 있는 자가, 원한다면, 뽑힐 것으로 보이네요. 그리고 다른 어떤 장인들을 상대로 겨룬다 하더라도, 변론에 능한 자는 다른 누구보다도 자신이 선택되도록 설득할 것입니다. 대중 앞에서 변론에 능한 자가 무엇과 관련해서든 장인들 중의 다른 누구보다도 더 설득력 없이 말하는 경우는 없을 것이기 때문이죠. 그러니까 그 기술의 힘은 이처럼 크며 그와 같은 것입니다. 그렇지만, 소크라테스 선생, 변론술을 이용하는 건, 다른 모든 겨룸을 이용하듯, 해야만 합니다. 왜냐하면 다른 겨룸도, 권투하는 것이나 팡크라

47) 448b에서 해당 각주를 참조할 것.

48) 《법률》 편 720d 및 857c~d에서는 참으로 의사다운 의사가 환자를 어떻게 대하는지, 환자가 의사의 치료에 어떻게 적극적으로 응하며 동참하는지를 설명하는 대목이 나온다.

d 티온[49]을 하는 것 그리고 중무장 상태로 싸우는 것을 배웠다고 해서,
그래서 친구들이나 적들보다도 더 강해졌다고 해서, 모든 사람을 상
대로 써먹어서는 안 되니까요. 그런 까닭으로 친구들을 때려서도 찔
러 죽여서도 안 되는 거죠. 또한 누군가가 레슬링 도장[50]에 다님으로
써 몸이 좋아지고 권투를 익히게 된 다음에, 아버지와 어머니 또는 친
척들이나 친구들 중의 다른 누군가를 구타할 경우에, 이 때문에 체육
e 교사들과 중무장 상태로 싸우는 걸 가르치는 사람들을 나라들 밖으
로 추방해서도 단연코 안 됩니다. 그들은 이것들을 적들과 불의를 저
지르는 자들을 상대로 올바르게 쓰도록, 그것도 침략하는 데가 아니
457a 라, 방어하는 데 쓰도록 전수했기 때문입니다. 그러나 저들이 그 힘과
기술을 반대로 옳지 않게 이용하고 있는 거죠. 그러므로 가르친 사람
들이 나쁜 게 아니고, 기술 또한 그 때문에 탓할 것도 아니며 나쁜 것
도 아니니, 그걸 옳게 이용하지 않는 사람들이 나쁩니다. 바로 똑같은
주장이 변론술에도 적용됩니다. 변론가는 모든 사람을 상대로 모든
것과 관련해서 말할 수 있어서, 대중들을 상대로, 간단히 말해서, 원

---

49) 팡크라티온(pankration)은 권투와 레슬링이 혼합된 자유형 격투기로, 이들 경기에서 허용되는 온갖 수단을 다(pan) 동원해서 힘을 쓰며(kra-tein) 겨루기를 하는 일종의 '다 걸기' 격투기였다. 물거나 손가락으로 눈알을 파는 행위를 제외하곤, 발로 차거나 목조르기 그리고 사지 비틀기 등은 허용되는 격렬한 경기였던 것 같으며, 상대가 위험을 느끼고 항복할 때까지 진행되는 경기였다. 오늘날의 그리스에서도 동호인들끼리 이 경기를 부활시켜 수련하고 있다. 《국가(정체)》 편 338c에 이 경기의 한 선수와 관련된 언급이 보이며, 《법률》 편 795b에서도 이 경기와 관련된 언급이 보인다.

50) 원어는 palaistra이다. 레슬링(palē)을 위해 중앙의 안뜰에 마련된 고운 모래판과 그 둘레로 탈의실과 몸을 씻기 위한 시설 따위를 갖춘 체육관인 셈이다.

하는 것이 뭐든 그것과 관련해서 설득력이 더 있을 테니까요. 그러나 b
이 때문에 의사들에게서 그 명성을 앗는 일은 더더욱 있어서는 안 되
며, ―이는 능히 할 수 있으니까요, ―다른 장인들에 대해서도 그래서
는 안 되고, 다른 겨루기를 그래야 하듯, 변론술도 올바르게 이용해야
만 합니다. 한데, 누군가가 변론술에 능하게 된 다음에 이 힘과 기술
로 불의를 저지르더라도, 그를 가르친 사람을 미워하고 나라들 밖으
로 추방해서도 안 된다고 나는 생각합니다. 선생은 올바른 이용을 위
해서 전수했지만, 배운 자가 반대로 이용한 것입니다. 따라서 옳지 못 c
하게 이용한 자를 미워하고 추방하고 죽여 버리는 것은 올바르나, 가
르친 사람을 그러는 것은 그렇지 않습니다.

소크라테스: 고르기아스 님, 저는 선생님께서도 많은 논의들에 대
한 경험이 있으며 그 속에서 이런 걸 목격하신 걸로 생각합니다. 사람
들이 대화하기를 꾀하려는 것들과 관련해서 서로 간에 확정을 하고,
서로들 배우기도 하고 가르치기도 하다가, 이런 식으로 모임을 파하
기가 쉽게 할 수 있는 일이 아니라는 겁니다. 그들은 혹시라도 뭔가와 d
관련해서 말다툼이라도 하게 되어, 어느 한쪽이 다른 쪽이 말하는 게
옳지 않다거나 명확하지 않다고 우기기라도 하면, 사나워져서는 서로
악의로 말하는 것으로 여기며, 이기기만 좋아하지 정작 논의에서 제
기된 것은 찾지도 않습니다. 그리고선 결국엔 더러는 가장 부끄러운
모습으로 떠나는데, 욕을 해 대며 이런 것들을 말하고 듣기도 하면서
요.[51] 옆에 있는 사람들조차도 그런 인간들의 말을 경청하는 사람들
이 되겠다고 생각한 자신들 때문에 화가 나도록 한 그런 것들 말입니
다. 바로 무엇 때문에 제가 이를 말하고 있는 걸까요? 지금 제게는 선 e

51) 텍스트 읽기에서 d7의 peri sphōn autōn은 삭제하고서 읽었다.

457e

생님께서 처음에 변론술과 관련해서 말씀하신 바[52]와 전혀 부합하지
도 일치하지도 않는 걸 말씀하시는 걸로 생각됩니다. 따라서 제가 선
생님을 반박하게 되는 게 아닐까 두려워하고 있습니다. 명백해짐의
문제를 위해서 제가 말하고 있는 것이 아니라, 선생님을 상대로 제
가 이기길 좋아해서 말하고 있는 걸로 선생님께서 생각하시지나 않
458a 을까 하고요. 그러니까 만약에 선생님께서도 저도 속하는 그런 부류
의 분이시라면, 저는 기꺼이 선생님께 물을 것입니다. 그러나 아니
시라면, 제가 그만두겠고요. 하지만 제가 어떤 부류에 속하는가요?
만일에 제가 진실을 말하지 않는다면, 저는 기꺼이 반박당하는 자들
의 부류에 속할 것이로되, 만약에 누군가가 진실을 말하지 않는다면,
기꺼이 반박하는 부류에 속하지, 반박당하거나 반박하기를 덜 기꺼
워하는 부류에 끼지는 않을 것입니다. 저는 이걸 더 크게 좋은 것으
로, 스스로를 가장 큰 나쁨에서 벗어나게 함이 남을 벗어나게 함보다
도 더 좋은 것인 그만큼, 더 그런 것으로 여기니까요. 지금 우리의 논
의가 관련되어 있는 것들에 관한 거짓 의견(doxa pseudēs)[53]만큼 사
b 람에게 나쁜 건 없다고 저는 생각하고 있어섭니다. 따라서 선생님께
서도 그런 분이시라고 말씀하신다면, 우리가 대화를 하죠. 그러나 역
시 그만두어야만 한다고 생각되신다면, 당장 그만두기로 하고, 논의
를 파하죠.

고르기아스: 하지만 나야말로 주장합니다, 소크라테스 님! 나 역시 선생께서 앞장서고 있는 그런 사람이오. 그렇지만 어쩌면 여기 있는 사람들의 처지도 생각해야만 할 것입니다. 실은, 당신들이 오기 한참

52) 454b에서 말한 걸 가리킨다.

53) 454d의 본문 및 해당 각주를 참조할 것.

458b

전에, 내가 여기 있는 사람들에게 많은 걸 과시해 보인 데다, 만약에
우리가 대화를 한다면, 이제 아마도 한참을 끌어갈 테니까요. 그러니 c
이들의 처지도 살펴야만 합니다. 다른 무슨 일이라도 하고자 한다면,
이들 중의 누구든 붙잡아 두는 일이 없도록 말입니다.

카이레폰: 고르기아스 님 그리고 소크라테스 님, 두 분께서 무언가
말씀을 하신다면, 듣기를 바라고 있는 이 사람들의 박수소리를 몸소
듣고 계십니다. 그래서 저 자신에게도, 이렇게 하시는 이런 말씀들보
다도 더 중대한 다른 어떤 할 일이 생겨서, [듣기를] 포기하게 될 정도
로, 그처럼 바빠지는 일은 일어나지 않았으면 합니다.

칼리클레스: 신들에 맹세코, 카이레폰, 사실은 제 자신도 이미 많은 d
논의들에 참석했지만, 지금처럼 이렇게 즐거웠던 적이 있었던지 저는
모릅니다. 그래서 어쨌든 제게는, 두 분께서 온종일 대화하시고자 하
셔도, 기쁨을 주시는 겁니다.

소크라테스: 한데 사실은, 칼리클레스, 고르기아스 님께서 원하신
다면, 내 쪽은 아무것도 막을 게 없습니다.

고르기아스: 그러니까, 소크라테스 님, 누가 무슨 질문을 하고자 해
도 그러도록 스스로 공언해 놓고서, 이제 와서, 제가 그러려 하지 않
는다는 것은 부끄러운 일이 되네요. 이들에게 좋을 것으로 여겨진다 e
면, 대화를 계속하시고 원하시는 것은 무엇이든 질문을 하세요.

소크라테스: 그러면, 고르기아스 님, 들으십시오. 선생님께서 말씀
하신 것들 중에서 제가 의아해하는 것들을요. 실은 아마도 선생님께
서는 옳게 말씀하시는데, 제가 옳게 이해를 못 하고 있겠죠. 누군가가
선생님에게서 배우기를 원하면, 선생님께서는 그를 변론술에 능한 자
로 만드실 수 있다고 말씀하십니다.

고르기아스: 예.

458e

소크라테스: 그러니까 모든 것과 관련해서, 가르치지는 않고 설득함으로써, 군중을 상대로 설득을 할 수 있다는 게 아닌가요?

459a 고르기아스: 그야 물론입니다.

소크라테스: 실은 방금 건강함과 관련해서조차도 의사보다는 변론가가 더 설득력이 있을 것이라고 말씀하셨습니다.

고르기아스: 실상 말하기도 했죠. 어쨌든 군중 앞에서는 그렇다고요.

소크라테스: 그러니까 군중 앞에서 그렇다는 건, 알지 못하는 자들 앞에서 그렇다는 게 아닌가요? 어쨌든 아는 자들 앞에서야 그가 의사보다 더 설득력이 있지는 못할 게 분명할 테니까요.

고르기아스: 참된 말씀입니다.

소크라테스: 그러니까 정녕 의사보다도 더 설득력이 있으려면, 아는 자보다도 더 설득력이 있게 되어야 하지 않나요?

고르기아스: 물론이죠.

b 소크라테스: 의사가 아니면서도 말씀이죠. 안 그런가요?

고르기아스: 예.

소크라테스: 어쨌든 의사가 아닌 자는 의사가 알고 있는 것들을 모르는 자임에 틀림없습니다.

고르기아스: 그건 명백합니다.

소크라테스: 그렇다면, 변론가가 의사보다 더 설득력이 있을 경우, 모르는 자가 아는 자보다도 모르는 자들 앞에서는 더 설득력이 있을 겁니다. 이 일이 일어나나요, 아니면 다른 일이?

고르기아스: 어쨌든 이 경우엔 그 일이 일어납니다.

소크라테스: 그렇다면 다른 모든 기술과 관련해서도 변론가와 변론술은 마찬가지이겠죠. 일들 자체가 어떤지에 대해서는 변론술은 전혀

알 필요가 없고, 아는 자들보다 더 잘 알고 있는 것으로 모르는 자들 c
에게 보이도록 하는 설득의 어떤 방책을 찾아내야만 하는 거죠.

고르기아스: 그러니까, 소크라테스 님, 많이 쉬운 일이, 곧 다른 기술들은 배우지 않고 한 가지 이것만 배우고서도, 다른 장인들보다 전혀 못하지 않게 되는 일이 일어나죠.

소크라테스: 변론가가 이런 상태에 있게 됨으로써 다른 이들보다 못하게 되는지[54] 아니면 못하지 않게 되는지는, 우리의 논의와 어떤 관련이 있다면, 곧[55] 검토하게 될 것입니다. 그러나 지금은 먼저 이걸
고찰토록 합시다. 올바른(정의로운) 것과 올바르지 못한(불의한) 것 d
그리고 추한 것과 아름다운 것 또한 좋은 것과 나쁜 것과 관련해서도, 건강한 것과 관련해서 그리고 다른 기술들에 속하는 것들과 관련해서 그랬듯이, 변론술에 능한 자가 그러한지를 말입니다. 이것들을 모르면서도, 곧 무엇이 좋은 것이고 무엇이 나쁜 것이며 무엇이 아름다운 것이고 무엇이 추한 것인지 또는 올바른 것이거나 올바르지 못한 것인지를 알지 못하면서도, 이것들과 관련해서 설득의 방책을 강구함으로써, [그것들을] 알지 못하는 자들 앞에서, 실은 알지 못하는데도, 아는 자보다도 오히려 더 알고 있는 자로 여겨지게 하는 건가요? 아니
면 이는 알고 있어야만 하고, 변론술을 배우려는 자가 선생님께 오기 e
전에 이것들은 앞서 알고 있어야만 하는가요? 그게 아니라면, 변론술의 선생이신 선생님께서는 찾아온 자에게 이것들 가운데 아무것도 가르치지는 않으시고,—이는 선생님의 일이 아니니까,—이런 것들

54) 여기에서 '못하게 되다'는 말의 원형 elassoō(elattoō)는 '감소하다'든가 '낮추다' 등의 뜻이고, 이의 피동형은 이런 뜻 이외에 '부족하게 되다', '모자라다', '…보다 못하다' 등을 뜻한다.

55) 이 약속은 466a 이후의 폴로스와의 대화에서 이루어진다.

459e 을 알지 못하는 이 사람을 다중 앞에서 아는 것으로 여겨지게 만드시며, 훌륭하지도 않은데 훌륭한 사람인 것으로 여겨지게 만드시는 건가요? 또는 그가 이것들과 관련해서 진실을 미리 알고 있지 않으면, 선생님께서는 그에게 변론술을 전적으로 가르치실 수 없는 것인지?
460a 그것도 아니라면, 이것들은 어떻게 된 건가요, 고르기아스 님? 방금 말씀하셨듯이, 맹세코, 변론술의 힘이 도대체 무엇인지 드러내 보이며[56] 말씀하십시오.

고르기아스: 하지만, 소크라테스 님, 그가 알지 못하고 있다면, 그것들도 내게서 배우게 될 것이라고 나는 생각하고 있습니다.

소크라테스: 잠깐만요! 실은 잘 말씀하셨습니다. 정녕 선생님께서 누군가를 변론에 능한 자로 만드신다면, 그는 올바른 것들과 올바르지 못한 것들을 어쨌든 이전에 알고 있었거나 나중에 선생님께 배우고서 알게 된 것이 필연적입니다.

고르기아스: 물론입니다.

b 소크라테스: 어떻습니까? 건축 일을 배운 자가 건축가로 되는 건가요, 아닌가요?

고르기아스: 그렇습니다.

소크라테스: 그러면 음악을 배운 자도 음악가가 되지 않나요?

고르기아스: 예.

소크라테스: 의술을 배운 자는 의료인이 되고요? 그리고 다른 것들의 경우에도 같은 이치로 그렇게 되거니와, 각각의 것들을 배운 자는 그 앎이 그 각각을 만드는 것과 같은 그런 자인가요?

---

56) 455d에서 고르기아스가 "변론술의 전반적인 힘을 선생께 명확히 드러내 보이도록 해 볼 것입니다." 하고 뽐내듯 말한 걸 상기케 하면서 하는 말이다.

고르기아스: 물론입니다.

소크라테스: 그렇다면 같은 이치에 따라 올바른 것들을 배운 자는 올바르겠군요?

고르기아스: 전적으로 그런 것 같습니다.

소크라테스: 올바른 자는 아마도 올바른 것들을 행할 겁니다.

고르기아스: 예.

소크라테스: 그러니까 변론에 능한 자는 올바를 게 필연적이고, 올 c
바른 자는 올바른 것들을 행하고자 할 게 필연적이지 않겠습니까?

고르기아스: 어쨌든 그렇게 보입니다.

소크라테스: 물론 적어도 올바른 자가 불의를 저지르고자 하는 일은 결코 없을 것입니다.

고르기아스: 그야 필연적입니다.[57)]

소크라테스: 그 언명대로,[58)] 변론에 능한 자는 올바를 게 필연적입니다.

---

57) 텍스트 읽기에서 Les Belles Lettres(Budé) 판에서는 c1의 시작 부분에서부터 여기까지를 버릴 내용으로 보고, [ ]로 묶었다. 그런가 하면 Dodds는 c3~5에서 다음 부분을 버릴 것들로 말하고 있다.[소크라테스: 물론 적어도 올바른(정의로운) 자가 불의를 저지르고자 하는 일은 결코 없을 것입니다. /고르기아스: 그야 필연적입니다. /소크라테스: 그 언명대로, 변론에 능한 자는 올바를(정의로울) 게 필연적입니다. /고르기아스: 예.] 아닌게아니라 군더더기가 많은데, 이는 필사본 난외의 것들이 본문에 삽입된 탓이겠으나, 그게 정확히 어느 부분인지를 콕 집어내기가 쉽지는 않다. Dodds의 해당 부분 주석도 복잡하다.

58) 460a에서 "정녕 선생님께서 누군가를 변론에 능한 자로 만드신다면, 그는 올바른 것들과 올바르지 못한 것들을 어쨌든 이전에 알고 있었거나 나중에 선생님께 배우고서 알게 된 것이 필연적입니다."라고 했던 언명에 이어, c까지에 걸쳐 했던 논변을 가리킨다.

460c

고르기아스: 예.

소크라테스: 따라서 변론에 능한 자가 불의를 저지르고자 하는 일은 결코 없을 것입니다.

고르기아스: 적어도 그렇게는 보이지 않습니다.

소크라테스: 그러면 선생님께서는 좀 전에 하신 말씀을 기억하
d 실 겁니다. 권투선수가 권투를 이용하여 올바르지 못한 짓을 할 경우에,[59] 체육교사에게 그 잘못을 물어서도 안 되며 그를 나라들에서 추방해서도 안 된다고 하신 걸요? 마찬가지로, 변론가가 변론술을 올바르지 않게 이용할 경우에도, 이처럼 그를 가르친 자에게 그 잘못을 물어서도 나라 밖으로 추방해서도 안 되고, 올바르지 못한 짓을 한 자를 그리고 변론술을 옳게 이용하지 않은 자를 그래야만 한다고 하신 걸요? 이것들이 말씀하셨던 것들인가요, 아닌가요?

고르기아스: 그것들이 말했던 것들입니다.

e 소크라테스: 그렇지만 지금은 바로 이 사람이 곧 변론에 능한 사람이 결코 올바르지 못한 짓을 하지 않겠네요, 안 그렇습니까?

고르기아스: 그리 보입니다.

소크라테스: 처음 논의에서도, 고르기아스 님, 변론술은 언변과 관련된 것이되, 짝수와 홀수의 언변 아닌 올바른 것과 올바르지 못한 것의 언변과 관련된 것이라 하셨죠. 안 그런가요?

고르기아스: 예.

소크라테스: 그래서 선생님께서 그때 그 말씀을 하셨을 때, 변론술은 언제나 올바름(정의: dikaiosynē)과 관련된 언변을 말하니까, 결코

59) 텍스트 읽기에서 d2의 adikōs khrētai kai는 군더더기라 여겨, Dodds의 읽기대로 삭제하고서 읽었다.

460e

나쁜 것일 리가 없을 것이라고 이해했습니다. 그러나 좀 뒤에 선생님 께서 변론가가 변론술을 올바르지 않게 이용할 경우를 말씀하셨을 때 461a
는, 저를 놀라게 하셔서, 말씀하신 것들이 일치하지 않는다고 생각하고서는, 저 말들을 제가 했던 겁니다. 만약에 제가 생각하듯, 선생님께서도 반박당하는 것이 이득이라고 생각하신다면, 대화하는 것이 가치가 있겠으나, 만일 아니라면, 그만두는 거라고요. 그러나 그 뒤에 우리가 고찰을 하다 보니, 선생님 스스로도 보십니다. 변론에 능한 자는 변론술을 올바르지 않게 이용할 수도, 올바르지 못한 짓을 하고자 할 수도 없다고 다시금 동의하게 된다는 걸요. 따라서 이게 도대체 어떻게 되는 것인지를 충분히 검토하자면, 맹세코,[60] 고르기아스 님, 짧지 b

60) 여기에서 '맹세코'로 옮긴 것의 원문은 nē ton kyna인데, 이를 직역하면, '개에 맹세코'로 된다. 482b에서도 반복되고 있는 이 맹세의 온전한 형태는 '이집트의 신인 개에게 맹세코(ma ton kyna ton Aigyptiōn theon)'이다. 이 개는 이집트의 Anubis 신을 가리키는데, 이 신이 개의 머리, 즉 재칼(jackal)의 모습을 하고 있어서다. 이 신은 헬라스 신화의 Hermēs에 해당되는 신으로서, 죽은 사람의 영혼을 저승으로 안내한다. 그래서 때로는 Hermanubis라고도 일컫는다. '개에 맹세코'라는 소크라테스의 이 맹세는 《소크라테스의 변론》 편 22a, 《파이돈》 편 98e, 《국가(정체)》 편 399e 및 592a, 《리시스》 편 211e, 《파이드로스》 편 228b 등에도 보인다. 헬라스인들이 가장 흔하게 하는 맹세는 대개 '제우스에 맹세코(ma ton Dia, ma Dia, nē Dia, nē ton Dia)'이지만, 헤라 여신(nē tēn Hēran)이나 그 밖의 올림포스의 다른 신들을 걸고 맹세를 하는 일도 흔했다. 그러나 때로는 엄숙함을 피해서 거위(khēn) 따위의 동물이나, 《파이드로스》 편 236e에서 보듯, 소크라테스와 파이드로스가 대화 장소로 찾아간 일리소스 강변의 키 큰 플라타너스(버즘나무: platanos), 심지어는 양배추(krambē)와 같은 채소를 걸고 하는 경우도 있었는데, 이런 종류의 맹세는 '라다만티스식 맹세(Rhadamanthyos orkos)'로 불리었다. 라다만티스(Rhadamanthys)는 크레테의 신화적 인물로 사후에 저승에서 사자(死者)들을 재판하는 재판관들 중의 하나로 되었다고 하는데, 전하

않은 함께함이 소요되겠습니다.

폴로스: 어떤가요, 소크라테스 님? 선생께서도 변론술과 관련해서, 지금 말씀하시듯, 그리 생각하고 계십니까? 혹시 이렇게 생각하시는 겁니까? 고르기아스 선생님께서 변론에 능한 사람은 올바른 것들과 아름다운 것들 그리고 좋은 것들을 모르고 있지는 않다는 데 대해, 그리고 이것들을 모르는 상태에서 선생님께 올 경우에는, 몸소 가르쳐 주신다는 것에 대해 선생께 동의하지 않는 경우에 부끄러워하실 거라고. 그 뒤에 아마도 이 동의로 해서 앞서 하신 말씀들에 배치되는 것
c 이 생기게 되었습니다.—이는 바로 선생께서 반기시는 것[61]이어서, 스스로 이와 같은 질문들로 유도하셨죠.—변론에 능한 사람은 올바른 것들을 알며 남들을 가르치지 못하지는 않는다는 걸 누가 부인할 것이라 선생께선 생각하십니까? 하지만 논의를 이와 같은 것들로 끌고 가는 것은 대단한 야비함입니다.

소크라테스: 아, 대단한 폴로스여! 그러나 실은 우리가 목적이 있어서 친구들이나 아들들을 갖는데, 이는 우리 자신들이 나이를 먹게 되어 비틀거릴 땐, 그대들 젊은이들이 곁에 있으면서 언행에서 우리의 삶을 바로잡아 주었으면 해서요. 지금도, 만약에 나와 고르기아스

는 바에 따르면, "그 누구든 신들을 걸고 맹세하는 것을 허용하지 말되, 거위나 개, 양 등과 같은 것들을 걸고 맹세하도록 그가 법령으로 지시했다"고 한다. E. R. Dodds, *Plato: Gorgias*(Oxford, 1959), pp. 262~263 참조. 그런데 이런 식의 맹세를 일일이 그대로 밝히는 게, 그들 식의 갖가지 맹세를 접한다는 데는 의미가 있겠으나, 그 많은 맹세의 종류를 일일이 그대로 본문 속에 노출시키는 것이 우리에게는 잠시나마 오히려 그 생소함을 새삼 느끼게 할 뿐만 아니라, 문맥의 자연스런 흐름을 순간적으로 끊는 것 같아, 이 경우에도 역자는 그냥 '맹세코'로 통일해서 옮기고 있다.

61) 텍스트 읽기에서 c1의 〈ho〉는 살려서 읽었다.

님께서 논의하는 가운데 뭔가 낭패라도 당한 상태에 있다면, 그대가 옆에 있으니, 바로잡아요. 그러는 게 옳아요. 나 또한 동의한 것들 중 d
에서 뭔가 옳게 동의하지 않은 것으로 그대에게 생각된다면, 그대가 바라는 바대로 취소하고자 하오. 그대가 내게 한 가지만 지켜 준다면 말이오.

폴로스: 그건 무엇을 말씀하시는 겁니까?

소크라테스: 폴로스여, 처음에 그대가 이용하려 했던 그 긴 말은 제한해 주면 되오.

폴로스: 무슨 말씀이세요? 제가 원하는 만큼 제가 말할 수 없다는 건가요?

소크라테스: 보시오, 물론 그대는 헬라스에서도 최대의 말할 자 e
유[62]가 있는 곳인 아테네로 와서는 놀라운 일을 겪게 되겠는 데다, 그것도 이곳에서는 그대 혼자만 이를 누리지 못하게 되는 거겠소. 그러나 그 반대의 상황과 비교해 보시오. 그대가 길게 말하며 질문받은 것에 대해서 대답을 하려 하지 않을 경우, 이번에는 내가 놀라운 일을 겪게 될 것이오. 내가 떠나 버려 그대가 하는 말을 듣지 않게 되는 게
불가능하다면 말이오. 하지만 만약에 이미 한 논의에 대해 뭔가 마음 462a
이 쓰이고, 이게 바로 잡히기를 바란다면, 방금 내가 말했듯, 그러는 게 좋게 여겨지는 것은 취소하고서, 나와 고르기아스 님처럼, 교대로 질문하며 질문받으면서, 논박도 하고 논박을 받기도 해요. 고르기아스 님께서 아시는 것들은 물론 그대도 알고 있다고 그대가 주장하고

62) 원어는 exousia tou legein인데, '무슨 말이든 말할 수 있는 자유' 곧 '언론 자유'를 가리키는 헬라스 말은 parrhēsia이다. 아테네의 극단적이며 방임적인 자유의 상황에 대한 언급으로는 《국가(정체)》 편 557a~563e를 보는 것으로도 짐작이 될 것이다.

462a

있기 때문이오. 그렇지 않소?

폴로스: 저야 그러죠.

소크라테스: 그러니까 그대 또한 누군가가 원하는 것은 무엇이든 그때마다 그대에게 묻도록 지시하는데, 대답할 줄을 아는 자로서가 아니겠소?

폴로스: 그야 물론입니다.

b 소크라테스: 그러면 이제 둘 중에서 어느 쪽이든 원하는 쪽을 해요. 질문을 하거나 아니면 대답을 해요.

폴로스: 그럴 것입니다. 그럼 대답해 주세요, 소크라테스 님! 변론술과 관련해서 선생께는 고르기아스 님께서 당혹스러워하시는 것으로 여겨지시는 것 같으니, 선생께서는 이를 뭐라 주장하십니까?

소크라테스: 그러니까 그대는 내가 그걸 무슨 기술이라 주장하는지를 묻는 게요?

폴로스: 저로서는 그렇습니다.

소크라테스: 적어도 내게는 그게 아무 기술도 아닌 걸로 생각되네요, 폴로스! 그대를 상대로 어쨌든 진실을 말하자면 말이오.

폴로스: 그럼 선생께는 변론술이 무엇인 걸로 생각되시나요?

소크라테스: 내가 최근에 읽은 그 책자에서 기술을 생기게 한 것으
c 로 그대가 주장하는 것이오.[63]

폴로스: 그걸 무엇이라 말씀하십니까?

소크라테스: 나로서는 그걸 일종의 경험으로 말하오.

폴로스: 그러니까 선생께는 일종의 경험이 변론술이라 생각되십

63) 448c에서도 폴로스가 그런 주장을 했다. 그가 지은 책자와 관련해서는 이곳의 해당 각주를 참조할 것.

462c

니까?

소크라테스: 어쨌든 내게는 그렇소. 그대가 다른 뭔가를 말하지 않는다면 말이오.

폴로스: 무엇에 대한 경험인가요?

소크라테스: 일종의 호의와 즐거움을 생기게 함에 대한 것이오.

폴로스: 사람들에게 호의를 갖게 하는 것이라면, 변론술이 선생께는 훌륭한 것이라 생각되는 게 아닌가요?

소크라테스: 무슨 말이오, 폴로스? 그대는 내가 그걸 무엇이라고 주장하는지를 이미 내게서 듣기라도 해서, 그다음으로 그게 훌륭한
것으로 내게 생각되지 않는지를 묻고 있는 게요? d

폴로스: 실상 선생께서 그걸 일종의 경험이라 말씀하신 걸 제가 듣질 못했던가요?

소크라테스: 그러면, 호의를 갖게 되는 걸 그대가 높이 사니, 내게 사소한 것 하나로 호의를 베풀어 주겠소?

폴로스: 저야 그러죠.

소크라테스: 지금 내게 물어 주시오. 요리하기[64]가 무슨 기술인 걸로 내게 생각되는지를.

폴로스: 그럼 묻겠습니다. 무슨 기술이 요리하기입니까?

소크라테스: 아무 기술도 아니오, 폴로스!

폴로스: 그럼 무엇인가요? 말씀해 주세요.

소크라테스: 그러니까 그건 일종의 경험이라 나는 주장하오.

폴로스: 무슨 경험인가요? 말씀하세요.

---

64) 원어는 opsopoiia인데, 영어로는 cookery(=the skill or practice of cooking)에 해당된다.

462d

소크라테스: 그러니까 그건 호의와 즐거움을 생기게 함에 대한 경험이라 나는 주장하오, 폴로스!

e 폴로스: 그러면 요리하기와 변론술이 같은 것인가요?

소크라테스: 결코 그렇지는 않소만, 같은 활동의 일부요.

폴로스: 그게 무슨 활동입니까?

소크라테스: 진실을 말하는 게 무례하지 않을는지. 실은 고르기아스 님 때문에 말하는 걸 주저하고 있소. 당신께서 하시는 일을 내가 풍자하고 있는 걸로 생각하시지나 않을까 해서요. 그러나 이게 고르
463a 기아스 님께서 종사하고 계신 그 변론술인지는 나는 모르오. 대체 이 분께서 무슨 생각을 하시는지는 우리의 논의로 해서는 지금도 아무것도 명백해지지 않았기 때문이오. 그러나 내가 변론술로 일컫는 것은 훌륭한 것들에 속하는 그 어떤 것의 부문도 못 되는 것이오.

고르기아스: 그게 무엇입니까, 소크라테스 님? 말씀하세요. 내게 민망해하시진 말고요.

소크라테스: 그러니까, 고르기아스 님, 그 활동이 기술이랄 것은 못 되고, 사람들을 상대함에 있어서 눈치 빠르고 대담하며 본성상 능란한 혼의 활동인 것으로 제게는 생각됩니다. 그러나 그 활동의 핵심
b 을 저는 비위 맞추기(kolakeia)[65]라 합니다. 이 활동의 종사에는 많은 다른 부문들이 있지만, 요리솜씨[66]도 그 하나인 것으로 제게는 생각

---

65) 보통 '아첨(flattery, fawning)'으로 번역하는 말이지만, 이 경우에 이 표현은 너무 강한 것 같다. 이를테면, 여기서 예로 든 '요리솜씨'의 경우, 설마하니 이게 '아첨 기술'일까? 이는 그야말로 그걸 먹을 상대의 '비위 맞추기'가 그 핵심일 것이다.

66) 바로 앞(462d)에서 '요리하기'는 원어 opsopoiia를 그대로 옮긴 말이었지만, 여기서 '요리솜씨'로 번역한 것의 원어는 opsopoiikē인데, 이 경우에는 그 뒤에 tekhnē가 생략된 형태이다. 그러나 요리와 관련되는 경우

463b

됩니다. 이게 기술인 것으로 여겨지고 있지만, 제 주장처럼, 이는 기술(tekhnē)이 아니라, 경험(empeiria)이며 숙련(tribē)[67]입니다. 저는 변론술도 이의 한 부문이라 하거니와, 치장술과 궤변술(소피스테스들이 구사하는 기술: sophistikē)도, 곧 이들 네 부문들을 네 부류의 것들에 대한 것들로 일컫습니다. 그러니 폴로스가 질문하고 싶어 한
다면, 질문하게 하죠. 그는 제가 변론술을 비위 맞추기의 어떤 부문이 c
라고 말하는지를 아직 듣지도 못하고서도, 제가 아직도 그 대답을 하지 않은 것도 모른 상태로, 그는 제가 그걸 훌륭한 것이 못 되는 것이라 생각하고 있는지를 다시금 묻고 있기 때문입니다. 그러나 저는 변론술이 무엇인지를 대답하기 전에, 그걸 제가 훌륭한 것이라 생각하는지 또는 부끄러운 것이라 생각하는지를 먼저 그에게 대답하지는 못하겠죠. 그건 정당치 않기 때문이오, 폴로스! 그러나 정녕 그대가 그걸 듣고자 한다면, 비위 맞추기의 어떤 부문을 내가 변론술이라 주장하는지 물으시오.

폴로스: 그럼 제가 묻고 있으니, 그게 어떤 부문인지 대답하세요.

소크라테스: 그렇다면, 내가 대답을 하면, 그댄 알아들을 것이라는 d
거요? 내 주장으로는 실상 변론술은 치술(治術: politikē)의 부문에서

에는 '테크네'가, 우리말의 쓰임에서도 그렇듯, '솜씨(skill)'라는 일반적 뜻으로 이해하는 게 옳을 것 같다. 우리말로도 '요리기술'이란 말은 아무래도 부자연스럽다.

67) '경험(empeiria)이며 숙련(tribē)'은 '경험적인 숙련'으로 번역하는 게 더 세련된 표현일 수도 있겠다. '경험 및 숙련'과 관련된 언급들은《필레보스》편 55e에도 보이며, 특히《법률》편 938a에서는 변론술에 대해 언급하면서 '그게 기술이든 또는 기술이랄 것도 없는(atekhnos) 일종의 경험이며 숙련이거나 간에'라고 말하고 있다. 역시 이와 비슷한 언급들이《파이드로스》편 360e 및 270b에도 보인다.

463d

의 영상(eidōlon)이오.

폴로스: 그러니까 뭔가요? 그게 훌륭한 것이라는 말씀인가요 아니면 부끄러운 것이라는 말씀인가요?

소크라테스: 나로서는 부끄러운 것이라 말하고 있소. 나는 나쁜 것을 부끄러운 것으로 지칭하기 때문이오. 나는 그대에게 내가 말하는 바를 이미 알고 있는 사람으로서 대답해야만 하니까.

고르기아스: 맹세코, 소크라테스 님! 그러나 나 자신은 선생께서 말씀하시는 걸 이해하지 못하고 있어요.

e 소크라테스: 온당하신 말씀입니다, 고르기아스 님! 그건 제가 아직 아무것도 명확히 말하지 않고 있기 때문이지만, 여기 이 폴로스는 젊고 예민합니다.[68]

고르기아스: 하지만, 이 사람은 내버려 두세요. 선생께서 무슨 뜻으로 변론술을 치술의 부문에서의 영상이라 말씀하시는 건지나 말씀해 주세요.

소크라테스: 하면, 변론술이 제게 무엇인 것으로 보이는지를 말하도록 해 볼 것입니다. 그러나, 만약에 이게 아니라면, 여기 이 폴로스가 반박할 것입니다. 선생님께서는 뭔가를 몸으로 그리고 혼으로 일
464a 컬을 것이라 생각합니다만?

고르기아스: 어찌 그러지 않겠습니까?

소크라테스: 그렇다면 이것들 각각의 어떤 좋은 상태(euexia) 또한 있다고 생각지 않습니까?

68) 그의 이름이 '망아지'를 뜻하기도 한다는 데 대해서는 이미 448b의 헤로도디코스와 관련된 각주 끝 쪽에서 언급했는데, 젊고 혈기 왕성한 데다 거리낌 없이 불쑥 대드는 투는 그의 이름 뜻을 새삼 환기케 할 수도 있겠다.

464a

고르기아스: 나야 그러죠.

소크라테스: 어떤가요? 그 좋은 상태라는 게 보기는 그렇지만, 실제로는 그렇지 않은 경우가? 이를테면, 이런 경우를 저는 말합니다. 많은 이가 몸 상태가 좋다고 생각하지만, 그들이 좋은 상태에 있지 않다는 걸 누군가가 감지하기는 쉽지가 않을 것이고, 의사와 체육교사들 중의 누군가나 그럴 것입니다.

고르기아스: 정말입니다.

소크라테스: 몸과 혼이 좋은 상태에 있는 것으로 여겨지게 만들고는 있지만, 실제로는 전혀 그렇지 못한 그런 것이 몸에도 그리고 혼에도 있음을 제가 말하고 있는 겁니다.

고르기아스: 그런 것들이 있죠. b

소크라테스: 자, 그러니까 가능하다면, 제가 주장하는 바를 선생님께 더 명확하게 제시해 보일 것입니다. 두 가지 것들인 이것들에 대한 기술들로 두 가지를 저는 말합니다. 혼에 대한 것은 치술로 일컫지만, 몸에 대한 것은 이처럼 한 이름으로 일컬을 수는 없으나, 한 가지인 몸에 대한 보살핌의 두 부문으로 체육과 의술을 저로서는 말합니다. 치술의 경우에는 체육 대신에 입법술을, 의술에 대응하는 것으로는 올바름(정의)[의 집행]을 말하고요.[69] 실로 이것들 각각은, 동일한 것 c

69) 이 대목에서 소크라테스가 하고 있는 발언을 정리하면 이런 내용이 된다. 몸(sōma)의 좋은 상태(euexia)를 위한 보살핌(therapeia)으론 건강한 상태의 조성과 유지를 위한 체육(gymnastikē)이, 그리고 그 건강한 상태 유지에 문제가 생길 경우에 대비하는 의술을 들 수 있겠다. 이에 비해 혼(psykhē)의 경우에는, 몸의 경우에 체육에 해당하는 것으로 입법술(nomothetikē)을 그리고 의술(iatrikē)의 경우에 해당하는 것으로 올바름(정의: dikaiosynē)[의 집행]이 되겠고, 이를 통할하는 것이 따로 있는데, 치술(politikē)이 바로 그것이다. 나라(polis)를 통치하는 기술(tekhnē)로

들과 관련된 것들이기에, 서로들 짝을 이루는데, 의술은 체육과 그리고 올바름(정의)[의 집행]은 입법술과 그럽니다. 그렇지만 이것들은 어떤 점에서는 서로 다르죠. 물론 이들 네 가지인 것들은 언제나 최선의 것을 위해서 보살피는 것들이니, 한 쌍은 몸을, 다른 한 쌍은 혼을 돌보는 것들이죠. 비위 맞추기 기술(kolakeutikē)은 이를 감지하고서는, ―제가 말하건대 그걸 알아서가 아니라 짐작만 하고서는, ―스스로 네 부문으로 분산해서, 각 부분의 탈을 쓰고서는, 각각의 탈을 쓰
d 게 된 바로 그것인 것처럼 행세하죠.[70] 그리고는 최선의 것은 전혀 아랑곳하지 않고, 그때마다 가장 즐거운 것으로 해서 어리석음을 좇으며 속게 하여, 그게 가장 값진 것으로 여겨지게 하죠. 그러니까 요리

서의 치술에 대해서 《법률》 편 650b에서는 혼을 보살피는 것이 그 일인 기술로 말하고 있다. 그런데 몸의 경우에 의술에 해당하는 것을 여기에서는 올바름(정의: dikaiosynē)으로 말하고 있는데, 이는 실상 '올바름(정의)의 집행'을 뜻하는 것으로 봄이 옳을 것이다. 그래서 '올바름(정의)[의 집행]' 형태로 보완적 의미를 [ ] 속에 넣었다. 아닌게아니라 이곳(b8)과 c2의 dikaiosynē를 많은 필사본들에서는 dikastikē(재판관 또는 배심원의 일)로 읽는데, 실제로 520b에서는 nomothetikē-dikastikē와 gymnastikē-iatrikē의 구도로 언급하고 있기도 하다. 그런가 하면 《클레이토폰》 편 408b에서는 politikē(치술)를 dikastikē(재판 기법, 사법)와 dikaiosynē를 한 가지로 포괄하는 것으로 보고 있다. 따라서 dikaiosynē를 '올바름(정의)[의 집행]'으로 이해하는 한, 이를 굳이 dikastikē로 고쳐 읽지 않아도 될 것 같다. 그리고 덧붙여 언급하면, dikaiosynē는 형용사 dikaios의 확장형 추상명사이다. 반면에 dikaios의 원래 명사형은 dikē이다. 그리고 dikē-dikaios-dikaiosynē의 여러 뜻들과 관련된 광범위한 설명들로는 졸저 《적도(適度) 또는 중용의 사상》, 77~102쪽을 참조하는 게 좋겠다.

70) 곧 연극 공연에서 가면을 쓴 배우가 마치 가면의 주인공인 것처럼 행세하는 걸 비유해서 하는 말이다. 그러니까 앞에서 말한 네 부문의 가면들을 쓰고서, 마치 스스로 그 부문들의 것인 듯이 행세함을 말하고 있다.

464d

솜씨가 의술의 탈을 쓰고선, 몸을 위한 가장 좋은 음식들을 아는 것처
럼 행세하게 되는 거죠. 그래서, 만약에 아이들 앞에서 또는 아이들처
럼 어리석은 사람들 앞에서 요리사와 의사로 하여금 경합을 하게 한
다면, 의사나 요리사 중에서 어느 쪽이 유익하고 나쁜 음식들과 관련 e
해서 정통한지 경합하게 한다면, 의사는 굶어 죽을 겁니다. 따라서 이
를 저는 비위 맞추기로 일컫죠. 또한 이런 것을, 폴로스여, 나는 부끄
러운 것이라고 말하오, ―이는 그대를 상대로 하는 말이어서요.―그 465a
건 최선의 것과는 무관하게 즐거운 것을 겨냥하기 때문이오. 나로서
는 그걸 기술이라 말하지 않고 경험(숙련: empeiria)이라 말하오. 그
것에 적용하는 것들을 정작 적용하는 그 대상이 성질상 어떤 것인지
에 대해 아무런 설명도 할 수가 없어서, 그 각각의 원인을 말할 수가
없게 되기 때문이오. 나로서는 합리적인 설명을 할 수 없는 것을 기술
로 일컫지는 않소. 그러나 이것들과 관련해서 만약에 그대가 반론을
제기한다면, 논의에 응할 것이오.

내가 말하듯, 요리솜씨는 실상 의술의 탈을 쓰는 비위 맞추기요. 똑 b
같은 이 방식으로 치장술은 체육의 탈을 쓰오. 이것은 해롭게 하며 속
이고 천박하며 비굴하여, 외양과 분장 그리고 매끄러움과 의상으로
속임으로써, 자기 것이 아닌 아름다움에 이끌리어 체육을 통한 제 자
신의 아름다움에는 무관심하게 만드오. 따라서 길게 말하지 않기 위
해, 기하학자들처럼 그대에게 말하려 하오. 이제는 아마도 그대가 따
라올 수 있을 것이기 때문이오. 체육에 대한 치장술의 관계, 이 관계 c
는 입법술에 대한 궤변술(sophistikē)의 관계이며, 그리고 의술에 대
한 요리솜씨의 관계, 이 관계는 올바름(정의)[의 집행]에 대한 변론술
의 관계이오. 실은 내가 말하듯, 소피스테스들과 변론가들은 그 성격
상 이처럼 차이가 있지만, 서로 가까운 처지라, 같은 영역에서 같은

465c

것들과 관련해서 서로 뒤섞여 있어서, 저들끼리도 서로 어떻게 대할 지를 모르고 다른 사람들도 이들에 대해 그렇소. 만약에 혼이 몸을 다
d 스리지 못하고, 몸이 스스로를 다스린다면, 그래서 혼에 의해 요리솜씨와 의술이 관찰되며 구별되지 못하고, 몸 스스로가 저에게 주는 그 것들의 만족감의 정도에 의한 평가로 판단한다면, 실은 아낙사고라스가 말한 사태가 다분히 벌어져 있을 것이오. 폴로스여, 그대는 이런 것들에는 정통할 것이오. 같은 곳에 '모든 것이 함께'[71] 뒤섞여 있어

---

71) 아낙사고라스의 이 구절은 《파이돈》 편 72c에서도 인용되고 있다. Anaxagoras(500?~428)는 이오니아(오늘날 터키의 일부인 소아시아)의 클라조메나이(Klazomenai, Klazumen, 옛날의 스미르나 곧 오늘날의 Izmir 만 남쪽 해안에 위치함) 출신으로 480/79년에 아테네로 와서 철학을 하기(philosophein) 시작했으며, 향후 30년 동안이나 이곳에 머물렀다고 한다(Mansfeld는 최근의 발표에서 456/5년에 아테네로 와서 437/6년까지 약 20년 남짓 머문 것으로 주장함). 그는 태양을 펠로폰네소스 반도보다 큰 '금속 불덩어리'라 하고, 달에는 주거 공간들과 언덕 및 골짜기들이 있다고 했다(이상은 《오게네스 라에르티오스》 II. 7~8에 나오는 내용임). 그의 토막글 1에서는 "모든 것은 함께 있었다(Homou panta khrēmata). 그것들은 수와 작기에 있어서 무한하다"라고 했는데, 그 뜻은 이런 것이다. 만물을 이루는 원소들로서의 '씨들(spermata)'은 무한히 많고 지극히 작다. 모든 사물에는 모든 종류의 씨앗들이 다 들어 있지만, 다만 이것들의 다양한 비율의 상호 결합과 분리로 해서 다양한 사물들이 생기기도 하고 소멸되기도 한다고 했다. 또한 그는 무한히 많고 무한히 작은 이 씨들은 이 우주에서 사물들이 형성되기 이전의 태초에는 모두가 함께 뒤섞인 상태로 있었는데, 이것들이 분리해 나오면서 서로 구별되는 사물들의 형성을 보게 되었다고 한다. 토막글 4 참조. Diels/Kranz, *Die Fragmente der Vorsokratiker*, II. 그러나 정신(지성: Nous)만은 다른 것들과 혼합하지 않고, "일체의 것들을 통할한다(pantōn nous kratei)"고 했는데, 그것이 최초로 회전 운동을 일으켜 번져 가게 함으로써, 사물들의 결합과 분리를 가능케 했단다. 이 주장, 특히 만물을 통할한다는 Nous에 대해 젊은 시절의 소크라테스가 지대한 관심을 가졌었다가 실망했다는 고백을 또한 《파이돈》 편 97c 이후에서 우리는 만나게 된다.

465d

서, 의술과 관련된 것들과 건강과 관련된 것들 그리고 요리솜씨와 관
련된 것들이 서로 구별될 수 없는 상태가 되어 있는 것이오.[72] 그러니
까 내가 변론술을 뭐라 말하는지는 그대가 들었소. 몸의 경우에 있어
서 요리 만들기처럼, 혼의 경우에 있어서 요리 만들기에 상응하는 짝
이 변론술이오. 그러고 보니 내가 어쩌면 이상한 짓을 한 것 같소. 내 e
가 장황한 말을 그대가 하는 건 허용하지 않으면서, 내 자신은 꽤 길
게 논변을 늘어놓았으니까. 그렇더라도 나에 대해서는 용서해 주는
게 마땅하오. 내가 간결하게 말하니까, 그대가 이해를 못 했으며, 내
가 그대에게 해 준 대답도 그대가 전혀 활용하지를 못해서, 자세한 설
명이 그대에게 필요했기 때문이오. 그러니 만약에 나 또한 그대가 대
답하는 걸 활용하지 못한다면, 그대 또한 논변을 늘어놓되, 만일에 내 466a
가 그럴 수 있다면, 내가 활용토록 내버려 두오. 그게 옳으니까. 그리
고 지금도 이 대답을 조금이나마 활용할 수 있다면, 그러시오.

폴로스: 그러니까 무슨 말씀을 하시는 겁니까? 선생님께는 변론술이 비위 맞추기인 것으로 생각되십니까?

소크라테스: 나로서는 그게 비위 맞추기의 일부라고 틀림없이 말했소. 하지만 그대는 그리 젊으면서도[73] 기억을 못 하는 것이오, 폴로스? 앞으로 어쩌려고?

폴로스: 그렇다면 나라들에서 훌륭한 변론가들이 비위나 맞추는 자들로서 하찮은 자들로 간주되고 있는 것으로 선생님께는 여겨집니까?

---

72) c 끝쪽의 "만약에 혼이 … "부터 여기까지의 내용과 관련해서 Dodds는 플라톤이 인간의 혼과 몸의 주종 관계를 날카롭게 대조해서 말하는 최초의 대목으로 언급하고 있다.

73) 463e의 본문 및 각주를 참조할 것.

b 소크라테스: 그건 질문을 하는 것이오, 아니면 논의의 시작으로 말하는 것이오?

폴로스: 저로서는 질문을 하고 있습니다.

소크라테스: 적어도 내게는 그들이 존중받지도 못하고 있는 것으로 생각되오.[74)]

폴로스: 어째서 그들이 존중받지 못하죠? 그들은 나라들에서 굉장한 힘을 갖지 않나요?

소크라테스: 아니오. 적어도 힘을 갖는다는 걸로 그 힘을 갖는 자에게 뭔가 좋은 것임을 그대가 뜻한다면 말이오.

폴로스: 하지만 실은 그 뜻으로 말하고 있는 걸요.

소크라테스: 더 나아가 변론가들은 그 나라에서 힘 있는 자들 중에서는 가장 약한 자들로 내게는 생각되오.

폴로스: 무슨 말씀인가요? 마치 참주들처럼, 그들은 자기들이 그
c 러고 싶은 자를 죽여 버리기도 하며, 재물도 빼앗고, 그러는 게 좋다고 자신들에게 판단되는 자는 나라들 밖으로 추방도 하지 않나요?[75)]

소크라테스: 그렇지만, 맹세코,[76)] 폴로스여! 나는 그대가 말하는 그 각각에 대해서 자신이 이것들을 말하고 있으며 자신의 의견을 나타내는 것인지 또는 내게 질문을 하는 것인지에 대해 의문을 갖고 있소.

---

74) Dodds는 그들이 존중받지 못하는 이유를 스스로는 아무런 의견도 제시하지 못하면서, 민중의 생각을 재생하는 아첨꾼이서일 것이라고 하며, 481e 및 513a, c에서의 언급을 예로 들고 있다.

75) 이와 관련해서는《국가(정체)》편 565~566a를 참조할 것.

76) 이 '맹세코'는 461b의 각주에서 설명한 '개에 맹세코'이다.

폴로스: 하지만 저로서는 선생님께 질문을 하고 있는 겁니다.

소크라테스: 좋소, 친구여! 그렇다면 그대는 내게 두 가지를 동시에 묻고 있는 것이오?

폴로스: 어떻게 둘이죠?

소크라테스: 방금 대강 이렇게 묻지 않았소? "변론가들은, 마치 참주들처럼, 자신들이 그러고 싶은 자들을 죽여 버리며, 재물을 빼앗기 d
도 하며, 그러는 게 좋다고 자신들에게 판단되는 자는 나라들 밖으로 추방도 하지 않나요?" 하고.

폴로스: 저야 그랬죠.

소크라테스: 그러면 이제 내가 그대에게 말하오. 이들 질문은 둘이거니와, 양쪽 것들에 대해 어쨌든 그대에게 대답할 것이오. 폴로스여, 방금 내가 말했듯, 실은 변론가들도 참주들도 나라들에서 그 힘은 지극히 약하다고 나는 주장하오. 그들은 자신들이 원하는 것을 거의 아무것도 할 수가 없고, 자신들에게 가장 좋은 것으로 판단되는 것이나 e
할 수 있을 뿐이기 때문이오.[77)]

폴로스: 그럼 그것이 힘이 강한 게 아닌가요?[78)]

소크라테스: 아니오, 적어도 폴로스가 주장하는 바대로라면.

폴로스: 제가 아니라고 하나요? 저로서는 전적으로 그리 주장합니다.

---

77) 바로 다음에서 언급하듯, 자신들에게 무엇이 참으로 좋은 것인지를 제대로 판단할 수 있는 지성은 갖추지 못한 상태에서 그저 그렇게 여겨지는 것을 하는 것이 진정한 의미에서 강력한 힘의 행사일 수는 없다는 뜻으로 하는 말이다. 곧 무지한 완력의 행사가 좋음(to agathon)의 구현일 수는 없다는 말이다.

78) 텍스트 읽기에서 e3의 οὐκοῦν은 οὔκουν으로 읽었다.

466e

소크라테스: 맹세코, 어쨌든 그대가 그 주장을 하고 있는 건 아니오. 힘이 강하다는 건 그 힘을 가진 자에게 좋은 것이라 그대가 말했기 때문이오.

폴로스: 실상 그리 주장합니다.

소크라테스: 그러면, 만약에 누군가가 지성(nous)을 갖추지 못한 채로 자기에게 가장 좋은 것으로 생각되는 것들을 한다면, 그걸 좋은 것이라 그대는 생각하오? 그리고 이를 그대는 힘이 강한 걸로 일컫소?

폴로스: 저야 그러지 않습니다.

소크라테스: 그렇다면 그대가 변론가들을 지성을 갖춘 자들로 그리고 변론술을 비위 맞추기 아닌 기술로 증명해 보이고서, 나를 논박하
467a 겠소? 그러나 만약에 그대가 나를 논박당하지 않은 상태로 내버려 둔다면, 변론가들, 곧 나라들에서 자기들에게 좋게 생각되는 것들을 하게 되는 사람들과 참주들은, 이 좋은 것을 아무것도 갖게 되지 못할 것이오. 그대가 말하듯, 그 힘은 좋은 것이지만, 지성이 없이 자기들에게 좋게 생각되는 걸 한다는 것은 나쁜 것이라는 걸 그대도 동의할 것이오. 아니 그렇소?

폴로스: 저로서는 동의하죠.

소크라테스: 그러니까, 만약에 폴로스에 의해 소크라테스가 논박됨으로써 변론가들과 참주들이 자신들이 원하는 것들을 하는 것으로 되지 않는다면, 어떻게 그들이 나라들에서 큰 힘을 갖겠소?

b 폴로스: 이분이 —

소크라테스: 이들은 자신들이 원하는 것들을 할 수 없다고 나는 주장하오. 하면, 나를 논박하오.

폴로스: 방금 선생님께서는 이들이 자신들에게 가장 좋은 것으로

467b

여겨지는 것들을 한다는 데 동의하시지 않았던가요?[79)]

소크라테스: 실은 지금도 나는 동의하고 있어요.

폴로스: 그러니까 그들은 자신들이 원하는 것을 하는 게 아닌가요?

소크라테스: 아니라고 나는 주장하오.

폴로스: 자신들에게 좋게 여겨지는 것들을 하는데도 말씀인가요?

소크라테스: 그렇소.

폴로스: 충격적이고 괴이한 말씀을 하시네요, 소크라테스 님!

소크라테스: 욕설은 하지 마시게나, 친애하는 폴로스여! 그대가 하는 식으로 그대를 부를진대.[80)] 하지만 그대가 내게 질문을 할 수 있으 c
면, 내가 거짓말을 하고 있는 걸로 밝혀 보이시오. 그러나 그럴 수 없다면, 자신이 대답을 하시오.

폴로스: 하지만 저는 대답하는 쪽을 하고 싶네요. 선생님께서 무슨 말씀을 하시는지도 알 겸.

소크라테스: 그러니까 사람들은 그때마다 자신들이 하는 이것을 원하는 걸로 그대에겐 생각되오, 아니면 그들이 하는 것은 목적이 되는 그것을 위해서 하는 것으로 생각되오? 이를테면, 의사가 주는 약을 마시는 사람들이 하는 이 행위를, 곧 약을 마시고 괴로워하는 짓을 하는 것을 원해서 하는 것으로 생각되오, 아니면 건강한 것, 이것을 위

---

79) 텍스트 읽기에서 b4의 [toutou prosthen]는 괄호 표시 그대로 삭제하고서 읽었다. 그 앞 b3의 arti의 동어 반복 성격의 주해가 필사 과정에서 본문 속으로 삽입된 것이겠기 때문이다.

80) 바로 앞에서 폴로스를 향해 '친애하는 폴로스여!' 라고 불렀는데, 이는 원어로는 ō lọ̄ste Pōle이다. 그러니까 ō가 연속적으로 세 번 반복되는데, 이런 식의 표현은 앞서 448c의 각주에서 언급했듯, 폴로스, 아니 고르기아스의 유파가 즐겨 쓰던 것이다. '그대가 하는 식으로' 는 이를 가리켜 말하는 것이다.

467c

해서 마시는 것으로 생각되오?

폴로스: 건강하기 위해서인 것이 명백합니다.

d 소크라테스: 그러니까 항해를 하는 자들도 그리고 다른 돈벌이를 하는 자들도 매번 하는 것, 그것이 그들이 원하는 것은 아니겠고, (실상 누가 항해하기를 원하며 모험을 하고 수고하고자 하겠소?) 항해하는 목적인 그것, 곧 부유해지는 것이 원하는 것이오. 그들은 부를 위해서 항해하기 때문이오.

폴로스: 물론입니다.

소크라테스: 따라서 모든 경우에도 이런 게 아니겠소? 만약에 누군가가 어떤 것을 위해서 뭔가를 한다면, 그는 그가 하는 그것을 원하는 것이 아니라, 그것 때문에 그가 하는 그것을 그가 원하는 거겠소.

폴로스: 네.

e 소크라테스: 그러면 사물들 중에는 좋은 것이거나 나쁜 것이지 않은 것이 또는 이것들 사이의 것, 곧 좋지도 나쁘지도 않은 것[81]이 있지요?

폴로스: 그야 다분히 필연적입니다, 소크라테스 님!

소크라테스: 그러면 그대는 지혜와 건강, 부 그리고 이와 같은 부류의 다른 것들을 좋은 것이라 말하되, 이것들과 대립되는 것들은 나쁜 것들이라 말하지 않소?

폴로스: 저야 그러죠.

소크라테스: 그렇지만 좋은 것들도 아니고 나쁜 것들도 아닌 것들은 이런 것들을 말하겠죠? 곧, 때로는 좋음(to agathon)에 관여하나, 때로는 나쁨(to kakon)에 관여하며, 때로는 그 어느 쪽에도 관여하지

81) 《리시스》 편 216d에서도 이런 구분이 보인다.

않는 것들, 이를테면, 앉아 있는 거나 걷는 것이나 달리는 것 그리고 468a
항해하는 것, 그리고 또 이를테면, 돌들이나 나무 그리고 이따위의 다른 것들을? 이것들을 말하지 않소? 그대는 좋은 것들도 아니고 나쁜 것들도 아닌 것들로 다른 어떤 것들을 말하오?

폴로스: 아뇨, 그것들을 말합니다.

소크라테스: 그러면 이들 사이의 것들을 사람들이 하게 될 경우, 좋은 것들을 위해서 하오, 아니면 그 사이의 것들을 위해서 좋은 것들을 하오?

폴로스: 좋은 것들을 위해서 그 사이의 것들을 하는 게 틀림없습니다.

소크라테스: 따라서 우리는 좋음을 추구하느라, 걸을 때도 걷는데, b
그게 더 좋다고 생각하고서요. 그리고 반대로, 서 있을 때 서 있는 것도, 같은 것 곧 좋음을 위해서요. 아니 그렇소?

폴로스: 네.

소크라테스: 우리가 누군가를 처형할 경우, 처형하는 것도, 추방하는 것도, 재산을 몰수하는 것도, 그것들을 하는 것이 안 하는 것보다 우리에게 더 좋다고 생각해서겠소?

폴로스: 물론입니다.

소크라테스: 그렇다면 이것들 모두를 하는 자들은 좋음을 위해서 하오.

폴로스: 그렇습니다.

소크라테스: 그러니까 우리가 동의한 것인가요? 우리가 뭔가를 위해서 하는 것들, 그것들을 우리가 원하는 것이 아니라, 목적이 되는
것을 위해서 이것들을 우리가 하는 것이라고? c

폴로스: 그렇고말고요.

468c

소크라테스: 그러니 우리가 참수를 하거나 나라들 밖으로 추방하는 것도 재산을 몰수하는 것도 이처럼 무조건 하고자 하는 것이 아니고, 이것들이 유익할 경우에는 하고자 할 것이나, 해로운 것들일 경우에는 하고자 하지 않을 것이오. 그대가 시인하듯, 우리는 좋은 것들을 원하지, 좋지도 않고 나쁘지도 않은 것들을 원하지는 않으며, 나쁜 것들도 원하지 않기 때문이오. 아니 그렇소? 폴로스여, 그대에겐 내가 진실을 말하는 것으로 생각되오, 아니면 그렇지 않은 것으로 생각되오? 왜 대답을 하지 않는 게요?

폴로스: 진실을 말씀하시는 것으로 생각됩니다.

d 소크라테스: 따라서 정녕 우리가 이에 동의한다면, 누군가가 누군가를 처형하거나 나라 밖으로 추방하거나 또는 재산을 몰수할 경우, 그가 참주이거나 또는 변론가이거나 간에, 자기에게는 더 좋은 것이라 생각하고서 그러는데, 실은 그게 더 나쁜 것일지라도, 이 사람은 자기에게 좋게 생각되는 것들을 하는 게 틀림없소. 아니 그렇소?

폴로스: 네.

소크라테스: 그러면, 비록 그것들이 나쁜 것들이라 할지라도, 자기가 원하는 것들이기도 하니까? 왜 대답을 하지 않소?

폴로스: 그러나 그는 자기가 원하는 것들을 하는 게 아닌 것으로 제게는 생각되네요.

e 소크라테스: 그런 사람이 이 나라에서 힘이 강할 수 있겠소? 힘이 강하다는 것이 정녕 그대의 동의대로 좋은 것이라면 말이오.

폴로스: 그건 불가합니다.

소크라테스: 그렇다면, 자기에게 좋은 것으로 여겨지는 것을 나라에서 하는 사람이 힘이 강한 것이 아니며 자기가 원하는 것을 하는 것도 아니라고 말함으로써 나는 진실을 말한 것이오.

468e

폴로스: 소크라테스 님! 선생님이야말로 당신께 좋게 생각되는 걸
나라에서 못 하기보다도 할 수 있는 걸 어쩌면 그리도 받아들이지도
않으시며, 누군가가 자기에게 그러는 게 좋을 것이라 생각되는 자를
처형하거나 재산을 몰수하거나 또는 구속하는 걸 선생님께서 보실 경
우에도 부러워하시지도 않으시는지.

소크라테스: 정당하게 그러는 걸, 아니면 부당하게 그러는 걸 말하
는 것이오?

폴로스: 그러는 것이 어느 쪽이건, 양쪽 다가 부럽지 않으신 건가 469a
요?

소크라테스: 쉿, 폴로스!

폴로스: 왜죠?

소크라테스: 부럽지 않은 자들도 비참한 자들도 부러워할 게 아니
라, 불쌍해해야 하겠기 때문이오.

폴로스: 무슨 말씀이신지? 제가 말하는 사람들이 선생님께는 그런
처지에 있는 걸로 생각되시나요?

소크라테스: 어찌 그렇지 않겠소?

폴로스: 그러니까 누구든 그러는 것이 좋은 것으로 생각되는 자를
처형한 사람이, 그것도 정당하게 그리한 사람이 선생님께는 비참하고
불상하게 생각되십니까?

소크라테스: 내게 그리 생각되지는 않지만, 부럽지도 않소.

폴로스: 방금 비참하다고 말씀하시지 않았습니까?

소크라테스: 여보시오, 그야 부당하게 처형을 한 자를 말한 것이고, b
더하여 불쌍하기도 하오. 정당하게 그랬던 자라도 부럽지는 않소.

폴로스: 어쨌든 부당하게 죽은 자는 아마도 불쌍하고 비참할 것입
니다.

소크라테스: 폴로스여, 그를 처형한 자보다는 덜 그러하며, 정당하게 죽은 자보다도 덜 그러하오.

폴로스: 실로 어째서죠, 소크라테스 님?

소크라테스: 이래서요. 불의를 저지르는 것(adikein)은 나쁜 것들 중에서도 가장 나쁜 것이니까.

폴로스: 정말로 그게 가장 나쁜 것인가요? 불의를 당하는 것(adikeisthai)이 더 나쁜 게 아닌가요?

소크라테스: 천만에.

폴로스: 그렇다면 선생님께서는 불의를 저지르시기보다는 오히려 불의를 당하시길 원하십니까?

c 소크라테스: 나로선 어느 쪽도 원하지 않을 것이오. 하지만 불의를 저지르거나 불의를 당할 수밖에 없다면, 불의를 저지르기보다는 불의를 당하는 걸 오히려 택할 것이오.

폴로스: 그러면 선생님께서는 참주가 되는 걸 받아들이려 하지 않으시겠네요?

소크라테스: 그러지 않을 것이오. 참주가 되는 걸로 내가 뜻하는 걸 그대가 말하는 것이라면.

폴로스: 하지만 저로선 방금 말했던 그걸 말합니다. 곧 그 나라에서 자신에게 좋게 생각되는 것, 이것을 하는 게 허용된다는 겁니다. 자신의 판단(의견: doxa)에 따라 처형도 하고 추방도 하며 모든 걸 하는 것이 말입니다.

소크라테스: 그러면 친구여, 내가 말하면, 공박하오.[82] 가령 붐비

82) 텍스트 읽기에서 Dodds는 c8의 tō̧ logō̧(말로, 언변으로)를 삭제하는 뜻으로 [ ]를 쳤는데, epilabou가 '공격하다' 거나 '제지하다' 는 뜻이 있으니, 이를 말 또는 언변으로 하라는 뜻이면, tō̧ logō̧를 삭제할 이유가 없겠

는 아고라에서 내가 단도를 겨드랑 밑에 끼고서[83] 그대를 상대로 말 d
한다고 해요. "폴로스여, 내게 일종의 힘이, 놀라운 참주의 권력이 방금 생겼소. 그래서 만약에 그대가 보는 이 사람들 중의 누군가가 바로 당장에 죽어야만 하는 것으로 내게 생각되기라도 한다면,[84] 그리 생각되는 이 사람은 죽을 것이기 때문이오. 또한 이들 중의 누군가의 머리가 박살 나야만 하는 걸로 내게 생각된다면, 그는 바로 당장에 박살이 날 것이며, 그리고 또 그 겉옷이 갈가리 찢겨야만 한다면, 찢길 것
이오. 이처럼 나는 이 나라에서 힘이 강하오." 하고. 그리고선 못 미더 e
워하는 그대에게 단도를 내가 보여 준다면, 그걸 보고서는 그대는 아마도 말할 것이오. "소크라테스 님, 이런 식으로라면 모두가 큰 힘을 가질 수 있겠네요. 선생님께 좋게 생각되는 그 방식대로 가옥이 불태워지고, 또한 아테네의 조선소와 삼단노 전함들 그리고 선박들, 이것들이 공공의 것들이건 사적인 것들이건, 모두가 그렇게 될 테니까요." 하지만 자신에게 좋게 생각되는 것들을 하는 것, 이것이 힘이 큰은 물

다. 이를 살리되, 우리 어법으로는 '공박하다'로 간단히 처리하면 될 일일 것이다.

83) 페르시아와의 전쟁을 몇 차례 치른 뒤의 검소한 풍조로 5세기의 아테네 남성들은, 이전까지 속옷으로 받쳐 입던 얇은 리넨 옷감으로 만든 키톤(khitōn)도 입지 않고, 대개 히마티온(himation)이라 일컫는 장방형의 통 옷감을 왼쪽 어깨에 걸친 상태로 몸에 두른 소박한 형태의 겉옷만 입었다. 따라서 이 옷에는 호주머니도 없고, 그렇다고 해서 일상적으로 따로 뭔가 넣어 다닐 손지갑 따위의 것들을 휴대하지도 않는 그들이었다. 그래서 아고라에 장보러 갈 때도 은전을 혀 밑에 넣고서 서성거렸다 한다. 그런가 하면 《파이드로스》 편 228d~e에서는 파이드로스가 이 히마티온으로 덮인 손에 쥐고 있는 두루마리의 정체를 소크라테스가 알아맞히는 장면이 나온다.

84) 텍스트 읽기에서 d3 ean gar ara는 Dodds를 따라 ean ge ara로 읽었다.

469e

론 아닐 것이오. 혹시라도 그대에겐 그리 생각되오?

폴로스: 분명코 그렇지는 않습니다.

470a 소크라테스: 그러면 왜 그대가 그런 힘을 비난하는지 말해 줄 수 있겠소?

폴로스: 저야 할 수 있습니다.

소크라테스: 왜죠? 말하시오.

폴로스: 그렇게 하는 자는 처벌받는 게 마땅하기 때문입니다.

소크라테스: 처벌받는다는 것은 나쁜 일이 아니오?

폴로스: 물론입니다.

소크라테스: 그러니까, 놀라운 친구여,[85] 그대에겐 다시 이렇게 보일 것이오. 만약에 자신에게 좋게 생각되는 걸 하는 자에게 유익하게 함이 뒤따른다면, 이는 좋은 것이며, 또한 그리 보이듯, 이게 힘이 강함이오. 그렇지 않을 경우에는, 이는 나쁜 것이며 힘이 약함이오. 그
b 러나 다음 것도 고찰해 봅시다. 우리는 방금 우리가 말한 이것들, 곧 사람들을 처형하고 추방하는 것 그리고 재산을 몰수하는 것이 때로는 더 낫지만, 때로는 그렇지 않다는 데 동의하고 있는 게 아니겠소?

폴로스: 물론입니다.

소크라테스: 이는 그대에게서도 내게서도 합의를 본 게 확실한 것 같소.

폴로스: 네.

소크라테스: 그럼 이는 어느 때 하는 것이 더 낫다고 그대는 주장하오? 무엇을 그 기준으로 정하는지 말하시오.

---

85) 텍스트 읽기에서 바로 다음(470a9)의 [to mega dynasthai(힘이 강함은)]는 바로 이어 중복되어 나오므로, 삭제하고 읽는 것이 옳을 것이다.

470b

폴로스: 그러면, 소크라테스 님, 그건 선생님께서 대답하세요.[86)]

소크라테스: 폴로스여, 그대가 내게서 듣는 게 더 좋다면, 이제 내 c
가 말하리다. 누군가가 이런 것들을 정당하게 할 경우에는, 더 좋겠으나, 부당하게 할 경우에는 더 나쁘오.

폴로스: 아무튼, 선생님을 논박하기가 어렵네요,[87)] 소크라테스 님! 하지만 선생님께서 진실을 말씀하시고 있지 않다는 데 대해선 아이조차도 논박할 수 있지 않겠어요?

소크라테스: 그렇다면 그 아이에게 많이 고마워해야겠소만, 그대에게도 똑같이 고마워할 것이오. 그대가 나를 논박하여 어리석음에서 벗어나게 해 준다면 말이오. 하지만 친구에게 잘해 주는 일로 피곤해하지는 말고, 논박하시오.

폴로스: 그렇지만, 소크라테스 님, 굳이 옛날 일들로 선생님을 논박
할 필요는 없겠습니다. 엊그저께 일어난 일들이 선생님을 충분히 논 d
박하고서, 불의를 저지르는 많은 사람이 행복하다는 걸 증명해 보일 수 있을 테니까요.

소크라테스: 그게 어떤 것들이오?

폴로스: 페르디코스의 아들로서 마케도니아의 통치자인 아르켈라오스[88)]를 아마도 선생님께서 보실 겁니다.

---

86) 텍스트 읽기에서 [tauto]는 삭제하고서 읽었다.

87) 일종의 반어법이다.

88) Arkhelaos는 471a에 이후에서 언급되고 있듯, 악랄한 수법으로 왕위를 찬탈하고서 마케도니아의 왕(413~399)이 되었다. 그러나 이후 그는 개명된 사고방식을 가진 통치자로서 헬라스 문화를 적극적으로 수용하며 적잖은 예술인들을 자신의 펠라(Pella) 궁전으로 초치했다. 아가톤도 에우리피데스도 그곳으로 가서, 생을 마감했다. 그가 왕이 되는 과정과 관련해서는 이어지는 본문에서 언급되고 있다. 그러나 그도 결국엔 암살당

470d

소크라테스: 보지는 못하지만, 듣고는 있소.

폴로스: 그러니까 그가 행복한 걸로 생각됩니까 아니면 비참한 것으로 생각됩니까?

소크라테스: 모르겠소, 폴로스! 그를 만난 적이 없기 때문이오.

e 폴로스: 어떤가요? 만나신다면 아시겠으나, 달리 당장에는 그가 행복한지를 모르시겠다는 건가요?

소크라테스: 맹세코, 정말로 모르오.

폴로스: 그러시면, 소크라테스 님, 대왕[89)]이 행복한지도 선생님께서는 모르신다고 말씀하실 게 명백합니다.

소크라테스: 또한 적어도 내가 진실을 말하는 것이오. 그의 교육과 올바름이 어떠한지는 내가 모르기 때문이오.

폴로스: 어떤가요? 온 행복이 그것에 있나요?

소크라테스: 어쨌든 내가 주장하는 바로는 그렇소, 폴로스여! 훌륭하디훌륭한 남녀[90)]를 나는 행복한 걸로 주장하되, 올바르지 못하며

한다.

89) 대왕(ho mega basileus)은 대국인 페르시아의 왕에 대한 통칭이다.

90) '훌륭하디훌륭한 남녀'의 원어는 ho kalos kai agathos(=kalos kảgathos) anēr kai gynē이다. kalos kảgathos는 kai agathos를 모음 축합(母音縮合: crasis)하여 kalos와 합성한 관용어이다. 헬라스어로 kalos(beautiful, fine)는 '아름다운', '훌륭한' 등을 뜻하고, agathos(good)는 '좋은', '훌륭한'을 뜻하며, kai는 영어 and에 해당되는 접속사다. 경우에 따라, 이 둘을 아우르는 하나의 우리말은 '훌륭한', '훌륭하다'이다. 따라서 이런 형태의 합성어는 '훌륭한'을 강조하는 형태로 볼 수 있겠고, 이를 우리말로는 '훌륭하디훌륭한' 또는 '훌륭하고 훌륭한'으로 옮기는 게 좋다고 역자는 평소에 생각해 온 터라 그리 번역한다. 이를 추상명사화한 것은 kalokảgathia(훌륭하디훌륭함)이다. K. J. Dover는 그의 책 *Greek Popular Morality In the time of Plato and Aristotle*(Univ. of California Press, 1974), pp. 41~5에서 이 용어의 쓰임새의 출전들에 대한

470e

언급을 한 다음, 45쪽에서 제 나름의 결론을 내리고 있는데, 그 내용은 대체로 이런 것이다. 이를테면, 가난한 아테네인이 어떤 사람에 대해 kalos kågathos라는 표현을 보통 선뜻 쓰게 되는 것은 이런 경우라고 할 수 있겠다는 것이다. 제 자신이 갖고 싶은 부와 명성, 가문을 가진 사람이며, 자기도 그리되었으면 좋을 교육을 받고 교양 있으며 잘 차려입은 사람, 체격 좋고 여러 가지 운동으로 단련된 사람이 그런 사람일 것이라는 것이다. 말하자면, 보통 사람들의 선망의 대상이 되는 사람이라고 할 것이니, 그가 보기에는 이런 사람이야말로 '훌륭하디훌륭한 사람' 일 것이다. 당시의 그런 사람은 대개는 귀족이었다고 할 것이다. 그런데 엉뚱하게도 404년의 30인 과두 정권이 [hoi] kaloi kågathoi(복수 형태임)를 위한 정치를 하겠다는 명분으로 일대 숙청을 단행하게 된다. 한데 바로 이 정권의 과격파 두목이 플라톤의 외당숙인 크리티아스였으며, 그의 외삼촌 카르미데스도 이 정권에 가담하고 있었다. 비록 《일곱째 서한》에서는 이들의 형편없는 정치에 환멸까지 느낀 것으로 그의 심정이 토로되어 있기는 하지만, 그 때문에 플라톤에 대한 훗날 사람들의 오해도 없지 않았다. 한데, 《국가(정체)》 편 569a에서는 그런 부류의 사람들을 '이른바 훌륭하디훌륭한 자들(hoi kaloi kågathoi legomenoi)' 이라 지칭하고 있는 반면에, 396b~c에서는 '참으로 훌륭하디훌륭한 이(ho τῷ ὄντι kalos kågathos)' 라는 표현을 만나게 되는데, 한마디로 말해, '가장 지혜로운 사람' 곧 '지혜롭고 도덕적으로 훌륭한 사람' 이 바로 그런 사람이다. 참고삼아 이와 관련된 아리스토텔레스의 언급도 알아보는 게 좋을 것 같아, 여기에 적는다. 그는 《에우데모스 윤리학》(제8권 제3장, 1248b8~1249a20)에서 이 두 낱말의 명사형 혼성어인 kalokågathia를 먼저 언급하면서, 부나 건강이 정작 '좋은 것' 이면서, 더 나아가 유익하며 훌륭한 것일 수 있는 것은 그것을 좋은 목적을 위해 선용할 수 있는 사람에게 있어서나 가능한 일이라고 하며, 이런 사람을 '훌륭하디훌륭한 사람(ho kalos kågathos)' 이라 말하고, 이런 사람이 지닌 덕(aretē)을 kalokågathia라 하며, 이를 '완전한 덕(aretē teleios)' 이라 했는데, 영어로는 이를 흔히 'nobility' 로 옮기고 있다. 그에 의하면, 부나 명예, 행운 또는 신체적인 훌륭한 상태(aretē) 등이 그 본성상(physei) 좋은 것(agathos)들이긴 하나, 경우에 따라 이것들은 해로울 수도 있는 것이다. 어리석은 사람이나 올바르지 못한 사람 또는 방종한 사람이 그것들을 이롭게 쓰지 못할 경우가 있기 때문이다. 건강함이 '좋은 것' 이긴 하나, 그 자체로 칭

470e 나쁜 자를 비참한 걸로 주장하기 때문이오.
471a 폴로스: 그러면 선생님의 주장에 따라 이 아르켈라오스는 비참한가요?

소크라테스: 정녕 그가 올바르지 못하다면야, 친구여!

폴로스: 사실인즉 어찌 그가 올바르지 못하지 않겠습니까? 어쨌든 그에게는 지금 그가 행사하고 있는 통치권이 전혀 합당치 않죠. 그는 페르딕카스[91]의 동기인 알케타스의 노예였던 여인의 소생이어서, 법적으로는 알케타스의 노예였으며,[92] 또한 만약에 정당한 일들을 하고자 했다면, 그는 알케타스의 노예 노릇을 하였을 것이며, 선생님의 주장대로, 행복했겠죠. 그러나 지금 그는 엄청 불행하게 되었습니다. 더
b 할 수 없이 큰 불의를 저질렀으니까요. 어쨌든 그는 우선 그의 주인이며 삼촌인 바로 이 사람을 불러오게 하였는데, 페르딕카스가 그에게서 찬탈했던 통치권을 되돌려 줄 것이라는 걸 구실 삼아서였습니다. 그리고선 알케타스와 자신의 사촌이며 거의 동갑인 그 아들 알렉산드로스를 환대하여 술에 곯아떨어지게 하고선, 짐수레에 던져 넣은 다음, 밤에 밖으로 몰고 나가, 둘 다 목을 베고선 없애 버렸죠. 그리고는 이런 불의를 저지름으로써 자신도 모르는 사이에 가장 비참한 사람이
c 되었으면서도, 스스로 뉘우침도 없이, 좀 뒤에는 동생을, 페르딕카스의 적자인 일곱 살짜리 아이를, 통치권이 법적으로는 이 아이의 것이

찬받을 성질의 것은 아니다. 그러나 절제는 그 자체로 '좋은 것(agathos)'이어서 '칭찬받을 것(epainetos)'이요, 따라서 '훌륭한 것(kalos)'이기도 하다.

91) Perdikkas II세로서, 450년경부터 413년까지가 재위 기간이었으니까, 이땐 이미 사망한 뒤이겠다.

92) 《법률》 편 930d에서도 같은 생각을 엿볼 수 있는 대목이 있는 걸로 미루어, 이는 그들의 경우에도 오랜 관습이었던 것 같다.

471c

되어 있던 이 아이를, 당연히 키워서 통치권을 그에게 양도함으로써
스스로 행복하게 되는 걸 바라지는 않고, 우물 속에 던져 넣어 익사케
하고서는, 그 어머니인 클레오파트라에게는 거위를 뒤쫓다가 빠져 죽
은 걸로 말했습니다. 마케도니아에서 사는 사람들 중에서 가장 큰 불
의를 저질렀기에, 바로 그런 까닭으로 그는 모든 마케도니아인들 중
에서도 지금은 가장 비참하지, 가장 행복할 리가 없습니다. 또한 아
마도 아테네인들 중에서도 선생님을 위시해서 그 누구든 아르켈라오 d
스보다는 마케도니아인들 중의 다른 누군가가 되는 걸 받아들일 것입
니다.

소크라테스: 폴로스여, 우리의 대화 첫머리에 나로서는 그대가 변론술에는 잘 교육을 받은 것으로 내게는 생각된다고 그대를 칭찬했지만, 대화하는 것[93]에는 소홀히 한 것으로 생각되오. 지금도 논변은 이게 아니겠소? 이로써 아이조차도 논박할 수 있고, 또한 그대에 의해 내가 지금, 그대가 생각하듯, 이 논변에 의해 불의를 저지르는 자는 행복하지 않다고 말하는 내가 논박당한 것이라고 말이오. 여보시오, 어찌 그렇겠소? 그대가 주장하는 이것들 중에서 그야말로 그 어느 것도 그대에게 내가 동의하지 않는 터에 말이오.

폴로스: 실은, 어쨌든 제가 말하는 대로 선생님께도 생각되시니까, e
동의하지 않으시려는 거겠죠?

소크라테스: 여보시오, 사실 그대는 나를 변론술의 방식으로 논박하려 꾀하고 있소. 마치 법정들에서 논박할 생각을 하고 있는 자들처럼. 실상 거기에서는 한쪽이 다른 쪽을 논박한 것으로 생각하는 것이

93) 원어는 dialegesthai인데, 이와 관련해서는 448d의 본문 끝 부분과 해당 각주를 참조할 것.

471e

언제고 이런 경우이겠기 때문이오. 곧 자신들이 말하는 논변들에 대한 많은 존경받는 증인들을 댈 수 있으나, 반대쪽은 어떤 한 사람을 대거나 아무도 대지 못하는 때요. 그러나 이 논박은 진리(alētheia)에
472a 비하면 아무런 가치도 없소. 때로는 누군가가 뭐나 되는 듯이 간주되는 많은 사람에 의해 위증을 당할 수도 있겠기 때문이오. 그리고 지금은 그대가 말하는 것들과 관련해서 아테네인들이고 다른 나라 사람들이고 간에 거의 모두가 같은 것들에 동의할 것이오. 내가 진실을 말하지 않는다고, 내게 대립하는 증인들을 그대가 내세우고자 한다면 말이오. 그대가 원한다면, 니케라토스의 아들 니키아스와 함께 그의 형제들도 그대에게 증인들이 되어 줄 것이니, 이들의 것인 세발솥들이 디오니소스 성역에 나란히 서 있소.[94] 그런가 하면, 그대가 원한다면,

94) Nikias(470년 이전~413)는 아테네의 부유하고 존경받던 정치인이었으며 장군이었다. 펠로폰네소스 전쟁(431~404) 초기인 430년에 아테네에 번진 역병으로 전 인구의 1/4 이상이 죽게 되는데, 이듬해에 페리클레스도 전염병으로 사망한 뒤, 아테네에서 가장 영향력이 컸던 정치인 클레온(Klēon, 422년 사망)의 반대파 지도자들 중의 한 사람이 니키아스였다. 그는 대외적인 공격적 원정에 대해 소극적인 편이었으나, 장군으로서 여러 차례 참전했다. 421년의 화평 조약은 그의 이름을 딴 것이었다. 415년에는 자신은 반대했던 시켈리아(시칠리아) 원정이었는데도, 장군들 중의 한 사람으로 임명되어 원정에 참가했다가, 후퇴 작전에 실패하여 훗날 처형되었다. 그는 형제들과 함께 은광을 소유하고 있었기 때문에, 아테네의 연극 축제에서 경연하는 합창 가무단(choros)을 재정적으로 지원해 주는 후원자(chorēgos)로 지정되었는데, 그가 지원한 합창 가무단이 속한 연극이 경연(agōn)에서 우승해서 받게 된 세발솥(tripous = tripod)을 아크로폴리스 언덕 아래의 디오니소스 성역(to Dionysion)에 봉헌했던 것 같다. tripous란 발(pous, 복수는 podes임)이 셋 달린 솥을 말한다. 아테나이오스(Athēnaios)의 《*Deipnosophistai*(현자들의 성찬)》 II. 37, 38에는 이런 언급이 보인다. 디오니소스 제전에서 받게 되는 으뜸상(우승상: nikētērion)이 세발솥이었는데, 이는 포도주를 물과 희석하는 용기

(kratēr)의 용도로 주는 상이라는 것이다. 그런가 하면,《일리아스》18. 344에서는 파트로클로스(Patroklos)의 시신에서 핏덩이를 씻어 내기 위한 목욕물을 데우기 위해서 '큰 세발솥'을 세워 놓고 불을 지피게 하는 장면이 나오는데, 이런 용도로 쓰이는 것을 '목욕물을 부어 넣는 세발솥'(loetrokhoos tripous)(같은 책, 같은 권, 346)이라 하는데, 이런 목적으로 만든 것을 '불 위에 세우도록 만든'(empyribētēs) 것이라 해서 tripous empyribētēs라 일컫기도 한다(《일리아스》23. 702). 그런데 이 세발솥은,《일리아스》23. 702,《오디세이아》23. 13 등에서 보다시피 시합에서의 승리에 대한 상이나 명예로운 선물로 이용되기도 했다. 특히《오디세이아》23. 13에서는 그냥 솥(lebēs)과 함께 이보다 더 귀한 상으로 제시되고 있다. 이처럼 세발솥에는 두 가지가 있어서, 앞에서 말한 용도의 것은 '불 위에 세워 놓지 않는 것'이라 해서 'apyros tripous'라고 했다. 그런가 하면, 포도주와 관련해서 이 세발솥에는 또 다른 상징적 의미가 있다. 술을 마시는 사람들은 자신들이 어떤 사람들인지를 드러낼 뿐만 아니라, 다른 사람들도 저마다 솔직히 말하게 함으로써 자신을 드러나게 만드는데, 이래서 "포도주는 진실(alētheia)이기도 하고, 포도주는 사람의 속마음(생각: noos)을 보여 준다"고 하면서, "또한 사람들이 진실을 말하는 사람들을 tripous에서 말한다(ek tripodos legein)고 하는 것도 그 때문이다"라고 한다. 이렇게 해서 '진실 특유의 tripous'니 '예언의 능력으로 해서 얻은 진실로 인한 아폴론 고유의 tripous'니 하면서, 델피(Delphoi)의 tripous와 연결을 짓게 된다. 아닌게아니라 델피의 무녀(여제관: Pythia)가 여기에 앉아서 신탁의 답(manteion, chrēsmos)을 내리게 됨으로써, 말하자면 무녀가 앉는 신성한 삼각좌(三脚座)로 쓰이게도 된다. 신탁을 구하는 사람은 소정의 의례를 거쳐 아폴론 신전의 지성소(至聖所: adyton) 가까이에 접근하는 것이 허용되나, 이는 무녀를 볼 수 없는 곳까지다. 이 지성소 안에는 세계의 중심을 상징하는 배꼽 모양의 돌 조각인 옴팔로스(omphalos)와 한 그루의 월계수(daphnē)가 있다. 수량이 풍부한 샘에서 정화 의식을 거친 무녀(여제관: 피티아)는 지성소의 제단에서 월계수 잎과 보릿가루를 태워 향을 피우고서 월계수 잎으로 된 관(冠)을 쓰고서 이 삼각좌(tripous)에 앉아서 신들린(entheos, enthous) 상태가 되어, 월계수 가지를 흔들며 아폴론의 영감(epipnoia Apollōnos)으로 얻은 계시를 중얼거리면, 이를 예언자들(prophētai)이 정리해서 신탁의 답으로 내린다. 어쨌든 이래저래 큰 의미를 갖는 세발솥들을 그들 형제가 잇

스켈리오스의 아들 아리스토크라테스[95]도 증인이 될 것이니, 그의 훌
b 륭한 이 봉헌물 또한 피티온[96]에 있소. 또한 그대가 원한다면, 페리클레스의 온 집안이나[97] 또는 이 고장 사람들의 다른 어떤 가문이든 그대가 선택하길 바라는 가문도 증인들이 되어 줄 것이오.[98] 그러나 나

달아 이 성역에 봉헌했다는 것은 이들의 대중적 영향력이 그만큼 크다는 뜻으로 하는 말이다.

95) 406년에 레스보스(Lesbos)섬의 남쪽 소군도(小群島) 아르기누사이(Arginoussai) 연해에서 벌어진 스파르타와 아테네 사이의 해전에서, 비록 아테네가 스파르타 함대의 함선 70척을 포획하거나 파괴한 반면에 아테네는 25척의 함선만(침몰 13척, 사용 불능 상태 12척)을 잃는 전과를 올리긴 했으나, 폭풍으로 이들 함선의 승무원들을 제대로 구조하지 못하게 되었는데, 아테네는 이때의 장군들 8명에 대해 집단적 책임을 지워, 도망한 2명을 제외한 6명을 모두 처형했는데, 이들 6명 중에는 Aristokratēs도 포함되었다.

96) Pythion은 올림피에이온(Olympieion: 올림포스의 제우스 신전) 쪽 아테네(테미스토클레스) 성벽 외곽의 일리소스 강변에 인접한 아폴론의 성역을 가리킨다. Pythion은 Apollōn의 신탁을 얻는 곳인 델피(Delphoi)가 있는 지역의 명칭이 Pythō여서, '델피의 아폴론' 처럼 '피토의 아폴론'(Pythios Apollōn)도 그의 별칭으로 쓰인 데서 연유한다.

97) Periklēs(약 495~429)는 451년 이후 429년에 역병으로 사망하기까지 실질적으로 아테네를 지배하다시피 한 정치인이었다. 이는 뭣보다도 그가 아테네인들을 설득함에 있어서 탁월한 능력을 갖고 있었기에 가능했던 것이었다. 그의 설득 능력에 대해서 아리스토파네스와 동시대의 희극 작가였던 에우폴리스(Eupolis)가 남긴 토막 시들 중에 이런 시구가 있다. "그는 이처럼 홀렸으며, 연사들 중에서는 유일하게/ 듣는 사람들에게 [벌처럼] 침을 남겨 놓았다."(94. 6~7) 그리고 그는 소크라테스의 애제자였던 알키비아데스(Alkibiadēs: 451/0~404/3)의 외당숙이었고 후견인이었다.

98) 이곳에서 이들을 증인들로 꼽게 된 것은 이들이 그 시대의 여러 정파들에 각기 속한 이들로서 그들 나름으로 대중에 대한 영향력이 컸기 때문이다.

472b

는 한 사람으로나마 그대에게 동의하지 않소. 왜냐하면 그대는 나로 하여금 동의할 수밖에 없도록 하지는 못하고, 나와는 반대쪽인 많은 거짓 증언자들을 끌어다 댐으로써 나를 나의 자산 곧 진실에서 몰아 내려고[99] 꾀하고 있기 때문이오. 그러나 내가 말하고 있는 것들과 관련해서 동의하는 자로서, 만약에 내가 그대 자신을 증인으로서 한 사람이나마 제시하지 못한다면, 우리의 논의가 다루고 있는 것들과 관련해서 언급할 가치가 있는 것은 나로서는 아무것도 이루지 못한 것
으로 나는 생각하오. 그대로서도, 만약에 내가 한 사람으로서나마 그 c
대를 위해 증언하지 않는다면, 마찬가지일 것이오. 이들 다른 모든 이들은 개의하지 않고서 말이오. 그러니까 그대가 그리고 다른 많은 이가 생각하듯, 이 한 가지 방식의 논박이 있소. 그런가 하면 내가 또한 생각하고 있는 다른 방식의 논박도 있소. 그러면 이것들을 서로 비교해 봄으로써, 어떤 점에서 서로가 다른지 우리가 고찰해요. 게다가 우리가 논쟁의 대상으로 삼고 있는 것들은 실은 전혀 사소한 것들이 아니고, 그것들에 대해 아는 것은 더할 수 없이 훌륭한 것이지만, 알지 못하는 것은 더할 수 없이 부끄러운 것이나 진배없소. 왜냐하면 이것들의 요지는 누가 행복하고 누가 그렇지 못한지를 알거나 모르거
나 하는 것이기 때문이오.[100] 바로 다음의 첫째 것이 지금 우리의 논 d
의 대상이 되고 있는 것인데, 그대는 불의를 저지르는 자가 그리고 불의한 자가 복 받은 자일 수 있다고 믿고 있소. 그대가 아르켈라오스를

99) 원어는 '나를 나의 자산 곧 진실에서 내동댕이치려고 한다'는 것이지만, 다소 어색한 느낌을 갖게 하는 표현일 것 같아서, 의역을 택했다.

100) 《국가(정체)》 편은 어떻게 사는 것이 행복한지, 특히 올바르게 또는 불의하게 사는 것이 행복한지를 다각도에서 끝까지 캐묻고 있는 대화편이기도 하다.

472d 불의한 걸로 생각하면서도, 정녕 행복한 걸로 믿고 있다면 말이오. 우리로선 그대가 그리 믿고 있는 걸로 생각할 수밖에 없지 않소?

폴로스: 그야 물론이죠.

소크라테스: 하지만 나는 그게 불가능하다고 주장하오. 이 한 가지를 두고 우리가 말다툼을 하고 있는 것이오. 좋소. 그러니까 누군가가 불의를 저지르고서, 재판을 받고 그 벌을 받게 될 경우에, 그가 행복하겠소?

폴로스: 조금도 그렇지 않을 것입니다. 적어도 그렇게 될 경우에는 가장 비참할 테니까요.

e 소크라테스: 그렇지만 불의를 저지른 자가 처벌을 받지 않는다면, 그대의 주장대로 그가 행복하게 되겠소?

폴로스: 그렇습니다.

소크라테스: 하지만 나의 판단으로는, 폴로스여, 불의를 저지르는 자는 그리고 불의한 자는 전적으로 비참하오. 그렇지만 저지른 불의들에 대해 재판을 받지도 않고 벌도 받지 않는다면, 더욱 비참할 것이나, 신들과 인간들에 의한 처벌을 받게 되는 경우엔, 덜 비참할 것이오.

473a 폴로스: 어쨌든 이상한 것들을 주장하시려 하십니다, 소크라테스 님!

소크라테스: 그렇더라도, 여보시오, 적어도 나로서는 그대가 나와 같은 것들을 말하게끔 만들도록 애쓸 것이오. 나는 그대를 친구로 여기기 때문이오. 그러니까 지금 우리가 의견을 달리하고 있는 것은 이것들이오. 하면, 그대도 검토해 보시오. 아마도 앞서[101] 내가 말했을

101) 469b에서.

473a

것이오. 불의를 저지르는 것이 불의를 당하는 것보다도 더 나쁘다고.

폴로스: 물론입니다.

소크라테스: 그러나 그대는 불의를 당하는 것이 더 나쁘다고 했고.

폴로스: 네.

소크라테스: 그리고 불의를 저지른 자들이 더 비참한 걸로 내가 말해서, 그대에게서 논박을 받았소.

폴로스: 네, 단연코 그랬죠.

소크라테스: 어쨌든 그대가 생각하기로는, 폴로스여! b

폴로스: 어쨌든 진실이라 생각해서죠.

소크라테스: 어쩌면. 그렇지만 그대는 또한 불의를 저지른 자들을 행복하다고도 했소. 처벌을 받게 되지만 않는다면 말이오.

폴로스: 그야 물론입니다.

소크라테스: 하지만 나는 그들을 가장 비참한 자들이라 주장하오만, 처벌을 받게 된 자들은 덜 비참하오. 그대는 이것도 논박하기를 원하오?

폴로스: 그러나 이건, 소크라테스 님, 그것보다도 한결 더 논박하기가 어렵네요.

소크라테스: 폴로스여, 그게 아니라, 불가능한 게 확실하오. 진실인 것은 결코 논박되는 일이 없기 때문이오.

폴로스: 어떻게 하시는 말씀이신지? 만약에 어떤 사람이 참주의 권력을 노려 불의를 저지르다 체포된다면, 그리고 체포되어 주리를 틀 c
리고 능지처참을 당하며 두 눈의 지짐을 당하는가 하면, 그 밖에도 불구 상태로 만드는 많은 온갖 큰 형벌을 자신이 당하는 데다, 뭣보다도 더한 것은 자신의 처자식들이 찔리어 죽음을 맞거나 나뭇진을 뒤집어 쓰고 불타 죽는 걸 지켜보게 된다면, 이 사람이 이런 경우보다 더 행

473c

복하게 되겠습니까? 곧 그가 체포를 피할 수 있어서 참주가 되어, 그
나라에서 통치를 하며 원하는 것은 무엇이든 하면서 일생을 보내면
서, 시민들과 다른 나라 사람들한테서 행복한 사람으로 불리며 부러
d 움의 대상일 경우보다도 말입니다. 이건 선생님께서 논박하기가 불가
능하다고 말씀하시겠습니까?

소크라테스: 순진한 폴로스여, 그대는 다시 내게 겁을 주고 있지, 논박을 하고 있는 게 아니오. 그러나 그대는 방금 증인을 댔소. 내가 작은 걸 하나 상기케 해 주오. 불의하게 참주체제를 도모할 경우라고 말했던가요?

폴로스: 저로선 그랬죠.

소크라테스: 그러니까 이들 중에서는 어느 쪽도, 곧 참주체제를 불
의하게 성취한 자도 처벌을 받은 자도 더 행복할 수는 없소. 비참한
e 자들 둘 중에서는 어느 한쪽도 더 행복할 수가 없기 때문이오. 그렇
지만 체포를 피하여 참주가 된 자는 더 비참하오. 이건 뭐요, 폴로스?
웃어요? 이건 또 다른 종류의 논박이오? 누가 뭔가를 말하고 나니까,
비웃되, 논박은 하지 않는다는 것은?

폴로스: 소크라테스 님, 세상에 아무도 말하지 않을 그런 것들을 말씀하실 때, 이미 논박된 것으로 생각지 않으십니까? 이 사람들 중에서 아무에게나 물어보세요.

소크라테스: 폴로스여, 나는 정치인들의 부류에 속하지 않는데, 지
난해에는 협의회 의원으로 뽑히어, 우리 부족(phylē)이 협의회를 주
474a 재하고 내가 안건을 표결에 붙여야 했을 때, 자신이 웃음거리가 되었
으니, 표결법을 내가 몰랐던 거요.[102] 그러니 나로 하여금 여기 계신

102) 아테네의 협의회(평의회) 자체와 관련된 언급해서는 이미 452e의 해

474a

분들이 표결케 하도록 지시하진 말고, 방금 내가 말했듯, 이분들보다 그대가 더 나은 논박을 할 수 없다면, 내게 차례를 넘기고서, 내가 마땅히 그래야만 하는 것으로 생각하는 그런 논박을 시도해 보시오. 내가 말하는 것들에 대해서는 나는 한 증인을, 곧 나와의 이 논의 상대가 되고 있는 당사자를 내세울 줄 알기 때문이나, 다중은 사양하오. 또한 나는 그 한 사람을 표결케 할 줄도 알고 있으나, 다중과는 대화를 하지 않소.[103] 그러니 그대가 질문들에 대답함으로써 이번에는 그 b
대가 논박을 받아 주겠는지 생각해 보시오. 그야 나도 그대도 그리고 다른 사람들도 불의를 저지르는 것이 불의를 당하는 것보다도 그리고 그 처벌을 받지 않는 것이 처벌을 받는 것보다도 더 나쁜 것이라 여기는 것으로 나는 생각하기 때문이오.

폴로스: 하지만 적어도 저는 저도 그리고 다른 어느 누구도 그리 여기지 않는 것으로 생각합니다. 선생님께선 불의를 저지르는 것보다도 불의를 당하는 쪽을 받아들이실 것이라 해선가요?

당 각주(31)에서 자세히 언급했다. 소크라테스가 406년에 이 운영 위원회(prytaneis)의 한 사람으로서 당시에 중요한 안건의 민회 상정에 반대한 것으로 알려져 있다. 이와 관련된 것으로 추정되는 소크라테스 자신의 언급을 우리는 《소크라테스의 변론》 32b~c에서도 접하게 되는데, 이는 472a의 각주에서 아리스토크라테스와 관련해서 언급한 사태와도 동일한 것이었을 것이다. 따라서 이는 이 대화편의 대화가 있었던 해가 405년임을 말해 주고 있는 셈이다.

103) Dodds가 말하듯, 소크라테스는 현자들을 찾아다니느라 온갖 부류의 사람들을 만나 그들과 대화를 하거나(《소크라테스의 변론》 21b~22d 참조), 그때그때 몇몇 사람들과 대화를 하며 나날을 보내다시피 한 것은 틀림없는 일이지만, 변론가들이나 정객들처럼 다중(hoi polloi)을 상대로 대화하지는 않았다. 그의 대화는 소수의 사람을 상대로 한 문답법 식의 것이었다.

소크라테스: 실은 그대도 다른 사람들 모두도 그럴 텐데.

폴로스: 어쨌든 그것과는 거리가 멉니다. 저도 선생님도, 그리고 다른 그 누구도 그러지 않을 겁니다.

c 소크라테스: 대답하지 않을 것이오?

폴로스: 물론 해야죠. 그리고 실은 선생님께서 도대체 뭘 말씀하실 것인지 알고 싶습니다.

소크라테스: 그러면 그대가 알게 되게끔, 마치 내가 그대에게 처음부터 질문하는 것처럼, 내게 대답하오. 폴로스여, 그대에겐 불의를 저지르는 것이 불의를 당하는 것보다도 더 나쁜 것으로 생각되오?

폴로스: 불의를 당하는 것이 제게는 더 나쁜 것으로 생각됩니다.

소크라테스: 그러면, 다음은 어떻소? 불의를 저지르는 것과 불의를 당하는 것 중에 어느 쪽이 더 부끄러운[104] 것이오?

폴로스: 불의를 저지르는 것입니다.

소크라테스: 그러니까, 그게 정녕 더 부끄러운 것이라면, 그건 더 나쁜 것이기도 하지 않겠소?

폴로스: 전혀 그렇지 않습니다.

소크라테스: 알겠소. 그대는 '아름다운(훌륭한: kalon)'과 '좋은
d (agathon)'을 그리고 '나쁜(kakon)'과 '추한(부끄러운: aiskhron)'을 같은 [짝인] 것으로 생각지 않는 것 같아 보이오.

---

104) 원어 aiskhros는 외관상으로 '추한', 도덕적으로 '부끄러운', '창피한', '천한' 또는 '비열한' 등을 뜻하는데, 우리말로도 이런 경우들에 한 마디로 '추하다'고도 한다. 이와 반대되는 낱말은 kalos이다. 그러니까 kalos는 외관상으로 '아름다운', '잘생긴', 유용성(쓰임)과 관련해서 '좋은', '양질의', 그리고 도덕적인 뜻에서는 '아름다운', '고상한', '고결한', '훌륭한' 등을 뜻한다.

474d

폴로스: 분명히 아닙니다.

소크라테스: 이건 어떻소? 그대가 아름다운(훌륭한) 모든 것을, 이를테면, 몸들이나 빛깔들과 모양들 그리고 소리들과 활동들을 그때마다 아름답다(훌륭하다)고 일컫는 것이 아무런 비추어 보는 기준도 없이 하는 것이오? 이를테면, 첫째로 아름다운 몸들을 그대가 아름답다고 말하는 것은 실은 그 유용성(khreia), 곧 그 각각이 무엇인가에 유용한 것, 곧 이것과 관련해서거나, 또는 그걸 바라보게 됨으로써 보는 사람들을 기쁘게 할 경우의 어떤 즐거움과 관련해서가 아니겠소? 몸의 아름다움에 대해서 이것들을 제쳐 놓고 말할 것이 있겠소?

폴로스: 없습니다.

소크라테스: 그러니까 다른 모든 것도, 모양들도 빛깔들도 아름답 e
다고 그대가 말하는 것은 이처럼 어떤 즐거움이나 이로움(ōphelia) 또는 이들 두 가지 다의 이유로 해서가 아니오?

폴로스: 저야 그러죠.

소크라테스: 음성들도 음악과 관련되는 그 모든 것도 마찬가지가 아니겠소?

폴로스: 네.

소크라테스: 또한 더 나아가 법률 그리고 활동들과 관련되는 아름다운(훌륭한) 것들도 이것들, 곧 이로운 것들이거나 즐거운 것들이거나 또는 이들 양쪽에서 벗어나는 것들이 아님이 명백하오.

폴로스: 제게도 아닌 걸로 생각됩니다.

소크라테스: 그러니까 학문들의 아름다움(훌륭함)도 마찬가지 아 475a
니겠소?

폴로스: 물론입니다. 소크라테스 님, 또한 선생님께서 지금 아름다

475a 운 것을 즐거움(hēdonē)과 좋음(훌륭함: [to] agathon)에 의해서[105] 규정하심으로써 어쨌든 훌륭하게 규정하고 계십니다.

소크라테스: 그러면 추한 것(부끄러운 것: to aiskhron)은 그 반대인 것, 곧 괴로움(lypē)과 나쁨([to] kakon)에 의해서 규정하지 않겠소?

폴로스: 그야 필연입니다.

소크라테스: 그렇다면 아름다운(훌륭한) 것들 둘 중에서 어느 한쪽이 더 아름다울(훌륭할) 경우에는, 이는 그것들 둘 중의 한 가지에 의해서거나 양쪽 다에 의해서, 곧 즐거움에 의해서나 유용성에 의해서 또는 양쪽 다에 의해서 우월함으로써 더 아름답소(훌륭하오).

폴로스: 물론입니다.

소크라테스: 또한 이번에는 추한(부끄러운) 것들 둘 중에서 어느
b 한쪽이 더 추할(부끄러울) 경우에는, 괴로움이나 나쁨에 의해서 더 우월함으로써 더 추해(부끄러워)질 것이오. 이게 필연적이지 않소?

폴로스: 네.

소크라테스: 자, 그러면 방금[106] 불의를 저지르는 것과 불의를 당하는 것에 대해 어떻게 말했던가요? 그대는 불의를 당하는 것은 더 나쁜 것이지만, 불의를 저지르는 것은 더 부끄러운 것이라고 말하지 않았소?

폴로스: 그리 말했습니다.

소크라테스: 그러니까 불의를 저지르는 것이 불의를 당하는 것보다

105) 474d6 이후에서 '좋음(agathon)'의 일환으로 '유용함(khrēsimon)' 및 '이로움(ōphelimon)'을 말하다가, d1에서 소크라테스가 말한 agathon으로 폴로스가 무심결에 돌아감으로써 소크라테스의 논의 틀로 자연스레 되돌아간 셈이다.

106) 474c에서.

475b

도 정녕 더 부끄러운 것이라면, 더 괴롭거니와, 괴로움이나 나쁨 또는 둘 다에 의해서 더 우월함으로써 더 부끄럽지 않겠소? 이 또한 필연적인 게 아니겠소?

폴로스: 어찌 그렇지 않겠습니까?

소크라테스: 그러면 우선 고찰토록 해요. 불의를 저지르는 것이 불 c
의를 당하는 것보다도 괴로움으로 해서는 더 우세하며, 불의를 저지르는 자들이 불의를 당하는 자들보다도 더 괴로워하는지를.

폴로스: 그건 결코 그렇지가 않습니다, 소크라테스 님!

소크라테스: 그러면 괴로움으로 해서는 더 우세하지 않는 게요.

폴로스: 확실히 아닙니다.

소크라테스: 그러니까 괴로움으로 해서는 우세하지 않다면, 더욱 그 둘 다로 해서 우세하지는 않을 것이오.

폴로스: 그렇지 않아 보입니다.

소크라테스: 그렇다면 다른 쪽 것으로 해서 우세하는 경우만 남소.

폴로스: 네.

소크라테스: 나쁨으로 해서겠소.

폴로스: 그런 것 같습니다.

소크라테스: 그러니까 불의를 저지르는 것이 나쁨으로 해서 우세함으로써 불의를 당하는 것보다도 나쁜 것일 것이오.

폴로스: 그러한 게 아주 명백합니다.

소크라테스: 그러니까 불의를 저지르는 것이 불의를 당하는 것보다 d
도 더 부끄럽다는 것에 대해서는 많은 사람이 그리고 그대도 앞서[107] 우리와 합의를 본 게 아니오?

107) 역시 474c에서.

475d

폴로스: 네.

소크라테스: 그런데 지금은 더 나쁜 것으로 밝혀졌소.

폴로스: 그런 것 같습니다.

소크라테스: 그러면 그대는 덜 나쁘고 덜 부끄러운 것 대신에 더 나쁘고 더 부끄러운 것을 오히려 받아들이겠소? 대답하길 망설이지 마오, 폴로스! 아무런 해도 입히지 않을 것이니까. 의사에게 하듯, 대화에 진솔하게 대답하오. 내가 묻는 것들에 대해 '예' 또는 '아뇨' 하고 대답하오.

e 폴로스: 하지만 그건 제가 받아들이지 않겠습니다, 소크라테스 님!

소크라테스: 하면, 다른 누군가가?

폴로스: 적어도 이 논변에 따를진대, 그러지 않을 것으로 제겐 생각됩니다.

소크라테스: 그렇다면 내가 진실을 말한 것이오. 나도 그대도 이 세상 다른 누구도 불의를 당하기보다도 불의를 저지르는 쪽을 더 받아들이지는 않을 것이라는 걸. 이게 더 나쁘기 때문이오.

폴로스: 그런 것 같습니다.

소크라테스: 그러면 보오, 폴로스여! 논박과 논박이 비교될 경우에, 이것들 사이에 아무런 닮은 점이 없는지. 나를 제외한 다른 사람들 모두가 그대에게 동의할지라도, 내게는 한 사람인 그대가 동의해
476a 주고 증언해 주는 걸로 족하며, 나는 그대만 표결케 하고, 다른 사람들은 개의치 않소. 그리고 우리에게 있어서 이 문제는 이런 걸로 해두어요. 다음으로는 우리가 말다툼을 하고 있는 둘째 것, 곧 불의를 저지른 자가 처벌을 받는 것이, 그대가 생각했듯, 나쁜 것들 중에서도 가장 나쁜 것인지, 아니면 내가 그리 생각했듯, 처벌을 받지 않는 것이 더 크게 나쁜 것인지 고찰해요.

476a

그럼 이렇게 고찰해요. 불의를 저지른 자가 처벌을 받는 것과 올바르게(정의롭게) 처벌을 받는 것을 같은 것이라 그대는 말하오?

폴로스: 저로서야 그러죠.

소크라테스: 그러면 적어도 모든 올바른 것들이, 그것들이 올바른 b
(정의로운) 것들인 한은, 아름다운(훌륭한) 건 아니라고 그대가 말할 수 있소? 잘 생각해 보고서 말하시오.

폴로스: 하지만 제게는 그리 생각되네요, 소크라테스 님!

소크라테스: 그럼 이것도 고찰해요. 만약에 누군가가 뭔가를 행한다면, 이 행하는 자로 해서 당하는 쪽인 뭔가가 있는 게 필연적이겠소?

폴로스: 제게는 그렇게 생각됩니다.

소크라테스: 이것은 행하는 쪽인 것이 행하는 것을 당하는데, 행하는 쪽이 행하는 그런 것이겠소? 이런 걸 내가 말하고 있소. 가령 누군가가 때리면, 뭔가는 맞을 게 필연적이겠소?

폴로스: 필연적입니다.

소크라테스: 또한 때리는 자가 심하게 그리고 빨리 때리면, 맞는 쪽도 그렇게 맞을 것이오.

폴로스: 네. c

소크라테스: 그러니까 맞는 자 쪽에 있어서의 그런 당함은 때리는 자가 행하는 그런 것이겠소?

폴로스: 물론입니다.

소크라테스: 그러니까 가령 누군가가 소작(燒灼)[108]을 한다면, 뭔

108) 외과적 치료법으로 병 조직을 약물을 이용해 태우는(kaein) 소작이나 칼로 수술하는(temnein) 절제 방법은 당시에도 활용되었던 것 같다.

476c

가가 태워지는 게 필연적이겠소?

폴로스: 어찌 그렇지 않겠습니까?

소크라테스: 그리고 어쨌든 심하게 또는 고통스럽게 소작을 할 경우에, 소작되는 것은 소작하는 것이 태우는 그만큼 태워지겠소?

폴로스: 물론입니다.

소크라테스: 따라서 어떤 것을 절제할 경우에도, 이치는 같겠소. 뭔가가 잘릴 테니까.

폴로스: 네.

소크라테스: 또한 절제되는 부분이 크거나 깊거나 고통스러울 경우에도, 절제되는 것은 절제하는 것이 자르는 그만큼의 부분이 잘리
d 겠소?

폴로스: 그리 보입니다.

소크라테스: 요컨대, 방금 말한 것에 대해, 곧 모든 것과 관련해서 행하는 쪽이 행하는 그런 것을 당하는(겪게 되는) 쪽이 당한다(겪게 된다)는 데 대해 그대가 동의하는지 보시오.

폴로스: 하지만 저는 동의합니다.

소크라테스: 그러면 이것들이 합의되었으니, 처벌을 받는 것은 어떤 것을 당하는 것이오, 아니면 행하는 것이오?

폴로스: 당하는 것인 게 필연적입니다, 소크라테스 님!

소크라테스: 그러니까 누군가 행하는 자에 의해서가 아니겠소?

폴로스: 어찌 그렇지 않겠습니까? 어쨌든 벌을 주는 자에 의해섭니다.

소크라테스: 그러나 옳게 벌을 주는 자는 올바르게(정당하게) 벌을 주고 있소?

e 폴로스: 네.

476e

소크라테스: 그는 올바른(정의로운) 것들을 행하고 있는 것이겠소 아니면 그게 아니겠소?

폴로스: 올바른 것들을 행하고 있습니다.

소크라테스: 그러니까 벌을 받는 자는 처벌을 받음으로써 올바른 것들을 당하고 있는 건가요?

폴로스: 그래 보입니다.

소크라테스: 그러니 어쩌면 올바른 것들은 훌륭한 것들임이 합의를 본 거겠소?

폴로스: 물론입니다.

소크라테스: 그러면 이들 중에서 한 사람은 훌륭한 것들을 행하나, 다른 쪽 곧 벌을 받는 자는 이를 당하겠소.

폴로스: 네.

소크라테스: 그러니까 그것들이 정녕 훌륭한 것들(kala)이라면, 그 477a
것들은 좋은 것들(agatha)이오? 즐거운 것들이거나 이로운 것들일 테니까.

폴로스: 그야 필연적이죠.

소크라테스: 그러므로 처벌을 받는 자는 좋은 것들을 당하고(겪고) 있는 것이겠소?

폴로스: 그런 것 같습니다.

소크라테스: 그렇다면 그는 이득을 보고 있겠소?

폴로스: 네.

소크라테스: 그럼 그 이로움은 내가 이해하고 있는 바로 그런 것이오? 그가 처벌을 받고 있는 것이 정녕 올바르다면, 그의 혼은 더 좋아지고 있는 거겠소?

폴로스: 어쨌든 그런 것 같습니다.

477a

소크라테스: 따라서 처벌을 받는 자는 혼의 나쁜 상태(kakia)에서 벗어나게 되겠소?

폴로스: 네.

소크라테스: 그렇다면 그는 최대의 나쁨에서 벗어나고 있는 거겠
b 소? 이렇게 고찰해 보오. 사람의 재정 상태에 있어서 나쁜 상태로 가
난 이외의 다른 것을 목격할 수 있소?

폴로스: 없죠. 가난을 목격하죠.

소크라테스: 그럼 몸 상태의 경우에는 무엇을 목격하오? 그것의 나쁜 상태를 허약함과 질병 및 추함 그리고 이와 같은 것들을 말하겠소?

폴로스: 저로서는.

소크라테스: 그러면 혼 안에도 어떤 나쁜 상태(못됨: ponēria)가 있는 걸로 그대는 생각하오?

폴로스: 사실 어찌 없겠습니까?

소크라테스: 그러니까 그대는 이를 불의와 무지 및 비겁 그리고 이와 같은 것들로 일컫지 않소?

폴로스: 물론입니다.

소크라테스: 그러니 재화와 몸 그리고 혼, 셋인 이것들의 세 가지
c 나쁜 상태를 그대는 가난, 질병, 불의(adikia)로 말하지 않았소?

폴로스: 네.

소크라테스: 그러면 이들 나쁜 상태들 중에서 가장 부끄러운(창피스런) 것은 무엇이오? 불의와 요컨대 혼의 나쁜 상태가 아니겠소?

폴로스: 다분히 그렇습니다.

소크라테스: 물론 가장 부끄러운 것이면, 가장 나쁜 것이기도 하오.

폴로스: 어떻게 하시는 말씀인지요, 소크라테스 님?

477c

소크라테스: 그건 이래서요. 가장 부끄러운 것은 가장 큰 괴로움이나 해로움을 또는 양쪽 다를 가져다주어서, 앞에서 합의를 본 바로는 가장 부끄러운 것이오.

폴로스: 무엇보다도 그렇습니다.

소크라테스: 그러나 가장 부끄러운 것은 불의와 혼의 모든 나쁜 상태라고 방금 우리가 합의를 본 것이오?

폴로스: 실상 합의를 보았습니다. d

소크라테스: 그러니까 그건 가장 고통스러우며, 고통이나 해로움으로 압도하기에 또는 양쪽 다임으로 해서 이것들 중에서는 가장 고통스럽지 않소?

폴로스: 그건 필연적입니다.

소크라테스: 그렇다면 가난함이나 병을 앓는 것보다도 더 고통스러운 것은 불의함과 무절제함 그리고 비겁함과 무지함이겠소?

폴로스: 우리가 말한 바로 해서는 어쨌든 그렇게 되는 것은 아닌 것으로 제게는 생각됩니다, 소크라테스 님!

소크라테스: 그러면 어떤 예사롭지 않은 크나큰 해와 놀랄 정도의
나쁨으로 다른 것들을 압도하는 혼의 나쁜 상태(못됨)는 모든 것들
중에서도 가장 부끄러운 것이오. 그건 그대의 주장처럼 고통으로 해 e
서는 아니니까.

폴로스: 그리 보입니다.

소크라테스: 하지만 가장 큰 해로움으로 해서 압도하는 것은 모든 것들 중에서도 최대로 나쁜 것일 것이오.

폴로스: 네.

소크라테스: 따라서 불의와 무절제 그리고 그 밖의 혼의 나쁜 상태(못됨)는 세상의 것들 중에서 가장 나쁜 것이오.

477e

폴로스: 그리 보입니다.

소크라테스: 그런데 무슨 기술이 가난에서 벗어나게 하오? 이재(理財)의 기술이 아니겠소?

폴로스: 네.

소크라테스: 질병에서는 무슨 기술이 벗어나게 하겠소? 의술이 아니오?

478a 폴로스: 그야 필연적입니다.

소크라테스: 한데, 못됨(나쁜 상태)과 불의에서 벗어나게 하는 것은 무엇이오? 그런 식으로 쉽게 찾지 못하겠으면, 이렇게 생각해 보오. 신병으로 앓는 이들을 우리가 누구에게로 인도하오?

폴로스: 의사들에게로 인도하죠, 소크라테스 님!

소크라테스: 그러나 불의를 저지른 사람들과 방탕한 자들은 어디로 인도하오?

폴로스: 판관들(배심원들)[109)]에게로 말씀하시는 겁니까?

---

109) 당시의 아테네는 배심단(陪審團)에 의한 재판 제도를 운영했다. '디카스테스'(dikastēs)는 원래 '재판관' 또는 '판관' 또는 '심판관'을 의미하는 말이지만, 복수 형태(dikastai)로 쓰일 경우의 이 말은 '배심원들'의 성격이 강하다. 어쨌든 이들은 '배심원들'인 동시에 '재판관들'이다. 매년 연초에 30세 이상의 지원자들 중에서 아테네의 10개 행정 단위인 부족(部族: phylē)마다에서 600명씩 추첨에 의해 선발된 6,000명의 배심단 명부를 갖고서, 이들을 다시 10개의 분단(分團)으로 쪼갠 다음, 각각에 '알파'(A)에서 '카파'(K)까지의 기호를 붙여, 이들 각각에 60명씩 각 부족의 구성원들이 골고루 포함되게 했다. 재판이 있는 날 아침에 어느 법정(배심재판소: dikastērion)에 어느 분단이 그리고 그들 중에 누구누구가 참가하게 될 것인지는 전적으로 추첨에 의해서 결정되었으며, 재판에 참여한 자는 각기 3오볼로스(obolos)의 일당을 받았다. 이는 건장한 사람의 하루 품삯에 못 미치는 액수였기 때문에, 배심단은 자연적으로 노동력을 상실한 노인들로 충당하게 되었으며, 이들은

478a

소크라테스: 그러니까 처벌을 받도록 하는 게 아니겠소?

폴로스: 그렇습니다.

소크라테스: 그렇다면 옳게 벌을 주는 자들은 일종의 정의(올바름: dikaiosynē)를 이용해서 벌을 주지 않겠소?[110)]

폴로스: 그건 아주 명백합니다.

소크라테스: 그러니까 이재의 기술은 가난에서 벗어나게 하나, 의술은 질병에서, 재판(dikē)[111)]은 무절제와 불의에서 벗어나게 해 주오. b

---

그나마 일당을 받기 위해 기를 썼다고 한다. 오늘날의 민사 소송과 비슷한 면이 있는 개인 간의 '송사'(訟事: dikē 또는 idia dikē)의 경우에는 200(201)명 또는 400(401)명의 배심단에 의해 재판이 진행되었으나, 오늘날의 형사 소송과 비슷한 '공소'(公訴: graphē 또는 dēmosia dikē)의 경우에는 배심단이 500(501)명 또는 그 이상의 인원으로 구성되었다. 이를테면, 소크라테스가 기소된 죄목들 중의 하나는 '나라가 믿는 신들을 믿지 않는다'는 것이었으므로, 그에 대한 소송은 공소(公訴)에 해당되어, 배심단(재판관들: dikastai)은 500명으로 구성되었던 것으로 전한다.

110) 464b의 해당 각주를 참조할 것.

111) 바로 앞에서 "옳게 벌을 주는 자들은 일종의 정의(올바름: dikaiosynē)를 이용해서 벌을 주지 않겠소?"라는 말을 하고 있으므로, 여기에서는 dikē를 '정의'의 행사 또는 집행 수단으로서의 '재판'으로 옮겼다. 원래 dikē는 '관례'나 '관습'을 뜻하는 말이지만, 이를 어길 경우의 갖가지 '제재'도 아울러 뜻하게 된 것이다. 이참에 dikē가 어떤 뜻들을 지니는지 헤시오도스의 《일과 역일(曆日)》의 예문들을 통해서 알아보기로 하자. 작은따옴표로 표시된 것의 원어가 '디케'이다.

"하지만 다시 우리의 다툼을 결판내도록 하지. 제우스께서 내리시는 최선의 것인 바른 '판결'로.(35~6) … 이 '재판'을 판결하려는 자들, 뇌물을 삼킨 자들.(39) … '정의'가 완력에 좌우되고 경외(aidōs)도 사라질 것이니라.(192~3) … 페르세스여, '정당함(정의)'에 귀 기울이되, 방자함(hybris)은 키우지 말지니라.(213) … 끝에 가서는 '정당함(정의)'이 방자함을 이기느니라. 어리석은 자는 당하고서야 깨닫지.(217~8) … 삐

478b

폴로스: 그리 보입니다.

소크라테스: 그러면 이것들 중에서[112] 무엇이 가장 훌륭한 것이오?

폴로스: 무엇들을 말씀하시는지요?

소크라테스: 이재의 기술과 의술 그리고 재판이오.

폴로스: 소크라테스 님, 재판은 많이 다릅니다.

소크라테스: 그러니까 그게 정말로 훌륭한 것이라면, 그건 최대의 즐거움이나 이로움 또는 양쪽 다를 가져다주겠소?

폴로스: 네.

소크라테스: 그러면 치료받음은 즐거운 것이고, 치료받는 자들은 기뻐하오?

폴로스: 제게는 그리 생각되지 않습니다.

소크라테스: 하지만 적어도 이롭긴 하겠소, 안 그렇소?

c 폴로스: 네.

소크라테스: 큰 나쁨에서는 벗어남으로써, 고통을 견디어 건강해지는 것은 이익이 되니까.

뚫어진 '판결(재판)' (219, 221). 바른 '판결' (225) … 멀리 보는 제우스가 내리는 '벌' (239) … 처녀인 '디케 여신' (Dikē), 제우스의 여식.(256) … 제우스의 눈은 모든 걸 보며 모든 걸 알아채는지라, 원하기만 한다면, 지금의 이것들도 지켜보지, 간과하는 일은 없을 것이니라. 나라가 그 안에 간직하고 있는 '정의' 가 어떤 것인지도.(267~9) … 이제는 '정의' 에 귀 기울이되, 폭력은 아주 잊을지니라. 크로노스의 아들(제우스)이 인간들에게 이 율법을 정해 주었기 때문이다. 물고기들과 짐승들 그리고 맹금류들은 서로를 잡아먹을 것이니, 이들에게는 '정의' 가 없어서로다. 하나, 인간들에겐 '정의' 를 주었으니, 이것이 지선한 것이라.(275~9)"

112) 텍스트 읽기에서 b3의 [hōn legeis]는 군더더기로 판단해서 삭제하고서 읽었다. 더구나 바로 다음에서 폴로스가 Tinōn legeis로 묻고 있어서 더욱 그렇다.

478c

폴로스: 어찌 그렇지 않겠습니까?

소크라테스: 그러면 사람이 몸과 관련해서 더할 수 없이 행복한 것은 이처럼 치유되어서겠소, 아니면 애당초 병을 앓지 않아서겠소?

폴로스: 병을 앓지 않는 것이 그럴 게 명백합니다.

소크라테스: 행복은 이것, 곧 나쁨에서의 벗어남이 아니라, 애초에 질병을 갖지 않음인 것 같기 때문이오.

폴로스: 그렇습니다.

소크라테스: 어떻소? 몸에나 혼에 나쁜 걸 지니고 있는 두 사람 중 d
에서, 그 나쁜 걸 치료받고서 그것에서 벗어나는 자가 더 비참하오 아
니면 치유되지 않고 그걸 그대로 지니고 있는 자가 더 그러하오?

폴로스: 제게는 치유되지 않은 자가 더 그래 보입니다.

소크라테스: 그러니까 처벌을 받는 것은 가장 큰 나쁨, 곧 [혼의] 나쁜 상태(못됨: ponēria = bad state, wickedness)에서의 벗어남이 아니었소?

폴로스: 실은 그랬죠.

소크라테스: 재판은 아마도 건전한 마음 상태를 갖도록 하며 더 올바른 사람들로 만들고 혼의 나쁜 상태(못됨)에 대한 치료술이 되기 때문일 것이오.

폴로스: 네.

소크라테스: 그러니까 가장 행복한 자는 혼에 나쁜 상태(악덕:
kakia = badness, vice)를 지니고 있지 않은 자인데, 이 지님이 나쁜
것들 중에서도 가장 큰 것으로 밝혀졌기 때문이오. e

폴로스: 그건 아주 명백합니다.

소크라테스: 그러나 둘째는 아마도 그것에서 벗어난 자일 것이오.

폴로스: 그런 것 같습니다.

478e

소크라테스: 이 사람이 질책을 당하고 매질도 당하고 처벌을 받은 자였소.

폴로스: 네.

소크라테스: 따라서 [혼에] 그걸 지닌 채로 그것에서 벗어나지 못하고 있는 자는 최악의 삶을 살고 있소.

폴로스: 그리 보입니다.

소크라테스: 그러므로 이 사람은 가장 중대한 일들에서 불의를 저지르고 최대의 불의를 이용하고서도 질책도 응징도 당하지 않고 처벌
479a 도 받지 않도록 일처리를 할 사람이오. 마치 아르켈라오스가 치밀한 준비를 했다고 그대가 말하는 사람처럼 말이오. 다른 참주들도, 변론가들도 그리고 소수파 전제주의자들[113]도 그런 사람들일 것이오.

폴로스: 그런 것 같습니다.

소크라테스: 이보시오, 이들은 어쩌면 더할 수 없는 중병들로 시달리고 있는 자가 몸과 관련된 결함들에 대한 처치를 의사들에게 받도록 그래서 치유되도록 일처리를 하지 않는 경우와 똑같이 일처리를 하는 자들이오. 아이가 고통 때문에 소작받는 것과 절제 수술을 받는
b 걸 두려워하는 경우 말이오. 그대에게도 그리 생각되지 않소.

폴로스: 제겐 그리 생각되네요.

소크라테스: 어쨌든 이는 건강과 몸의 훌륭한 상태(aretē)[114]가 어

113) 여기서 '소수파 전제주의자들'로 옮긴 것의 원어는 dynastai(단수는 dynastēs임)로서, 소수의 집단적 참주들이라 할 수 있겠는데, 이를테면 404년에 펠로폰네소스 전쟁에서 패한 아테네에서 스파르타의 지지를 받고 집권했다가, 이듬해에 봉기한 민주파에 의해 쫓겨나게 되는 이른바 '30인 참주들'이 바로 그런 자들이다. 단순한 과두정권(oligarkhia)의 사람들과는 그 과격성으로 해서 구별된다.

114) aretē와 관련해서는 최근의 졸저 《적도(適度) 또는 중용의 사상》,

479b

떤 것인지를 몰라서인 것 같소. 방금 우리가 합의한 바로 미루어, 처
벌(재판)을 피하는 자들도, 폴로스여, 그런 짓을 하는 것 같기 때문이
오. 자신의 고통은 내다보지만, 그 이로움에 대해서는 눈이 어두워,
건강치 못한 몸이 건강치 못하고 불건전하며 불의하고 불경한 혼과
동거하는 것이 얼마나 더 비참한지를 모르고 있는 것 같소. 이로 해서 c
온갖 짓을 다 함으로써, 처벌을 받지 않아, 가장 큰 나쁨에서 벗어나
게 되지도 못하거니와, 또한 재물과 친구들을 확보하고, 언변 구사에

53~58쪽에서 충분히 설명한 바 있어서, 가급적 이를 참조하는 것을 권한다. 그러나 당장의 편의를 생각해서, 여기에서는 간명하게 정리해 두겠다. 이를테면, 호메로스의 《일리아스》에서 '아레테'는 우선 온갖 '빼어남(excellence)'을 뜻한다. 다음으로 그것온 전쟁 영웅들의 '용기'(8. 535, 13. 237, 20. 242)를 뜻한다. 그래서 훗날 사람들이 '용기'의 뜻으로 쓰게 되는 andreia라는 말을 그에게서는 따로 찾아볼 수 없다. 시대가 바뀌면서 그것은 사람의 경우에는 '사람다움' 곧 사람으로서의 '훌륭함(goodness)'을 더 많이 뜻하게 되었고, 이를 우리는 곧잘 '덕(virtue)'으로 일컫기도 한다. 그 반대는 '나쁨(나쁜 상태: kakia = badness)'이다. 그런데 온갖 도구를 비롯한 인위적인 것들이나 생물 등을 포함한 자연적인 것들에도 그리고 인간의 행위나 직업에 따라서도 그 기능(ergon)이 있고, 이에 따른 '훌륭함'이 있다. 칼이나 침상, 아울로스(aulos) 따위의 악기 또는 공동체, 눈이나 귀, 몸, 군인 등, 심지어는 토양 따위에도 그 기능과 연관된 '아레테'는 있게 마련이다. 여기서도 '몸의 aretē'를 말하고 있다. 따라서 원칙적으로 '아레테'는 독립적인 것이 아니라, 반드시 '[…의] 훌륭한 상태' 또는 '[…(으)로서의] 훌륭함'이라는 말의 기본 틀에서 벗어나지 않는 범위의 것이므로, 사람의 경우에는 이에 '사람'을 대입시켜 '[사람의] 훌륭한 상태' 또는 '[사람으로서의] 훌륭함'이라 함이 논의의 보편성에 부합하는 것이 되겠다. 물론 사람에게 적용되는 '아레테'를 우리말로 번역할 경우에, 의미 전달의 편리함을 위해서라면, 우리에게 익숙한 '덕'으로 옮기는 것이 좋겠으나, 의미 전달의 정확성과 보편성을 위해서는, 그것이 모든 종류의 사물에 두루 적용되는 것임을 고려해서, 적어도 헬라스 사상의 경우에는 '[…의] 훌륭한 상태' 또는 '[…으로서의] 훌륭함'으로 옮기는 것이 옳다.

479c

서도 가능한 한 최대한 설득력을 갖도록 하오. 하지만 만약에 우리가 합의한 바가 진실이라면, 폴로스여, 우리의 논의에서 도출되는 결론들을 알겠소? 혹시 그대는 우리가 이것들을 정리해 보기를 바라오?

폴로스: 어쨌든 선생님께 그러시는 게 좋게 여겨지신다면.

소크라테스: 그러니까 가장 나쁜 것은 불의와 불의를 저지르는 것이 되었소.

폴로스: 어쨌든 그런 것으로 보입니다.

d 소크라테스: 그렇긴 하나, 이 나쁨에서 벗어남은 처벌을 받는 것임이 밝혀졌소.

폴로스: 그런 것 같습니다.

소크라테스: 그렇지만 처벌을 받지 않는 것은 나쁨의 지속이겠소?

폴로스: 네.

소크라테스: 그렇다면 불의를 저지르는 것은 나쁜 것들 중에서 그 정도에 있어서 둘째 것이오. 반면에 불의를 저지르고서도 처벌을 받지 않는다는 것은 모든 나쁜 것들 중에서도 그 성질상 가장 나쁘고 으뜸가는 것이오.

폴로스: 그런 것 같습니다.

소크라테스: 그러니까, 이보시오, 이와 관련해서 우리가 말다툼을 하지 않았소? 그대는 가장 큰 불의를 저지르고서도 아무런 처벌을 받
e 지 않은 아르켈라오스를 행복한 자로 말한 반면에, 나는 그와 반대로 생각해서, 아르켈라오스든 다른 누구든 불의를 저지르고서도 처벌을 받지 않은 사람, 이 사람에게는 다른 사람들과는 판이하게 비참함이 적절하며, 또한 불의를 당하는 자보다는 불의를 저지르는 자가, 처벌을 받는 자보다도 처벌을 받지 않는 자가 언제나 더 비참하다고 말이오. 이게 내가 주장했던 게 아니었소?

479e

폴로스: 네.

소크라테스: 이게 진실을 말한 것임이 증명되지 않았소?

폴로스: 그리 보입니다.

소크라테스: 됐소. 그러니까 이게 진실이라면, 폴로스여, 변론술의 480a
큰 용도가 무엇이오? 방금 합의를 본 바로는 실은 불의를 저지르지
않도록 스스로 최대한 자신을 지켜야만 하겠는데, 이는 그럴 경우, 나
쁜 일을 잔뜩 겪게 될 것이기 때문이오. 안 그렇소?

폴로스: 그야 물론입니다.

소크라테스: 하지만 만약에 그 자신이 또는 그가 돌보고 있는 누군
가가 불의를 저지를 경우에는, 스스로 최대한 빨리 처벌을 받게 해 줄
곳으로, 곧 의사에게로 가듯, 재판관에게로 자발적으로 가야만 하는
데, 불의의 질병이 만성이 되어 혼을 곪도록 만들어 불치의 상태가 되 b
는 일이 없도록 서둘러야만 하오. 아니면, 폴로스여, 앞서 우리가 합
의한 것들이 정녕 유지되려면, 우리가 어떻게 말하리까? 이것들이 그
것들과 이처럼 반드시 합치해야만 하지, 달리는 안 되는 게 아니겠
소?

폴로스: 실상 달리 무슨 말을 우리가 할 수 있겠습니까, 소크라테스
님?

소크라테스: 그러면 제 자신이나 부모 또는 친구들이나 자식들의
불의 때문에 또는 불의를 저지르는 조국의 불의 때문에 하는 변호를 위
해서는 우리에게 변론술은 아무런 소용이 없소, 폴로스여! 혹여 누군
가가 그것과 반대되는 걸 위한 생각을 하는 것이 아니라면 말이오. 곧 c
뭣보다도 스스로 제 자신의 고소인이, 그다음으로는 친척들이나 친구
들 중에서 언제고 불의를 저지르는 자의 고소인이 되어, 그 비행이 은
폐되지 않고 공개되도록 해야만 하는 걸로 말이오. 그래서 처벌을 받

고 건강해지게끔, 스스로도 다른 사람들도 비겁해지지 않고, 마치 의
사에게 절제와 소작을 내맡기듯, 질끈 그리고 용기 있게 눈을 감고 스
스로를 내맡기지 않을 수 없도록 강제하는 것이오. 고통스러움은 고
려하지 않고, 좋고 훌륭한 것을 추구해서요. 말하자면, 불의를 행한
d 것이 태형에 해당된다면, 태형을 받을 것이나, 구속에 해당된다면, 구
속되고, 벌금에 해당된다면, 벌금을 물고, 추방에 해당된다면, 추방당
하지만, 사형에 해당된다면, 사형을 받을 것이니, 먼저 스스로가 제
자신의 고소인으로서 그리고 다른 친척들의 고소인으로서 이 목적에
변론술을 이용하는데, 비행들이 명백하게 됨으로써, 가장 큰 악, 곧
불의에서 벗어나게끔 말이오. 우리가 그렇다고 말하리까 아니면 그렇
지 않다고 말하리까?

e 폴로스: 소크라테스 님, 제게는 이상한 것들로 생각되긴 합니다
만, 선생님께는 앞서의 것들과 합치하는 것으로 아마도 생각되시겠
습니다.

소크라테스: 그렇다면 그게 폐기되거나 이게 성립하는 게 필연적
이오.

폴로스: 예, 어쨌든 그건 그렇습니다.

소크라테스: 하지만 이번에는 반대로, 그러니까 가령 누군가를 해
쳐야만 한다고 해요. 상대가 적이든 또는 누구이든 간에. 다만 자신이
이 적한테서 해를 입지 않는다는 걸 전제로 하고요. 이는 주의해야만
할 것이니까요. 그러나 적이 다른 사람을 해칠 경우에, 그가 처벌을
481a 받지 않도록 또한 재판관에게로도 가지 못하도록, 언행 양면에서 만
반의 준비를 해야만 하오. 그러나 만약에 그가 재판관에게로 가게 될
경우에는, 그 적이 도피해서 처벌을 받지 않도록 강구해야만 할 것이
나, 황금을 많이 낚아챘더라도, 이를 되돌려 주지 않고서, 갖고 있으

481a

면서 제 자신과 제 가족 앞으로 부당하게 그리고 불경하게 소비하도
록 강구해야만 하고요. 또한 사형에 해당하는 불의를 저질렀다면, 처
형되지 않도록 하는데, 뭣보다도 결단코 그리되지 않고, 사악한 채로
죽지 못하는 상태로 있도록 하는데, 이게 불가능하다면, 그런 사람으
로 최대한 오래 살게끔 강구해야만 하오. 폴로스여, 변론술은 이런 것 b
들을 위해 유용한 것으로 내게는 생각되는데, 어쨌든 불의를 저지르
려 하지 않는 이에게는 변론술의 쓰임이 크지 않은 것으로 내게는 생
각되오. 그러니 설사 어떤 쓰임이 있다고 할지라도, 어쨌든 앞서의 논
의에서는 그게 결코 없는 것으로 밝혀졌소.

칼리클레스: 카이레폰, 소크라테스 님께서 이에 대해 진지하신 건지 아니면 농담을 하시고 계신 건지 내게 말해 주겠소?[115]

카이레폰: 내게는 아주 진지하신 걸로 생각되오, 칼리클레스! 그렇지만 소크라테스에게 직접 여쭤보는 것만 한 것은 아무것도 없소.

칼리클레스: 신들께 맹세코, 열망합니다. 제게 말씀해 주세요, 소크
라테스 님! 저희가 지금 선생께서 진지하신 걸로 아니면 농담을 하시 c
는 걸로 볼까요? 만약에 선생께서 정녕 진지하시고 또한 말씀하시는
이것들도 진실이라면, 우리 인간들의 삶은 뒤집혀지고, 우리가 마땅
히 해야 하는 것들과는, 그리 보이듯, 반대로 모든 것을 할 수밖에 없
지 않을까요?

소크라테스: 아, 칼리클레스! 만약에 사람들에게 같은 어떤 느낌은 없고 사람 따라 그게 달라서, 우리 중에서 누군가가 다른 사람들과는 다른 특유의 어떤 느낌을 경험한다면, 자신의 처지를 다른 사람에게

115) 칼리클레스가 소크라테스의 열렬한 추종자인 카이레폰에게 귓속말처럼 중얼거리는 투로 묻는 이 말에 대한 카이레폰의 다음 대답이 이후로 이 대화편 끝까지의 소크라테스와 그 사이의 대화로 이어지게 한다.

d 명백히 밝히어 보여 주는 것이 쉽지가 않을 것이오. 내가 이 말을 하는 것은 지금의 나도 그대도 같은 뭔가를 경험했다는 생각을 하게 되어서라오. 우리 둘은 사랑을 하고 있는 사람들인데, 각자가 둘을 사랑하고 있소. 나는 알키비아데스[116)]와 철학을 사랑하고, 그대는 아테네

---

116) Alkibiadēs의 생존연대는 451/0년에서 404/3년 사이이다. 아버지 클레이니아스(Kleinias)가 446년에 보이오티아의 코로네이아(Korōneia)에서 전사한 뒤로는, 그의 외당숙이며 후견인인 페리클레스(Periklēs)의 집에서 형과 함께 자라며 훈육을 받았다. 성년이 되고서는 소크라테스의 제자가 되어 친밀한 관계에 있었다. 이들의 각별한 관계를 사람들은 그 흔한 소년애의 관계(paiderastia)로 오인했는데, 사랑하는 쪽은 오히려 그였다. 이는 《향연》 편(215a~222c)에서 알키비아데스 자신의 입으로 실토되는 것이기도 하지만, 《프로타고라스》 편 첫머리(309a~c)에서도 확인된다. 그는 처음으로 포티다이아(Potidaia) 포위 공격(432~430년)에 참여했는데, 이 전투에는 소크라테스도 참전했다. 424년엔 델리온(Dēlion) 전투에 참전했거니와, 이 전투에서 아테네의 중장비 보병단이 보이오티아군에 최악의 참패를 당했다. 이런 전투 경험 덕에 그는 420년엔 그의 부족(phylē)을 대표하는 장군(stratēgos)으로 선출되었고, 이는 가장 이른 나이(30세 무렵)에 된 것이다. 펠로폰네소스 전쟁(기원전 431~404년) 기간 중에 아테네와 스파르타 사이에는 423년에 1년간의 휴전이 합의되나, 이 휴전 기간이 끝나면서 422년에 아테네의 클레온(Klēon) 장군이 이끄는 군대는 스파르타의 명장 브라시다스(Brasidas)가 이끄는 군대에 암피폴리스(Amphipolis)에서 참패를 당하고 클레온도 전사하는데, 부상을 입은 브라시다스도 결국 사망한다. 그래서 421년에는 아테네의 니키아스(Nikias) 장군의 중재로 50년간의 평화 조약을 맺고, 그동안 빼앗은 상호 간의 영토들도 서로 반환하게 된다. 이것이 그의 이름을 딴 '니키아스 평화 조약'이다. 그러나 이 평화 조약을 파기케 하는 데 앞장선 사람이 바로 알키비아데스이다. 명예욕이 강하고 거침이 없던 귀족 혈통으로서, 제국의 위상을 누리는 아테네라는 민주주의 나라의 주역이 되고 싶어 안달이었던 그에게 기회가 왔다. 416/15년 겨울에 시켈리아(시칠리아)섬의 서북 지역에 있던 세게스타(Segesta)에서 아테네의 지원을 요청해 왔다. 이 나라는 아테네와 동맹관계에 있었는데, 시라쿠사이의 지원을 받던 남쪽의 셀리누스(Selinous)와 대립 관계에 있어서였다. 진작부터 시켈리

의 민중(dēmos)과 피릴람페스[117]의 아들[인 데모스(Dēmos)]를 사랑하고 있소. 비록 그대가 똑똑하지만, 그대의 애인[118]이 무슨 말을 하

아에서의 지배력 확대를 은근히 바라 왔던 아테네인들은 알키비아데스의 부추김을 받지만, 니키아스는 신중을 기할 것을 당부한다. 그러나 아테네인들은 대함대를 파견키로 의결하고, 지휘관들로 알키비아데스와 니키아스 그리고 라마코스(Lamakhos)를 임명한다. 415년 여름의 일이었다. 그런데 원정 함대가 출발하기 직전에 헤르메스(Hermēs) 흉상들(Hermai)이 파손되는 사건이 일어난 데다 엘레우시스 비교(秘敎)와 관련된 신성모독 혐의까지 불거졌다. 어쨌거나 일단 원정 함대는 떠났지만, 아테네인들은 알키비아데스를 소환하여 법정에 세우기로 결정한다. 그는 이에 불복하고, 스파르타로 가서 여러 가지로 조국에 치명적인 타격을 입히는 조언들을 하게 된다.

117) Pyrilampēs는 플라톤의 어머니 Periktionē가 재혼한 남편이니, 플라톤의 의붓아버지이다. 그의 아들 이름인 Dēmos는 보통명사로서는 '민중'을 뜻하기에 이를 연관해서 이런 말을 하고 있는 것이다. 아테네의 민주정치(dēmokratia)는 민회에서의 의결이나 법정에서의 판결이 결국 '민중'의 결정에 따라 좌지우지하게 되니, 이들을 이용하는 민중 지도자들은 이들의 뜻과 변덕에 따를 수밖에 없다. 같은 맥락에서, 비록 똑똑한 칼리클레스라 할지라도, 그가 사랑하는 데모스의 비위를 맞출 수밖에 없음을 말하고 있다.

118) 원어는 ta paidika인데, 소년(pais) 사랑(소년애: paiderastia)의 대상이 되는 쪽을 가리키는 말이다. 이 낱말은 관용상 복수 아닌 단수로 쓰이지만, 경우에 따라서는 복수로도 쓰인다. 주로 수염이 나기 시작하고 지성을 갖추기 시작할 나이의 장래가 기대되는 소년이거나 또는 미동(美童)이거나, 이들 두 부류가 그 대상들이겠다. 앞의 경우라면, 소크라테스가 그런 젊은이들을 상대로 대화하며 소일한 이른바 '디아트리베(diatribē)'가, 그리고 플라톤이 아카데미아를 설립하여 바로 그런 나이의 준재들을 제도적으로 불러 모아 헬라스를 위한 인재들로 양성한 것이 그 좋은 본보기가 되겠다. 오늘날의 대학이 서양에서는 그렇게 시작된 것이라 할 것이다. 아리스토텔레스도 소년기의 17세에 이 학원에 입문하여, 플라톤이 사망하기까지, 20년 동안 그 올리브 숲속에서 장년기까지를 보냈던 것도 그런 경우의 한 사례일 것이다. 그리고 《파르메니데스》 편

든 그리고 어떻다고 말하든 반대되는 말을 할 수가 없고, 요리조리 말
e 바꾸기를 그때마다 할 것이라는 걸 나는 감지하고 있소. 만약에 민회에서도, 그대가 뭔가를 말할 경우에, 아테네의 민중이 그게 그렇지 않다고 말한다면, 그대는 민중이 바라는 걸 말하겠거니와, 피릴람페스의 잘생긴 그 젊은이에 대해서도 그런 유의 다른 것들을 겪었을 것이오. 그대는 그대가 사랑하는 자들의 제안들과 주장들을 거역할 수 없기에, 혹여 누군가가 그대가 말할 때마다 이들을 통해서 말하는 것들이 이상하다고 하며 의아해하기라도 할 경우에, 아마도 그대는 이 사람에게 말할 것이오. 만약에 진실을 말하길 당신이 바란다면, 당신이
482a 사랑하는 자들의 이 발언들을 누군가가 멈추게 하지 않는 한, 당신이 이것들을 멈추는 일이 결코 없을 것이라고 말이오. 그러니 그대는 내게서도 다른 그런 것들을 들을 수밖에 없게 될 것이라 생각하고서, 내가 이런 말을 하는 데 대해 놀라워하지 말고, 내 애인(사랑하는 것)인 철학이 이것들을 말하는 걸 멈추게 하오. 친구여, 그대가 지금 내게서 듣고 있는 것들은 그것이 말하고 있는 것이며, 내게 대해서 다른 애인[119)]보다는 훨씬 덜 변덕스럽기 때문이오. 실은, 클레이니아스의 이 아들은 그때마다 다른 말을 하지만, 철학은 언제나 같은 말을 하는
b 데, 지금 그대가 놀라워하고 있는 걸 그것이 말하고 있어서, 그대 또

127b를 보면, 판아테나이아 대축제에 아테네를 방문한 65세의 파르메니데스를 40세 무렵의 제논이 수행했는데, 여기에서 그를 "paidika tou Parmenidou gegonenai"라 말하고 있다. gegonenai('되었다' 또는 '되어 있다')는 완료형으로 과거에서 현재까지의 지속을 나타내는 것으로서, 이는 그가 이전부터 그때까지 파르메니데스의 '애제자'였음을 뜻하는 표현이다. 그런가 하면, 여기에서처럼 소크라테스가 철학을 '나의 애인(ta ema paidika)' 곧 '내가 사랑하는 것'으로 표현하고 있다.

119) 물론 알키비아데스를 가리킨다.

482b

한 그 현장에 있소. 그러니 철학에 대해 반박하시오. 방금 내가 말했
던 걸. 불의를 저지르는 것 그리고 불의를 저지르고서 처벌을 받지 않
는 것이 모든 나쁜 것들 중에서도 최악인 것은 아니라고 말이오. 혹여
그대가 이를 논박하지 않은 상태로 내버려 둔다면, 맹세코,[120] 칼리클
레스여, 그대와 칼리클레스가 합의를 보지 못하고, 평생토록 불일치
상태로 지낼 것이오. 그렇지만 친구여, 나로서는 리라[121]가 나와 조
화롭지 못하고 불협화 상태인 게 그리고 내가 지도할 수도 있겠는 합
창 가무단과 불협화 상태인 게 더 낫다고 생각하오. 또한 지극히 많 c
은 사람이 나와 동의하지 않고 반대되는 걸 말하는 걸 한 사람인 내
가 내 자신과 합치하지 못하고 반대로 말하는 것보다도 더 낫다고도
생각하오.

칼리클레스: 소크라테스 님, 선생께선 언변에서 격한 젊은이가 하듯 하시는데, 정말로 대중연설가인 것처럼 생각되겠어요. 지금도 선생께선 그런 연설을 하시는데, 선생을 상대로 고르기아스 선생님께서 당했다고 폴로스가 비난한 바로 그것과 똑같은 처지를 그가 겪게 된 겁니다. 고르기아스 님께서 선생의 질문을, 가령 올바른(정의로운) 것들은 모른 채로 변론술을 배우고 싶어 하는 자가 고르기아스 님께 온다면, 선생님께서는 그를 가르치실 것인지에 대한 질문을 받으

120) 원어는 '이집트인들의 신인 [그] 개에 맹세코(ma ton kyna ton Aigyptiōn theon)'이다. 이와 관련해서는 461d에서의 해당 각주를 참조할 것.

121) lyra(영·불어로는 lyre)는 kithara와 성능이 비슷하고, 대개 7현(絃)을 가진 소형 현악기이다. 리라는 공명 상자의 밑면이 거북 등으로 만들어져 있으나, 키타라는 소형 하프 유형으로서 공명 상자가 나무이고 더 정교하게 만들어진 편이다. 역자의 역주서 《플라톤의 국가(정체)》의 부록(704면) 사진을 참조할 것.

d 시고는, 누군가가 거절을 할 경우에는 화를 낼 것이기 때문에, 사람들의 이런 습관 탓으로 당신께선 부끄러워져서는 가르칠 것이라고 말씀하셨다고 아마도 그가 말했죠.[122] 바로 이 동의로 해서 당신께선 스스로 모순되는 말씀을 하시지 않을 수 없게 되었지만, 선생께선 바로 이를 반긴 것이라고 그가 말했죠. 그리고선 그는 선생을 비웃었는데, 적어도 그땐 그게 옳다고 제겐 생각되었죠. 그러나 지금은 다시 그 자신이 이 똑같은 걸 당하게 되었네요. 그리고 저로서는 바로 이 점에서 폴로스를 칭찬하지 못하겠습니다. 불의를 저지르는 것이 불의를 당하
e 는 것보다도 더 부끄러운 것이라고 선생께 찬동했다는 점에섭니다. 다시 이 동의로 해서 이 사람은 선생에 의해서 논의에서 옴짝달싹 못하고 재갈이 물리게 되었는데, 자신이 생각하는 바를 말하는 게 부끄러워져서죠. 소크라테스 님, 선생께선 진리를 추구한다고 말씀하시면서, 사실은 이와 같은 범속하고 민중 선동적인 것들 속으로 유도하시는데, 이것들은 자연적으로는 훌륭한 것들이 아니고, 관습상 또는 법적으로 그런 것들이죠. 대개 이것들은, 곧 자연과 관습 또는 법은 서로 대립되는 것들이죠.[123] 따라서 만약에 누군가가 부끄러워서 자기

---

122) 461b3~c2에서 말한 내용의 요약이다.

123) 원어로 '자연'은 physis(nature)이고, '관습(관례)' 또는 '법'은 nomos(convention, law)이다. 그리고 이것들의 부사 형태들이 physei(by nature, 자연적으로) 그리고 nomọ̄(관습상 또는 법적으로)이다. 헬라스에서 '자연 대 관습 또는 법'을 대립되는 관점에서 보고, 이를 당대의 큰 쟁점으로 삼았던 시기는 5~4세기로서, 주로 소피스테스들의 활동과 맞물려 있다. 이는 법 자체의 타당성(orthotēs)에 대한 근원적 의문의 제기에서 비롯된다. 이는 헤로도토스의 견문을 비롯해서 '양립하는 주장들(dissoi logoi)'까지 접하게 되면서, 민족에 따라 아주 다른 관습 또는 법(nomos)을 갖게 됨을 확인하게 됨으로 해서, 그것의 인위성을 새삼 의식하게 되어서다. 이어지는 483b~d에서는 실존 인물인지 자체가 의문시되

482e

는 칼리클레스가 대변하고 있는 이른바 '자연의 법(nomos ho tēs physeōs)'이 어떤 것인지가 잘 정리되어 있다. 아테네처럼 민주화된 나라에서는 개별적으로는 약한 사람들인 "다수자들(다중: hoi polloi)이 자신들과 자신들을 위한 편익(to sympheron)을 고려해서 법률을 제정하여, 칭찬들도 하고 비난들도 한다. 이들은 제 몫보다 더 가짐은 부끄럽고 올바르지 못한(불의한) 것(adikon) 곧 불의로 일컫는다. 그러나 적어도 자연 자체는 이를, 곧 더 나은 자가 더 못한 자보다도 그리고 더 능력 있는 자가 더 무능한 자보다도 더 갖는 것이 정당함을 명시해 보이고 있다. 이게 이러하다는 것은 많은 경우에 명백하다. 다른 동물들의 경우에도 그리고 나라들과 종족들의 경우에도, 올바름(정의로움: to dikaion)은 이렇게, 곧 더 강한 자가 더 약한 자를 지배하고 더 많이 가지는 것으로 결정해 왔다"는 게 그 요지이며, 그게 자연스럽다는 것이다. 《국가(정체)》 편 338c에서 트라시마코스(Thrasymakhos)가 "올바른(정의로운) 것(to dikaion)이란 더 강한 자(ho kreittōn)의 편익이다"라고 주장한 것도 같은 취지의 것이다. 그 밖에도 이집트의 옥시린쿠스(Oxyrhynchus)에서 발굴되어, 1915년 및 1922년에 발간된 소피스테스 안티폰(Antiphōn)의 《진리(*Alētheia*)》의 일부인 토막글들이 Diels-Kranz의 *Fragmente der Vorsokratiker*, II에 수록되어 있는데, B Fragmente 44, Fragment A, Col. 1~7(1~7단)로 분류된 이 토막글에서 관례들이나 법규(nomima) 또는 법률(nomoi)과 자연(physis)을 대비적 관점에서 언급하고는 있으나, 어느 쪽을 적극적으로 지지하는 발언은 없다. 이에 비해 관습이나 법의 인위성과 관련된 충격적인 발언들은 아리스토파네스의 《구름》(1399~1429)에서 접하게 된다. 새로운 논리와 설법을 터득한 아들이 기존의 관습이나 법을 깔볼 수 있게 되었음을 스스로 대견해하며, 자기가 아이였을 때, 아버지가 저를 때린 것은 좋은 마음에서 그리고 보살피는 마음에서 했다는데, 이제는 자기가 아버질 때리는 새로운 법을 제정하도록 설득할 수도 있다고 한다. 닭이나 짐승들이 저들의 아비에게 대들 듯. 그런데 physis 대 nomos의 문제는 플라톤이 말년에 이르기까지 끝내 손 놓지 못한 큰 관심사들 중의 하나였음을 우리는 확인할 수 있는데, 그의 마지막 대화편인 《법률》 편이 바로 증거다. 칼리클레스가 말한 '자연의 법' 아닌 자연의 이치에 따른 '자연법' 사상을 고취한 그였다. 간략히 말해서, 플라톤의 궁극적 원리는 '좋음(to agathon)'이고, 우주 곧 자연은 그 '좋음'이 구현되고 있는 아름다운 질서 체계(kosmos)요, 그것이 구현되는

483a 가 생각하는 바를 감히 말하지 못하게 될 경우에, 그는 모순되는 말을 하지 않을 수 없게 되는 겁니다. 선생께선 바로 이걸, 곧 이 교묘한 수를 생각해 내셔서 논의에서 심술궂은 일을 하시고 있습니다. 만약에 누군가가 관습 또는 법(nomos)에 따라 말할 경우에는, 자연에 따른 질문으로 응대하되, 자연의 것들을 말할 경우에는, 관습 또는 법의 것들로 응대하십니다. 이를테면, 이것들 곧 불의를 저지름과 불의를 당함의 경우에 있어서처럼, 폴로스는 관습 또는 법에 따라(kata nomon) 더 부끄러운 것을 말하는데, 선생께선 이 말을 자연에 따른(kata physin) 것으로 추구합니다. 자연적으로 더 부끄러운 모든 것은 바로 더 나쁘기도 한 것인데, 불의를 당하는 것이 그런 것이지만, 관습상 또는 법적으로는 불의를 저지르는 것이 그런 것이니까요. 또한
b 이것 곧 불의를 당함은 남자가 당할 일이 아니라, 사는 것보다 죽는 것이 더 나을 노예나 당할 일이기 때문입니다. 불의를 당하거나 모욕을 당하고도 스스로를 도울 수도 없고, 자신이 돌보는 자를 도울 수도 없는 자는 누구건 간에 말입니다. 그러나 법률을 제정한 자들은 약한 사람들이며 다수자들(다중: hoi polloi)이라 저는 생각합니다. 따라서 이들은 자신들과 자신들을 위한 편익(to sympheron)을 고려해서 법
c 률을 제정하여, 칭찬들도 하고 비난들도 합니다. 이들은 사람들 중에서도 더 강건하며 더 많이 가질 수 있는 자들이 자신들보다도 더 많이

방식 중의 대표적인 것이 '적도(適度: to metrion)'의 구현이다. 법률이 법률다울 수 있음은 거기에 '지성(nous)의 배분(dianomē)'이 이루어질 때이고, 이는 무엇보다도 적도의 구현을 통해서 가능하다. 이런 경우의 법은 결코 자연에 배치되는 것이 아니라, 이야말로 자연의 이치를 따른 것이라는 게 그의 생각이고, 이것이 바로 진정한 뜻에서의 자연법 사상이라 할 것이다. 이와 관련해서는 졸저 《헬라스 사상의 심층》에서 제6장 플라톤의 자연법 사상을 참조하는 게 좋겠다.

483c

갖지 못하도록 저들을 겁먹게 하느라고, 제 몫보다 더 가짐[124]은 부끄
럽고 올바르지 못한(불의한) 것(adikon)이라 말하며, 이것이, 곧 남들
보다 더 가지려 꾀하는 것이 불의를 저지르는 것이라고 하죠. 이들은
한결 더 하찮은 자들이면서도 평등한 가짐[125]에 만족하는 것으로 저
는 생각하니까요. 바로 이 때문에 관습상 또는 법적으로는 이것, 곧 다
수자들보다도 더 가지려 꾀하는 것을 올바르지 못하며(불의하며) 부끄
러운 것이라 말하게 되며, 이를 불의로 일컫죠. 그러나 적어도 자연 자
체는 이를, 곧 더 나은 자가 더 못한 자보다도 그리고 더 능력 있는 자 d
가 더 무능한 자보다도 더 갖는 것이 정당함을 명시해 보이고 있는 것
으로 저는 생각합니다. 이게 이러하다는 것은 많은 경우에 명백합니다.
다른 동물들의 경우에도 그리고 사람들의 온 나라들과 종족들의 경우
에도, 올바름(정의로움: to dikaion)은 이렇게, 곧 더 강한 자가 더 약
한 자를 지배하고 더 많이 가지는 것으로 결정해 왔다는 건요. 크세르
크세스가 무슨 정당성을 내세워 헬라스로 원정을 했으며,[126] 그의 아

---

124) 원어는 to pleonektein(to have or claim more than one' s due)으로서, 그런 '탐욕' 이나 '차지' 는 pleonexia라 한다. pleonexia는 pleon(더, 더 많이)과 hexis(가짐)의 합성어로서, pleonektēs(제 몫 이상을 가졌거나 요구하는 사람)의 특성이나 행동을 가리키는 말이므로, '탐욕' 이나 '과욕' 을 뜻하는 말이다. 그런가 하면 《티마이오스》 편(82a)에서 보듯, 자연 현상에 있어서 문제를 일으키는 '지나침' 을 가리키기도 하고, 또한 어떤 처지의 유리함이나 우세함을 가리키기도 한다.

125) '평등한 가짐' 의 원어는 to ison ekhein이고, 헬라스어로 '평등' 은 isonomia이다.

126) Xerxes(재위기간 486~465)는 480년에 페르시아의 20만 대군의 지상군과 600척의 함선을 이끌고 헬라스를 침공해서 아테네까지 점령했으나, 저 유명한 살라미스(Salamis) 해전에서 참패를 당하고서, 이듬해 다시 침공했다가, 플라타이아(Plataia) 전투에서 또 패한다.

483d

버지는 또 스키티아로 원정을 했나요?[127] 그 밖에도 이와 같은 경우
e 들은 누군가가 수도 없이 말할 수 있을 것입니다. 그러나 이들은 올바
름(정의로움: to dikaion)의 본성(physis)에 따라[128] 이것들을 행한다
고, 그리고 예, 맹세코, 자연의 법[129]에 따라서 행하는 것이지, 사실상
우리가 제정한 법에 따라서 행하는 것은 아마도 아닐 것이라고 저는 생
각합니다. 우리는 우리 자신들 중에서 가장 훌륭하며 가장 강건한 자들
을 어릴 때부터 데리고서는, 마치 [새끼] 사자들을 그러듯,[130] 그 틀을

---

127) 크세르크세스의 부왕 다레이오스(Dareios: 재위기간 521~486)는 514년경에 유럽 쪽으로 트라케를 거쳐 스키티아로 침공해 들어가나, 정복에는 실패한다. 또한 499년엔 페르시아 지배하에 있던 소아시아 지역에 헬라스인들이 세운 나라들이 밀레토스(Milētos)의 주도하에 반란을 일으켰지만, 494년에 무자비하게 진압한다. 이어 490년엔 이들의 반란을 지원한 아테네와 에레트리아(Eretria)를 응징하기 위해 에우보이아(Euboia)섬에 상륙하여, 에레트리아를 초토화한 다음, 헬라스 본토에 상륙하나, 마라톤(Marathōn) 전투에서 아테네에 패배한다. 480년에 단행한 크세르크세스의 2차 침공은 그 설욕을 위한 것이었다.

128) 여기에서 '올바름의 본성에 따라'로 옮긴 부분의 원문은 kata physin tēn tou dikaiou인데, '올바름(정의로움: to dikaion)의 본성(physis)'으로 옮긴 부분에서 '본성(physis)'은 이 대목에서 이제껏 '자연'으로 옮겼던 것이다. 영어나 불어로는, 헬라스어 자체가 그렇듯, 두 경우 다 nature로, 그리고 독일어로도 Natur로 옮기기에, 우리처럼 어색함이 없다.

129) 원어는 ho nomos tēs physeōs(the law of nature)이다. 그런데 '자연의 법'은 이른바 자연의 이치에 따른 '자연법'(natural law)과는 다르다. 482e의 각주 끝 쪽에서 이와 관련해서 언급한 걸 참조할 것.

130) 아이스킬로스의 《아가멤논》 717~735는 어떤 사람이 새끼 사자 한 마리를 집에서 키웠는데, 아직 젖먹이일 때는 양젖 따위를 잘 받아먹고 재롱도 피우며 아이들과 잘 어울리곤 했으나, 성장한 다음에는 양들을 물어뜯고 사람까지 해치게 되는 이야기를 담고 있다. 그리고 아리스토파네스의 《개구리》 1431에는 "나라에서는 사자 새끼를 키워서는 안 된다"는 구절이 보이는데, 《아가멤논》의 이 대목을 연상하여 하는 말로 해석되고 있다.

483e

잡아 주는데,[131] 홀리며 미혹하게 함으로써 기를 꺾어 놓습니다. 균등
하게 가져야만 하며 이것이 아름다운 것이고 올바른(정의로운) 것이 484a
라고 말하면서요. 그렇지만 어떤 사람이 충분히 그럴 수 있게 될 경우
에는, 이 모든 걸 떨쳐 버리며 돌파하여 벗어나서는, 우리의 문서화된
규정들과 요술들 그리고 주문들과 자연에 어긋나는 일체의 법률[132]을
짓밟아 버리고선, 폭동을 일으키고서는 노예가 우리의 주인으로 등장
하니, 여기에 자연의 올바름(정의로움)[133]이 빛을 발할 것이라고 저
는 생각합니다. 핀다로스도 바로 제가 말하는 것들을 그 노래 속에서 b
나타내고 있는 걸로 제게는 생각되니까요. 거기에서 그는 이렇게 말
합니다.

> 법은 모두의 제왕
> 죽게 마련인 자들이거나 불사하는 자들이거나 간에.

또한 그는 말합니다.

> 법은 지극히 강제적인 것마저 정당화하면서 이끄나니
> 가장 높이 든 손으로. 내 그 증거로 삼느니
> 헤라클레스의 노역들로써.—대금도 치르지 않고서 그랬으니까—

---

131) 여기서 '그 틀을 잡아 준다'는 말의 원어는 plattein(mould)인데, 플라톤은 '인격적 형성'을 표현하는 데도 이 말을 쓰고 있다. 《국가(정체)》편 377c 및 500d 참조.

132) '자연에 어긋나는 법률'의 원어는 nomoi hoi para physin이다.

133) 원어는 to tēs physeōs dikaion이다.

484b

그는 대강 이런 말을 하죠. ―그 노래를 제가 [잘] 몰라섭니다.― 대금을 치르지도 않고 준 것도 없이 게리온의 소들을 몰고 갔다고 말하죠.[134)]

---

134) Pindaros(518～446 이후)는 올림피아 경기, 피티아 경기, 네메아 경기 및 이스트미아 경기에서 우승한 사람들을 찬양하는 이른바 '승리를 축하하는 노래(epinikion hasma, epinikion melos＝Epinician ode)들'(Epinikia, Epinikoi)을 지었으며, 이는 오늘날에도 온전히 전해지고 있다. 그는 벌써 20대부터 헬라스 전역을 통해 명성을 얻기 시작했으며, 여러 나라에서 여러 가지 일로 그에게 시작(詩作)을 의뢰했다. 그래서 그는 어느 특정한 나라보다도 오히려 헬라스 전체를 생각했던 민족 시인이었던 셈이다. 한데, 여기에서 부분적으로 해체된 상태로 인용되고 있는 것은 '토막 시 169'로 알려진 것이고, 그 전문은 다음과 같다. Sir J. Sandys (ed.), *Pindar*, Loeb Classical Library 참조.

율법(법: nomos)은 모두의 제왕
죽게 마련인 자들이거나 불사하는 자들이거나 간에
지극히 강제적인 것마저 정당화하면서 이끄나니
가장 높이 든 손으로. 내 그 증거로 삼느니,
헤라클레스의 노역들로써. 게리온(Gēryōn)의 소들을
그가 에우리스테우스(Eurystheus)의 궁전 문 앞에
간청도 하지 않고 대금도 치르지 않은 채로 몰고 갔기에.

헤라클레스의 노역들(erga)로는 흔히 12가지를 꼽는데, 이것들 가운데 하나가 여기에서 언급되고 있는 Gēryōn(또는 Gēryonēs)의 소를 가져오는 것이었다. 그는 이 세상 서쪽 끝 오케아노스의 에리테이아(Erytheia: '홍도'라는 뜻)섬으로 가서 머리가 셋인 식인 괴물인 거인 게리온을 처치하고 그의 소유물인 이 소를 에우리스테우스에게 갖다 바친다. 원래 헤라클레스의 12가지 노역들은 제우스와 알크메네(Alkmēnē) 사이에서 난 그를 어떻게든 해치려는 헤라 여신이 그를 미치게 함으로써, 제 아내와 자식들을 환각 속에서 적들로 알고 살해한 데 대한 속죄를 위한 것이었다. 이 끔찍한 짓을 저지른 그는 이 죄악에 대한 정화를 위해 델피의 신탁을 구했는데, 그것은 티린스(Tiryns: 미케네 남쪽에 있었던 나라)의 왕 에우리스테우스한테로 가서 12년간 봉사하면서, 왕이 부과하는 노역들을 치

이게 자연적으로 올바른(정의로운) 것(to dikaion physei)이며, 또한 더 못한 자들과 더 약한 자들의 소도 그 밖의 소유물들도 모두가 다 더 나은 자들과 더 강한 자들의 것들이니까요. c

따라서 진실은 이러한데, 선생께서 철학(지혜사랑: philosophia)은 바로 막설하시고, 더 중대한 것들로 옮겨 가신다면, 이를 아실 겁니다. 철학은, 소크라테스 님, 만약에 누군가가 적령기에 적절히 이에 관여한다면, 진실로 고상한(고마워할: kharien) 것이기 때문이죠. 그러나 필요 이상으로 이에 시간을 보낸다면, 이는 인간들의 망침(diaphthora)입니다. 왜냐하면, 만약에 누군가가 아주 훌륭한 자질일지라도 적령기를 훨씬 넘겨서도 철학을 한다면, 장차 훌륭하디훌륭하고 존경받는 사람으로 될 사람이 경험해야만 할 모든 것에 대해 무경험 상태가 될 게 필연적이기 때문입니다. 또한 나라와 관련된 법률과 공사 간에 사람들과의 계약 관계에서 거래하면서 사용해야만 하는 용어들 그리고 인간적인 즐거움들과 욕망들, 이것들에 대한 무경험 상태가, 요컨대 사람들의 습속 또는 성 d

---

르게 하라는 것이었기 때문이었다.
본문에 인용된 것은 이 토막 시 가운데 4줄 반이 그대로 인용되고 나머지는 분산된 형태로 그 내용이 언급되고 있다. 《고르기아스》 편에서는 칼리클레스(Kalliklēs)가 다수인 약자들이 인위적으로 만든 법은 자연(자연의 이치)에 어긋나게(para physin) 제정된 것이고, 진정한 '자연의 법'(nomos ho tēs physeōs)은 강한 자가 지배하는 것임을 강조하기 위해 이 토막 시를 원용하고 있다. 한데 경건하기 그지없는 핀다로스가 그런 칼리클레스의 주장을 뒷받침하는 데 원용되고 있는 못마땅한 사실을 해소하기 위해, Dodds는 그의 주석에서 이 토막 시에서 핀다로스가 뜻하는 nomos(율법)를 '제우스의 뜻'(the will of Zeus)이라고 할 '운명의 [필연적인] 법칙'(the law of Fate)이라고 짐작해 보는 것이 그럼직할 것이라 말하고 있다.

격들[135)]에 대해 전적으로 무경험한 상태가 될 것이기 때문입니다. 그래서 이런 상태로 어떤 개인적인 또는 정치적인 활동을 하게 될
e 때는, 언제나 이들은 웃음거리들로 될 것입니다. 마치 정치인들이 이번에는 선생들의 담화[136)]와 논의에 끼어들 때는 언제나 이들이 웃음거리가 되듯이 말입니다. 실은 에우리피데스가 말한 사태가 일어나는 거죠. "저마다 이것에서 광채가 나니, 이것으로 내닫지,

그날의 가장 큰 부분을 이것에 배당하며,
스스로 저로서는 최선일 수 있는 것에."[137)]

---

135) 여기에서 '습속 또는 성격들'로 옮긴 것의 원어는 ēthos(ἦθος)의 복수 형태인 ēthē(ἤθη)이다. ēthos에는 그 밖에도 인격, 성품, 성향, 품행 등의 뜻과 함께 사회적인 관습, 관례, 풍습 등의 뜻들이 있다. 헬라스인들은 개인적으로 그리고 사회적으로 이런 것들이 생기게 되는 것은 개인적인 습관과 이의 사회적 확장인 관습, 즉 ethos(ἔθος)로 해서라고 생각했다. 그리고 다시 ethos(습관·관습)는 반복되는 몸가짐이나 마음가짐으로 해서 굳어진 버릇, 곧 '습성'에서 비롯된다고 그들은 보았는데, 이를 그들은 '헥시스'(hexis)라 했다. hexis는 몸가짐, 마음가짐, 습성, [해 버릇함으로써] 굳어진 상태 등을 의미한다.

136) 원어는 diatribē인데, 이는 시간 보내기, 소일, 소일거리, 오락, 그런 목적으로 찾아가는 곳, 공부, 담화, 이야기, 강연, 학원 등을 뜻한다. 특히 소크라테스의 대화 행각과 관련해서 이 말이 많이 쓰인다.

137) Euripidēs(480년경~400년)는 아테네의 3대 비극시인들 중에서 막내인 셈이다. 살라미스섬의 한 동굴에서 그의 비극 작품들을 썼다는 이야기가 전할 만큼, 그는 고독한 성향의 인물이었던 데다, 비극 시인으로서 인기도 얻지 못했다. 그래서 그는 결국 아테네를 떠나, 마케도니아의 아르켈라오스의 궁으로 은퇴했다가(470d에서 해당 각주 참조), 궁의 개가 물어뜯어 참사를 당한 것으로 전한다. 아리스토텔레스는 소포클레스가 시작(詩作) 대상의 인물들이 "어떤 사람들이어야만 하는지(hoious dei)를 갖고 시작(poiein)을 했으나, 에우리피데스는 그들이 어떤 사람인지(hoioi eisin)를 갖고 했다"(《시학》 1660b33~34)고 말했는데, 그만큼 사

485a

반면에 자신이 변변찮은 방면, 여기서는 피하며 이를 헐뜯되, 다른 485a
쪽은 찬양하는데, 자기 것에 대한 호의에서죠. 이렇게라도 스스로 자
찬을 할 생각으로 말입니다. 하지만 가장 바른 것은 양쪽 다에 관여
하는 겁니다. 철학(지혜사랑)에 관여하는 것은, 교양(paideia)을 위한
것인 한, 훌륭한 것이며, 청소년인 자에게는 철학함(지혜사랑하기:
philosophein)은 부끄러운 게 아닙니다. 하지만 이미 나이를 더 먹게
된 사람이 아직도 지혜사랑이나 하고 있다면, 소크라테스 님, 이는 웃
음거리가 됩니다. 저 또한 철학하는 사람들에 대해서, 마치 말을 더듬 b
거리며 아이들 놀이를 하는 자들에 대해서처럼, 가장 흡사한 걸 느낍
니다. 이런 식으로, 곧 말을 더듬거리며 놀이를 하면서, 대화를 하는

실적으로 작품들을 썼다고 할 것이다. 그는 92편의 작품을 썼다고는 하나, 오늘날 전하는 것은 19편뿐이다. 여기에서 인용된 시구는 토막 시 형태로만 전하는《안티오페(*Antiopē*)》의 일부이다. 사티로스(Satyros)로 분장한 제우스의 유혹으로 보이오티아의 왕 닉테우스(Nykteus)의 딸 안티오페는 테베의 키타이론산의 한 동굴에서 쌍둥이 형제 제토스(Zēthos)와 암피온(Amphiōn)을 낳고서, 많은 구박을 받고, 아이들도 한때는 기아(棄兒)들로 자란다. 그러나 성장한 이들 쌍둥이도 그 어머니를 만나고, 테베의 통치자들이 되는 등, 우여곡절 끝에 행복한 종말을 맞게 된다. 그런데 이들 중에서 제토스는 실제 생활과 관련된 활동을 좋아해서 목자로 그리고 사냥꾼이 되나, 암피온은 실제적인 생활인의 삶은 싫어하는 음악인이 된다. 번잡한 생활은 싫어하는 한편으로 조용하고 편한 삶을 추구하는 이런 삶의 태도를 헬라서 말로 apragmosynē라 하는데, 암피온이 택한 삶이 이런 것이었다. 이는 부정을 나타내는 접두사 a와 일 또는 행위 등을 뜻하는 pragma나 praxis의 복합어이다. 둘은 서로 자기가 택한 삶의 방식은 높이 보되, 상대방의 삶은 얕보았다. 여기에서 인용된 시구는 암피온이 자신의 조용한 삶을 옹호해서 하는 말인데, 486b, c에서는 제토스가 그를 나무라고 있는 내용이 나온다. 칼리클레스는 이 암피온의 삶을 소크라테스를 비롯한 철학자들의 삶의 방식과 관련지어서 말하고 있는 셈이다.

485b

것이 아직도 어울리는 아이를 제가 볼 때, 제가 즐겁고, 또한 제게는 아이의 그 나이에는 그게 즐겁고 자유로우며 적절해 보입니다. 하지만, 아이가 명확하게 대화를 하는 걸 제가 들을 경우에는, 그게 제게는 씁쓸한 무엇인 것처럼 여겨지고, 제 귀에도 거슬리고 노예에게나 어울릴 것처럼 제게는 생각됩니다. 반면에 누군가가 어른[138]이 말을
c 더듬거리는 걸 듣거나 아이들 놀이를 하는 걸 보게 될 경우에는, 우습고 어른답지 않으며 매 맞아 싼 걸로 보입니다. 따라서 저로서는 철학하는 이들에 대해서도 이 똑같은 걸 느낍니다. 젊은 청소년에게서 지혜사랑을 보면 저는 찬탄하거니와, 그게 적절한 것으로 여겨지며, 이 사람은 자유로운 자이지만, 지혜사랑을 하지 않는 자는 부자유하며 결코 스스로를 그 어떤 아름다운 것이나 고귀한 것의 값을 하지 못할
d 것이라 저는 믿습니다. 그렇지만 더 나이를 먹고서도 아직도 철학을 하며 이에서 벗어나지 못하고 있는 걸 보게 될 땐, 이 사람은 진작 매질을 당하는 게 필요한 걸로 제게는 생각됩니다, 소크라테스 님! 방금 말한 일이, 비록 그가 아주 훌륭한 자질을 타고났더라도, 도심 지대나 아고라들을 피하는 어른답지 않은 자가 되는 일이 이 사람에게 일어날 수 있겠기 때문이죠. 이런 곳들에서 사람들이 출중해지는 것으로 그 시인은 말했습니다만,[139] 이 사람은 은둔해서, 여생을 구석진 곳에

---

138) 원어 anēr(man)는 여자에 반대인 '남자' 또는 '남편', 신에 반대인 '인간', 젊은이에 대한 '어른', 그리고 특히 '남자다운 남자'를 뜻한다.

139) 이 시인은 호메로스이다. 《일리아스》 9. 441에는 남자들이 아고라에서 출중해(ariprepes)지는 기회를 갖게 됨을 말하고 있다. agora(호메로스의 이오니아 방언으로는 agorē)는 사람들 또는 군대의 '소집된 집회'나 '집회 장소' 또는 이곳에서의 '공개 발언' 그리고 '시장' 등을 뜻한다. 그래서 이와 관련된 동사 형태들 중에서 agoreuō는 그런 장소에서 연설하는 걸, agoraomai는 그런 집회에 참석하거나 참가해서 연설함을, 그리고

서 서너 명의 청소년들과 속삭이면서 살겠지만, 결코 큰소리로 자유 e
롭게 할 말을 충분히 발설하지는 못할 것입니다. 하지만, 소크라테스
님, 저는 선생께 대해서는 예의바르게 그리고 우호적으로 대하고 있
습니다. 그러니까 지금 저는 제가 언급했던 에우리피데스의 제토스가
암피온에 대해서 느꼈던 것과 똑같은 걸 느끼고 있는 것 같습니다. 제
게도 그가 제 동기에게 말했던 바로 그것들과 같은 그런 어떤 것들을
선생께 말씀드려야겠다는 생각이 들기 때문입니다. 말하자면, "소크
라테스 님, 선생께서는 관심을 가지셔야 할 것들에 대해서 무관심하
시며, 이처럼 고귀하신 혼의 자질을 청소년 모양으로 훼손시키고 계
십니다. 또한 재판에서의 의사결정에 옳게 기여하지도 못하시며, 그 486a
럼직하고 설득력 있는 주장을 소리 내어 말하지도[140] 못하시고, 남을
위해서 적극적인 계획을 숙의 결정하지도 못하십니다." 하고요.[141] 그
렇지만, 친애하는 소크라테스 님, 제게 대해서는 전혀 화내실 일이 없
습니다. 선생에 대한 호의에서 말씀드리고 있으니까요. 선생께서 그
리고 자꾸만 철학(지혜사랑)으로 빠져들고 있는 분들이 처하여 있는

---

agorazō는 시장에 가 있거나 시장에서 어정거리는 것 그리고 시장에서 물건을 사는 걸 각기 뜻하니까, 이런 행위들 모두가 '아고라'가 정작 무슨 장소로 활용되는지를 말해 주고 있는 셈이다.

140) 텍스트 읽기에서 486a3의 labois는 Bonitz 및 Dodds의 읽기를 따라 lakois로 읽었다.

141) 칼리클레스가 소크라테스에게 하고 있는 이 말은 제토스가 암피온을 나무라면서 한 것으로 짐작되는 시구의 '페러디'인 셈이다. 전하는 토막 시를 갖고 그 내용을 재구성한다면 대충 이런 것일 것으로 Dodds는 소개하고 있다. "[암피온] 너는 [마음 써야] 할 것들에 대해서는 소홀히 하지./ 이처럼 고귀한 혼의 자질을 [갖고 났으면서]/ 여성 모양으로 티를 내지/ … 방패의 옴폭한 곳의 보호를 받으면서도/ [멋지게] 전열에 가담하지도 남들을 위해서/ [뭔가] 적극적인 계획을 숙의 결정하지도 못하지."

486a

것으로 생각하고 있는 것처럼, 그런 상태에 있는 것이 선생께는 부끄러운 것으로 생각되시지 않나요? 가령 지금 실제로 누군가가 선생이나 그런 사람들 중의 다른 누군가를 붙잡아서는, 아무런 불의도 저지르지 않은 이를 불의를 저질렀다고 주장하며, 유치장으로 연행해 간다면, 선생께선 아실 겁니다. 스스로 어떻게 처신해야 할지를 모르시
b 고, 어지러워하며 어이가 없어서 무슨 말을 해야 할지도 모르는 상태가 될 겁니다. 그리고 법정에 서게 되었는데, 고소인이 아주 천박하고 사악한 자여서, 만약에 그가 선생을 사형에 처하기를 바랄 경우, 선생께선 죽을 수도 있습니다.[142] 하지만, 소크라테스 님, '무슨 기술[143]이건 간에 자질이 훌륭한 사람을 받아서는 더 나쁜 상태의 사람으로 만들어 놓는'[144] 이것이, 스스로 자신을 도울 수도 없으며, 최대

142) 훗날 소크라테스가 재판에서 사형선고를 받게 된 일을 상기케 하는 발언이다. 당시의 제판 제도는 배심단(陪審團)에 의한 것이었다. 따라서 이들은 '배심원들'인 동시에 '재판관들'이다. 1차 투표를 통해 유죄 또는 무죄를 결정하는 평결도 이들이 하고, 2차 투표를 통한 최종 판결도 이들이 한다. 종다수결의 원칙에 따르는 투표에 의한 유·무죄 간의 평결, 유죄 평결의 경우, 이에 이은 원고 쪽의 구형과 관련된 짤막한 진술 및 피고 쪽의 반대 제의에 따른 짤막한 진술과 이에 따른 투표를 하게 된다. 형벌은 대개 벌금, 재산 몰수, 공민권 박탈, 추방 또는 사형 등이었는데, 원고의 구형은 사형이었고, 이들이 실제로 원하는 것은 소크라테스의 입을 막는 추방 제의였겠으나, 소크라테스는 벌금형을 제의한다. '캐묻지 않는 삶'의 무의미성을 강조하는 자신의 행각을 멈출 수는 없다는 사명감 때문이었다.

143) 원어 tekhnē는 '전문적 지식'을 뜻하기도 하는데, 여기서는 '철학'을 가리켜 하는 말이다.

144) 제토스가 암피온에게 계속해서 말한 시구의 일부로, 이를 Nauck가 복원한 것(토막 시 186)으로 Dodds가 소개하고 있는 것은 이러하다. "실상 이것이 어떻게 지혜로운 것일 수 있겠나? 자질이 훌륭한 자를 받아서는/ 그게 무슨 기술이건 간에 더 나쁜 상태의 사람으로 만들어 놓는 것이."

486b

의 위험에서 자신도 다른 누구도 도울 수가 없고, 일체의 재산을 적들
한테 송두리째 빼앗기고선, 그 나라에서 속절없이 불명예스럽게 살 c
게 하는 이것이 어떻게 지혜로운 것이겠습니까? 이런 사람은, 좀 더
거친 표현을 한다면, 귀싸대기를 올려도 처벌을 받지 않을 수 있습니
다.[145] 하지만, 선생이시여, 제 말대로 하세요. '논박하시는 것은 멈추

---

145) 남에게 귀싸대기를 올린다는 것은, 우리에게도 그렇겠지만, 아테네인들의 경우에도 상대방에게 엄청난 모욕감을 안기는 것이었다. 이런 행위를 헬라스인들은 '히브리스(hybris)'라 한다. hybris에는, 그 구체적인 상황이나 사례가 명시되지 않은 경우에는, 한 가지로 옮기기가 어려운 여러 가지 뜻이 있다. '히브리스'는 남에 대해서건 자신에 대해서건 난폭함, 즉 지나침을 가리키는 말이다. 타인에 대한 경우에, 그것은 상대방으로 하여금 창피함(aiskhynē)이나 불명예(atimia) 또는 모욕당함(propēlakizesthai)을, 곧 치욕을 느끼게 하는 오만, 오만 무례함, 방자함, 인격적·신체적·성적 폭행 등을 가리키며, 자신과 관련되는 경우에는 폭식(대식), 황음(荒淫), 술에 곯아 빠짐 등의 무절제한 행위를 가리킨다. 남에 대한 '히브리스'에 대해서는 아리스토텔레스가 그의 《변론술(수사학: *Rhētorikē*)》 1378b24~29에서 한 의미 규정이 아주 적절한 것이라 하겠는데, 그건 다음과 같다. "hybris는 그걸 당하는 사람에게 창피한 느낌(aiskhynē)을 갖게 하는 행동을 하거나 말을 하는 것인데, 이는 일어난 일 이외에 다른 것이 자기에게 일어나도록 하는 게 아니라, 그저 쾌감을 갖느라 하는 것이다. 이에 대한 앙갚음을 하는 자들은 hybris를 저지르는 것이 아니라 보복(timōria)을 하는 것이다. hybris를 저지르는 자들에게 있어서의 그 쾌감(hēdonē)의 원인은 고약한 짓을 함으로써 자신들이 '더 우월하다'(hyperekhein mallon)는 생각을 하기 때문이다. 이 때문에 젊은이들과 부자들이 hybris를 저지르는 자(hybristēs)들인데, 이는 hybris를 저지름으로써 [자신들이] 우월하다고 생각하기 때문이다." 이런 경우 아테네인들은 '히브리스에 대한 고소(graphē hybreōs)'의 권리를 갖는다. 그런가 하면 플라톤의 《파이드로스》 편 237e~238c를 보면, 남에 대한 것과 함께 자신과 관련된 '히브리스'에 대한 이런 언급이 보인다. "판단(doxa)이 이성(理性: logos)에 의해서 최선의 것(to ariston)으로 인도되고 억제될 경우에, 이 억제(kratos)에 대해 절제(sōphrosynē)라는 이름

486c

시고, 실제적인 것들에 대한 숙달을 수련하시며', 선생께서 그것으로 해서 지혜로운 것으로 여겨질 걸 수련하십시오. '이들 정교한 것들은 남들에게 넘겨주시고,' 허튼소리들이거나 어리석은 소리들이라 말씀하셔야만 하는데, '이것들로 이루어진 공허한 집들에서나 사시게 될 겁니다.'[146] 이들 사소한 것들이나 논박하는 사람들을 부러워하시지 말고, 삶도 명성도 그리고 그 밖의 많은 좋은 것들도 있는 사람들을
d 부러워하십시오.

소크라테스: 아, 칼리클레스, 만약에 내가 황금으로 된 혼을 지니고 있다면, 돌들 중에서 이 황금 성분을 시험해 줄 시금석을 찾게 되는

이 주어진다. 반면에 욕망(epithymia)이 우리 안에서 비이성적으로(alogōs) 쾌락(hēdonē)으로 이끌리고 지배받게 될 경우에, 이 지배(arkhē)에 대해 '히브리스'라는 이름이 붙는다. 그렇지만 '히브리스'는 여러 이름을 갖는 것이다. 왜냐하면 그것은 여러 갈래의 것이고 여러 부분을 갖기 때문이다. … 욕망이 먹을 것과 관련해서 최선의 것인 이성 및 다른 욕망들을 제압하게 될 경우에, 이는 폭식(대식)이라 불리며, … 음주와 관련해서 욕망이 참주 노릇을 하며 이것에 사로잡힌 사람을 이런 식으로 이끌고 갈 경우에, 어떤 호칭을 얻게 될 것인지는 분명하다." 델피의 경구(警句)들인 "너 자신을 알라(Gnōthi sauton)"라든가 "무엇이나 지나치지 않게(Mēden agan)"라는 것도 실은 이 '히브리스'에 대한 경고이다. 물론 이는 일차적으로는 신들과 인간들의 관계에서 기본적으로 지켜야 할 도리를 환기하고 있지만, 또한 이는 인간들 간에 그리고 각자의 내면적 갈등 관계에서 기본적으로 어떻게 처신해야만 할지를 새삼 환기해 주고 있는 것들이기도 하다.

146) 역시 제토스가 암피온에게 계속해서 말한 시구의 일부로, 이를 Nauck가 복원한 것(토막 시 188)으로 Dodds가 소개하고 있는 것은 이러하다. "… 하지만 내 말대로 하지./ 노래하는 건 멈추되, †전투들에 대한 † 숙달이나 수련하지./ 이런 것들을 노래하며 이런 것들에 지혜로워질 생각을 할 것이며,/ 흙을 파고 흙을 돋우며, 양떼를 돌보되,/ 이들 정교한 재담들은 남들에게 넘겨주지./ 이것들로 이루어진 공허한 집들에서나 살게 될 테니."

486d

걸 내가 몹시 반가워할[147] 것이라 생각지 않소? 혼을 그것에다 갖다 대 문질러 보게 될 최선의 시금석 말이오. 만약에 그 시금석이 내 혼이 훌륭하게 보살핌을 받은 것으로 나와 의견 일치를 보게 된다면, 나로서는 그것으로 이미 충분하며 더 이상[148] 다른 시험은 전혀 필요치 않다는 걸 잘 알게 될 것이라고 말이오.

칼리클레스: 바로 무엇과 관련해서 이를 물으시는 겁니까, 소크라
테스 님? e

소크라테스: 내가 그대에게 말하리다. 내가 그대를 만난 것은 이런 천행을 만나게 된 것이라고 지금 나는 생각하고 있소.

칼리클레스: 어째서죠?

소크라테스: 만약에 나의 혼이 생각하고 있는 것들에 대해 그대가
나와 동의한다면, 그것들이 그 자체로 이미 진실이라는 걸 나는 익히
알고 있소. 왜냐하면 혼과 관련해서, 이 혼이 바르게 살고 있는지 또
는 그렇지 않은지를 충분히 검토하고자 하는 자는, 그러니까 세 가지 487a
를 갖고 있어야만 해선데, 이는 그대가 모두 갖고 있는 것들로서, 앎
과 선의 그리고 솔직함이오. 내가 많은 이를 만났소만, 이들은 그대처
럼 지혜롭지는 못한 탓으로 나를 시험할 수가 없소. 다른 지혜로운 자
들이 있긴 하오만, 그대처럼은 내게 마음을 쓰지 않는 탓으로 나를 시
험할 수가 없소. 하지만 다른 나라 분들이신 여기 두 분, 곧 고르기아
스 님도 폴로스도 지혜로우시며 내 친구들이시오만, 솔직함은 부족하 b
시며 필요 이상으로 수줍어하시는 편이오. 왜 그러실까요? 어쨌든 두
분께서는 아주 수줍음이 많으셔서, 이 수줍어하심으로 인해서 저마

147) 텍스트 읽기에서 486d3의 hasmenon은 asmenon으로 읽었다.

148) '그것으로 이미(ēdē) 충분하며 더 이상(eti)'에서 d6 eu 앞에 ēdē를, d7 dei 앞에 eti를, Dodds의 읽기를 따라, 보완해서 읽었다.

다 자기 모순된 말씀을 많은 사람 앞에서 감행하시는데, 이것도 지극
히 중대한 것들과 관련해서 그러시죠. 그러나 그대는 다른 분들이 갖
지 않으신 것들인 이것들 모두를 갖고 있소. 또한 그대는, 많은 아테
네인들도 인정하겠듯, 충분히 교육도 받았으며, 내게도 호의적이오.
c 무엇을 증거로 삼느냐고요? 그대에게 내 말하리다. 칼리클레스, 나
는 그대들 넷이 지혜의 동반자들이 된 것을 알고 있소. 그대와 아피드
나 부락민인 테이산드로스 그리고 안드로티온의 아들 안드론과 콜라
르고스 부락민인 나우시키데스죠.[149] 그리고 언젠가는 그대들이 어디
까지 지혜 수련을 해야만 하는지 숙의하는 걸 들은 적이 있거니와, 그
대들 사이에서 이런 어떤 의견이 우세했다는 걸 알았소. 철학함(지혜
사랑하기)을 정확성(정밀함: akribeia)을 기하는 쪽으로 열의를 쏟을
d 것이 아니라, 필요 이상으로 지혜로워짐으로써 자신들도 모르게 망가

---

149) 아테네의 Aphidna 부락(dēmos)민인 Teisandros에 대해서는 달리 알려진 바가 없지만 부유했던 것 같다. Androtiōn의 아들 Andrōn(440년경 출생)은 《프로타고라스》 편 315c에서 아테네의 거부 칼리아스(Kallias)의 집에 프로타고라스와 함께 머물고 있던 히피아스의 추종자들 중의 한 사람으로서, 그에게 '자연 및 천문학적인 문제들'에 대해 질문을 하던 무리에 섞여 있는 장면이 보인다. 그도 부유한 집안 출신으로, 411년에 혁명을 일으켰다가 이듬해 민주파에 의해 무너진 과격한 400인 과두파 정권의 일원이기도 했다. 그러나 그는 아테네의 람노스(Rhamnos) 부락 출신으로서, 연설문 작성자 및 변론술 교사로 오랫동안 활동하다가, 말년에 이 400인 정권에 역시 가담한 죄로 처형된 안티폰(Antiphōn) 등의 기소를 주도함으로써 살아남는다. 훗날 나라에 진 빚 때문에 투옥되었지만, 탈옥했다고 한다. Kholargos 부락민인 Nausykidēs는 부유한 곡물상이었으나, 폭리를 남겼다 한다. 이들 모두는 당시에 새로운 지적 풍토에 영향을 받은 젊은이들의 모임 활동에 참여했던 동지들이었던 셈이다. 그리고 이 각주의 첫머리에서 말한 '부락(dēmos)'이란 139개나 있었다는 아테네의 전통적인 지역단위의 마을을 가리킨다.

487d

지지 않도록 서로들 조심하도록 충고했다는 것을. 그래서 그대가 자
신의 동지들에게 해 준 것과 똑같은 것들을 내게 조언해 주는 걸 듣게
되니, 그대가 내게 진정으로 선의를 갖고 있다는 것이 내게는 충분한
증거가 되오. 또한 더 나아가서 그대는 솔직히 말할 수도 있으며 수줍
어하지 않을 수도 있고, 스스로 그리 말하기도 하고, 앞서 그대가 했
던 말이 그대와 합치하오. 이것들과 관련해서는 이제 다음과 같음이
아주 명백하오. 만약에 그대가 논의에서 나와 어떤 걸 동의하게 된다 e
면, 이는 이미 충분히 나와 그대에 의해서 시험을 거친 것이 되며, 이
것은 다른 시험을 더는 할 필요가 없을 것이오. 왜냐하면 그대가 이에
동의한 것은 결코 지혜의 부족으로 해서도 수줍음이 지나쳐서도 아니
며, 또한 그대가 나를 속여서 동의하지도 않을 것이기 때문이오. 그대
는 내게, 그대도 말하듯, 친구이니까. 따라서 나와 그대의 동의는 사
실상 곧바로 진실의 완결을 보게 될 것이오. 그런데, 칼리클레스여,
바로 그대가 나를 나무랐던 바인 이것들과 관련된 고찰은, 곧 사람은
어떤 사람이어야만 하며, 나이가 들어서든 젊어서든, 무엇을 언제까 488a
지 추구해야만 하는지에 대한 고찰은 그 무엇보다도 고귀한 것이오.
만약에 내가 내 인생과 관련해서 뭔가 옳지 못하게 처신한 것이 있다
면, 이는 내가 고의로(hekōn) 과오를 저지른 것이 아니라 나의 무지
(amathia)로 해서라는 점[150)]을 잘 알아 두어야 할 것이기 때문이오.

150) 소크라테스의 지론들 중의 하나로 "aretē([사람으로서의] 훌륭함, 덕: goodness, virtue) 곧 epistēmē(앎: knowledge)", 다시 말해 "aretē는 곧 앎이다"라는 게 있다. 이를테면, 소크라테스가 든 비근한 예로 구두 만드는 사람의 경우를 보자. 제화공으로서의 '훌륭함(aretē)'은 제 구실(기능: ergon)과 함께 구두로서의 기능 곧 그 '훌륭한 상태(aretē=goodness)'에 대한 '앎'이 있고서야 기대할 수 있는 일이라는 말이다. 따라서 그것에 대한 제화공의 무지(amathia)는 필연적으로 제화공과 구두의 '나

488a 따라서 그대는, 시작부터 내게 경고했듯, 물러서지 말고, 내게 충분히 밝히어 보여 주어야만 하오. 나로서 추구해야만 하는 것이 무엇이며, 이를 어떤 방식으로 획득할 수 있겠는지, 그리고 만약에 내가 지금은 그대에게 동의해 놓고서는, 내가 동의했던 바로 그것들과 똑같은 것들을 나중에 행하지 않는 걸 그대가 포착하게 될 경우에는, 나를 아주
b 멍청한 자로 생각하고서 이후로 다시는 나를 충고해 주지도 마시오. 아무런 가치도 없는 자로 여기고서 말이오. 그럼 처음부터 다시 해 주오. 그대와 핀다로스는 자연에 따라 올바른(정의로운) 것[151)]이 어떤 것이라 주장하오? 더 강한 자가 더 약한 자들의 것들을 강제로 가져가고 더 나은 자가 더 못한 자들을 지배하며 더 훌륭한 자가 한결 더 변변치 못한 자보다도 더 많이 갖는 것인가요? 그대가 올바른 것을 다른 어떤 것이라 말하지는 않는 건가요, 아니면 내가 옳게 기억하고 있는 건가요?

칼리클레스: 하지만 저는 그걸 말했었고, 그때도 지금도 그걸 말합니다.

뺌(나쁜 상태: kakia = badness)'으로 귀결될 수밖에 없다. 같은 이치로, 사람으로서 훌륭하려면, 필연적으로 사람 구실 곧 사람으로서의 훌륭함(aretē)이 무엇인지를 알아야 할 것이다. 소크라테스나 플라톤이 사람 구실을 '이성(logos)' 및 '지성(nous)'에서 비로소 찾았던 것도 그 때문이었다. 모르면, 요행이 아니고서야, 헛다리 짚기를 하는 게 정상이다. 헬라스어로 '잘못' 또는 '실수'를 hamartia라 하는데, 이는 원래 '과녁에서 빗나감' 곧 '빗맞히기'를 말한다. 그래서 "아무도 고의로(자발적으로) 잘못하지(잘못을 저지르지)는 않는다(oudeis hekōn hamartanei)"는 역설적 주장도 그가 했는데, 본문에서 "내가 고의로(hekōn) 과오를 저지른 것이 아니라 나의 무지(amathia)로 해서라"고 말하는 것도 그 때문이다.

151) 원어는 to dikaion to kata physin이다. 483d 및 484b~c에서 이와 관련된 발언을 했다.

488b

소크라테스: 그런데 그대는 같은 사람을 더 나은 그리고 더 강한 자로 부르오?[152] 실은 그땐 도대체 그대가 뭘 말하는지를 내가 알 수 없 c
었기 때문이오. 그대는 힘이 더 센 자들을 더 강한 자들로 부르며 한결 더 약한 자들은 더 힘센 자에게 복종해야만 한다는 것인지, 이를테면, 그때도 지적되었던 것으로 내게 생각되는 것인데, 큰 나라들이 자연적으로 올바른 것(to physei dikaion)에 따라 공격하는데, 더 강하고 더 힘이 세다고 해서요? 더 강함(더 나음, 우세함: to kreitton)과 더 힘셈(to iskhyroteron) 그리고 더 나음(to beltion)[153]은 같은 것이라 해서 말이오. 또는 더 나으나 더 약하고 더 무력할 수 있으며, 더 강하지만 더 못될 수도 있는 것인지? 또는 더 좋음과 더 강함의 의미 규정(定義: horos)은 같은 것이오? 바로 이걸 분명히 구별해 주시오. 더 강 d
함과 더 나음 그리고 더 힘셈은 같은 것이오 아니면 다른 것이오?[154]

칼리클레스: 하지만 그것들은 같은 것이라고 저는 선생께 분명히 말합니다.

---

152) "같은 사람을 더 나은 그리고 더 강한 자로 부르오?" 하고 물을 수 있는 것은 이 두 형용사에 같은 뜻이 있어서다. 이와 관련해서는 바로 다음 각주를 참조할 것.

153) c6 kai beltion에서 beltion 앞에 to를 첨가해서 읽는 게 더 자연스럽겠다. d2~3에서처럼. 그리고 "더 강함(더 우월함, 더 나음: to kreitton)과 더 힘셈(to iskhyroteron) 그리고 더 나음(to beltion)은 같은 것이라 해서"에서 헬라스어 kreitton은 kratys(힘센, 강한: strong, mighty)의 비교급이니까, 첫째로는 iskhyroteron(=stronger, mightier)과 같은 뜻을 갖고 있고, 둘째로는 agathos(=good)의 비교급으로도 쓰이므로 beltion(=better)과도 같은 뜻으로 쓰이기도 한다. 그리고 또 이에는 '우월한(surpassing, superior)', '(욕망, 격정 따위를) 억제하는' 등의 뜻도 있다.

154) 바로 앞의 각주를 참조할 것.

488d

소크라테스: 그러니까 다중(hoi polloi)은 한 사람보다 자연적으로 (kata physin) 더 강하지 않겠소? 바로 이들이 법률[155]도 제정하는데, 한 사람에 대비해서죠. 방금[156] 그대도 말했듯이 말이오.

칼리클레스: 실상 어찌 그렇지 않겠습니까?

소크라테스: 그렇다면 다중의 관례들과 법규들[157]이 강한 자들의 그것들이오.

칼리클레스: 물론입니다.

e 소크라테스: 그러니까 더 나은 자들(hoi beltiones)의 그것들이 아니겠소? 그대의 주장에 따르면, 더 강한 자들(hoi kreittones)이 훨씬 더 나으니까.

칼리클레스: 네.

소크라테스: 따라서 이들의 관례들과 법규들은, 적어도 어쨌든 더 강한 자들의 것들이기에, 자연적으로 훌륭하지 않겠소?

칼리클레스: 그렇습니다.

소크라테스: 그렇다면 다중은 이렇게, 곧 방금도 그대가 말했듯,[158] 균등하게 갖는 걸 올바르며, 불의를 당하는 것보다는 불의를 저지르는 것이 더 부끄러운 것이라 믿소? 이것들이 그러한가요 아니면 그렇
489a 지가 않소? 그리고 이 대목에서 이번에는 그대가 부끄러워하는 게 포착되는 일이 없도록 하오.[159] 이에 대해 내게 대답하는 걸 마다하지

155) 법률의 원어는 [hoi] nomoi이고, 단수로서의 법은 nomos이다.

156) 483e~484a에서.

157) 원어 ta nomima는 관례들과 관습들 그리고 법률 또는 법규들을 뜻한다.

158) 484a에서.

159) 482c~e 및 487b 참조.

마오, 칼리클레스! 만약에 그대가 내게 동의한다면, 충분히 판별할 수 있는 사람의 동의를 얻은 것이기에, 그대로 해서 이미 내가 확신을 갖게 될 것이오.

칼리클레스: 하지만 어쨌든 다중은 그렇게 믿습니다.

소크라테스: 그러면 불의를 당하는 것보다도 불의를 저지르는 것이 더 부끄럽다는 것도, 균등하게 갖는 것이 올바르다(정의롭다)는 것도 b
관습에 의해서(nomǭ)만이 아니라 자연적으로(physei)도 그런 것이오. 따라서 앞서의 논의에서 그대는 진실을 말하지도 않은 것 같거니와 관습과 자연은 대립된다고 말하며 나를 비난한 것도 옳지 않은 것 같소. 그건 바로 나 또한 알면서도 논의에서 심술궂은 짓을 한다는 것이었는데, 누군가가 자연에 따라 말할 경우에는 관습 또는 법 쪽으로 유도하되, 관습 또는 법에 따라 말할 경우에는 자연 쪽으로 유도한다는 것이었소.[160)]

칼리클레스: 이분께서 실없는 말씀을 하시길 그치지 않으시네. 소크라테스 님, 제게 말씀해 주세요. 그 연세에 말꼬리 붙잡기를 하시는 게 부끄럽지도 않으신지? 누군가가 표현에서 실수라도 할라치면, 이를 천행으로 삼는 것이? 정말로 선생께서는 더 강한(우월한) 자들임 c
(to kreittous einai)을 더 나은 자들임(to beltious einai)[161)]과 다른 것으로 제가 말하고 있는 걸로 생각하시나요? 방금 전에 제가 더 강함(우월함)과 더 나음은 같은 것이라고 주장한다고 선생께 말씀드리지 않던가요? 혹시 선생께선 제가 이런 말을 하고 있는 걸로 생각하시나요? 가령 노예들과 아마도 신체적으로 힘센 것 말고는 하잘 것도 없

160) 482e~483a에서 칼리클레스가 했던 비난이다.

161) 488d의 본문 및 해당 각주를 참조할 것.

는 온갖 부류의 사람들이 어중이떠중이 모여서는, 이들이 선언을 할 경우, 바로 이것들이 법규(nomima)라고요?

소크라테스: 좋아요, 지극히 현명한 칼리클레스! 그렇게 말하고 있는 것이오?

칼리클레스: 물론입니다.

d 소크라테스: 하지만, 놀라운 친구여, 나 스스로도 그대가 그와 같은 어떤 걸 더 강함으로 말하고 있는 걸로 방금 전에 짐작하고선, 그대가 무얼 말하는 건지 명확히 알고자 열망해서 묻고 있는 것이오. 그대가 적어도 둘이 하나보다 더 낫다고 생각하는 것도 아니고, 그대보다 그대의 노예들이, 그대보다도 더 힘이 세다고 해서, 더 낫다고 생각하지도 않을 것이란 건 틀림없겠기 때문이오. 하지만 처음부터 다시 말해 주시오. 도대체 더 나은 자들이란 무슨 뜻으로 말하는 것이오? 더 힘센 자들을 말하는 건 아닐 테니까. 또한, 놀라운 친구여, 좀 더 상냥하게 나를 앞서 가르쳐 주오. 내가 그대에게서 배우러 찾는 일을 그만두는 일이 없도록 말이오.

e 칼리클레스: 비꼬시네요, 소크라테스 님!

소크라테스: 제토스에 맹세코,[162] 칼리클레스! 그대는 이 인물을 이용해서 나를 상대로 방금 많은 걸 비꼬았소. 하지만 자, 말하시오. 더 나은 자들로 그대는 어떤 사람들을 말하는지.

---

162) 여기에서 '제토스에 맹세코(Ma ton Zēthon)'는 '제우스에 맹세코(Ma ton Zēna)'로 하는 맹세를 비틀어서, 쌍둥이 제토스와 암피온 중에서 제토스의 지지자인 칼리클레스를 의식해서 이런 맹세를 하고 있다. 그냥 '맹세코'로 하지 않고, 제토스를 밝힌 것은 그다음에 이어지는 '이 인물'의 실체를 밝혀야 했기 때문이다. 그리고 맹세와 관련해서는 461b의 해당 각주를 참조할 것. 또한 이 쌍둥이와 관련해서는 484e에서 에우리피데스의《안티오페》와 관련된 각주를 참조할 것.

489e

칼리클레스: 저로서는 더 훌륭한 자들(hoi ameinous)을 말합니다.

소크라테스: 그러니까 그대 자신도 낱말들을 말하면서, 아무런 설명도 하지 않는다는 사실을 알고 있소? 그대는 더 나으며 더 강한 자들로 더 현명한 자들을 말하시오 아니면 다른 어떤 자들을 말하시오?

칼리클레스: 하지만 저는, 맹세코, 바로 그런 자들을 말하거니와, 그것도 아주 강력히 말합니다.

소크라테스: 그러니까, 그대의 주장을 따르면, 종종 한 명의 현명한 490a
자가 만 명의 현명치 못한 자들보다도 더 강하며, 이 사람이 지배해야(arkhein) 하고, 다른 사람들은 지배받아야만(arkhesthai) 하거니와, 지배하는 자는 지배받는 자들보다도 더 가져야만 하오. 실은 그대가 이걸 말하고자 하는 걸로 내게는 생각되오. 그리고 나는 말꼬리 붙잡기를 하고 있는 게 아니오. 한 사람이 만 명보다도 강하다면 말이오.

칼리클레스: 하지만 그게 제가 주장하는 것들입니다. 저는 이게 자연적으로 올바른(정의로운) 것(to dikaion physei)이라 생각하니까요. 곧 더 나으며 더 현명한 자가 지배해야만 하고, 더 변변찮은 자들보다도 더 많이 가져야만 한다고요.

소크라테스: 거기서 잠깐만! 도대체 지금 또 무슨 말을 하는 게요? b
가령 우리가 같은 곳에, 지금처럼, 많이 모여 있고, 공동으로 먹을 것들과 마실 것들이 우리에게 많이 있지만, 우리가 다양한 부류라, 일부는 힘이 세나, 일부는 힘이 약한데, 우리 중에서 한 사람은 의사이고 이런 것들과 관련해서 더 현명하다고 해요. 한데, 이 사람은 일부의 사람들보다는 힘이 더 세겠지만, 일부의 사람들보다는 더 약하겠죠. 이 사람은 다름 아니라, 우리보다도 현명한지라, 이런 문제들에는 더 낫고 더 강하겠죠?

칼리클레스: 물론입니다.

c 소크라테스: 그러면 이 사람이 더 낫다고 해서 이 먹을 것들을 우리보다도 더 많이 가져야만 하겠소, 아니면 그는 지배함에 의해서 모든 걸 나누어야만 하겠소? 그가 손상을 입는 일이 없으려면, 이것들을 제 한 몸에 소비하고 남용하느라 제 몫보다 더 가져서는 안 되고, 어떤 이들보다는 더 가지되, 어떤 이들보다는 적게 가져야 하오. 만약에 그가 모든 이들 중에서도 가장 허약하다면, 가장 훌륭한 이는 모든 이들 중에서도 가장 적게 갖겠죠, 칼리클레스? 그렇지 않겠소, 친구여?

칼리클레스: 먹을 것들과 마실 것들 그리고 의사들과 실없는 것들에 대해서 말씀하시는군요. 하지만 저는 이것들을 말하고 있는 게 아
d 닙니다.

소크라테스: 그대는 더 현명한 자로 더 나은 자를 말하는 게 아니오? 그렇다고 대답하거나 아니라고 대답하시오.

칼리클레스: 저로선 그러죠.

소크라테스: 하지만 더 나은 자는 더 많이 가져야만 하는 게 아니오?

칼리클레스: 어쨌든 먹을 것들이나 마실 것들은 아닙니다.

소크라테스: 알겠소, 하지만 아마도 겉옷[163]이겠구먼? 그리고 직물 짜는 데 가장 능한 자는 가장 큰 겉옷을 가지며, 가장 많은 그리고 가장 아름다운 것들을 걸치고서 돌아다녀야만 하겠소?

칼리클레스: 옷이라뇨?

소크라테스: 그러나 신발들의 경우라면, 이 분야에 가장 현명하며
e 가장 훌륭한 자가 더 많이 가져야만 할 게 명백하오. 아마도 제화공이

163) 원어로는 himation(겉옷)인데, 여기서는 그냥 '옷'으로 이해하면 되겠다. 다른 것은 입지 않은 상태의 통옷이기 때문이다. 이에 대해서는 469d의 해당 각주를 참조할 것.

490e

가장 큰 신발을 그리고 가장 많이 신고 걸어 다녀야 할 것이오.

칼리클레스: 어떤 신발들을 말씀입니까? 실없는 말씀을 계속하시네요.

소크라테스: 하지만 만약에 그대가 이런 것들을 말하지 않는다면, 아마도 다음 것들을 말하겠구려. 이를테면, 땅과 관련해서 현명하며 훌륭하디훌륭한 농부야말로 아마도 씨앗을 더 많이 가져야만 하고, 자신의 농토에 최대한 많은 씨앗을 사용해야 할 것이오.

칼리클레스: 어쩌면 그리도 언제나 똑같은 것들을 말씀하시는지요,[164] 소크라테스 님!

---

164) 아닌게아니라 482a 끝에서 소크라테스 스스로 "철학은 언제나 같은 말을 한다."고 말했다. 소크라테스의 경우에 이는 특히 다음의 두 가지 의미에서 그렇다고 말할 수 있겠다. 첫째로 원론적 의미에서 일관성 있는 원칙론을 말한다는 뜻이겠고, 둘째로는, 여기에서 들고 있는 예들의 경우처럼, 언제나 일상의 비근한 것들에서부터 논의를 시작한다는 뜻이겠다. 이는 491a에서도 확인할 수 있는 것이지만, 《향연》 편 221d~222a에서 언급된 다음 글이 더 실감나게 확인해 줄 것 같다. "가령 누군가가 소크라테스 님의 말씀을 듣고 싶어 할 경우, 처음에는 그것들이 아주 우스워 보일 테니까요. 이런 것들이 낱말들과 표현들을 겉으로 싸고 있는 게, 바로 장난질하는 사티로스의 외피 같죠. 왜냐하면 이분께서는 짐 싣는 나귀들이나 대장장이들과 구두 만드는 사람들 그리고 무두장이들 같은 이들을 말씀하시며, 늘 같은 것들을 통해 같은 것들을 말씀하시는 걸로 보여, 이에 대한 경험도 없고 몰지각한 사람은 모두가 이분의 말씀들에 대해 비웃을 테니까요. 그러나 누군가가 그 말씀들의 외피가 열어젖혀진 걸 보고서 그 안에 들어가게 되면, 처음으로 그 안에 지성(nous)을 갖춘 유일한 말씀들을 발견하게 될 것입니다. 그다음으로, 또한 그 말씀들이 더할 수 없이 신적인 것들이고, 그 속에는 [사람으로서의] 훌륭함(덕: aretē)의 상(像)들을 더할 수 없이 많이 갖고 있으며, 더할 수 없을 정도로 멀리까지 뻗는, 아니 그보다도 훌륭하디훌륭한 이로 되고자 하는 자로서 고찰하기에 적절한 모든 것으로 뻗는 것들입니다." 이에 비해, Dodds는 변론술을 가르치는 곳에서는, 다루는 주제나 방식에서 새로움의 중요성이 강조되고

490e

소크라테스: 똑같은 것들만이 아니라, 칼리클레스, 또한 똑같은 문제들과 관련해서요.

491a 칼리클레스: 신들에 맹세코, 영락없이 언제나 제화공들과 마전장이들 그리고 요리사들과 의사들을 말씀하시길 도무지 그치질 않으십니다. 마치 우리의 논의가 이들과 관련된 것인 것처럼 말입니다.

소크라테스: 그렇다면 그대는 무엇들과 관련해서 더 강(우월)하며 더 현명한 자가 더 많이 가지며 더 갖는 게 정당한지 말해 주지 않겠소? 혹시 내가 시사를 해 주는 것도 그대는 그냥 넘기지 못하겠고, 자신이 말하지도 않겠다는 것이오?

칼리클레스: 하지만 저야 어쨌든 진작부터 말하고 있죠. 첫째로, 더 강한(우월한) 자들로 저는 제화공들도 요리사들도 말하지 않고, 나랏
b 일들의 분야에서, 곧 어떤 방식으로 나라 경영을 잘할 수 있을지에 대해 현명한 자들, 현명할 뿐만 아니라 용감하기까지 한 자들, 자신들이 생각하는 바를 능히 성취할 수 있으며, 혼의 유약함으로 해서 지쳐 버리는 일도 없는 자들을 말합니다.

소크라테스: 칼리클레스여, 그대가 나를 비난하고 내가 그대를 비난하는 것이 같은 것들을 갖고서 그러는 것임을 그대는 알겠소? 왜냐하면 그대는 내가 언제나 같은 것들을 말한다고 하며, 나에 대해 나무라기 때문이오. 그러나 나는 그대와는 반대로, 그대가 같은 것들에 대

있었다고 하며, 이소크라테스의 《축제 연설(*Panēgyrikos*)》, 8을 예로 들고 있다. 그 내용은 같은 것들에 대해서 여러 가지로 이야길 할 수 있으니, 대단한 것들은 초라하게 만들고, 사소한 것들에는 무게를 실어 주는 것이 언변이 할 수 있는 일이라는 것이다. 실제로 [상대방의] 강한 주장은 약하게 만들되, [제] '약한 주장을 강하게 만드는 것(ton hettō logon kreittō poiein)' (《소크라테스의 변론》 18b)이 변론술의 기술이라고 선전하던 시기였으니까.

491b

해 결코 같은 말을 하는 적이 없고, 때로는 더 나으며 더 강한 (우월한) 자들을 더 힘센 자들로 정의했다가, 다시금 더 현명한 자들로 정 c
의하는가 하면, 지금은 다시 다른 어떤 걸 들고 나온다고 말이오. 더 용감한 어떤 이들이 그대에 의해서 더 강한(우월한) 자들로 그리고 더 나은 자들로 지칭되고 있소. 하지만, 친구여, 도대체 그대가 누구 누구를 더 나으며 더 강한(우월한) 자들로 지칭하는지 그리고 어떤 부문에서 그러는지 밝히고서 끝내시오.

칼리클레스: 하지만 어쨌든 저로서는 나랏일들의 분야에서 현명한 자들을 그리고 용감한 자들을 이미 말했습니다. 왜냐하면 이들이 나
라들을 다스리는 게 적절하며, 올바른 것은 이것, 곧 이들이 다른 사 d
람들보다, 다스리는 자들이 다스림을 받는 자들보다 더 많이 갖는 것이기 때문입니다.

소크라테스: 그러면, 어떻소? 자신들에 대해서는 어떻겠소, 친구여? 어떤 점에서 다스리는 자들이거나 다스림을 받는 자들이오?

칼리클레스: 어떻게 하시는 말씀인지?

소크라테스: 각 개인이 스스로 저를 다스리는 자를 나는 말하고 있소. 혹시 이는, 즉 스스로 자신을 다스릴 필요는 전혀 없고, 남들을 다스리는 것이나 필요한지?

칼리클레스: 스스로를 다스리는 자란 어떻게 하시는 말씀인지?

소크라테스: 복잡할 건 전혀 없고, 많은 사람이 말하듯, 절제하는 사람이어서, 스스로 저 자신을 통제하며, 자신 안에 있는 쾌락들과 욕
구들을 다스리는 자를 말하오. e

칼리클레스: 참 재미 있으셔! 절제하는 자들이란 어리석은 자들을 말씀하시는 겁니다.

소크라테스: 어찌 그렇소? 내가 그런 뜻으로 말하는 게 아니란 것

491e

을 모를 사람은 아무도 없을 것이오.

칼리클레스: 아주 정확히 그렇습니다, 소크라테스 님! 그 까닭을 말하자면, 누구에게고 노예로 된 사람이 어떻게 행복할 수 있겠습니까? 이제 제가 선생께 솔직히 말씀드리는 바인데, 자연에 따라 아름답고 올바른 것은 이것, 곧 옳게 살려는 자는 자기의 욕구들이 최대의 것들이도록 허용해야지 억제해서는 안 된다는 것입니다. 최대의
492a 것들인 이것들에 용기와 현명함을 통해서 능히 도울 수 있어서, 언제고 욕구의 대상이 되는 것들은 충족시켜야만 한다는 것입니다. 그러나 이는 다중에게는 불가능하다고 저는 생각합니다. 이런 까닭으로 이들은, 창피함 때문에 자신들의 무능은 숨기고서, 그런 사람들을 비난하며, 무절제는 그야말로 부끄러운 것이라 말하죠. 바로 이것이 제가 앞서 말했던 것인데, 자연적으로는 더 나은 사람들을 노예화한 겁니다. 그리고선 자신들은 즐거움의 충족을 도모할 수가 없어서, 절제와 올바름을 칭찬하는데, 자신들의 사내답지 못함(anandria)
b 으로 해서죠. 시작부터 왕들의 아들들이거나 자질상 능히 스스로 어떤 통치권, 곧 참주의 지위나 [소수파] 전제권력[165]을 확보할 수 있는 자들에게, 이런 사람들에게 절제나 올바름보다도 정말로 더 부끄럽

165) 원어는 dynasteia이다. 이와 관련해서는 479a에서 해당 각주를 참조할 것. Dodds는 이를 참주제(tyrannis)와 대비되는 group-tyranny(집단 참주제)로 규정하며, 아테네의 '30인 과두 정권'을 그 예로 들고 있다. 아닌게아니라 《정치가》 편 291d~e에서는 소수자들에 의한 통치체제로 최선자[들의] 정체(aristokratia)와 과두정체(oligarkhia) 그리고 '소수자들에 의한 전제정치(hē hypo tōn oligōn dynasteia)'를 들고 있는데, 이 마지막 것은 강제성(to biaion)과 무법성(anomia)이 그 특징이다. 그런가 하면, 《국가(정체)》 편 544d에서는, 영어 dynasty(왕조)가 의미하듯, '세습군주제'를 지칭하기도 한다.

492b

고 나쁜 게 무엇이겠으며, 이들로선 좋은 것들을 누리며 아무것도 방해될 것이 없을진대, 이들이 많은 사람의 법과 주장 그리고 비난을 자신들의 주인으로 받들어 모시려 할까요? 아니, 올바름과 절제의 미명 아래, 자신들의 친구들에겐, 적들에게보다도, 아무것도 더 나누어 주 c
지 못하게 되었다니, 그것도 자기들의 나라에서 이것들을 제 지배하에 두고서도 그러지 못하다니, 이 어찌 비참한 자들로 된 것이 아니겠습니까? 하지만, 소크라테스 님, 선생께서 추구하신다는 진실은 이렇습니다. 사치와 무절제 그리고 자유는, 이를 뒷받침해 주는 힘만 얻는다면, 이게 곧 빼어남(aretē)[166]이며 행복이고, 이들 다른 것들은 장식품들이며, 자연에 어긋나는 인간들의 계약들이고, 어리석은 소리이며 아무런 가치도 없는 것들입니다.

소크라테스: 칼리클레스여, 그대가 솔직하게 제 주장을 펼치는 것 d
이 적어도 천스럽지가 않구려. 왜냐하면 다른 사람들이 생각은 그리하면서도 말하고 싶어 하지는 않는 것들을 지금 그대가 명확히 말하고 있기 때문이오. 따라서 어떻게 살아야만 하는지가 정말로 아주 명백해지도록, 그대가 어떻게든 흐지부지하는 일이 없기를 나는 요구하오. 그럼 말해 주시오. 그대는, 만약에 누군가가 자신이 마땅히 되어야만 하는 그런 사람으로 되려면, 욕망들을 억제하지 말고, 이것들을 최대의 것들이도록 해서, 이것들을 충족시키도록 준비해야만 하며, 이것이 빼어남이라 말하고 있는 것이오? e

칼리클레스: 그것들을 제가 말하고 있습니다.

소크라테스: 그러고 보면, 아무것도 부족함이 없는(필요하지 않은)

---

166) 영어로 goodness, excellence, virtue 등으로 번역되는 aretē의 의미들 중에서, 이 경우에는 excellence 곧 '빼어남'으로 옮기는 것이 좋을 것 같다.

492e

자들이 행복하다는 것은 옳게 하는 말이 아니오.

칼리클레스: 그게 그렇다면, 어쨌든 돌이 그럴 것이고 시체들이 더 할 수 없이 행복할 테니까요.

소크라테스: 그러나 사실인즉 적어도 그대가 말하는 바로는 삶은 이상한 것이오. 실은 에우리피데스가 말한 게 진실이 아닐까 해서요. 그건 이런 것이오.

누가 알리오, 살아 있는 게 죽은 것이고,
죽은 것이 살아 있는 것인지?[167)]

493a 그리고 우리는 아마도 실제로는 죽은 것일 것이오. 나로서는 이미 현자들 중의 누군가에게서 들은 바가 있기 때문이오. 지금 우리는 죽은 것이며 우리에게는 몸(sōma)이 무덤(sēma)인데,[168)] 욕망들이 깃들어 있는 혼의 부분은 솔깃해지며 오르락내리락 변덕을 부리기가 쉬운 것이라는 거요. 그래서 어떤 재치 있는 사람이, 아마도 어느 시켈리아인이거나 이탈리아인이,[169)] 이를 갖고 이야기를 지었는데, 이 부분이 솔깃해하며(pithanon) 설득이 잘 된다고 해서 그 낱말을 끌어다

---

167) 이 구절은 에우리피데스의 《폴리에이도스(*Polyeidos*)》 및 《프릭소스(*Prixos*)》의 남아 있는 토막 시의 일부이다. 아리스토파네의 《개구리들》 1477행에 여기에 인용된 토막 시의 첫 행이 인용되어 있다.

168) 이게 정작 누구의 주장인지에 대해서 확실한 것은 없다. 다만 피타고라스적인 주장으로 간주되고 있을 뿐이다.

169) 이 경우의 이탈리아인은 크로톤(Krotōn)을 기점으로 남이탈리아(Magna Graecia)에서 확산되어 간 피타고라스 학파의 일원이겠고, 시켈리아(시칠리아)인은 엠페도클레스(Empedoklēs)일 가능성이 높은데, 그 또한 피타고라스적인 종교적 성향이 강한 철학자였다.

493a

항아리(pithos)[170]라 명명하고, 생각이라곤 없는 자들을 그 구멍들을 막지 못한 상태의 사람(교화되지 못한 자, 입교하지 못한 자)들[171]이

170) pithos는 포도주 항아리를 뜻하며, 그 대격(對格)은 pithon이다.

171) 생각이라곤 없는 자들(hoi anoētoi)을 '그 구멍들을 막지 못한 상태의 사람(교화되지 못한 자, 입교하지 못한 자)들'이라 했다가, 다시 '교화되지 못한(입교하지 못한, 구멍 뚫린) 자들(hoi amyētoi = the uninitiated)'로 괄호 밖의 표현과 괄호 안의 표현을 바꿔 놓기도 한 것은 헬라스어 amyētos의 첫 뜻이 '입교(入敎)하지 못한 또는 교화되지 못한(uninitiated)'이고, 둘째 뜻이 구멍을 막지 않아 '새는(leaky)'의 뜻이 있어서다. 여기에서는 pithanos-pithos-amyētos를 연관 지어, mythos(신화 또는 이야기)를 엮고 있는 것이다. 그런데 교화 또는 입교(入敎: myēsis = initiation)와 관련해서는 다른 대화편들의 주석에서 여러 차례 언급한 바 있지만, 역주(譯註)의 성격상 여기에서도 해 둘 수밖에 없는 것 같다. 헬라스인들의 기본 종교는 올림포스의 열두 신들을 중심으로, 나라(polis)마다 이들 신들 중에서 특히 한 신을 나라의 수호신으로 각별히 모셨다. 이를테면, 아테네의 경우에는 아테나 여신이 그런 대우를 받았다. 이는 헬라스 민족들에 공통된 것이었기에, 이런 종교는 그들의 민족 종교로 또는 나라 단위의 종교 곧 나라 종교(state religion)로 볼 수 있다. 그러나 나라나 민족 차원에서가 아니라, 인간으로서의 개인적인 자각과 더불어 자기 구원을 욕구하는 이른바 구원(sōtēria) 종교(salvation religion)가 차츰 확산되면서, 헬라스인들에게 큰 영향력을 미친다. 그런 종교의 대표적인 것들로 오르페우스 교(Orpheus教)나 디오니소스 교 또는 엘레우시스(Eleusis) 교가 있다. 특히 아테네인들 사이에는 엘레우시스 교가 성행했고, 이 종교 행사는 나라 차원의 것이 되고, 더 나아가서는 온 헬라스의 종교 행사가 되었다. 이는 아테네가 비옥한 농토를 가진 엘레우시스를 기원전 7세기 전에 병합함에 따라, 이 나라가 원래 갖고 있던 곡물 및 농사의 여신 데메테르(Dēmētēr)와 그 딸(Korē) 페르세포네(Persephonē)를 모시는 신전과 그 성역 그리고 종교 행사를 적극적으로 수용하고 확대한 데 따른 결과였다. 그런데 이들 종교들은 서로 뒤섞이면서, 적어도 그 의식(儀式)에서는 공유하는 것이 많았던 것 같은데, 특히 그 비교(秘教, 密教)의식이 그랬다. 이를 헬라스어로는 mystēria(ta mystēria = the mysteries)라 한다. 엘레우시스 비교의 비교의식(秘教儀

b 라 한 겁니다. 생각이라곤 없는 자들의 혼의 이 부분에 욕망들이 있어서, 이의 무절제하고 막지 못하는(새는) 상태가, 그 채워지지 않음으로 해서, 마치 구멍 뚫린 항아리 같다고 비유했소. 이 사람은 그대와 정반대로 보여 주고 있소, 칼리클레스! 저승—물론 보이지 않는 곳(to aides)을 말하오[172]—에 있는 자들 중에서도 이들 곧 교화되지 못

式)은 해마다 두 차례에 걸쳐 행하여졌다고 한다. 오늘날의 1~2월에 걸친 달(Anthestērion)에 일리소스(Ilisos)강 인근의 Agrai에서 행하는 '작은 밀교의식' (ta mikra mystēria = the Lesser Mysteries)이 그 하나인데, 이 대화편에서 말하고 있는 것은 이 작은 행사이다. 그리고 다른 하나로는 8~9에 걸친 달(Boēdromeōn)에 대대적으로 행하는 '큰 밀교의식' (ta megala mystēria = the Greater Mysteries)이었으며, 이 의식의 최종 종착지는 엘레우시스의 성소(聖所) 텔레스테리온(Telestērion)으로서, 이곳에서는 한때 1만 명이나 되는 신자들(mystai)을 수용했다 한다. 신자를 지칭하는 mystēs는 입교(入敎: myēsis)의식을 치른 사람을 뜻하는 말이다. 이 비교의식의 일환으로 이 종교에 입교하는 사람을 위한 입교의식(入敎儀式)이 곧 teletai이다. 그런데 《파이돈》 편(69c~d)을 보면 '제대로 지혜사랑(철학)을 했던 사람들' 을 입교한 사람들에 비유하고 있는 대목이 나온다. 《향연》 편(209e~210a)이나 《파이드로스》 편(250c)에서도 제대로 철학으로 인도되어 마침내 참된 존재를 바라보게 되는 것을 '입교' 나 '비전' (秘傳: epopteia)에다 빗대어 말하고 있다. 이는 당시로서는 철학을 한다는 것이 일상사를 벗어나 다른 영역으로 들어섬(입문함)을 그리고 그런 활동에 관여하게 됨을 종교적인 입교 행위에다 비유해서 설명코자 한 플라톤의 설명 방식에 기인한 것이다. 그런가 하면 감각적 지각(aisthēsis)의 영향을 배제하는 철학적 인식을 위한 인식 주관의 순수화 과정 자체를 종교적인 정화(katharsis) 과정으로 빗대어 장황하게 말하고 있는 것도 우리는 《국가》 편이나 《파이돈》 편에서 확인하게 된다.

172) 이런 말을 부연해서 하는 것은 하데스(Hades)의 헬라스어 원어 Haidēs 또는 Aïdēs(서사시에서)가 신화상으로는 제우스와 형제간으로 지하세계를 관장하는 신을 뜻하지만, 나중에는 지하세계 자체, 즉 저승을 의미하게도 되었다. 그래서 여기에서처럼 '보이지 않는' (a-idēs)이라는

한(입교하지 못한, 구멍 뚫린) 자들(hoi amyētoi = the uninitiated)은 가장 비참한 자들일 것이니, 구멍 뚫린 항아리에 또 다른 그런 구멍 뚫린 체로써 물을 나르고 있다오.[173] 그러니까 내게 그 이야기를 들려준 사람이 말했듯, 체는 혼임을 말하고 있는 것이오. 생각이라곤 없는 c
사람들의 혼을 구멍 뚫린 체에 비유했는데, 믿지 못함과 잊어버림으로 해서 담아 둠이 불가능하다고 해서요. 이는 어쩌면 좀은 이상하겠지만, 내가 그대에게 적시해 보이고자 하는 바를 명시해 보이고 있소. 만약에 내가 어떻게든 그대로 하여금 생각을 바꾸도록 설득할 수만 있다면 말이오. 채워질 수 없는 무절제한 상태인 삶 대신에 절도 있고 언제나 주어진 것들에 대해 충분해하며 만족해하는 삶을 선택하도록 말이오. 하지만 절도 있는 자들이 무절제한 자들보다도 왜 더 행복한 d
사람들인지를 설득함으로써, 그대로 하여금 삶을 바꾸게 할 것인지, 아니면 이런 유의 다른 많은 이야기를 내가 하더라도, 조금도 더 바꾸게 되지 못할 것인지?

칼리클레스: 뒤에 말씀하신 게 더 진실이겠습니다, 소크라테스 님!

소크라테스: 자, 그러면 내가 그대에게 지금과 같은 학파의 다른 비유를 말하리다. 예컨대, 가령 절제하는 자와 무절제한 자, 이들 각자의 삶과 관련해서 이런 걸 그대가 말한다고 생각해 보오. 이들 두 사람 각자에게는 여러 개의 항아리가 있으며, 그중의 한 사람의 경우에는 그것들이 건전하고 가득 차 있는데, 어느 것은 포도주로, 어느 것 e
은 꿀로, 어느 것은 우유[174]로 가득 차 있으며, 다른 많은 항아리들은

말과 연관해서 말하게도 된 것이다.

173) 바로 그런 장면이 《국가(정체)》 편 363d에 묘사되어 있다.

174) gala는 비단 우유만이 아니라 젖 일반을 가리킨다. 특히 당시의 헬라스인들의 경우에는 염소젖이 더 일반적이었는지도 모르겠다. 치즈도 우

493e

다른 여러 가지 것들로 가득 차 있지만, 이것들 각각의 원천이 빈약해서 얻기가 어렵고 많은 노고와 어려움과 함께 얻게 되는 것들이오. 그래서 이 사람은 항아리들을 채우고선, 더 이상 그것들을 날라 오지도 않으며 더 이상 생각지도 않고, 이것들에 관한 한, 조용히 있소. 그러나 다른 한 사람의 경우에는, 앞사람의 경우에서와 마찬가지로, 획득할 수는 있지만, 어려운데, 용기들이 구멍이 난 것들인 데다 삭기까지
494a 해서, 언제나 밤낮으로 이것들을 채우지 않을 수 없게 되거나, 극한의 괴로움들로 괴로워하오. 그러면 이와 같은 각각의 삶이 있는데, 그대는 절도 있는 삶보다도 무절제한 삶이 더 행복한 것이라 말하오? 내가 이것들을 말함으로써 그대로 하여금 무절제한 삶보다는 절도 있는 삶이 더 나은 것이라고 동의하도록 설득을 어떤 점에서 한 것이오, 아니면 설득을 못 하고 있는 것이오?

칼리클레스: 설득을 하시지 못하고 있습니다, 소크라테스 님! 왜냐하면 그 항아리들을 가득 채운 그 사람에게는 더 이상 아무런 즐거움도 없고, 이는 방금 선생께서 말씀하신 것처럼, 마치 돌처럼 사는 것
b 이어서, 충족된[175] 다음에는 더는 기뻐함도 없고 괴로워함도 없기 때문입니다. 그러나 최대한 계속해서 흘러들어 감이 있는 자에게는 즐겁게 삶이 있습니다.

소크라테스: 그렇다면, 많이 흘러들 경우엔, 빠져나가는 것도 많을 것이 어쨌든 필연적이겠기에, 빠져나가는 것들을 위한 큰 구멍들이 있어야만 하지 않겠소?

칼리클레스: 물론입니다.

유가 아닌 염소젖으로 만든 것이고, 이를 tyros(현대어로는 tyri)라 한다.

175) 텍스트 읽기에서 plērōsēi를 plērōthēi로 읽음.

494b

소크라테스: 그대가 이번에는, 시체나 돌 아닌, 일종의 물떼새의[176] 삶을 말하고 있구려. 그럼 내게 말해 주오. 배고픔과 배가 고프면 먹는 그런 삶을 말하는 것이오?

칼리클레스: 저로서는 그렇습니다.

소크라테스: 또한 어쨌든 목말라하고, 목이 마르면 마시는? c

칼리클레스: 그 말을 하고 있는 겁니다. 또한 그 밖의 모든 욕망들을 갖고, 그것들을 채울 수 있고 즐거워하며 행복하게 사는 것을 말하고 있습니다.

소크라테스: 잘 말했소, 친구여! 시작했던 것처럼 끝까지 그래 주시오. 그리고 부끄러워하는 일이 없도록 하고요. 하지만 나 또한 부끄러워하게 됨이 없도록 해야만 될 것 같소. 그리고 우선 말해 주시오. 간지러워서 긁는 자가 실컷 긁어 대는데,[177] 긁어 대기를 평생토록 계속한다면, 행복하게 사는 것인지?

칼리클레스: 아, 소크라테스 님, 얼마나 이상하시고 영락없는 대중연설가이신지! d

소크라테스: 칼리클레스여, 실은 폴로스와 고르기아스 님도 내가 놀라게 하고 부끄러워지도록 만들었지만, 그대는 놀라지도 부끄러워하게 되지도 않구려. 그대가 대담하기 때문이오. 하지만 대답만은 하구려.

칼리클레스: 그러니까 긁어 대는 자도 즐겁게 살 것이라 저는 주장합니다.

---

176) 물떼새들이 부리로 물을 찍어 입속으로 넣었다가 뱉는 짓을 계속하는 걸 빗대어서 하는 말인 것 같다.

177) 간지러움 및 긁어 대는 것과 관련된 이런 언급들은 《필레보스》 편(46d~e)에도 보인다.

494d

소크라테스: 그렇다면 정녕 즐겁게 사는 경우엔, 또한 행복하게 사는 것이오?

칼리크레스: 물론입니다.

e 소크라테스: 만약에 머리만 긁어 댄다면, 또는 더 나아가 뭘 내가 그대에게 물을까? 보시오, 칼리클레스! 만약에 누군가가 그대에게 이것들에 이어지는 모든 걸 차례로 묻는다면, 그대는 뭐라 대답하겠소? 이런 자들의 최정상은 비역하는 자들의 삶이겠는데, 이는 소름끼치고 창피하며 비참하지 않겠소? 혹시 그대는, 이런 자들이 원하는 것들을 유감없이 갖는다면, 이들을 행복한 자들이라 감히 말하겠소?

칼리클레스: 소크라테스 님, 선생께선 논의를 이런 것들로 끌고 가시면서 부끄럽지도 않으신가요?

소크라테스: 친구여, 실은 논의를 이리로 이끌고 있는 쪽이 나요, 아니면 어떻게 즐기건, 이처럼 제약 없이 즐기는 자들이 행복하다고

495a 주장하면서도, 즐거움들 중에서 어떤 것들이 좋은 것들이고 나쁜 것들인지를 구별하지 않는 자요? 한데, 더 나아가 지금 말하시오. 같은 것이 즐겁고 좋은 것이오, 아니면 즐거운 것들 중에서도 어떤 것은 좋은 것이 아닌 게요?

칼리클레스: 그게 다른 것이라고 제가 말할 경우에, 물론 제게 있어서 그 주장이 불일치하는 것이 되지 않도록, 같은 것이라 주장합니다.

소크라테스: 칼리클레스여, 그대는 최초의 주장들을 망치고 있거니와, 그대에게 생각되는 것들과 어긋나게 말한다면, 더는 그대가 나와 더불어 사실들을 충분히 탐구하지는 않게 될 것이오.

b 칼리클레스: 실은 선생께서도 그러시는 걸요, 소크라테스 님!

소크라테스: 그러니까, 정녕 내가 이 짓을 하고 있다면, 나 또한 옳게 하고 있는 게 아니겠고, 그대 또한 그러하오. 하지만, 친구여, 생각

해 보구려. 이것 곧 어떻게든 즐거워하는 게 좋은 것은 아니지 않은지. 만약에 이게 이러하다면, 방금 내가 시사했던 이들 많은 것들이 그리고 그 밖의 많은 것들 또한 부끄러운 것들인 걸로 보이기 때문이오.

칼리클레스: 어쨌든 선생께서 생각하시는 바로는 그렇겠죠, 소크라테스 님!

소크라테스: 하지만, 칼리클레스, 그대는 이것들을 정말로 고집스레 주장하는 것이오?

칼리클레스: 저로서는 그렇습니다.

소크라테스: 그렇다면 그대가 진지하니, 논의에 착수토록 할까요? c

칼리클레스: 물론입니다.

소크라테스: 자, 그러면, 그렇게 생각된다니, 이렇게 구별해 주오. 뭔가를 그대가 앎(epistēmē)으로 일컬을 것 같은데?

칼리클레스: 저로서는.

소크라테스: 그대는 또한 방금 용기가 앎을 동반하는 어떤 것이라 말하지 않았소?[178)]

칼리클레스: 실은 제가 그리 말했죠.

---

178) 491a~b에서 칼리클레스가 "더 우세한(더 나은) 자들(hoi kreittous)로 저는 … 나랏일들의 분야에서, 곧 어떤 방식으로 나라 경영을 잘할 수 있을지에 대해 현명한 자들, 현명할(phronimoi) 뿐만 아니라 용감하기(andreioi)까지 한 자들, 자신들이 생각하는 바를 능히 성취할 수 있으며, 혼의 유약함으로 해서 지쳐 버리는 일도 없는 자들을 말합니다."라고 했다. 여기 나오는 phronimos(=wise, prudent)는 '현명한·지혜로운·사려 깊은·분별 있는' 등을 뜻하며, 이의 명사형은 phronēsis(분별, 사려분별, [행위의] 지혜)이다. 그런데 488a의 각주에서 소크라테스의 지론들 중의 하나로 'aretē 곧 epistēmē'를 언급했는데, 그 까닭도 밝혔다. 소크라테스나 플라톤의 경우, 진정한 앎(epistēmē)은 곧 sophia(지혜)이며 phronēsis(분별, 사려분별, [행위의] 지혜)이기도 하다.

495c

소크라테스: 용기는 앎과는 다른 것이어서, 이것들은 둘이라고 그대가 말하지 않았소?

칼리클레스: 확실히 그렇습니다.

소크라테스: 어떻소? 즐거움과 앎은 같은 것인지 아니면 다른 것인지?

칼리클레스: 다른 것인 게 명백합니다, 더할 수 없이 지혜로우신 선
d 생이시여!

소크라테스: 용기 또한 즐거움과는 확실히 다른 것이겠고?

칼리클레스: 어찌 그렇지 않겠습니까?

소크라테스: 자, 그러면 우리는 이것들을 기억해 두도록 할 것이오. 아카르나이[179] 부락민 칼리클레스는 즐거운 것과 좋은 것은 같은 것이지만, 앎과 용기는 서로 다르며 좋은 것(to agathon)과도 다른 것이라 말했다고.

칼리클레스: 그러나 알로페케(Alōpekē) 부락 출신인 소크라테스 님은 이에 대해서 어쨌든 우리와 동의하시지 않습니다. 혹시 동의하시는가요?

e 소크라테스: 그는 동의하지 않소. 나로서는 칼리클레스 또한 동의하지 않는다고 생각하오. 그가 스스로를 옳게 살핀다면 말이오. 내게 말해 보시오. 잘 지내는 자들은 잘못 지내는 자들과는 반대되는 상태를 겪고 있다고 생각지 않소?

칼리클레스: 저로서는 그리 생각합니다.

소크라테스: 그러니까, 이것들이 서로 대립되는 것들일진대, 이것

179) Akharnai는 139개나 있었다는 아테네의 전통적인 지역단위의 마을, 곧 '부락(dēmos)'을 가리킨다. '아카르나이 부락민'은 Akharneus라 일컫는다.

495e

들과 관련해서는 건강 및 질병과 관련된 경우와 마찬가지일 게 필연적이지 않겠소? 사람이 동시에 건강하기도 하고 질병 상태에 있기도 하지는 않을 것이고, 동시에 건강과 질병에서 벗어나지도 않을 게 틀림없겠기 때문이오.

칼리클레스: 어떻게 하시는 말씀이신지?

소크라테스: 이를테면, 몸의 어떤 부분과 관련해서든, 원하는 걸 떼어서 고찰해요. 아마도 어떤 사람이 눈앓이를 할 수 있겠는데, 이에 496a
대한 명칭은 눈병(ophthalmia)이죠?

칼리클레스: 어찌 그게 아니겠습니까?

소크라테스: 같은 그 눈이 동시에 건강하기도 한 경우는 어쨌든 없는 게 확실하겠죠?

칼리클레스: 어떤 경우에도 없습니다.

소크라테스: 그가 눈병에서 벗어날 경우에는 어떻소? 그때 그가 눈의 건강에서도 벗어나서, 종당엔 동시에 양쪽 다에서 벗어나게 되오?

칼리클레스: 어쨌든 그럴 일은 전혀 없습니다.

소크라테스: 그건 놀라운 일이라 나는 생각하거니와 또한 불합리한 일이 되겠기 때문이오. 아니 그렇소?

칼리클레스: 그렇고말고요. b

소크라테스: 그러나 그는 그 각각을 차례로 갖게 되었다가 마찬가지로 벗어나게 되는 걸로 나는 생각하오만?

칼리클레스: 그렇습니다.

소크라테스: 그러니까 힘과 허약함도 마찬가지가 아니겠소?

칼리클레스: 네.

소크라테스: 또한 빠름과 더딤도?

칼리클레스: 물론입니다.

496b

소크라테스: 또한 좋은 것들과 행복 그리고 이것들과 반대되는 것들, 곧 나쁜 것들과 비참함도 차례로 갖게 되고 차례로 그 각각에서 벗어나게 되는 것이오?

칼리클레스: 물론 전적으로 그렇습니다.

c 소크라테스: 따라서 어떤 사람이 어떤 것들에서 동시에 벗어나게 되기도 하고 동시에 갖게 되기도 하는 걸 우리가 발견하게 된다면, 이것들은 어쨌든 좋은 것이기도 하고 나쁜 것이기도 한 것은 결코 아닌 게 명백하오. 이에 우리가 동의하오? 그리고 잘 충분히 생각해 보고서 대답하시오.

칼리클레스: 하지만 지나치리만큼 동의하는 걸요.

소크라테스: 그럼, 앞서 합의 본 것들로 옮겨 가요. 그대는 굶주림을 즐거운 것 또는 괴로운 것이라 했소? 나는 굶주림 자체를 말하고 있소.

칼리클레스: 저야 괴로운 것이라 했죠. 그렇지만 굶주린 자가 먹는 것은 즐거운 것이라 저는 말합니다.

d 소크라테스: 알겠소. 하지만 굶주림 자체는 어쨌든 괴로운 것이오. 그렇지 않소?

칼리클레스: 그렇습니다.

소크라테스: 그러면 목마름 또한 그렇지 않소?

칼리클레스: 정확히 그렇습니다.

소크라테스: 그렇다면 더 나아가 묻겠는데, 일체의 부족함과 욕망은 괴로운 것이라는 데 그대는 동의를 하는지?

칼리클레스: 저는 동의합니다만, 묻질 마시죠.

소크라테스: 좋소. 그렇지만 목마른 자가 마심은 즐거운 것이라 그대는 말하지 않소?

496d

칼리클레스: 저야 그러죠.

소크라테스: 그렇다면 목마른 자로 그대가 말하는 자는 괴로운 게 틀림없겠소?

칼리크레스: 네. e

소크라테스: 그러나 마심은 부족함을 채움이며 즐거움이겠고?

칼리클레스: 네.

소크라테스: 그러니까 마심과 관련해서 즐거워함을 그대가 말하고 있는 게 아니겠소?

칼리클레스: 그렇고말고요.

소크라테스: 그는 어쨌든 목마른 자이겠고.

칼리클레스: 그렇습니다.

소크라테스: 괴로워하는 사람이겠죠?

칼리클레스: 네.

소크라테스: 그러면 그대는 그 결과를 알고 있소? 목마른 자가 마시고 있다고 그대가 말할 때, 그대는 괴로워하는 자가 동시에 즐거워한다고 말하고 있다는 걸. 이 일은, 혼에서라고 하든 몸에서라고 하든, 이것의 같은 곳에서 그리고 같은 시간에, 동시에 일어나고 있지 않소? 그게 어디에서든 상관은 없으니까. 이게 그렇소 또는 아니 그렇소?

칼리클레스: 그렇습니다.

소크라테스: 그렇지만 적어도 잘 지내는 자가 동시에 잘못 지낼 수

는[180] 없다고 그대는 말할 것이오. 497a

칼리클레스: 실상 제가 그리 말하니까요.

---

180) 이와 관련해서는 507c의 각주를 참조할 것.

497a 소크라테스: 하지만 그대는 괴로워하는 자가 즐거워할 수 있다고 동의했소.

칼리클레스: 그런 것 같습니다.

소크라테스: 그렇다면 즐거워함은 잘 지냄이 아니며, 괴로워함도 잘못 지냄이 아니어서, 즐거운 것은 좋은 것과는 다른 것이 되오.

칼리클레스: 무슨 교묘한 말씀을 하시는 겐지 저는 모르겠네요, 소크라테스 님!

소크라테스: 그대는 알고 있으면서, 시치밀 떼고 있소, 칼리클레스! 그리고 어쨌든 앞으로 더 나아가오.

칼리클레스: 왜 허튼 말씀을 계속하시는지요?[181)]

소크라테스: 얼마나 그대가 현명하기에 나를 책망하는지를 그대가
b 알게 되었으면 해서요. 우리 각자는 마심을 통해서 목마름을 그치게 됨과 동시에 즐거워함도 그치게 되지 않소?

칼리클레스: 무슨 말씀을 하시는지 저는 모르겠습니다.

고르기아스: 결코 그러지 말고, 칼리클레스, 우리를 위해서도 대답을 하게나. 논의가 끝을 맺게 되도록 말일세.

칼리클레스: 그러나 소크라테스 님께서는 언제나 이런 분이십니다, 고르기아스 선생님! 사소하고 하찮은 것들을 물으시고 반박해 대시죠.

고르기아스: 하지만 그게 자네에게 무슨 상관인가? 그 평가는 전혀 자네 소관이 아닐세, 칼리클레스! 소크라테스께서 원하시는 대로 논박하시게 하게나.

---

181) 텍스트 읽기에서 497a8의 [hoti ekhōn lēreis]를 Budé 판 및 Dodds의 읽기에 따라, 칼리클레스가 하는 말로, 곧 Ti ekhōn lēreis;로 바꿔 읽었다.

칼리크레스: 그럼 선생께서 이들 사소하고 답답한 것들을 물으세 c
요. 고르기아스 선생님께 그리 생각되신다니.

소크라테스: 칼리클레스여, 그대는 행복하오. 그대가 작은 비교(밀교)의식에 앞서 큰 비교(밀교)의식에 입교했으니.[182] 이는 허락되지 않는 걸로 나는 생각했으니까. 그러면 우리가 그만두었던 데서부터 대답하오. 우리 각자의 목마름이 그치는 것과 동시에 즐거워함도 그치는 게 아닌지.[183]

칼리클레스: 그렇습니다.

소크라테스: 그러니까 각자가 굶주림 및 다른 욕망들과 즐거움을 느끼길 동시에 그치지 않소?

칼리클레스: 그건 그렇습니다.

소크라테스: 그렇다면 괴로움들과 즐거움들을 느끼는 것도 동시에
그치지 않소? d

칼리클레스: 네.

소크라테스: 하지만, 그렇게 되면, 그대가 동의하듯, 좋은 것들과 나쁜 것들을 갖게 되는 것도 동시에 그치게 되지 않겠소. 하지만 지금은 동의하지 않는 게요?

칼리클레스: 저야 동의하죠. 그런데 그건 왜죠?

소크라테스: 좋은 것들이 즐거운 것들과 나쁜 것들이 괴로운 것들과 같은 것들로 될 수가 없기 때문이오, 친구여! 왜냐하면 한 짝은 동

182) 비교(밀교)의식과 관련해서는 493a에서 해당 각주를 참조할 것. 그리고 이 비유는 비근한 것들에 대한 물음을 반복하는 소크라테스의 접근 방식과도 연관되겠는데, 490e에서 해당 각주도 참조하는 게 좋겠다.

183) 바로 앞의 b에서.

시에 그치지만, 다른 짝은 그러지 않기 때문인데,[184] 이는 이것들이 달라서요. 그러니 어찌 즐거운 것들이 좋은 것들과, 또는 괴로운 것들이 나쁜 것들과 같은 것들이겠소. 원한다면, 이렇게도 고찰해 보오. 그대로선 이 방법에도 동의하지 않을 것으로 생각되기 때문이오만,
e 생각해 보오.[185] 좋은 사람들을 그대가 좋은 걸로 일컫는 것은 좋은 것들의 나타나 있게 됨[186]으로 해서요. 마치 아름다운 사람들을 그리 일컫는 것이 아름다움이 그들에게 나타나 있게 되어서이듯.

칼리크레스: 저야 그렇죠.

소크라테스: 이건 어떻소? 그대는 어리석고 비겁한 자들을 좋은 사람들로 일컫소? 실은 그대가 어쨌든 방금[187] 그리 말하지는 않고, 용

184) 여기에서 '한 짝'은 즐거운 것들과 괴로운 것들을, 그리고 '다른 짝'은 좋은 것들과 나쁜 것들을 가리킨다.

185) 이 문장은 Burnet판의 원문에선 ( )로 묶인 것이지만, 이를 풀고서 읽었다. 이 괄호의 의미에 대해서는 원전 텍스트에서 사용되고 있는 각종 기호들의 뜻과 관련된 유의 사항을 참조할 것.

186) '나타나 있게 됨'으로 옮긴 것의 원어는 parousia이다. parousia는 영어로는 presence(불어로는 présence, 독일어로는 Anwesenheit)로 옮기는 것이다. 이는 플라톤이 특히 《파이돈》 편 이후(특히 100c~d) '관여'(關與: methexis) 및 결합(koinōnia)과 함께 이데아 또는 형상(形相: eidos)과 사물들의 관계 맺음의 방식과 관련해서 쓰게 된 표현들 가운데 하나인데, 특히 이는 형상 쪽에서 본 사물과의 관계 맺음에 대한 표현이다. 그런데 parousia를 '나타나 있음' 아닌 '나타나 있게 됨'으로 옮기는 것은 그것이 이미 끝난 경우들만의 것이 아니라, 그것이 미래의 경우에도 '나타나 있게 됨'을 나타낼 수 있는 표현이어야 하겠기 때문이다. 그러나 초기 대화편인 《고르기아스》에서 쓰인 이 용어는 아직은 형상 이론과 관련된 전문용어로 간주할 것은 아닐 것 같다.

187) 491a~b에서 칼리클레스가 했던 말, 즉 "더 우세한(더 나은) 자들(hoi kreittous)로 저는 … 나랏일들의 분야에서, 곧 어떤 방식으로 나라 경영을 잘할 수 있을지에 대해 현명한 자들, 현명할 뿐만 아니라 용감하

497e

감하며 현명한 자들을 좋은 사람들로 말했소. 혹시 그대는 이들을 좋은 사람들로 일컫는 게 아니오?

칼리클레스: 물론입니다.

소크라테스: 그럼 이건 어떻소? 어리석은 아이가 즐거워하는 걸 본 적이 있소?

칼리클레스: 저야 봤죠.

소크라테스: 그러나 어리석은 어른(anoētos anēr)이 즐거워하는 걸 본 적은 없소?

칼리클레스: 저는 본 적이 있는 걸로 생각합니다. 하지만 이건 왜죠?

소크라테스: 아무것도 아니오. 하지만 대답은 하시오. 498a

칼리클레스: 보았습니다.

소크라테스: 어떻소? 지각 있는 자(noun ekhōn)가 괴로워하고 즐거워하는 것은?

칼리클레스: 보았죠.

소크라테스: 어느 쪽이 더 즐거워하고 괴로워하오, 현명한 자들인가요 아니면 현명치 못한 자들인가요?

칼리클레스: 저로서는 별로 큰 차이가 없다고 생각합니다.

소크라테스: 이것으로 됐어요. 그러나 전쟁에서 그대는 이미 비겁한 사람을 보았을 것이오?

칼리클레스: 어찌 못 보았겠습니까?

소크라테스: 그럼, 어떻소? 적들이 떠나고 나니, 어느 쪽이 더 즐거

기까지 한 자들, 자신들이 생각하는 바를 능히 성취할 수 있으며, 혼의 유약함으로 해서 지쳐 버리는 일도 없는 자들을 말합니다."라고 했던 걸 환기시키느라 하는 말이다. 여기서 말한 '더 우세한(더 나은) 자들(hoi kreittous)'이 곧 '좋은 사람들'이다.

498a

워한 걸로 그대에겐 생각되었소? 비겁한 쪽이었소 아니면 용감한 쪽이었소?

b 칼리클레스: 제겐 양쪽 다라 생각되지만, 아마도 비겁한 자들이 더 그랬을 것입니다.[188] 그렇지 않다면, 거의 비슷했을 거고요.

소크라테스: 아무 상관도 없소. 그러니까 비겁한 자들도 즐거워하는 거죠?

칼리클레스: 몹시요.

소크라테스: 현명치 못한 자들도 그러는 것 같소.

칼리클레스: 네.

소크라테스: 그러나 적들이 접근해 올 경우엔 비겁한 자들만 괴로워하오, 아니면 용감한 자들도 그러오?

칼리클레스: 양쪽 다가 그럽니다.

소크라테스: 그렇다면 똑같이?

칼리클레스: 아마도 비겁한 자들이 더.

소크라테스: 하지만 그들이 떠나면, 이들이 더 즐거워하지 않겠소?

칼리클레스: 아마도요.

소크라테스: 그러니까 괴로워하고 즐거워하는 것은, 그대가 말하듯, 현명치 못한 자들도 현명한 자들도, 비겁한 자들도 용감한 자들도
c 비슷하겠으나, 비겁한 자들이 용감한 자들보다도 더할 것이오.

칼리클레스: 그렇습니다.

소크라테스: 그렇지만 현명한 자들과 용감한 자들은 좋지만, 비겁

---

188) b1의 텍스트 읽기에서 Hermann을 따르되, … emoige, mallon d' isōs hoi deiloi.로 읽었고, 이의 번역문이 "아마도 비겁한 자들이 더 그랬을 것입니다."이다.

498c

한 자들과 현명치 못한 자들은 나쁜가요?

칼리클레스: 네.

소크라테스: 그러면 즐거워하고 기뻐하기를 좋은 사람들도 나쁜 사람들도 비슷하게 하오?

칼리클레스: 그렇습니다.

소크라테스: 그렇다면 좋은 사람들과 나쁜 사람들이 좋고 나쁜 것이 비슷하겠소? 아니면, 좋은 사람들은 한결 더 좋고, 나쁜 사람들은 한결 더 나쁘겠소?[189)]

칼리클레스: 그러나, 맹세코, 무슨 말씀을 하시는지 저는 모르겠습 d
니다.

소크라테스: 좋은 사람들은 좋은 것들의 나타나 있게 됨으로 해서 좋으며, 나쁜 것들의 나타나 있게 됨으로 해서는 나쁘다고 그대가 말한다는 걸 모르오? 그리고 즐거움들은 좋은 것들이지만, 괴로움들은 나쁜 것들이라는 것도?

칼리클레스: 저야 알죠.

소크라테스: 그러니까 즐거워하는 자들이 정녕 즐거워한다면, 그들에게 좋은 것들, 곧 즐거움들이 나타나 있게 되어서가 아니겠소?

칼리클레스: 어찌 그렇지 않겠습니까?

소크라테스: 그렇다면 즐거워하는 자들이 좋은 것은 좋은 것들이 [그들에게] 나타나 있게 되어서가 아니겠소?

칼리클레스: 네.

---

189) 텍스트 읽기는 Dodds를 따라 [hoi agathoi kai hoi kakoi]를 [hoi agathoi kai kakoi]로 읽되, 괄호는 풀었다.

498d

소크라테스: 어떻소? 괴로워하는 자들에겐 나쁜 것들 곧 괴로움들이 나타나 있게 되지 않겠소?

칼리클레스: 그것들이 나타나 있게 되죠.

e 소크라테스: 하지만 나쁜 사람들이 나쁜 것은 나쁜 것들의 나타나 있게 됨에 의해서라고 그대는 말하지 않소? 혹시 더 이상 그대는 그리 말하지 않는 게요?

칼리클레스: 저야 그리 말하죠.

소크라테스: 그러면 즐거워하는 자들은 좋되, 괴로워하는 자들은 나쁘오?

칼리클레스: 물론입니다.

소크라테스: 더 즐거워하는 자들은 더 낫지만, 덜 즐거워하는 자들은 덜 좋고, 비슷하게 그러는 자들은 비슷하게 그렇겠소?

칼리클레스: 네.

소크라테스: 그렇다면 그대는 현명한 자들과 현명치 못한 자들, 비겁한 자들 그리고 용감한 자들이 비슷하게 즐거워하거나 괴로워한다고, 또는 비겁한 자들이 한결 더 그런다고 말하지 않소?

칼리클레스: 저는 그럽니다.

소크라테스: 그러면 합의된 것들로부터 우리가 얻게 되는 결론이 무엇인지 나와 함께 정리해 보아요. 그리고 실은 두 번이고 세 번이고 아름다운 것들을 말하고 고찰한다는 것은 아름다운 것[190]이라 사
499a 람들은 말하기 때문이오. 현명하며 용감한 자를 우리는 좋다고 말하오. 아니 그렇소?

---

190) 《필레보스》 편 59e~a에서는 "훌륭한 것은 두 번이고 세 번이고 되풀이해서 말할 필요가 있다"는 속담(paroimia)으로 언급되고 있다. 《법률》 편 754c, 956e에서도 변형된 형태로 이 속담이 언급되고 있다.

499a

칼리클레스: 네.

소크라테스: 그러나 현명하지 못하며 비겁한 자는 나쁘다고 하죠?

칼리클레스: 물론입니다.

소크라테스: 또한 즐거워하는 자를 좋다고 하고?

칼리클레스: 네.

소크라테스: 그러나 괴로워하는 자는 나쁘다고 하고?

칼리클레스: 필연적입니다.

소크라테스: 좋은 사람과 나쁜 사람이 괴로워하고 즐거워하기를 같게 하겠지만, 아마도 나쁜 사람이 더 그러겠소?

칼리클레스: 네.

소크라테스: 그러니까 나쁜 사람이 좋은 사람과 같게 나빠지고
좋아지겠소 아니면 더 좋아지기도 하겠소? 만약에 누군가가 즐거 b
운 것들과 좋은 것들이 같은 것들이라고 주장한다면, 이것들과 앞서의 저것들이 일어나지[191] 않소? 이는 필연이 아니겠소, 칼리클레스?

칼리클레스: 소크라테스 님, 실은 한참 동안 선생의 말씀에 동의하며 듣고 있었습니다. 이런 생각을 하면서요. 누군가가 선생께 무엇이든 농 삼아 시인하기라도 할라치면, 마치 청소년들처럼, 반기며 이에 매달리십니다. 선생께서는 정말로 저나 다른 누구든 어떤 즐거움들은 더 낫지만 어떤 즐거움들은 더 나쁘다는 생각을 하지 않는 것으로 생각하십니까?[192]

---

191) 494e~495a에서 역시 즐거운 것들과 좋은 것들을 동일시할 경우의 사태들에 대해 언급한 것을 가리키는 것으로 보인다.

192) 은근슬쩍 즐거운 것과 좋은 것을 동일시하는 주장에서 한 발짝 빠져나갈 궁리를 하고 있는 발언이라 하겠다.

499b

소크라테스: 이런, 이런, 칼리클레스여! 그대는 얼마나 고약한지,
c 또한 나를 마치 아이 다루듯 하는구려. 같은 것을 갖고 어떤 때는 이렇게 말하는가 하면, 어떤 때는 다르게 말하면서, 나를 속이누먼. 하지만 적어도 처음엔 그대의 고의로 해서 내가 속게 되리라고는 생각지 않았소. 친구라 여겨서요. 그러나 지금은 내가 속았으며, 나로서는 옛말대로 주어진 것을 선용함[193]이 그리고 그대에게서 주어지는 이것을 받는 게 불가피한 것 같소. 그러나 이제 와서 지금 그대가 말하는 바는 어떤 즐거움들은 좋은 것들이지만, 어떤 것들은 나쁜 것들이라는 것 같소. 안 그렇소?

칼리클레스: 네.

d 소크라테스: 그렇다면 유익한 즐거움들은 좋지만, 해로운 즐거움들

---

193) 원어로는 to paron eu poiein이다. to paron은 '현재의 것' 또는 '주어져 있는 것'을, eu poiein은 '잘함' 또는 '선용함'을 뜻한다. 헬라스어 부정법(不定法)은 문법상 명령을 나타내기도 하는데, 한국어 어법으로도 "주어진 것을 선용함"은 명령의 뜻을 나타낼 수 있다. 이 속담(paroimia)은 일곱 현자들 중의 하나로 꼽힌 미틸레네의 정치인 피타코스(Pittakos: 7~6세기)가 "무엇이 최선입니까?"라는 물음에 대한 대답으로 이를 말한 데서 유래했다고도 하고, 시켈리아의 희극 작가 에피카르모스(Epikharmos: 6~5세기)에게서 유래했다고도 하는데, 정확히 언제 누구에게서 유래하는 것인지를 단언할 수는 없다. 《법률》 편 957c에서 이 격언이 인용되는 것은 죽은 사람의 묘를 쓰고 제물을 바치는 데 알맞은 정도(適度: to metrion)를 넘어서는 낭비를 삼갈 것을, 곧 그런 일에 가산을 탕진하는 일이 없도록 하라고 권고하면서다. 그리고 Dodds는 이 속담의 다른 형태로 to paron eu thesthai(말을 씀)를 언급하고 있는데, 이 경우는 주사위놀이에서 던져진 주사위가 가리키는 한계 내에서 말을 최대한 잘 쓰도록 하라는 걸 뜻한다. 아닌게아니라 《국가(정체)》 편 604c에서도 "일어난 일에 대해 결단을 내리는 것, … 마치 주사위 던지기에서 던진 결과에 대해 하듯, 자신의 일들을, 이성이 최선이라고 입증하는 방식에 따라, 처리하는 것…"이라는 구절이 보인다.

499d

은 나쁘겠소?

칼리클레스: 물론입니다.

소크라테스: 좋은 뭔가를 하는 즐거움들은 유익하지만, 나쁜 뭔가를 하는 즐거움들은 나쁘겠소?

칼리클레스: 저는 그리 말합니다.

소크라테스: 그러니까 그대는 이런 즐거움들을 말하고 있소? 이를테면, 방금 몸과 관련해서 먹고 마심에 있어서의 즐거움들, 따라서 이것들 가운데서 몸에 건강을 생기게 하는 것들, 즉 힘이나 그 밖의 몸의 훌륭한 상태(aretē)를 생기게 하는 이 즐거움들은 좋은 것들이지만, 이것들과 대립되는 것들은 나쁜 것들이오?

칼리클레스: 물론입니다.

소크라테스: 그러므로 괴로움들도 마찬가지로 어떤 것들은 이로운 e
것들이지만, 어떤 것들은 몹쓸 것들이 아니오?

칼리클레스: 어찌 그렇지 않겠습니까?

소크라테스: 그렇다면 이로운 즐거움들과 괴로움들은 택해야만 하며 감당해야만 하지 않겠소?

칼리클레스: 물론입니다.

소크라테스: 그러나 몹쓸 것들은 그러지 말아야 하겠고?

칼리클레스: 물론 그러지 말아야 할 게 명백합니다.

소크라테스: 왜냐하면, 그대가 기억한다면,[194] 좋은 것들 모두는 우리가, 나도 폴로스도, 감당해 내야만 하는 걸로 여겨졌기 때문이오. 그러니까 모든 행위의 목적(telos)은 좋음(to agathon)이며, 그것을 위해서 모든 다른 것들이 행하여져야만 되지, 다른 것들을 위해서 그

194) 468a~b에서.

500a 것이 행하여져서는 안 되는 것이라고 그대에게도 그리 생각되오? 그대 또한 세 번째로 우리와 같은 투표를 하는 것이오?[195)]

칼리클레스: 저로서는 그렇습니다.

소크라테스: 그러니까 좋은 것들을 위해서 다른 것들도 즐거운 것들도 해야만 하지, 즐거운 것들을 위해서 좋은 것들을 해야만 하는 건 아니오.

칼리클레스: 물론입니다.

소크라테스: 그렇다면 즐거운 것들 중에서 어떤 것들이 좋은 것들이고 어떤 것들이 나쁜 것들인지 골라내게 되는 건 모든 사람의 일이겠소 아니면 각 경우의 전문가의 일이겠소?

칼리클레스: 전문가의 일입니다.

소크라테스: 그러면 다시 내가 폴로스와 고르기아스 님을 상대로 말하게 되었던 것들[196)]을 상기토록 합시다. 그대가 기억하고 있다면, 내가 역시 말했을 것이니까. 준비하는 과정의 일들에는 즐거움에 이
b 르기까지의 것들로서, 즐거움 자체만을 준비할 뿐, 더 나은 것과 더 못한 것은 모르는 것들이 있는가 하면, 무엇이 좋은 것이며 무엇이 나쁜 것인지를 알고 있는 것들이 있다는 걸 말이오. 그리고서 나는 조리기법[197)]을 즐거움과 관련되는 그것들 중에서 기술(tekhnē) 아닌 경험(숙련: empeiria)으로 간주하지만, 의술은 좋은 것들과 관련되는 그

---

195) 고르기아스와 폴로스 그리고 칼리클레스를 한 패로 보고서 하는 말일 것이다. 따라서 소크라테스는 카이레폰을 자기와 한 패라는 걸 전제하고서 '우리'라고 했을 것이다.

196) 464b~465a를 참조할 것.

197) 원어는 mageirikē인데, opsopoiikē(요리솜씨)와 구별하기 위해서 그리 번역했다.

500b

것들 중의 기술로 간주하오.[198] 그리고, 우정의 신에 맹세코,[199] 칼리
클레스여, 자신이 나를 상대로 농담을 해야만 되는 것으로 생각지 말
것이며,[200] 또한 자신의 생각에 어긋나게 아무렇게나 대답하지도 말
것이며, 또한 내가 말하는 것들을 농담으로 하는 것으로 받아들이지
도 마시오. 왜냐하면 우리에게 있어서의 논의는 이런 것에 대한 것임 c
을 그대가 보겠기 때문이오. 누군가가 조금이라도 지각이 있는 자이
면, 어떤 방식으로 살아야만 하는가 하는 이 문제보다도 무엇에 대해
더 진지해질 수 있겠소. 그대가 내게 권유하는 삶의 방식, 곧 민중 속
에서 연설하며 변론술을 단련하고 당신들이 오늘날 정치를 하고 있는
그 식으로 정치를 하는 이런 남자의 일들을 하는 것이거나, 아니면 지
혜사랑(철학) 속의 이 삶이겠는데, 이 삶과 앞의 삶은 도대체 어떤 점
에서 다른지에 대한 논의이오. 따라서 최선의 것은 아마도, 방금[201] d
내가 시도했듯, 그것들을 나누되, 나눈 다음에는 이것들이 두 가지의
삶인지에 대해 서로 합의를 보고서는, 어떤 점에서 이것들이 서로 다
르며 이것들 중에서 어느 쪽을 살아야만 하는지를 고찰하는 것이오.
그러니 아마도 그대는 내가 무엇을 말하고 있는지 아직 모르고 있는
게요.

---

198) 465a~b 참조.

199) 원어는 Pros Philiou인데, 이는 《파이드로스》 편 234e 및 《미노스》 편 321c에 보이는 pros Dios philiou(우정의 신 제우스에 맹세코)의 단축형이다. 제우스에 대한 이런 식의 호칭은 많다. '나그네(손님)를 보호해 주는 제우스' '같은 부족을 보호해 주는 제우스' '토지의 경계를 보호해 주는 제우스' 등등, 이런 호칭들은 모두가 주신(主神) 곧 Zeus basileus(주신인 제우스)이기 때문에 붙는 것들이다.

200) 499b5를 참조할 것.

201) 495e~500a.

500d

칼리클레스: 확실히는 모릅니다.

소크라테스: 하지만 내가 더 명확히 말하겠소. 나와 그대가 동의한 터이니까. 좋은 어떤 것이 있는가 하면, 즐거운 어떤 것이 있고, 즐거운 것과 좋은 것은 다르며, 이것들 각각의 획득에는 어떤 수련과 준비가 있으며, 즐거움의 추구가 있는가 하면 좋음의 추구도 있소. 그러나 먼저 이것 자체에 대해 그대가 동의하든 또는 아니 하든 하오. 동의
e 하오?

칼리클레스: 그렇다고 동의합니다.

소크라테스: 자, 그럼, 내가 말했던 것들에 대해서도, 그러니까 그때 내가 진실을 말한 것으로 그대에게 여겨졌다면, 내게 동의해 주오. 하지만 아마도 내가 말했을 것이오. 내게는 요리솜씨는 기술 아닌 경
501a 험(숙련)이라 여겨지지만, 의술은 기술이라고. 그것이 보살피는 것의 성질과 그것이 행하는 것들의 까닭을 고찰하며, 이것들 각각에 대한 합리적 설명을 해 줄[202] 수 있는 것, 이게 의술이라고 말이오. 반면에 다른 쪽 것은 즐거움에 속하는 것으로서, 그것에 있어서의 일체 보살핌은 즐거움을 위한 것인데, 전적으로 기술과는 무관하게 이에 이르며, 즐거움의 성질에 대해서도 그 원인에 대해서도 아무런 것도 고찰하지 않은 채로, 거의 아무것도 구별하지 못하는 상태로 전적으로 비이성적이어서, 숙련과 경험에 의해서 상습적으로 일어나는 것의 기억

202) 원어는 logon dounai로서, logon didonai라고도 한다. 특히 어떤 주장을 함에 있어서 그 '논거(logos)를 댈 수 있음' 을 뜻한다. 《국가(정체)》 편 534b4~5에서 보듯, 학문적으로는, 그 논거를 밝혀 '합리적인 설명을 하다' 는 뜻으로 쓰이고 있다. 465a 끝 쪽에 "합리적인 설명을 할 수 없는 것(alogon pragma)을 기술로 일컫지는 않는다"는 표현이 있었다. 그런가 하면 이는, 일반적으로는, 아테네의 공직자들이 그 공직 기간이 끝나, 감사(euthyna)를 받게 될 때, 그 감사에서 답변 또는 해명하는 걸 뜻한다.

만을 보존하게 되는데, 바로 이로 해서 즐거움들도 제공하게 되오. 그 b
러면 먼저 이로써 충분히 설명이 된 것으로 그대에게는 여겨지는지,
그리고 혼과 관련해서 이와 같은 또 다른 어떤 활동들이 있는지 생각
해 보오. 어떤 것들은 기술적인 것들로 혼과 관련해서 최선의 것에 대
한 어떤 선견지명을 갖고 있는 것들인가 하면, 어떤 것들은 이를 경시
하는 것들로, 저 경우[203]처럼, 혼의 즐거움만을 생각하는 것들로서,
어떤 방식으로 그게 혼에 생기게 되겠는지를 생각하는 것들이겠소.
그러나 이것들은 즐거움들 중에서 어느 것이 더 좋거나 더 나쁜 것인
지는 생각지도 않으며, 그게 더 좋은 것이건 또는 더 나쁜 것이건 간
에, 오로지 즐거워지는 것 이외의 다른 것은 이것들에는 아무런 관심
거리가 못 되오. 칼리클레스여, 내게는 그런 것들이 있는 걸로 여겨지 c
기 때문이거니와, 나로서는 그런 걸 비위 맞추기(아첨)라 주장하오.
그건 몸과 관련해서도 혼과 관련해서도 그리고 그 밖의 다른 무엇과
관련해서든, 누군가가 그것의 즐거움에, 그게 더 좋은 것인지 더 나쁜
것인지는 고려하지 않고, 기여코자 할 경우의 것이오. 한데 이제 그대
가 이것들과 관련해서 우리와 같은 판단을 내리고 있는지 아니면 반
대 의견인지?

칼리클레스: 그렇지가 않고, 저로서는 동의하는데, 이는 선생의 주장이 결론에 이르도록 하며 여기 계신 고르기아스 선생님께서도 기뻐하시게 해 드리려 해섭니다.

소크라테스: 하지만 이는 한 혼과만 관련된 것이고, 둘 또는 여러 d
혼과 관련된 것은 아닌 게요?

---

203) Dodds는 몸에 기여하는 솜씨들의 경우로, Hamilton은 요리의 경우로 말하고 있다.

501d

칼리클레스: 그게 아니고, 둘 그리고 많은 혼과도 관련된 것입니다.

소크라테스: 그렇다면 무리를 이룬 사람들도 동시에 즐거워하게 할 수 있게 되지 않겠소? 최선의 것은 전혀 생각지 않고서 말이오.

칼리클레스: 저로서는 그리 생각합니다.

소크라테스: 그러면 그대는 이를 조성하는 활동들이 어떤 것들인지 말할 수 있소? 아니 그보다도, 그대가 원한다면, 내가 물을 때, 그것들에 속하는 것으로 그대에게 생각되는 것이면, 그렇다고 말하되, 그리
e 생각되지 않는 것이면, 아니라고 하시오.맨 먼저 아울로스 취주술[204]을 생각해 봅시다. 칼리클레스여, 이는 이런 어떤 것이라고, 곧 우리의 즐거움만을 추구할 뿐, 다른 아무것도 생각지 않는 것이라고 그대에겐 생각되지 않소?

칼리클레스: 제게는 그리 생각됩니다.

---

204) 원어는 aulētikē인데, 아울로스(aulos)를 취주하는 기술을 일컫는다. 아울로스는 헬라스인들의 대표적인 목관 악기로서, 몸체의 재질은 뽕나무의 일종이고, 갈대 취관(吹管)을 가졌다. 대개 두 개를 함께 부는데, 이 경우에 좌우 양손으로 하나씩 쥐고 불기 편리하도록 가죽끈(phorbeia)으로 악기와 입, 뺨 그리고 머리통에 고정되도록 연결했는데, 이렇게 함으로써 아마도 볼이 불룩해지는 것도 동시에 막아 주는 효과가 있었던 것 같다. 이 악기가 흔히 플루트로 잘못 불렸는데, 오히려 '오보에'나 '클라리넷'과 비슷한 악기로 보는 게 옳다고 한다. 원어 그대로 '아울로스'라 옮긴 것도 그 때문이다. 《국가(정체)》 399d를 보면, 이 악기의 음역이 가장 넓다고 하며, 교육적으로는 수용할 것이 못 된다고 하는데, 아리스토텔레스도 《정치학》 1341a18에서 같은 의견을 밝히고 있다. 이 악기의 그림과 취주자의 모습은 역자의 《플라톤의 국가(정체)》의 끝에 수록된 그림에서 확인할 수 있겠다. 아울로스 취주자로는 남자(aulētēs)도 여자(aulētris)도 있는데, 여자가 남자들만의 공간인 어떤 집의 연회장(andrōn)에 들어간다는 것은 자유민의 경우에는 당시로서는 상상할 수 없는 일이었다. 따라서 그런 여자는 노예였으며, 때로는 성적 환락의 상대자이기도 했다.

501e

소크라테스: 그렇다면 경합에서의 키타라[205] 탄주와 같은 이런 모든 것들도 그렇지 않소?

칼리클레스: 네.

소크라테스: 합창 가무단의 지도와 디티람보스 송가[206]의 지음은

---

205) kithara는 대개 기원전 7세기경부터 리라(lyra)와 마찬가지로 7현(弦)을 갖게 된 수직형 현악기로서, 하프 유의 발현 악기와 근본적으로 다른 점은 현들의 길이가 같고, 휴대하기가 상대적으로 간편하다는 것이겠다. 오늘날의 '기타'의 어원이 이에서 유래한다. 키타라도 리라도 탄주 방식은 같으나, 리라보다는 키타라가 더 정교하게 만들어진 것이고, 그 울림도 깊은 감을 준다고 한다. 이 둘의 형태상의 두드러진 차이점은 리라가 주로 사발 모양으로 된 공명 상자를 가졌고 그 밑면이 거북의 등으로 만들어졌거나 나무로 만들어졌을 경우에도 그런 모양으로 만들어 칠을 한 데 반해, 키타라는 그 공명 상자가 나무이고 전체적으로도 더 정교하게 만들어졌다는 점이다. 따라서 그 울림이나 정교함으로 해서 전문적이고 공적인 연주에는 키타라가 주된 악기로 이용되었던 것 같다. 비슷한 유형의 현악기들로는 사포(Sapphō)나 알카이오스(Alkaios)가 이용했다는 리라보다도 더 길고 많은 현들을 가진 바르비토스(barbitos, barbiton) 그리고 3~5현을 가진 포르밍크스(phorminx)가 있다. 이런 악기들의 제작 형태나 탄주 방식과 관련해서는 역자의 역주서 《플라톤의 국가(정체)》(개정 증보판), 686쪽을, 그 그림들로는 부록으로 실린 것들을 참고하는 게 좋겠다.

206) 합창 가무단(choros)은 각종의 극 공연들에 등장했다. 합창 가무 자체는 choreia라 한다. 디티람보스 송가(dithyrambos)란 디오니소스를 기리는 합창 가무단의 서정적인 송가를 말한다. 기원전 7세기 말엽부터 등장한 것이었으나, 아테네에 유입되고서는 디오니소스 대축제에서 경연 형태로 공연되었는데, 헬라스 비극은 이에서 유래된 것으로 알려져 있다. 디티람보스는 5세기 말부터 쇠퇴해지기 시작하다가, 플라톤 시대에는 완전히 쇠퇴했다고 한다. 디오니소스 제전([ta] Dionysia [hiera])은 Dionysos(일명 Bakkhos) 신의 제전(祭典)들에 대한 통칭인데, 아테네의 경우에 이 제전으로는 네 가지가 있었다. 모두 포도주 및 생명과 성장의 활력을 상징하는 신 디오니소스와 관련된 것들이기에, 포도 수확에서 새 생명이 돋는 초봄까지에 걸친 축제 행사들이다. 이 중에서 마지막의 초

501e 어떻소? 이는 그대에게 그와 같은 것의 일종으로 분명해 보이지 않소? 혹시 그대는 멜레스의 아들 키네시아스[207]가 청중이 그걸 듣고서 더 나아지게 하는 그런 뭔가를 말하기 위해서 뭔가 생각하기라도 하는 걸로 그대는 믿소, 아니면 관객들의 무리에게 만족감을 주게 될 걸
502a 생각하는 걸로 믿소?

칼리클레스: 키네시아스의 경우라면, 어쨌든 바로 뒤엣것일 게 명백합니다, 소크라테스 님!

소크라테스: 그의 부친인 멜레스[208]는 어떻소? 그분께서 최선의 것에 유념하면서 키타라를 탄주하며 이에 맞추어 노래를 하신 것(kitharǭdein)으로 그대에게는 여겨지오? 아니면 그분께서는 가장 즐거운 것에도 유념하시지 않았던 것이오? 왜냐하면 그분께서는 노래를 함으로써 관객들을 괴롭혔다고 해서요. 하지만 생각해 보오. 키타

봄에 열리는 '대 디오니소스 제전(ta megala Dionysia)' 행사의 일환으로 3일간 3인의 비극 작가가 각기 세 편의 비극과 한 편의 사티로스 극을 갖고 경연을 벌였다. 마지막 제전이 '시내 디오니소스 제전(ta en astei Dionysia)' 또는 '대 디오니소스 제전(ta megala Dionysia)'이라 한 것으로, Elaphēboliōn 달(2월 말경~3월 하순)의 10일부터 14일까지에 걸친 5일간의 행사였다. 이 제전은 원래 아티케와 보이오티아 경계 지역인 엘레우테라이(Eleutherai)에서 아테네로 들여온 것으로, 534년에 참주 페이시스트라토스가 그 규모를 크게 확대한 것이었다. 갖가지의 행사와 함께 첫 이틀 동안에는 아테네의 10개 행정 단위의 부족(部族: phylē)들이 준비한 디티람보스가 공연되었으며, 그다음 3일간에는 3인의 비극 작가가 각기 세 편의 비극과 한 편의 사티로스(satyros) 극(to satyrikon drama = satyric drama)을 갖고 경연을 벌였고, 이 5일간의 오후에는 5명의 희극 작가가 각기 한 편씩의 희극을 갖고 경연을 했다.

207) Kinēsias(약 450~390)는 아테네의 디티람보스 송가 시인으로서 4세기 초에 한 차례 우승을 한 기록이 전한다고 한다.

208) Melēs는 역대 최악의 kitharǭdos(kithara를 탄주하며 이에 맞추어 노래하는 자)였다고 한다.

502a

라에 맞추어 노래하는 것이나 디티람보스 송가의 지음은 모두가 즐거움을 위해서 창안된 것으로 그대에게는 생각되지 않소?

칼리클레스: 제게는 그리 생각됩니다.

소크라테스: 엄숙하며 경이적인, 이 비극의 작시는 어떻소? 이것이 b
열의를 쏟는 것은 무엇이오? 그것의 시도와 열의는, 그대에게 생각되듯, 관객들에게 단지 즐거움을 주는 것이오, 아니면 무엇인가 관객들에게 즐겁고 기쁨을 주는 것이라 할지라도, 그게 몹쓸 것이면, 이를 말하지 않도록 하되, 어떤 것이 즐겁지는 않지만 유익한 것이라면, 그들이 즐거워하건 말건, 이를 말하기도 하고 노래하기도 하려고 진력하겠소? 비극들의 작시는 어느 쪽으로 대비할 것으로 그대에게는 생각되오?

칼리클레스: 이거야말로 명백합니다, 소크라테스 님! 즐거움으로
그리고 관객들에게 기쁨을 주는 쪽으로 더 매진할 것이라는 게. c

소크라테스: 그러니까, 칼리클레스여, 그런 것을 우리가 방금 비위 맞추기라 말하지 않았소?[209)]

칼리클레스: 물론입니다.

소크라테스: 자, 그러면, 만약에 누군가가 모든 시작(詩作: poiēsis)[210)]에서 멜로디(melos)와 리듬(rhythmos) 그리고 운율(metron)을 떼어 내고 나면, 남는 것은 노랫말들(가사들: logoi) 이외

---

209) 501c에서.

210) poiēsis의 일반적 의미는 '만듦(making)', '제작(fabrication)' 등이지만, 전문 용어로는 시를 짓는 행위 곧 '시작(詩作: poesy, art of poetry)'을 뜻한다. 따라서 이런 만듦의 결과물을 지칭하는 poiēma에도 '시(poem)'가 포함되는 것은 당연하겠다. 또한 같은 이치로 일반적 의미의 '제작자'를 뜻하는 poiētēs(maker)가 전문 용어로서는 '시인(poet)'을 뜻한다.

502c

에 다른 무엇이겠소?[211)]

칼리클레스: 그야 필연적입니다.

소크라테스: 그러니까 이 노랫말들은 많은 군중(okhlos)과 민중(dēmos)을 상대로 말하게 되겠소?

칼리클레스: 그렇습니다.

소크라테스: 그렇다면 시작술(詩作術: poiētikē)은 일종의 대중연설(dēmēgoria)이오.

d 칼리클레스: 그리 보입니다.

소크라테스: 그러니까 대중연설은 변론술이 아니겠소? 혹시 시인들이 극장들에서 대중연설을 하는 것으로 그대에게는 생각되지 않소?

칼리클레스: 제게는 그리 생각됩니다.

소크라테스: 그러고 보니 이제 우리가 노예고 자유민이고 간에 아이들과 여인들 그리고 남자들 모두와 같은 그런 민중을 상대로 하는 일종의 변론술을 발견하게 되었는데, 이것은 우리가 썩 좋아하지는 않는 것이오. 이것을 우리는 비위 맞추기 기술(아첨술: kolakikē)이라 말하기 때문이오.

칼리클레스: 바로 그렇습니다.

소크라테스: 좋소. 어떻소? 아테네의 민중이나 다른 나라들의 자
e 유민들인 다른 민중들을 상대로 한 변론술, 이것이 우리에게는 도대
체 무엇이오? 변론가들이 언제나 최선의 것과 관련해서 말을 하는 것
으로, 곧 이들의 언변들을 통해서 시민들이 되도록 가장 훌륭하게 되

---

211) 《국가(정체)》 편 398d에는 "노래(노랫가락: melos)는 세 가지, 즉 노랫말(가사: logos, rhēma)과 선법(旋法: harmonia) 그리고 리듬(rhythmos)으로 이루어져 있다"는 언급이 보인다.

502e

도록, 이를 목표로 하여 그러는 것으로 그대에게는 생각되오? 아니면
이들도 시민들이 즐거워하는 것으로 지향하며, 자신들의 사사로운 것
을 위해서 공동의 것은 가볍게 보고, 마치 아이들을 대하듯, 민중을
대하며 이들을 오로지 즐겁도록 하려고만 하지, 적어도 이들이 이로
해서 더 훌륭하게 되거나 나빠지게 될 것인지에 대해서는 전혀 생각
지 않는 게요? 503a

칼리클레스: 선생께서 물으시는 이것은 여전히 단순한 것이 아니네
요. 시민들을 걱정해서 자신들이 말하는 것들을 말하는 사람들이 있
지만, 선생께서 말씀하시는 그런 사람들도 있기 때문입니다.

소크라테스: 그것으로 충분하오. 왜냐하면 만약에 이것도 이중적
인 것이라면, 아마도 이것의 한쪽은 비위 맞춤(아첨)일 것이며 부끄
러운 대중연설일 것이나, 다른 쪽은 아름다운 것으로서, 시민들의 혼
들이 가능한 한 가장 훌륭해지도록 준비해 주며, 최선의 것들을 말하
도록 진력하는 쪽일 것이기 때문인데, 이는 청중들에게 더 즐거울 수
도 또는 더 즐겁지 못할 수도 있을 것이오. 그러나 그대는 이 변론술 b
을 결코 본 적이 없소. 만약에 그대가 변론가(정치인)들 중에서 이런
누군가를 말할 수 있다면, 왜 내게도 이 사람이 누군지를 말하지 않았
겠소?

칼리클레스: 하지만, 맹세코, 저로서는 어쨌든 요즘 변론가들 중에
서는 아무도 선생께 말씀드릴 수 없네요.

소크라테스: 어떻소? 오래전 사람들 중에서, 그 사람 공덕을 입어
아테네인들이 더 나은 사람들로 되게 한 누군가를, 곧 이전에는 한결
못한 사람들이었다가, 그가 대중연설을 하기 시작한 이래로, 그리되
게 한 누군가를 그대는 말할 수 있겠소? 나는 이 사람이 누군지를 모
르기 때문이오.

c 칼리클레스: 어떻습니까? 선생께서는 테미스토클레스가 훌륭한 분이었다는 걸, 그리고 키몬과 밀티아데스[212] 그리고 또 최근에[213] 서거하신 페리클레스도 그런 분이었던 걸로 듣지 못하셨는가요? 특히 이 분의 연설은 선생께서도 들으셨을 테죠?

소크라테스: 칼리클레스여, 만약에 그대가 앞서 말한 훌륭함(aretē)
이 참된 것이라면, 곧 자신의 욕망과 다른 사람들의 욕망을 충족시키
는 것이라면, 그야 그렇겠소. 하지만 만약에 이게 아니라, 나중의 논
의에서 우리가 동의하지 않을 수 없게 되었던 바로 그것, 곧 그 욕망들
이 충족됨으로써 그 사람을 더 나은 사람으로 만든다면, 그것들은 성
d 취해야 할 것이나, 더 나쁘게 만든다면, 그러지 말아야 할 것이니, 이
는 일종의 전문적인 것일 것이오. 이들 중에서 누가 그런 사람이 되었
는지 나로서는 어떻게 말해 볼 도리가 없소.

칼리클레스: 하지만 만약에 잘 찾으신다면, 찾아내시게 될 것입니다.

---

212) Miltiadēs는 아테네의 귀족 가문들(Eupatridai) 중의 한 가문에서 여러 사람들이 몇 대에 걸쳐 공유했던 이름인데, 여기서 말하는 밀티아데스(약 550~489)는 490년에 한 사람의 장군(stratēgos)으로서, 당시의 총지휘관(polemarkhos)이었던 Kallimakhos와 아테네 군을 설득해서, 페르시아 군을 마라톤에서 맞아 결전을 벌이는 전략을 채택하게 한 전투에서 승리를 하게 한 전략가였다. Kimōn(약 512~449)은 이 밀티아데스의 아들로서, 정치인 및 장군이었다. 그는 아테네의 정직한 정치인 Aristeidēs(468년경 사망)와 함께 델로스(Dēlos) 동맹을 결성케 하는 데 크게 기여했다.

213) 페리클레스의 사망 연도가 429년인데, 여기서 말하는 '최근(neōsti)'은 너무 막연하다. 왜냐하면 473e에서 소크라테스가 '지난해(406년)'에 일어난 일을 말할 때의 시점은 405년이니까, 무려 24년의 간극이 있기 때문이다. 따라서 이들 넷 중에서는 가장 최근인 셈이니, '가장 가까운 시기에'로 이해하는 것이 옳겠다.

503d

소크라테스: 그러면 이들 중에서 누군가가 그런 사람이 되었는지 이런 식으로 차분히 살피면서 보기로 해요. 자, 훌륭한 사람이며 최선을 목표로 말하는 사람은 자기가 말하게 되는 걸 아무렇게나 말하
는 법이 없고, 뭔가를 응시하면서, 말하지 않겠소? 마치 다른 모든 장 e
인들도 자신들의 제작물(ergon)[214]을 응시하면서, 저마다 아무렇게나 골라서,[215] 이를 자신들의 제작물에 적용하는 것이 아니라, 그가 제작하는 이것이 일정한 형태(eidos)[216]를 갖추도록 하듯이 말이오. 이를테면, 화가들이나 건축가들, 배 만드는 사람들 그리고 그 밖의 모든 장인들을 보고자 할 경우, 이들 중의 누굴 그대가 원하건, 각자가 다루게 되는 각각의 것을 어떻게 어떤 질서를 갖추게 하며, 또한 서로 다른 것이 다른 것과 맞고 조화되지 않을 수 없도록 하여, 전체가 정
돈되고 질서정연한 것으로 구성되게까지 하는지를 볼 것이오. 또한 504a
다른 장인들도 물론 그러겠지만, 방금 우리가 말한[217] 자들, 곧 몸과 관련된 체육교사들과 의사들 또한 아마도 몸을 틀 잡히게 하며 반듯

214) 헬라스 말 ergon은 일, 행동, 제작물, 기능 등을 뜻한다. 이 경우에 '제작물'은 그런 '기능'을 하는 제작물을 뜻하겠고, 이 기능은 그 형태와 직결된다. 이를 확장하면, 훗날 '형태'는 '형상'과 연결되겠고, 이 형상의 핵심이 '기능'임을 우리는 확인하게 된다. 이와 관련해서는 졸저 《헬라스 사상의 심층》 제3장 '기능과 관련된 헬라스 철학의 전통'을 참조하는 게 좋겠다.

215) 이 경우에 고르는 것은 무엇보다도 재료의 선택이 되겠고, Hamilton이 그리 번역했듯, 도구나 그 밖의 다른 선택 사항들도 포함될 수 있겠다.

216) eidos는 훗날 일상어의 범위를 벗어나, 플라톤 철학의 전문 용어인 '이데아'와 함께 '형상'의 의미로도 쓰이게 되는 것인데, 앞의 ergon과 함께 그의 형상 이론의 싹을 어렴풋이나마 만나게 되는 것으로도 볼 수 있겠다.

217) 464b, 500b, 501a 참조.

504a

하게 만들어 줄 것이오. 이게 이러하다고 우리가 합의를 보고 있소 아니면 그렇지 않소?

칼리클레스: 그건 그런 걸로 하죠.

소크라테스: 그러므로 정돈(taxis)과 질서(kosmos)를 갖추게 된 집은 유용할 것이나, 무질서(ataxia)한 상태의 것이면, 몹쓸 것이겠소?

칼리클레스: 그렇습니다.

소크라테스: 그러니까 선박 또한 그렇겠소?

b 칼리클레스: 네.

소크라테스: 그리고 실로 우리의 몸들 또한 우리가 그리 말하겠소?

칼리클레스: 물론입니다.

소크라테스: 혼은 어떻소? 무질서 상태인 것이 유익하겠소, 아니면 정돈과 어떤 질서를 갖추게 된 것이 그렇겠소?

칼리클레스: 앞에서 말한 것들로 보아 이 또한 동의하는 게 필연적입니다.

소크라테스: 그렇다면 정돈과 질서로 해서 몸에 생기게 되는 것에 대한 명칭은 무엇이오?

칼리클레스: 건강과 힘을 아마도 말씀하시겠군요.

c 소크라테스: 나로서는 그렇소. 하지만 이번에는 정돈과 질서로 해서 혼에 생기게 되는 것에 대한 것은 무엇이오? 그것에 대한 명칭처럼, 찾아내서 말하시오.

칼리클레스: 하지만 왜 몸소 말씀하시지 않으시죠, 소크라테스 님?

소크라테스: 그대에게 그게 더 마음에 든다면, 내가 말하리다. 그러나 만약에 내가 제대로 말하는 걸로 그대에게 생각된다면, 그대가 그렇다고 말할 것이로되, 만약에 그렇지 않다면, 반박할 것이지, 그냥 내버려 두지는 마시오. 몸의 정연한 상태들에 대한 명칭은 내게는 실

504c

은 건강함이라 생각되며, 이로 해서 몸에 건강이 생기고 몸의 다른 훌륭한 상태(aretē)도 생기오. 이게 그러한가요 아니면 그렇지가 않소?

칼리클레스: 그렇습니다.

소크라테스: 하지만 적어도 혼의 정연한 상태들과 정돈된 상태들에 d
대한 명칭은 준법적임(nomimon) 그리고 법(nomos)이겠으며, 이로 해서 준법적인 사람들(nomimoi)과 절도 있는 사람들(kosmioi)이 생기오. 이것들이 올바름(정의)이며 절제(sōphrosynē)요. 그렇소, 안 그렇소?

칼리클레스: 그런 걸로 하죠.

소크라테스: 그러므로 전문적이며 훌륭한 저 변론가는 이것들을 바라보면서 혼들을 상대로 자신이 하게 되는 말과 일체 행위를 적용하며, 뭔가를 줄 경우에도 선물을 줄 것이고,[218] 또한 뭔가를 앗아갈 때도 앗아가는데,[219] 언제나 이를 염두에 두고서라오. 제 나라 시민들의 혼들에 올바름(정의)은 생기되, 불의(adikia)는 물러나게 되며, 절제 e
는 생기되, 무절제는 물러나게 되며, 또한 일체의 훌륭함(aretē)은 생기되, 나쁨(kakia)은 떠나게 하도록 해서요. 그대는 동의하는가요 아니면 동의하지 않소?

칼리클레스: 동의합니다.

소크라테스: 실인즉 무슨 이득이 있겠소, 칼리클레스여? 아무튼 병들고 나쁜 상태에 있는 몸에 많은 맛있는 먹을 것이나 음료수 또는 그 밖의 무엇이든 준다는 것은, 조금도 더 몸을 이롭게 할 수 없거나, 올

---

218) 아마도 515c에서 언급하듯, 페리클레스가 가난한 시민들을 위해 시작한 연극 관람권 대금(2오볼로스의 theōrika)과 법정 배심원 수당을 가리키는 것 같다.

219) 아마도 세금 징수를 두고 하는 말인 것 같다.

504e 바른 헤아림대로라면, 그 반대이며, 적게 이롭다면 말이오? 그런 거요?

505a 칼리클레스: 그런 걸로 하죠.

소크라테스: 사실 사람이 나쁜 상태의 몸을 갖고서 산다는 것은 이득이 되지 않는다고 나는 생각하오. 이렇게 사는 것은 비참하게 사는 것이기도 한 게 필연적이기 때문이오. 그렇지 않소?

칼리클레스: 네.

소크라테스: 그렇다면 욕망들을 채우는 것도, 이를테면, 굶주린 자가 원하는 만큼 먹는 것이나 목마른 자가 마시는 것을 건강한 자는, 대개의 경우, 의사들이 허용하지만, 환자의 경우는, 그가 원하는 것이 충족되는 걸 거의 허락하는 적이 없지 않소? 이에는 어쨌든 그대도 동의하오?

칼리클레스: 저로서는 동의합니다.

b 소크라테스: 보시오, 혼의 경우에도 같은 식이 아니겠소? 혼이 몰지각하고 무절제하며 불의하고 경건하지도 못해, 사악한 한, 혼에 대해 욕망들을 제지하며, 그것들로 해서 혼이 더 나아지게 하는 것들 이외의 다른 어떤 것도 허용하지 않는 것 말이오. 그렇소 아니면 그렇지가 않소?

칼리클레스: 그렇습니다.

소크라테스: 이렇게 하는 것이 혼 자체에는 아마도 더 좋겠기 때문이겠소?

칼리클레스: 물론입니다.

소크라테스: 그러니까 제지함은 혼이 욕망하는 것들을 억제함이 아니겠소?

칼리클레스: 네.

505b

소크라테스: 그렇다면 억제됨은, 방금 그대가 생각한 것처럼, 무절제보다는 혼에는 더 나은 것이오.

칼리클레스: 저는 선생께서 무슨 말씀을 하시는지 모르겠습니다, c
소크라테스 님! 다른 누군가에게 물으시죠.

소크라테스: 이 사람은 자신이 득보는 걸, 논의의 주제가 되고 있는 이것을 스스로 겪는 걸, 곧 억제 당함을 견디어 내지 못하네요.

칼리클레스: 선생께서 말씀하시는 것들은 어쨌든 제게는 아무런 상관도 없거니와, 이것들을 제가 대답했던 것은 고르기아스 선생님을 위해서였습니다.

소크라테스: 좋소. 그러니까 우리가 무얼 할까요? 논의 중에 파해요?

칼리클레스: 스스로 판단하실 일입니다.[220]

소크라테스: 하지만 이야기도 중간에 포기하는 건 온당치가 않고,
머리도 없이 돌아다니게 하지 않기 위해서는, 머리를 얹어야 한다고 d
들 말하오. 그러니 남은 것들도 대답하오. 우리의 논의가 머리를 갖출 수 있게끔 말이오.[221]

---

220) 이 표현은《필레보스》편 12a8에도 보인다.

221) 이 표현은 다양한 형태로 표현되고 있는데, 우리의 '화룡점정'과 비슷한 뜻이라 하겠다. 여기서처럼 "논의가 머리를 갖추게(갖게) 된다(ho logos kephalēn labēi"든가《필레보스》편 66d에서처럼 "머리를 얹어 놓듯이 해 준다"(hōsper kephalēn apodounai)는 것은 '완결한다'는 걸 뜻하는 비유적 표현이다. 같은 뜻으로 '머리를 올려놓는다'(kephalēn … epitheinai)는 표현도《티마이오스》편 69b에 보인다.《파이드로스》편 264c,《법률》편 752a 등에서도 논의(logos)나 이야기(mythos)가 '머리가 없는 상태로'(akephalon) 남아 있게 해서는 안 된다는 식의 표현을 하고 있는데, 이는 완결을 짓지 못한 상태를 가리키는 표현이라 할 것이다. 이런 표현이 정확히 어디에서 유래했는지는 불명하다. 제일 그럼직한 설

505d

칼리클레스: 선생께선 어찌나 강압적이신지, 소크라테스 님! 하지만 제 말대로 하시겠다면, 이 논의는 파하시거나, 아니면 다른 누군가와라도 대화를 하시죠.

소크라테스: 그러면 다른 누가 원할 것인지? 어쨌든 논의를 끝맺지 않은 상태로 버려 두지는 맙시다.

칼리클레스: 하지만 스스로 논의를 진행하실 수도 있지 않겠어요? 자신을 상대로 또는 자신에게 대답하시면서요.

e 소크라테스: '앞에 두 사람이 말한 것들을' 혼자인 내가 능히 감당해 낸다는 에피카르모스의 표현[222]이 내게 현실이 되게 말이겠소. 하지만 이는 더없이 불가피한 것 같소. 물론 우리는 이렇게 할 것입니다.[223] 저로서는 우리가 말하고 있는 것들과 관련해서 무엇이 진실이고 무엇이 거짓인지를 알게 되는 걸 위해서 우리 모두가 경쟁해야만 한다고 생각합니다. 이것이 명백하게 되는 것은 우리 모두를 위한 공동의 좋음(koinon agathon)이기 때문입니다. 그러면 제게 그러는 것

은 돌기둥에 이오니아 식이나 도리아 식 따위의 기둥머리를 올리는 것이나 조각에 머리를 올려놓는 것에 빗대어 하는 말이라는 것이다. 그런가 하면, 《파이드로스》 편 264c에서는 동물의 그림에 몸뚱이는 물론 머리나 다리를 그려 넣지 않은 상태로 둬서도 안 되지만, 사지 따위도 있어야만 하듯, 논의도 그래야만 한다는 표현이 보인다. 이와 관련해서는 Dodds의 주석과 함께 A. E. Taylor, *A Commentary on Plato's Timaeus*(Oxford, 1928, p. 494)를 참조할 것.

222) Epikharmos는 5세기 초에 활동한 시라쿠사이의 희극 시인이었는데, 여기에 인용된 구절은 Athēnaios의 *Deipnosophistai*(《만찬자리의 현자들》) 308c 및 362d에 나오는 것의 일부로, 그 원문은 이러하다. "먼저 두 사람이 말한 것들은 혼자인 나로도 충분하다(ta pro tou dy' andres elegon, heis egōn apokhreō)."

223) 텍스트 읽기에서, 505e3의 … einai houtōs. ei를 Dodds 등의 읽기를 따라, … einai. houtōsi로 읽었다.

이 좋은 것으로 생각되는 대로 저는 논의를 진행하겠습니다. 그러나 506a
만약에 여러분 중의 누군가에게 제가 사실(ta onta)이 아닌 걸 제 스스로와 합의하는 걸로 여겨지신다면, 단단히 붙잡고서 논박하셔야만 합니다. 왜냐하면 실은 저만 해도 제가 말하는 걸 알고 있어서 말하는 것이 아니라, 여러분과 함께 공동으로 탐구하고 있어서,[224] 제게 반론을 제기하는 자가 의미 있는 뭔가를 말하는 것으로 보이면, 제가 맨 먼저 찬성하게 될 것이기 때문입니다. 그렇지만 제가 이런 말을 하는 것은, 우리의 논의가 결론에 이르러야만 하는 걸로 판단될 경우에 그렇다는 것입니다. 그러나 만약에 여러분께서 원하지 않으신다면, 그만 파하시고, 떠납시다.

고르기아스: 하지만 소크라테스 님, 아직은 떠나서는 안 되고, 선생
께서 논의를 완결 지어야만 할 것으로 내게는 생각되네요. 내게도 그 b
렇지만 다른 사람들에게도 그리 생각되는 걸로 보입니다. 나 자신도 그대가 남은 것들을 그대 스스로 완결 지어주기를 바라니까요.

소크라테스: 하지만 실은, 고르기아스 님, 제 자신도 여기 이 칼리클레스에게 제토스의 발언에 맞서 암피온의 발언으로 되갚아 주게 될 때까지는,[225] 이 사람과 여전히 즐겁게 대화를 하고 싶었습니다. 그

---

224) '공동으로 탐구한다(zētō koinēi)'는 것, 곧 공동탐구(syzētēsis)는 소크라테스에게 있어서 대화(dialogos)의 기본 정신 자세이다. 소크라테스의 문답법(dialektikē)은 이를 수행하는 방법적 체계이다. 이런 공동탐구와 관련해서는 현대 헬라스인들의 격언이 우리에게 큰 시사를 줄 것 같아, 여기에 인용한다. "한 손은 다른 손을 씻어 주고, 두 손은 얼굴을 씻어 준다(to ena kheri plenei to allo kai ta dyo to prosōpo)"는 것이 그것이다.

225) 본문 485e 이후 및 484e에서 에우리피데스의《안티오페》토막 시와 관련된 각주에서 제토스 및 암피온과 관련된 주석을 참조할 것.

506b

러나 칼리클레스여, 그대가 논의를 함께 완결 짓고 싶어 하지 않으니,
그러면 내가 말하는 걸 듣고서, 공격하오. 만약에 내가 뭔가를 제대로
말하지 않는 것으로 그대에게 생각된다면 말이오. 그리고 그대가 나
c 를 논박하더라도, 그대가 나에 대해서 하는 것처럼, 그대에게 불평을
하게 되지는 않고, 내게 더할 수 없이 크게 호의를 베푼 자로 치부될
것이오.

칼리클레스: 말씀하세요, 훌륭하신 분이시여! 스스로 끝도 맺어 주시고요.

소크라테스: 그러면 제가 처음부터 이 논의를 다시 거론하는 걸 들
으십시오. 그러니까 즐거운 것과 좋은 것은 같은 것인가요?—같은
게 아닙니다. 저와 칼리클레스가 동의했듯이.—그럼, 즐거운 것은 좋
은 것을 위해서 해야만 하는가요, 아니면 좋은 것을 즐거운 것을 위
해서 해야만 하는가요?—즐거운 것은 좋은 것을 위해섭니다.—그게
d 있게 되면, 우리가 즐거워하게 되는 것은 즐거운 것이지만, 그게 있
게 되어 우리가 좋은(훌륭한) 사람들로 되는 것은 좋은 것인가요?—
그야 물론입니다.—그렇지만 우리가 훌륭하며, 우리와 그 밖의 훌륭
한 모든 것이 훌륭한 것은 어떤 훌륭함(aretē)이 나타나 있게 되어서
인가요?—내게는 그게 필연적인 걸로 생각되오, 칼리클레스!—그렇
지만 인공의 것이나 몸 그리고 또 혼과 모든 동물, 적어도 이들 각각
의 훌륭함(훌륭한 상태)이 가장 훌륭하게 나타나 있게 되는 것은 정
말로 아무렇게나 아니라,[226] 정돈(taxis)과 바름(orthotēs) 그리고 기
술에 의해서인데, 이것들 중의 어느 것이거나 그것들 각각에 부여되

226) 텍스트 읽기에서 506d6의 ou tọ eikēi는 Budé 판의 읽기를 따라 outoi eikēi로 읽었다.

어서요. 이게 그렇소?—사실 저는 그렇다고 말합니다.—그럼 각각 e
의 것의 훌륭함은 정돈으로 해서 정리 정돈되고 질서를 갖추게 된 것
인가요?—저는 그렇게 말하겠는데요.—그러니까 있는 것들(사물
들: ta onta) 각각의 어떤 고유한 질서(kosmos)[227]가 그 각각에 생김
으로써 그 각각을 훌륭한(좋은) 것이게 하겠소?—제게는 그리 생각
됩니다.—그렇다면 혼 또한 제 질서를 갖춘 것이 무질서한 혼보다 더
낫겠죠?—그야 필연적입니다.—한데, 어쨌든 질서를 갖춘 혼은 절
도 있겠죠?—어떻게 그리되지 않겠습니까?—그러나 적어도 절도 있
는 혼(hē kosmia psykhē)은 절제력이 있겠죠?—그야 다분히 필연적 507a
입니다.—그러므로 절제력 있는(건전한 마음 상태인) 혼(hē sōphrōn
psykhē)은 훌륭하오. 나는 이것들 이외에 다른 건 말할 게 없소, 친애
하는 칼리클레스! 하지만 그대가 말할 게 있으면, 가르쳐 주오.

칼리클레스: 말씀하세요, 선생께서.

소크라테스: 그러면 말하리다. 만약에 절제력 있는 혼이 훌륭하다
면, 절제력 있는(건전한 마음 상태인) 혼에 반대되는 상태에 있는 혼
은 나쁘오. 이는 어리석고 절제력이 없는 혼이었소.—물론입니다.
—게다가 절제력 있는(건전한 마음 상태인) 자는 신들과 관련해서
도 인간들과 관련해서도 적절한 것들(ta prosēkonta)을 하오. 적절치
않은 것들을 하면, 절제력이 없는 것이겠기 때문이겠죠?—그게 그 b
런 것은 필연입니다.—또한 더 나아가 사람들과 관련해서 적절한 것

---

227) kosmos는 일차적으로 '질서'를 뜻하고, 여인들의 '장식물'이나 '치장'을 뜻하기도 하지만, 피타고라스 학파는 '우주(to pan, to holon)'를 처음으로 '코스모스'라 했다. 이는 뭣보다도 우주가 아름다운 질서 체계를 이루고 있는 것이라 해서였으니, 이는 만물의 수적 구조와 질서에서 비롯되는 것이라 보았던 데서 유래했다고 할 것이다.

507b

들을 함은 올바른(정의로운) 것들을 하는 것이지만, 신들과 관련해서 적절한 것들을 함은 경건한 것들을 하는 것이오. 올바르고(정의롭고) 경건한 것들을 하는 자는 올바르고(정의롭고) 경건한(dikaion kai hosion) 게 필연이오.—그건 그렇습니다.—그리고 사실은 그가 어쨌든 용감한 것도 필연이오. 그야 그러는 것이 적합지 않은 것들을 추구하는 것도 피하는 것도 절제력 있는 자의 일이 아니고, 일들도 사람들도 즐거움들도 괴로움들도 마땅히 그래야만 하는 것들은 피하거나 추구하는 것이 그의 일일 것이며, 그래야만 하는 곳에서는 참고 견디며
c 버티어 내야만 하는 것이 그의 일이기 때문이오. 그래서 이는 다분히 필연적이오, 칼리클레스! 곧, 우리가 설명했듯, 절제력 있는 자는 올바르며(정의로우며) 용감하고 경건한 자이기에 완벽하게 훌륭한 사람일 것이, 또한 훌륭한 이는 자기가 하는 것들을 아주 잘(훌륭하디훌륭하게) 할 것이고, 잘 지내는 자는 축복받고 행복할 것이나, 못되고 잘못 지내는 자는 비참할 것이 말이오.[228] 이 사람은 절제력 있는 자

---

228) "훌륭한 이(ho agathon)는 자기가 하는 것들을 '아주 잘' 할(훌륭하디훌륭하게 할: eu te kai kalōs prattein) 것이고, 잘 지내는 자(ho eu prattōn)는 축복받고 행복할 것이나, 못되고 잘못 지내는 자(ho ponēros kai kakōs prattōn)는 비참할 것이 말이오." 여기에 인용된 부분은 본문에서 설명이 필요한 부분의 헬라스어 원문을 밝히기 위해서다. 잠시 스치듯 지나쳐 버린 것이지만, 497a에서 '잘 지냄'과 '잘못 지냄'으로 번역한 원문도 eu prattein과 kakōs prattein이다. eu prattein은 여기에서 보듯, 자기가 하는 것들을 '잘 함(잘 해냄, 잘 처리함: to do well)'을, 이와 반대되는 것은 '…을 잘 못함(kakōs prattein = to do badly)'이다. 그런가 하면 이 표현들은 이런 능동성보다도 그냥 '잘 지냄(eu prattein = fare well)'이나 '잘 지내지 못함(kakōs prattein = fare ill)'을 뜻하기도 한다. Dodds는 이를 능동적이거나 수동적인 걸로 구분한다. 플라톤의 서한들 첫머리는 "Platōn … eu prattein."으로 시작하는데, 이는 "플라톤이 누구누구에게 강녕함을"이라고 편지로 첫머리 인사를 한 것이다. 그런데 《국

507c

와는 반대 상태에 있는 자일 것이니, 그대가 칭찬했던 자는 무절제한
자요.

따라서 나는 이것들을 이렇게 보며, 이것들을 진실이라 주장하오. 그
런데 이게 진실이라면, 행복하기를 원하는 자는 절제를 추구하며 단련 d
하되, 무절제는 최대한 발 빠르게 우리 각자가 피해서 달아나야만 하
며, 벌을 받아야만 하는 일은 되도록 전혀 없게끔 준비해야만 할 것 같
소. 그렇지만 만약에 자신이든 가족들 중의 다른 누군가가, 개인이든
나라든, 그래야만 한다면, 재판을 받고 벌도 받도록 해야만 하오. 그
가 행복하게 되려면 말이오. 적어도 내게는 이것이 주목하면서 살아야
할 목표인 걸로 생각되는데, 자신의 모든 것을 그리고 나라의 모든 것
도 이를 지향토록 함으로써, 올바름(정의)과 절제가 장차 축복받은 자
로 될 사람에게 생기도록(나타나 있도록) 하기 위해서요. 이렇게 하도 e
록 말이오. 욕망들을 허용해서 무절제하게 되지 않도록 또한 욕망들을
충족하려 꾀함으로써 한없이 나쁜 약탈자의 삶을 사는 자가 되지 않도
록 말이오. 이런 사람은 다른 사람과도 또한 신과도 호의를 갖는 관계
를 가질 수 없기 때문이오. 그는 이들과 공동관계를 가질 수가 없고, 공
동관계(koinōnia)가 없는 자에게는 우애(philia)도 없을 것이기 때문
이오. 칼리클레스여, 현자들은 말하오. 하늘도 땅도 신들도 인간들도
공동관계와 우애, 절도(kosmiotēs)와 절제 그리고 올바름(dikaiotēs) 508a
을 공유하고 있으며, 이것들 때문에, 친구여, 이 우주(to holon)를, 무
질서한 것(akosmia)도 아니며 무절제한 것(akolasia)도 아닌, '코스

가(정체)》편 353d~354a를 보면, 혼의 기능(ergon)이 기본적으로 '사는 것(to zēn)'이기에, 혼이 제 기능을 '훌륭히(잘) 함(eu prattein)'이 곧 '훌륭히(잘) 삶(to eu zēn)'임을 밝히고 있다.

508a

모스' 로 일컫소.[229] 하지만 그대는 지혜로우면서도, 이것들에 대해서는 주목하지 않아, 이런 점을 미처 알아차리지 못한 걸로 내게는 생각되오. 곧, 신들 사이에서도 인간들 사이에서도 등비 평등[230]이 위력을 갖지만, 그대는 탐욕(pleonexia)[231]을 단련해야만 한다고 생각하고 있다는 걸 말이오. 그대가 기하학[232]에 대해서는 무관심하기 때문이오.

b 좋소. 그러니까 이 주장 곧 행복한 사람들이 행복한 것은 올바름(정

---

229) 506e에서 해당 각주를 참조할 것.

230) 원어는 hē isotēs hē geōmetrikē 곧 [hē] geōmetrikē isotēs인데, 이는 직역하면 '기하학적 평등'이 되겠으나, 자격에 비례하는 평등을 뜻하므로, '등비 평등'으로 옮길 수 있겠다. 《국가(정체)》 편 558c에서는 산술적 평등([hē] arithmētikē isotēs)이 언급되고 있다. 《법률》 편 757b~d에서는 이 두 가지 평등과 관련해서 이런 언급을 하고 있다. "더 큰 것에는 더 많이(tō̧ meizoni pleiō), 더 작은 것에는 더 적게(tō̧ elattoni smikrotera) 나눠 주니, 그것들의 성격에 따라 각각에 알맞게 주는 거죠(metria didousa). 특히 명예들을 부여함에 있어서는 [사람으로서의] 훌륭함(덕: aretē)과 관련해서 더 큰 인물들에게는 언제나 더 큰 것들을 그리하되, [사람으로서의] 훌륭함 및 교육(paideia) 면에서 그 반대인 인물들에게는 그에 비례해서(kata logon) 적절한 것(to prepon)을 그리합니다." 이것이 이른바 '등비 평등'이다. 그러나 다중(hoi polloi)을 고려한 형평(to epieikes)의 방책으로 추첨의 평등을 추가로 한정적으로 이용하는 걸 언급하고 있는데, 이것이 산술적 평등에 해당되겠다. 그런가 하면, 이소크라테스의 *Areopagitikos* 21에서 언급된 두 가지 평등은 아주 간결하다. "모두에게 같은 걸(taůton hapasin) 배당하는 것과 저마다에 적절한 걸 배당하는 것(to prosēkon hekastois)"이 그것들이다.

231) 483c에서 해당 각주를 참조할 것.

232) 기하학의 원어는 geōmetria인데, 이는 바로 앞에서 '기하학적(등비) 평등'을 말했기 때문에 하는 말이다. 훗날 사람들이 아카데미아 학원의 입구에 "기하학을 모르는 이는 아무도 들어서지 못하게 할지니라(mēdeis ageōmetrētos eisitō)"고 적혀 있었던 걸로 전하는데, 이는 플라톤 철학에서 수학이 변증술(dialektikē)로 본격적으로 접어들기 위한 예비적 학문의 성격을 갖는 것으로 간주된 것이 이런 소문의 진원인지도 모를 일이다.

508b

의)과 절제를 지님으로 해서지만, 비참한 사람들이 비참한 것은 나쁨
을 지님으로 해서라는 주장은 우리로선 논박해야만 하거나, 또는 이
게 진실이라면, 그 결과들이 무엇인지 고찰해야만 하오. 앞서의 저것
들이, 칼리클레스여, 모두 일어날 것이오. 그대가 내가 진지한 뜻으
로 그런 말을 하는 건지 물었던 것들 말이오.[233] 나는 자신이고 아들
이고 동지고 간에, 뭔가 불의를 저지를 경우에는, 이를 고발해야만 하
며, 변론술도 그 목적으로 이용해야만 한다고 말했소. 그리고 폴로스
가 부끄러운 나머지 동의한 걸로 그대가 생각한 것도[234] 그러니까 진
실이었소. 불의를 저지르는 것은 불의를 당하는 것보다도 더 부끄러
운 그만큼 더 나쁘다는 것이. 또한 장차 옳게 변론가가 될 사람은 따 c
라서 올발라야 하며, 올바른(정의로운) 것들을 아는 자여야만 한다는
것인데, 이를 이번에는 폴로스가 고르기아스 님께서 부끄러움으로 해
서 동의하신 걸로 말했소.[235]

이것들이 이러하니, 그대가 내게 책망하는 것들이 도대체 무엇인
지, 그리고 이를 두고 이런 걸 말하는 것이 잘하는 것인지 아닌지에
대해서 고찰해 보도록 하죠. 그러니까 내가 내 자신도, 친구들이나 친
척들 중의 아무도 도울 수도 없으며, 가장 큰 위험들에서부터 구해 낼
수도 없고, 마치 시민권을 박탈당한 자들처럼, 그러고 싶은 자의 처분
에 나는 맡겨져 있소. 그대가 한 말에서의 바로 이 거친 표현대로 귀 d
싸대기를 올리고 싶어 해도,[236] 재물을 몰수하고자 해도, 나라 밖으로

---

233) 481b에서 칼리클레스가 카이레폰에게 귓속말처럼 물었던 걸 두고서 하는 말이다.

234) 482d~e.

235) 461b.

236) 486c.

508d

추방하고자 해도, 마지막으로는 나를 죽여 버리려 해도 말이오. 그리고 이런 상태에 처한다는 건 그야말로 모든 것들 중에서도, 그대의 말로는, 가장 창피한(부끄러운)[237] 것이오. 그렇지만 내 말은, 이미 여러 번 했던 것이지만, 또다시 말하지 못하게 막을 게 아무것도 없소. 칼리클레스여, 부당하게 귀싸대기를 올리는 일을 당하는 것이 가장
e 창피한 것이 아니며, 내 몸이 베이거나, 지갑이 베이는 것도 아니고, 부당하게 나를 때리고 나와 내 것들을 베는 짓이 더 부끄럽고 더 나쁘며, 도둑질이나 유괴 행위와 가택 침입 등, 요컨대 나와 나의 것에 대해 어떤 식의 부당 행위를 한다는 것은, 그 부당 행위를 당하는 내게보다는 그 부당 행위를 하는 자에게 더 나쁘며 더 부끄러운 것이라고 나는 주장하오. 이것들이 우리에게 있어서 앞서의 논의들에서, 제가 말하듯, 이처럼 밝혀졌기에, 다소 거친 표현으로 말해도 된다면, 어쨌
509a 든 그리 판단되겠듯, 무쇠와 금강석[238] 같은 논거들로 확고히 동여 매

237) 헬라스 말 aiskhos는 부끄러움·창피·치욕·추함 등을 뜻하며, 이에서 '추함'의 뜻만 빠진 것이 aiskhynē다. 이의 형용사는 aiskhron이고, 여기에서의 최상급은 aiskhiston이다. 그런가 하면, 이것들과는 좀 다른 성격의 부끄러움도 있는데, 이를테면, 상대의 인격이나 인품 때문에 그에 대해서 갖는 '경외'나 '공경' 그리고선 자신을 돌아보면서 갖게 되는 '겸손'이나 '부끄러움', 따라서 함부로 처신할 수 없는 최소한의 '염치'와 '자존심' 등, 이것들 모두를 아우르는 말로 aidōs를 헬라스인들은 썼다. 헤시오도스도 플라톤도 이 말을 유난히 강조했던 사람들이다.

238) 여기에서 '금강석'으로 옮긴 것의 원어는 adamas인데, 영어로는 adamant라 한다. 어원상으로는 깨뜨릴 수 없는 것이라는 뜻인데, 강철이나 금강석을 말하는 것 같으며, 《티마이오스》 편 59b에서는 이 물질의 생성과 관련된 언급이 보인다. 《국가(정체)》 편 616c에서는 이것을 아낭케 여신의 방추(紡錘)의 축과 고리를 만들고 있는 물질로 말하고 있고, 《정치가》 편 303e에서는 금을 정련하는 과정에서 구리와 은 그리고 가끔은 '아다마스'를 분리해 내게 되는 것으로 언급하고 있다.

509a
여져 있소. 그대나 그대보다 더 적극적인 누군가가, 지금 내가 주장하
는 것과는 달리 말하는 자가 훌륭히 말할 수 있어서, 그걸 풀어 버리
지 않는 한은 말이오. 내게 있어서는 언제나 같은 주장이기에, 이게
어떻게 된 영문인지 나는 모르며, 지금처럼 물론 내가 만난 사람들 중
에서 누구도 달리 말하고서 웃음거리가 되지 않은 자는 아무도 없었
소. 그래서 나는 다시 이것들이 이러하다고 보오. 그러나 이게 이러하 b
고 불의가 불의를 저지르는 자에게 나쁜 것들 중에서도 가장 나쁜 것
이라면, 그리고 이 가장 큰 것보다도 더 큰 것은, 과연 그런 게 있다
면, 그건 불의를 저지르고도 벌을 받지 않는 것이겠는데, 사람이 제
자신을 구조할 수 있어서 진실로 웃음거리가 되지 않게 해 줄 구조(도
움)는 무엇이겠소? 그야 이것, 곧 그게 무엇이건 우리에게서 가장 큰
해악을 쫓아 버리는 것이 아니겠소? 그러나 가장 부끄러운 구조는 이
것, 곧 제 자신도 제 친구들과 친척들도 구조할(도울) 수 없는 것이지
만, 둘째 것은 둘째로 나쁜 것의 구조일 것이고, 셋째 것은 셋째 것의 c
구조일 것이, 그리고 그 밖의 것들도 이러할 것임이 다분히 필연적이
오. 각각의 나쁨의 성질에 따른 비중에 따라, 그만큼 그 각각의 것들
에 대한 구조 능력의 훌륭함과 그러지 못함의 부끄러움도 비례하오.

칼리클레스: 다를 수가 없죠.

소크라테스: 그러니까 불의를 저지르는 것과 불의를 당하는 것, 이
둘이 있는데, 불의를 저지르는 것은 더 크게 나쁜 것이지만, 불의를
당하는 것은 덜 나쁜 것이라 우리는 말하오. 그렇다면 사람이 무엇을
준비함으로써 스스로를 돕게 되어, 이들 두 혜택을, 곧 불의를 저지르 d
지 않는 혜택과 불의를 당하지 않는 혜택을 볼 수 있겠소? 힘(dyna-
mis)이오 아니면 원함(boulēsis)이요? 내 말은 이런 것이오. 만약에
불의를 당하는 걸 원하지 않는다면, 불의를 당하지 않게 되는 것이오,

509d

아니면 불의를 당하지 않을 힘을 준비해 갖추게 될 경우에는, 불의를 당하지 않게 되는 것이오?

칼리클레스: 그야 이것, 곧 힘을 갖추어 가질 경우인 게 명백합니다.

소크라테스: 그러면 불의를 저지르는 경우는 어떻소? 불의를 저지르기를 원하지 않는다면, 이것으로 충분하오?—그가 불의를 저지르
e 지는 않을 테니까—아니면, 이 경우에도 어떤 힘과 기술(전문적인 지식)을 준비해 갖추고 있게 되어야만 하는지?[239] 이것들을 배우고 수련하지 않는다면, 불의를 저지를 것이기 때문에 말이오. 칼리클레스여, 왜 이에 대해서 내게 대답을 해 주지 않소? 나와 폴로스가 앞서의 논의에서 동의하지 않을 수 없게 된 것이 그대에겐 옳은 것으로 여겨지는지 아닌지 말이오. 아무도 불의를 저지르기를 원하지 않으나, 불의를 저지르는 자들 모두는 본의 아니게 불의를 저지른다고[240] 우리가 동의했을 때는 말이오.

510a 칼리클레스: 소크라테스 님, 선생으로선 이게 그런 걸로 해 두시죠. 선생께서 논의를 끝맺을 수 있도록 말입니다.

소크라테스: 그러면 이를 위해서도, 곧 우리가 불의를 저지르지 않기 위해서도 어떤 힘과 전문적 지식을 준비해 갖추고 있어야만 할 것 같소.

칼리클레스: 물론입니다.

---

239) 500a 및 514a~c 참조.

240) 이와 관련해서는 488a의 본문 및 해당 각주를 참조할 것. 특히 그곳의 각주 끝 쪽에서 언급한 "아무도 고의로(자발적으로) 잘못하지(잘못을 저지르지)는 않는다(oudeis hekōn hamartanei)"는 역설적 주장과 이 주장은 같은 말을 달리 말하고 있을 뿐이다. 헬라스어로 '고의로(자발적으로)'는 hekōn이고, '본의 아니게(비자발적으로)'는 그 부정어 akōn이다.

510a

소크라테스: 그렇다면 불의를 전혀 당하지 않거나 최소한으로 당하는 대비의 기술은 도대체 무엇이오? 내게 그리 생각되는 바로 그것이 그대에게도 그리 생각되는지 살펴보오. 내게는 이게 그리 생각되기 때문이오. 그 나라에서 제 자신이 다스리거나 참주 노릇을 하는 것이나, 또는 현 체제의 나라의 동지가 되어야만 하는 것 말이오.

칼리클레스: 소크라테스 님, 선생께서 뭔가 훌륭히 말씀하실 경우에는, 제가 칭찬할 준비가 되어 있다는 걸 보십니까? 이는 아주 훌륭 b
히 말씀하신 걸로 제게는 생각되네요.

소크라테스: 그러면 이 또한 내가 훌륭히 말하는 걸로 그대에게 생각되는지 살피시오. 저마다 각자에게 최대한의 친구는 바로 옛 현자들이 말하는 자인 것으로, 곧 "닮은 사람이 닮은 사람에게"[241] 그런

---

241) "닮은 사람이 닮은 사람에게"의 원문은 ho homoios tọ̄ homoiọ̄이고, 아주 간결하다. 이에 비해 《오디세이아》 17. 218에는 "언제나처럼 신은 닮은 자를 닮은 자에게로 데려다준다(hōs aiei ton homoion agei theos hōs ton homoion)"는 구절이 나오는데, 아마도 이게 그 원형일 것이다. 우리의 '유유상종(類類相從)'이란 말과 비슷한 뜻이라 보아도 되겠다. 그리고 《리시스》 편 214a~b에서는 여기에서의 '언제나처럼(hōs aiei)'을 '언제나 진실로(aiei toi)'로만 바꾼 채 그대로 호메로스의 구절을 인용하고선, 현자들의 글에서 "닮은 것이 닮은 것과(to homoion tọ̄ homoiọ̄) 언제나 우애롭기 마련이다"라는 말을 하고 있다. 그런데 여기에선 남성 정관사(ho) 대신에 중성 정관사(to)가 대치되어 있다. 이렇게 되면, 이는 사람들 간의 관계에만 이 현상이 적용되는 게 아니라, 사물들 간의 관계에서도 성립되고 있는 현상 또는 원칙으로 이해될 수 있는 길을 트게 된다. 바로 이를 플라톤은 그의 인식 이론에도 적용하고 있다. 이를테면, 《파이돈》 편 79a~b에서 '존재하는 것들(ta onta)'의 두 종류로 가시적이 것(to horaton)과 비가시적인 것(to aides)을 구별하고, 이들 각각에 더 닮은(homoioteron) 앎의 주체를 각기 몸(sōma)과 혼(psykhē), 더 구체적으로는 감각(aisthēsis)과 지성(nous)으로 대응시키면서, 앎의 문제를 다루기 시작했다고 볼 수 있겠기 때문이다. 곧 '닮은 것이 닮은 것에' 알

510b

친구인 것으로 내게는 생각되오. 그대에게도 그리 생각되지 않소?

칼리클레스: 제게는 그리 생각됩니다.

소크라테스: 그런데 참주가 사납고 교육받지 못한 통치자인 곳에서, 만약에 누군가가 이 사람보다 그 나라에서 훨씬 더 낫다면, 이 참주가 이 사람을 두려워할 것이 명백할 것이며 이 사람에게는 온 마음
c 으로 친구가 될 수도 결코 없겠죠?

칼리클레스: 그건 그렇습니다.

소크라테스: 누군가가 많이 더 변변찮을 경우에도, 어쨌든 이 사람이 친구가 될 수는 없을 것이오. 참주는 이 사람을 얕볼 것이며 결코 친구에 대해서처럼 진지하게 대하지도 않을 것이기 때문이오.

칼리클레스: 그 또한 진실입니다.

소크라테스: 그러니까 그런 사람에게 말할 가치가 있는 유일한 친구로 남게 되는 자는 이 사람일 것이오. 같은 습관이나 성격의 사람이어서, 같은 것들을 비난하고 칭찬하며, 이 통치자에게 복종하며 지배받고자 하는 자 말이오. 이 사람은 이 나라에서 큰 권력을 갖게 될 것
d 이니, 아무도 이 사람을 해치고도 무사할 수는 없을 것이오. 그렇지 않소?

칼리클레스: 네.

소크라테스: 그래서 가령 이 나라에서 젊은이들 중의 누군가가 이런 생각을 하게 된다고 해요. "어떤 방식으로 내가 큰 권력을 행사하며 아무도 나를 해치지 못하게 할 수 있을까?" 그에게는 이게 길인 것 같소. 젊어서부터 곧바로 그의 주인과 같은 것들로 기뻐하고 괴로워하는 버릇을 들이고, 최대한 그와 닮게 되도록 준비하는 것일 것 같

려진다는 주장이다.

510d

소. 그렇지 않소?

칼리클레스: 네.

소크라테스: 따라서 이 사람으로서는, 그대들의 주장대로, 이 나라에서 불의를 당하지 않으며 큰 권력을 갖게 되는 것이 이루어지오. e

칼리클레스: 물론입니다.

소크라테스: 그렇다면 불의를 저지르지 않는 것도? 아니면, 그러는 것과는 거리가 멀겠소? 정녕 그가 불의한 통치자를 닮고 그 곁에서 큰 권력을 행사하려면 말이오. 그러나 그것과는 정반대로, 그의 준비는 이렇게, 곧 할 수 있는 한 최대로 불의를 저지르되, 불의를 저지르고서도 처벌은 받지 않게 되도록 할 것이라 나로서는 생각하오. 안 그렇겠소?

칼리클레스: 그럴 것 같습니다.

소크라테스: 따라서 이 사람에게는, 그 주인에 대한 모방과 가진 권 511a
력으로 해서 그 혼이 사악하고 불구가 된 상태인 이 자에게는 최대의 악이 깃들어 있소.

칼리클레스: 저는 모르겠습니다. 선생께서 그때마다 논의를 이리저리 어디로 끌고 가시는지를, 소크라테스 님! 혹시 선생께선 이 모방자가 그 주인을 모방하지 않는 자를, 원한다면, 죽이고서 그에게 있는 것들을 빼앗게 될 것이라는 걸 모르십니까?

소크라테스: 그야 알고 있소, 칼리클레스! 내가 적어도 귀가 멀지 b
않다면야, 그대와 폴로스에게서 최근에 여러 차례 그리고 이 나라의 거의 모든 다른 사람들에게서도 듣고 있다는 거야 알고 있소. 하지만 그대도 내 말을 들으시오. 그가 원한다면, 그는 사악한 자이기에, 훌륭하디훌륭한 자를 죽일 것이라는 걸.

칼리클레스: 그러니까 바로 이게 화나게 하는 일이기도 하잖습니까?

511b

소크라테스: 적어도 지성을 갖춘 자에게는 그렇지가 않소. 우리의
주장이 시사하듯. 혹시 그대는 이를, 곧 사람은 최대한 오래 살도록
준비해야만 하는 걸로, 그래서 언제나 우리를 위험들에서 구조해 주
c 는 이런 기술들을 숙달토록 해야만 하는 걸로 생각하시오? 마치 그대
가 날더러 법정들에서 위기를 벗어나게 해 줄 변론술을 익히도록 권
유하듯 말이오.

칼리클레스: 네, 맹세코, 어쨌든 선생께는 옳게 조언하고 있는 거죠.

소크라테스: 어떻소, 친구여? 헤엄치기의 앎(epistēmē)도 존엄한 무엇이라[242] 그대에게는 생각되오?

칼리클레스: 맹세코, 제겐 그리 생각되지 않습니다.

소크라테스: 그렇지만 이것도 사람들을 죽음에서 구해 주오. 이 앎
이 필요한 그런 어떤 곳에 사람들이 빠질 경우에는 말이오. 하지만 이
d 게 사소한 것으로 그대에게 생각된다면, 그대에게 내가 이보다 더 큰
것, 곧 조타술을 말하리다. 이것은 극한의 위험들에서 혼과 몸 그리
고 재물들을 구해 주오. 마치 변론술처럼 말이오. 그러면서도 이것은
겸손하고 절도 있는 것이며, 뭔가 돋보이는 대단한 것이라도 하는 것
같은 시늉을 하며 엄숙해하지는 않고, 법정 변론술과 같은 일들을 수
행하오. 가령 아이기나[243]에서 여기까지 무사히 오게 되면, 2오볼로

242) 《법률》 편 689d3에는 "속담대로 글도 모르고 헤엄칠 줄도 모른다."는 말이 보이는데, 보통의 기본적인 것도 할 줄 모른다는 뜻으로 쓰이는 말이니, 이 경우에는 수영이 별로 특별할 것이 없는 보통인 것이란 뜻이겠다. 헬라스는 우리처럼 반도인 데다 섬들도 엄청 많아, 수영을 익힐 기회도 그 필요성도 많아서 생긴 표현이겠다.

243) Aigina는 아테네에서 남서쪽으로 약 20킬로미터쯤 떨어져 있는 섬으로, 면적은 약 90 제곱킬로미터이다. 1100년경에 도리스인들이 점유했으

511d

스[244]를 받은 것으로 나는 생각하지만, 아이깁토스(이집트)나 흑해에서 방금 내가 말했던 걸 무사히 안착하게 할 경우에는, 곧 자신과 아이들, 그리고 재물들과 아낙네들을 항구에 내리게 할 경우에는, 아주 많아야, 이 큰 봉사의 대가로 2드라크메를 지불했소. 그리고선 이 조타술을 지닌 당사자[245]는 이 일들을 수행하고서, 바닷가로 배에서 내 e

며, 500년경에는 교역의 발달과 함께 막강한 해군력을 키웠다. 506년부터는 이웃한 아테네와 오랫동안 반목 상태에 있다가, 457/6년에 아테네에 패배하고선, 아테네가 주도한 델로스 동맹에 가담한다. 431년에 펠로폰네소스 전쟁(431~404년)이 터지자, 아테네는 이 전쟁의 한 분쟁 요인이기도 한 이 섬에서 주민들을 모조리 추방하고서는 아테네인들로 하여금 농지를 경작하게 했다. 그러나 이들 추방되었던 사람들은 405년에 스파르타의 해군 지휘관 리산드로스(Lysandros)에 의해 돌아오게 된다. 오늘날의 발음으론 '에기나'로 불리는 이 섬엔 Aphaia 여신의 신전 유적이 있는 데다 아름다운 경관으로 해서 유명한 관광지가 되어 있다. 이 신전의 4개 박공들 중의 둘은 뮌헨의 조각 전시관(Glyptothek)에 전시되어 있다.

244) 1드라크메(drakhmē)가 6오볼로스(obolos)에 해당하는 것이었는데, 당시에 노동력을 상실한 노인들이 주류를 이루었던 배심원들의 일당이나 축제 행사 때 가난한 시민들의 극장 관람을 위해 나라에서 각자에게 제공하는 '관람 비용'(theōrika)이 처음에는 2오볼로스였다가 나중엔 3오볼로스로 올랐다고 한다. 그런가 하면, 펠로폰네소스 전쟁 말기에 아테네에서는 가난한 시민의 하루 생계비로 2오볼로스씩 지급했는데, 이를 diōbelia(2오볼로스 수당)라 했다. 모두가 은화였다. 당시에 건장한 기능인의 하루 수당이 1드라크메였다고 한다. 그리고 100드라크메가 1므나(mna)에 해당했다. 《소크라테스의 변론》 편(38b)을 보면, 소크라테스가 자신에 대한 벌금형으로 1므나를 제의하니까,—당시에 포로의 석방 대가가 이 금액이었다고 함— 여러 사람이 30므나의 벌금을 제의하도록 하고 자기들이 물겠다고 하는 장면이 나온다. 참고로 덧붙이면, 최고 화폐단위인 탈란톤(talanton)은 60므나였다.

245) 조타술은 kybernētikē라고 하고, 조타수(키잡이)는 kybernētēs라 한다. 조타수는 소형 상선이나 어선 따위의 작은 배의 경우에는 곧 선장이

511e

려서 어엿한 자태로 거닐 것이오. 그는 이런 헤아림을 할 줄도 알 것이라 나는 생각하기 때문이오. 같이 항해한 자들 중에서 누구누구를 물에 빠지지 않게 함으로써 이롭게 했으며 또한 누구누굴 해롭게 했는지가 불명하며, 그들이 배에 올랐을 때의 상태보다 배에서 내렸을
512a 때, 몸들이나 혼들이 전혀 더 나아지지 않았다는 사실은 알고 있다고. 따라서 그는 헤아릴 것이오. 만약에 누군가가 몸에 큰 불치의 질병들을 갖고 있으면서 익사하지 않았다면, 그는 그가 죽지 않아서, 이 사람이 자기에게서 아무런 혜택을 받지 못해서 불쌍하다는 것도. 따라서 가령 누군가가 몸보다도 더 귀한 것, 곧 혼에 많은 불치의 질병들을 갖고 있을 경우에, 바다에서 또는 법정이나 그 밖의 어디서고 구조하게 된다면, 이 사람으로서는 살아야만 하며 이로 해서 그를 이롭게
b 하겠는지, 하지만 사악한 사람으로서는 사는 게 더 좋은 게 아니라는 걸 그는 알고 있소. 못되게 살 게 필연적이기 때문이오.

이 때문에 조타수가 우리를 구조한다고 할지라도, 엄숙해지는 건 관례가 아니며, 보시오, 기계 제작자가, 조타수는 말할 것도 없고, 장군 못지않게 또는 다른 누구보다도 못지않게 때로는 구조할 수 있다고 할지라도, 그건 그렇소. 그가 온 나라들을 구할 때도 있겠기 때문이오. 그가 법정 변론가만큼은 아닌 걸로 그대에게는 생각되오? 그렇지만, 칼리클레스여, 만약에 그가, 그대들이 하는 바로 그런 짓들을,
c 곧 언변을 늘어놓고자 한다면, 자기가 하는 일을 당당해하며, 언변들을 쏟아부을 것이오. 다른 것들은 아무것도 아닌 듯이, 기계 제작자가 되어야만 한다고 말하면서, 권유할 것이오. 그에게도 할 말은 얼마

기도 했다. 일반적으로는 선주(nauklēros)가 곧 선장이었다. 그러나 폭 3.5미터, 길이 35~37미터의 크기에 200명이 넘는 승선원을 갖는 '삼단노 전함'(triērēs)에서도 조타수는 함장에 버금가는 지위를 누렸다.

512c

든지 있겠기 때문이오. 그러나 그대는 그와 그의 기술을 못지않게 경
멸하고, 멸시하는 투로 기계 제작자로 부를 것이며, 또한 그의 아들에
게는 딸을 주려고도 하지 않겠지만, 자신이 그 딸을 받아들이지도 않
을 것이오.[246] 하지만 어떤 이유로든 그대의 일들은 칭송하면서도, 무
슨 정당한 근거로 기계 제작자나 방금 말한 다른 사람들은 멸시하오?
그대가 더 나은 신분의 사람이며 더 나은 가문 출신이라 말할 것이라 d
는 걸 나는 알고 있소. 그러나 더 낫다는 것이 [지금] 내가 말하고 있
는 것이 아니고, 이게 이런 빼어남이라면, 곧 자신이 어떤 사람이건,
자신이나 자신의 것들을 구조하는 것이라면, 기계 제작자와 의사 그
리고 구조를 위해서 고안된 기타의 기술들에 대한 그대의 험담은 우
습게 될 것이오. 하지만, 복 받은 자여, 고귀하고 좋은 것은 구조하고
구조되는 것 이외의 다른 어떤 것이 아닌지 보시오. 최대한 오래 사는
것, 이것에 참된 사람은 개의치도 말 것이며, 생명에 애착을 갖지도 e
말되, 이것들과 관련해서는 신에 맡기며, 정해진 운명[247]은 어느 한

246) 당시의 아테네인들은 수공 일(banausia)에 종사하는 것을 비천하게 여겼다. 그러나 나라에서는 그런 직종에 종사하는 사람들이 필요했던 터라, 아테네는 다른 나라들에서 그런 사람들을 거류민들(metoikoi)로 받아들였다. 이를테면, 《국가(정체)》 편의 첫머리에 등장하는 케팔로스(Kephalos)는 아테네의 외항 피레우스에서 거류민으로서 30년간 방패 제조 공장을 운영한 재산가였는데, 그는 시켈리아(시칠리아)의 시라쿠사이 출신이다. 이 대화편에서의 대화 장소는 그의 집이다. 특히 그의 둘째 아들인 리시아스(Lysias: 459/8~약 380)는 망명 중이던 민주파 인사들을 지원하는 데 가진 돈을 다 썼다. 같은 해에 민주파가 30인 참주 정권을 무너뜨린 덕에 그도 귀환했으며, 민주파 인사들의 호의로 아테네 시민권을 부여하려 했으나, 아테네의 실정법에 어긋나 이는 불가능했는데, 만년에는 주로 법정 변론문 작성자(logographos)로 활동하게 된다. 이로 미루어 거류민 지위의 한계를 짐작할 수 있겠다.

247) 여기에서 '정해진 운명'으로 옮긴 것의 원어는 hē heimarmenē

512e

사람도 피할 수 없을 것이라는 여인들[248]의 말을 믿고서, 이에 더해
앞으로 살 세월을 최대한 훌륭하게(잘) 살 방식이 무엇인지 고찰해야
만 하겠기 때문이오. 자신이 살고 있는 곳의 나라체제에 자신을 동화
513a 케 함으로써, 그러니까 지금 당장 스스로를 아테네의 민중(dēmos)과
최대한 닮게 되도록 할 것인지를. 민중과 친근해져서 이 나라에서
큰 힘을 행사하려고 한다면 말이오. 이게 그대와 내게 이득이 될 것
인지 보오. 친구여, 달을 끌어내린 테살리아의 마녀들이 겪었다고들
말하는 일[249]을 우리가 겪지 않으려면 말이오. 우리에게 있어서 이 나

[moira]인데, 괄호 안의 moira(운명)가 생략된 상태로 쓰였다. 《파이돈》 편 115a에는 소크라테스가 자신의 '정해진 운명'이 자신을 부르며 독배를 마실 준비를 할 것을 알려 주고 있는 걸로 말하는 장면이 나온다. moira는 원래 '부분'(meros) 또는 땅 따위를 나누어 받은 '몫'을 의미하는 말인데, 이것이 각자가 할당받은(heimarmenē) '인생에서의 몫', 즉 '운명'을 뜻하게도 되었다. 대문자로 시작되는 Moira는 운명의 여신을 가리킨다. 《국가(정체)》 편 617b~e에는 운명의 여신들(Moirai) 앞에서 혼들이 저마다 제 삶의 표본을 선택하는 장면이 보인다. 그리고 우리가 행운이니 불운이니 할 때의 '운'은 tykhē라 하는데, 이는 원래 '우연'을 의미하는 말이다.

248) 이 여인들이 누구를 가리키는지는 불명하다. 아마도 엘레우시스(Eleusis)의 여제관들이나 피티아(Pythia) 곧 델피의 여제관들을 가리키는지도 모르겠다.

249) Dodds의 주석에 따르면, Thessalia는 여신 헤카테(Hekatē) 숭배의 주된 중심지였다고 한다. 이 여신과 관련해서는 '헤카테의 저녁 식사'(Hekatēs deipnon, Hekataia deipna)라는 게 있는데, 매달 그믐에는 새달을 맞는 일종의 정화 의식으로 교차로에 있는 여신상의 발 앞에 바치는 저녁 식사가 차려진다. 그 내용물은 빵·계란·치즈 등이고, 이는 사실상 부자들이 거지나 가난한 사람들을 위해 차려 놓는 보시인 셈이다. 이 마녀들이 달을 끌어내림으로써 월식 현상이 일어난 걸로 사람들이 여겼던 것 같다. 아리스토파네스의 《구름》 749~754를 보면, 주인공이 테살리아의 마녀를 사서, 그로 하여금 밤에 달을 끌어내려 거울 같은 걸 담아 두는

513a

라에서의 이 힘의 선택은 자신에게 가장 귀한 것들의 희생을 수반하
오.[250] 한데, 만약에 누구고 간에 그대에게 이런 기술을, 곧 이 나라
에서 나라체제와, 좋은 쪽으로든 나쁜 쪽으로든 닮지 않았는데도,
그대로 하여금 큰 힘을 갖도록 해 줄 그런 기술을 전수해 줄 것으로 b
그대가 생각한다면, 내 생각으로는, 칼리클레스여, 그대는 옳지 않
게 조언을 받고 있는 것이오. 왜냐하면 이것들과는 모방자 아닌 자
생적으로 닮은 자여야만 하겠기 때문이오. 만약에 그대가 아테네 민
중과의 우의를 위해서 그리고 또 단연코 피릴람페스의 아들[인 데모
스][251]와의 우의를 위해서도 진정한 무언가를 이루려면 말이오. 그러
므로 누구든 그대를 이들과 가장 닮도록 만드는 사람, 이 사람이, 그
대가 정치인이기를 원하듯, 그대를 정치인 및 변론가로 만들 것이오.
왜냐하면 자신들의 성격에 맞게 말하는 언변들에 대해서는 저들마다
반기지만, 이질적인 것에 대해서는 불편해하기 때문이오. 그대가 특 c
별한 뭔가를 말하지 않는 한은 말이오, 친구여! 이에 대해 우리가 할
말이 있소, 칼리클레스?

칼리클레스: 어쩌다가 그리되었는지는 모르겠으나, 선생께서 훌륭히 말씀하시는 걸로 제겐 생각되네요, 소크라테스 님! 그러나 제가 느낀 건 다중의 느낌과 같은 것입니다. 제가 선생께 아주 승복하고 있는 건 아닙니다.

둥근 상자에 가두어 두면, 다시는 달이 뜨지 않아, 한 달이 지나지 않은 걸로 되어, 이자를 갚지 않아도 될 것이라는 발상을 하는 장면이 나온다.

250) Dodds에 의하면, 마녀가 어떤 마력을 얻기 위해서는 자신이 장님이 되거나 가족 중의 누군가가 제물로 희생되어야만 한다는 믿음과 관련해서 하는 말이다.

251) 481d의 본문 및 해당 각주를 참조할 것.

513c

소크라테스: 칼리클레스여, 그건 민중에 대한 사랑이 그대의 혼에 깃들어 있어서 내게 저항하기 때문이오. 그러나 만약에 우리가 같은 이것들을 아마도 여러 번 그리고[252] 더 잘 검토한다면, 그대가 승복하
d 게 될 것이오. 그야 어쨌든, 몸과 혼 각각을 보살피기 위한 두 가지 준비가 있음을 우리가 말했다는 걸[253] 기억하시오. 그 하나는 즐거움을 위해서 분주하나, 다른 건 최선의 것을 위해서 분주한데, 만족하지 않고 싸워 나가느라 해서요. 이것이 우리가 그때 구별했던 것들이 아니었소?

칼리클레스: 물론입니다.

소크라테스: 그러니까 한쪽 것, 곧 즐거움을 위한 것은 천박한 비위맞춤(아첨) 이외의 다른 아무것도 아니겠소. 그렇지 않소?

e 칼리클레스: 원하신다면, 선생께는 그게 그런 걸로 해 두죠.

소크라테스: 하지만 적어도 다른 쪽 것은 우리가 보살피는 것이 몸이든 혼이든, 이것이 최선의 것이도록 하는 것이겠소?

칼리클레스: 물론입니다.

소크라테스: 그렇다면 우리로선 이처럼, 곧 시민들 자신들을 가장 훌륭하도록 만듦으로써 나라와 시민들에 대해 봉사토록 꾀해야만 하겠죠? 그야 이러지 않고서는, 우리가 앞서 확인했듯,[254] 다른 어떤 선
514a 행도 이득을 가져다주지 않을 것이기 때문이오. 많은 재물이나 어떤 사람들에 대한 지배권 또는 그 밖의 다른 어떤 권력이든 갖게 될 사람들의 마음 상태가 훌륭하디훌륭하지 않은 한은 말이오. 우리는 이게 이렇다고 보아야겠죠?

252) 텍스트 읽기에서 513c8의 [isōs kai]는 살려서 읽었다.

253) 500b에서.

254) 504d~e에서.

514a

칼리클레스: 물론입니다, 그러시는 게 더 마음에 드신다면.

소크라테스: 그래서, 칼리클레스여, 가령 우리가 공적으로 정치적
인 일들을 처리하면서 건축과 관련된 일들로, 이를테면 성벽들이나
조선소들 또는 신전들의 축조를 위해 서로를 불러 모을 경우에, 우리
가 우리 스스로를 살피고 이런 걸 캐물어 볼 필요가 있겠소? 첫째로, b
우리가 그 기술, 곧 건축술을 알고 있는지 또는 모르고 있는지, 그리
고 그걸 우리가 누구에게서 배웠는지를 말이오. 그래야만 하는지 아
니면 그럴 필요가 없는지?

칼리클레스: 물론입니다.

소크라테스: 그러니까 다시, 둘째로 살피고 캐물을 것은 이것이오.
어떤 건축물을 사적으로 친구들 중의 누군가를 위해 또는 우리 자신
을 위해서 건축한 적이 있는지, 그리고 이 건축물이 아름다운 것인지
또는 추한 것인지를. 그리고 우리 스스로 살피고서, 우리의 스승들이
훌륭하고 존중받을 분들로 되었음을, 그리고 많은 아름다운 건물들을 c
스승들과 함께 우리가 지었지만, 우리가 스승들 곁을 떠났을 때, 많은
사적인 건물들이 우리 자신들이 지은 것들임을 우리가 발견하게 된다
면, 이런 처지에 있게 되었을 때에야, 공적인 일들에 나아가는 게 지
각 있는 자들의 행동일 것이오. 그러나 만약에 우리가 우리 자신들의
스승도 건축물들도 전혀 보여 줄 수 없거나 또는 많더라도 아무런 가
치도 없는 것들이라면, 공적인 일들에 착수하는 것이나 이런 일들에
서로를 부른다는 것은 그야말로 그만큼 분별없는 짓임이 명백하오.
이게 옳게 말하는 것이라고 아니면 그렇지 않다고 하겠소? d

칼리클레스: 물론 그렇다고 하겠습니다.

소크라테스: 그러니까 다른 모든 것의 경우에도 이렇지 않소? 가
령 우리가 의사 자격으로 공적인 봉사를 하고자 해서 서로 불러 모은

514d

다면, 나는 그대를 그리고 그대는 나를 조사해 볼 것이 틀림없소. "자,
신들에 맹세코, 소크라테스 자신은 건강과 관련해서 몸을 어떤 상태
로 유지하고 있지? 혹시 소크라테스로 해서, 노예든 자유민이든, 다
른 누군가가 일찍이 질병에서 벗어난 일이 있었는지?" 나 또한 그대
와 관련해서 이런 유의 다른 문제 제기를 했을 것으로 생각하오. 그
리고 만약에 우리를 통해서는 그 어떤 몸도, 그게 다른 나라 사람들
e 의 것이든 또는 같은 시민들의 것이든, 그가 남자건 여자건, 더 나아
진 자가 없음을 우리가 확인하게 될 경우, 맹세코, 칼리클레스여, 사
람들이 이럴 정도의 어리석음에 빠진다는 것은 진실로 가소로운 일이
아니겠소? 사사로이 치유 행위를 하면서, 많은 경우에 막연히 하는가
하면, 또한 많은 경우에 성공적으로 수행함으로써 이 기술을 충분히
수련하게 되기도 전에 말이오. 이는 바로 속담 그대로 항아리에서 도
기 제법을 배우려 꾀하는 것이어서,[255] 자신들과 그런 다른 사람들을
공의(公醫)로서 활동하도록 부르려 꾀하는 것이겠죠? 이렇게 한다는
것은 분별없는 짓이라 그대에겐 생각되지 않소?

칼리클레스: 제겐 그리 생각됩니다.

515a 소크라테스: 그러나, 지극히 빼어난 친구여, 이제 그대 자신이 막

---

255) "항아리에서 도기 제법(陶器製法: kerameia)을 배운다."는 속담을 말한다. 여기에서 말하는 '항아리'(pithos)는 포도주 발효용 술통을 주로 가리키는데, 이는 가을에 수확한 포도를 즙으로 짜 넣고서 여섯 달쯤 발효시키는 길쭉한 형태의 큰 항아리이다. 나무통의 경우에도 이 낱말이 쓰이나, 이 경우에는 목재를 뜻하는 말이 덧붙여지는 게 원칙이다. 이 속담은 기본적인 것도 배우지 않고 고난도의 어려운 걸 배우겠다고 덤비는 사람들을 빗대어 말하는 것이다. 게다가 도토(陶土)로 어떤 도기를 빚되, 실패할 경우에 대해 전혀 신경 쓸 필요가 없는 소품들을 부담 없이 만드는 연습부터 할 필요가 있음을 이 속담은 또한 강조하고 있는 것이다. 그리고 이 속담과 관련된 언급은 《라케스》 편 187a에도 보인다.

515a

나랏일들을 다루기 시작하면서, 나를 동참토록 부르는데, 내가 그러려 하지 않는다고 책망하니, 우리가 서로 살펴보아야[256] 하지 않겠소? "자, 칼리클레스는 이미 시민들 중의 누군가를 더 나은 자로 만들었던가요? 이전엔 사악하고 불의하며 무절제하고 무분별했던 자가 칼리클레스로 해서 훌륭하디훌륭한 자로 된 이가 누구건 있소? 그가 외국인이든 같은 시민이든 노예든 자유민이든 간에 말이오." 만약에 누군가가 그대에게 이를 캐묻는다면, 칼리클레스여, 그대가 뭐라 대 b
답할 것인지 내게 말해 주오. 그대는 어느 사람을 그대와의 함께함에 의해서 더 나은 이로 만들었다고 주장하겠소? 그대는 공인으로 지내려고 함에 앞서, 아직 사인으로 있는 동안에 그대가 한 어떤 일이 실제로 있는지 대답하기를 주저하는 게요?

칼리클레스: 선생께서는 이기기를 좋아하십니다, 소크라테스 님!

소크라테스: 그러나 어쨌든 나는 경쟁심으로 해서 그대에게 질문하고 있는 것이 아니라, 우리 경우에 도대체 어떤 방식으로 정치에 관여해야만 한다고 그대가 생각하는지를 진정으로 알고 싶어서요. 그러니까 우리가 나랏일들에 임함에 있어서 어떻게 하면 시민들이 최대한 훌륭해질 수 있겠는지에 대해서 마음 쓰는 것 이외의 다른 것에 대한 c
것이겠소? 이걸 정치가가 해야만 한다고 우리가 이미 여러 차례나 동의하지 않았소? 동의했소, 안 했소? 대답하오. 우린 동의했소. 그대를 대신해서 내가 대답하는 거요. 그러므로 훌륭한 사람이 제 나라를

256) 헬라스어로 '공인으로 있거나, 공인으로 지냄'을 dēmosieuein이라 하는데, 이 말은 또한 '공의(公醫)로서 활동함'을 의미하기도 하고, 이와 반대되는 것은 idiōteuein이다. 그러니까 뒤엣것은 '사인으로 있거나 지냄 그리고 사적으로 의료 활동을 함' 등을 뜻한다. 앞에서 한 대화 속에서 이들 양의적인 언급들이 나온 것은 바로 그래서였다.

515c

위해서 이를 준비해야만 한다면, 좀 전에 그대가 말했던 그 사람들[257)]에 대해서 상기하고서, 지금 내게 말해 주시오. 페리클레스와 키몬 그리고 밀티아데스와 테미스토클레스가 그대에겐 여전히 훌륭한 시민

d 들이었던 걸로 생각되는지를.

칼리클레스: 제게는 그리 생각됩니다.

소크라테스: 그러니까 그들이 정녕 훌륭했다면, 이들 각각이 시민들을 더 못한 사람들 대신 더 훌륭한 이들로 만들었을 게 명백하오. 그렇게 만들었던가요, 아닌가요?

칼리클레스: 그랬습니다.

소크라테스: 그렇다면 페리클레스가 민중들 속에서 연설하기 시작했을 때는, 아테네인들이 그가 마지막 연설들을 했을 때보다는 더 못했던 게 아니오?

칼리클레스: 아마도 그랬겠죠.

소크라테스: 아마도 그랬던 게 아니고, 친구여, 정녕 그가 어쨌든 훌륭한 시민이었다면, 동의한 바에 따라, 그건 필연적인 것이오.

e 칼리클레스: 어째서죠?

소크라테스: 아무것도 아니요. 하지만 그것에 더해, 이걸 내게 대답해 주오. 아테네인들이 페리클레스로 해서 더 나은 사람들로 되었다고 하는지 또는 정반대로 그로 해서 타락했다고 하는지. 나로선 이런 말을 들어서요. 페리클레스가 아테네인들을 게으르고 비겁하며 수다스럽고 돈을 좋아하도록 만든 것으로 듣고 있기 때문인데, 이는 그가 최초로 수당 수령을 제도화해서라오.[258)]

---

257) 503c에서.

258) 아테네에서 시행된 각종 공공 봉사에 대한 수당(misthos)들에 대해서는 Dodds가 그의 주석에서 상세히 밝히고 있어서, 이를 정리하면, 대

515e

칼리클레스: 그것들은 찌그러진 귀들을 가진 자들[259]에게서 듣는 것들입니다, 소크라테스 님!

소크라테스: 그렇지만 이것들은 더는 내가 듣고 있는 게 아니라, 나도 그대도 분명히 알고 있는 바요. 처음엔 페리클레스가 평판이 좋았으며, 아테네인들은 그에게 불명예스런 판결을 내린 일이 없었소. 자신들이 더 못했을 때는 말이오. 그러나 자신들이 그로 해서 훌륭하디 훌륭한 시민들로 되어서는, 페리클레스의 생애 마지막에는 공금 횡령으로 그에게 유죄 판결을 내려, 거의 사형 판결까지 내릴 지경이 되었 516a
소. 그를 사악한 자로 판단했던 게 명백하오.[260]

개 이렇다. 법정 배심원으로 등재된 사람에 대해 일당으로 2오볼로스(나중엔 3오볼로스로 인상)의 일당 임금이 지불되었는데, 이를 dikastikos misthos(재판 참석 임금)라 했다. 군인이나 수병에 대해 지급되는 일당(stratiōtikos misthos)은 3오볼로스였으며, 협의회(boulē)의원으로 활동하는 기간 동안은 일당이 1드라크메여서, 적극적 참여를 유도했다고 한다. 이들 화폐 단위와 관련해서는 511d에서 해당 각주를 참조할 것.

259) 《프로타고라스》 편 342b~c에는 이런 구절이 보인다. "스파르타인들을 흉내 내는 자들이 귀가 찢기는가 하면, 가죽띠를 [손목에] 감고, 운동을 좋아하게 되며, 짧은 외투를 걸치고 다닙니다. 마치 스파르타인들이 이것들로 해서 헬라스인들을 제압하는 사람들이기라도 한 것처럼 말입니다." 이 앞뒤 대목은 스파르타인들이 자신들의 우월함이 정작 지혜사랑에 있지만, 남들에겐 이를 숨기느라, 권투 따위의 몸 단련에 있는 것처럼 위장한다는 것이다. 그렇지만 이들의 지혜가 불쑥불쑥 드러나는 것은 그들의 촌철살인적인 '간결한 표현(brakhylogia)'을 통해서라고 한다. 그리고 여기서 '찌그러진 귀들을 가진 자들'은 5세기 후반의 과두파 가문의 젊은이들로서, 이들은 권투를 좋아하는 등 자신들의 스파르타 풍 취향을 과시했다고 한다. 그러니까 이들은 심정적으로 반민주파의 젊은이들이었다고 할 것이다.

260) Hamilton은 이와 관련해서 각별히 긴 각주를 달고 있는데, 페리클레스에 대한 이런 지나친 비판은, 당시의 정치 전반에 대한 플라톤의 비통한 심경을 고려할 때만, 설명이 가능하다고 하며, 페리클레스의 도덕성

칼리클레스: 그게 어때서요? 이 때문에 페리클레스가 나빴나요?

소크라테스: 어쨌든 나귀들이나 말들 그리고 소들을 돌보는 자가 그런 사람이라면, 그는 나쁜 것으로 여겨질 것이오. 자신에 대해 뒷발질도 하지 않고 뿔로 들이받지도 않으며 물지도 않던 그것들을 넘겨받아서는 사나움으로 해서 이 모든 짓을 하는 것들로 보여 준다면 말
b 이오. 혹시 어떤 동물이든 이를 돌보는 자가 누구건 간에, 한결 순한 상태로 넘겨받아서는, 그가 그걸 넘겨받았을 때보다도 더 사나운 것으로 보여 주게 되는 자는 나쁜 것으로 그대에겐 여겨지지 않소? 그리 여겨지는 게요 아닌 게요?

칼리클레스: 그야 물론입니다. 이는 선생을 기쁘게 해 드리기 위해섭니다.

소크라테스: 그러면 이것 또한 대답함으로써 나를 기쁘게 해 주오. 사람도 동물들 중의 하난가요, 아닌가요?

칼리클레스: 실인즉 어찌 아니겠습니까?

소크라테스: 그러니까 페리클레스는 사람들을 돌보지 않았소?

칼리클레스: 네.

소크라테스: 어떤가요? 방금 우리가 동의했듯, 그가 정녕 정치적인 문제들에 있어서 훌륭한 사람으로서 그들을 보살폈다면, 그들은 그로 해서 한결 불의한 자들 대신에 한결 더 올바른(정의로운) 자들로 되
c 어야만 하지 않았겠소?

칼리클레스: 물론입니다.

소크라테스: 그런데 호메로스가 말했듯, 적어도 올바른 자들은 온

등 긍정적인 측면과 관련된 언급들을 하며, 이 판결은 곡해로 인한 것일 거고, 얼마 뒤에 다시 장군으로 선출된 사실을 환기시키고 있다.

516c

순하지 않소?[261] 그대는 뭐라 말하오? 그렇지 않소?

칼리클레스: 그렇습니다.

소크라테스: 그렇지만 이들을 자신이 넘겨받았을 때의 그런 사람들보다도 더 사나운 자들로 보여 주게 되었으며, 그것도 자기 자신에 대해서 그러게 했으니, 이는 조금도 바라지 않았던 일일 것이오.

칼리클레스: 선생께 제가 동의하기를 바라십니까?

소크라테스: 적어도 내가 그대에게 진실을 말하는 것으로 여겨진다면야.

칼리클레스: 그야 그런 걸로 하죠.

소크라테스: 그러니까 정녕 그들이 더 사나워졌다면, 그들은 더 올바르지 않으며 더 나쁘게 되지 않았겠소?

칼리클레스: 그런 걸로 하죠. d

소크라테스: 이 추론대로라면, 페리클레스는 정치적인 문제들에 있어서 훌륭하지 못했소.

칼리클레스: 적어도 선생께서 하시는 말씀으로는 그렇지 못하네요.

소크라테스: 그대가 동의한 바로[262] 미루어서도 그대 또한 단연코 그리 말할 것이오. 그러나 키몬과 관련해서는 다시 내게 말해 주시오. 그가 보살폈던 이 사람들이 그를 도편추방[263]으로 내쫓지 않았소? 십

---

261) 호메로스가 바로 이런 말을 한 것이 아니라, 《오디세이아》 6. 120, 9. 175 등에 오디세우스가 낯선 땅의 낯선 사람들이 오만한 자들이며 "사납고 올바르지도 않은지?" 자문하는 장면이 나오는데, 이를 여기에서는 그 반대인 자들의 경우로 바꾸어, 그 반대도 성립하지 않겠는지를 묻고 있는 것이다.

262) 515d 참조.

263) 키몬은 461년에 도편추방을 당하고서, 10년이 차지 않은 시점인 457년에 불러들였던 것으로 전한다. 도편추방(ostrakismos)은 아테네 시민

516d

년 동안 그의 목소리를 듣지 않기 위해서 말이오. 또한 그들은 테미스토클레스에게도 이 똑같은 짓을 하고선, 유형(流刑)을 추가로 벌하지 않았었소?[264] 반면에 마라톤 전투에서의 밀티아데스를 구덩이[265]에

e 던져 넣도록 하는 투표를 했거니와, 협의회 의장[266]의 개입이 없었다면, 그는 그 안에 떨어지는 신세가 될 뻔했소. 그렇지만 이들이 만약

들이 공공의 안녕에 위협이 될지도 모르는 누군가를 10년 동안, 그의 재산은 건드리지 않고, 국외로 추방하는 제도이다. 매년 협의회(평의회: boulē)의 제6차 운영(실무)위원회(prytaneis)의 운영회 회기(prytaneia: 협의회와 이 기간과 관련해서는 474a에서 해당 각주를 참조할 것)에 그 해 도편추방 실시 여부를 민회의 의결에 붙인다. 민회에서 그러기로 의결되면, 제8차 운영위원회의 회기 중의 어느 날 아고라에서 협의회와 아르콘들(arkhontes)의 감독하에 투표와 개표가 진행된다. 투표하는 시민은 각기 추방하고 싶은 사람의 이름을 도편(陶片: ostrakon)에 긁어 적는다. 도합 6,000개 이상의 투표수가 확인되면, 그중에서 가장 많은 이름이 적힌 사람이 추방되는데, 그는 10일 안으로 조국을 떠나야 한다. 현재 발굴된 은닉 장물 더미 속의 도편들 중에서 200개 남짓에 테미스토클레스의 이름이 적혀 있는데, 몇 사람이 긁은 글씨라 한다. 이는 몇 사람의 정적들이 작당을 해, 몰아서 투표토록 한 것들일 수도 있고, 글을 모르는 사람들이 대필케 한 것들일 수도 있겠다.

264) 테미스토클레스와 관련해서는 455e의 해당 각주들에서 자세히 언급되었다. 여기서 '유형'으로 옮긴 것의 원어는 phygē(exile)인데, 제 고장에서 영구적으로 또는 장기간 내쫓기는 형을 말한다.

265) 원어는 barathron인데, 아테네에서 처형된 자들을 던져 넣는 일종의 구덩이(orygma)였다고 한다. 《국가(정체)》 편 439e를 보면, 피레우스 항구로부터 북쪽 성벽의 아랫길을 따라 시내로 들어가는 길 옆에 있었던 것으로 언급되고 있는데, 아테네의 서남 쪽 케이리아다이(Keiriadai)라는 작은 부락(dēmos)에 있었다고 한다(How & Wells, *A Commentary on Herodotus*, p. 179 참조). 헤로도토스 《역사》 7. 133, 아리스토파네스의 《구름》 1450 등에도 이에 대한 언급이 나온다.

266) 매일 당해 운영위원들 중에서 추첨에 의해 결정되는 협의회 의장(prytanis)은 당일 민회의 의장도 겸했다.

516e

에, 그대가 주장하듯, 훌륭한 사람들이었다면, 이런 일들은 결코 겪지 않았을 것이오. 그러니 어쨌든 이들이 처음에는 전차를 훌륭히 모는 자들로서 전차에서 떨어지지 않다가, 말들을 보살피고 스스로도 더 나은 전차몰이들로 되고서, 그때 떨어지지는 않지요. 이런 일은 전차를 모는 경우에도 다른 어떤 일의 경우에도 일어날 수 없소. 그게 일어날 수 있는 일로 그대에겐 생각되오?

칼리클레스: 제겐 일어날 수 없는 일로 생각됩니다.

소크라테스: 그러고 보니, 앞서 한 주장들[267]이 진실인 것 같아 보이오. 곧 이 나라에서 정치 문제들에 있어서 훌륭했던 분으로 우리가 517a
알고 있는 이는 아무도 없다는 것이오.[268] 한데, 그대가 요즘 사람들 중에서는 그런 사람이 없다는 데 동의하고 있지만, 이전 사람들 중에서는 이 사람들을 가려냈소. 그러나 이 사람들도 지금 살아 있는 사람들과 같은 수준이라는 게 밝혀졌소. 그래서 이들이 변론가들이었다면, 그들은 참된 변론술[269]을 쓰지 못했던 것이오. 그랬다면, 그들이 전차에서 떨어지지는 않았을 것이기 때문이오. 그들은 비위 맞추기

---

267) 503b~c 및 바로 방금 말한 것(d~e)이 해당되겠다.

268) Dodds는 여기서 현재는 물론 과거의 존경받던 모든 정치가들마저 '훌륭한 정치가'가 아니라면, 헬라스의 일곱 현인들 중의 한 사람인 솔론이나 526b에서 극찬하고 있는 아리스테이데스조차도 예외가 될 수 없겠으나, 《메논》 편 93a에서는 이에 배치되는 견해가 피력되고 있다. 그러나 이른바 훌륭하다는 정치가들의 지혜로움은 참된 앎에 기반을 둔 것이 아니라 개인적인 의견 또는 판단(doxa)에, 최선의 경우라 할지라도, '참된 의견(참된 판단: alēthēs doxa)' 또는 '바른 의견(옳은 판단: orthē doxa)'에 근거한 것일 뿐임을 말하고 있다.(97b~c) 이는 우리의 이 대화편에서도 앎에 기반을 둔 진정한 변론술이 강조되고 있는 것과 맥을 같이 하고 있다고 할 것이다.

269) 504d~e에서 참된 변론가에 대한 언급을 했다.

517a

기술도 이용하지 못했소.

칼리클레스: 하지만, 소크라테스 님, 요즘 사람들 중에서는 누구도,
그들 중의 누구든, 선생께서 지적하시고 싶은 이가 했던 그런 일들을
b 해 내기에는 어쨌든 많이 부족할 것입니다.

소크라테스: 대단한 친구여, 내가 이들을 나무라는 것은 적어도 나
라의 봉사자들이라는 점에서는 아니오. 적어도 요즘 사람들보다는 이
들이 더 봉사적이었으며, 나라가 욕망하는 것들을 더 잘 갖추게 할 수
있었던 걸로 내게는 생각되오. 그러나 그들도 실인즉 시민들이 훌륭
하게 되는 이 방향으로 설득하고 강요함으로써, 그들의 욕망들을 방
향 전향케 하고 그냥 내맡겨 두지 않는 데는 그들도 이들과 거의 다를
c 게 없소. 바로 이것만이 훌륭한 시민의 일(ergon)이오.[270] 하지만 선
박과 성벽, 조선소와 그 밖의 것들로 이런 유의 모든 것을 갖추게 하
는 데는 그들이 이들보다도 더 유능하다는 데 나는 그대와 동의하오.
그러고 보니 나와 그대는 논의들에서 우스운 짓을 하고 있소. 우리가
대화하고 있는 동안 내내 우리가 같은 데로 되돌아오고 있는 걸 전혀
멈추지 못하고 있으며, 우리가 서로 상대가 말하고 있는 것도 알지 못
하는 상태로 있기 때문이오. 어쨌거나 나는 그대가 이에 대해서는 여

---

270) "바로 이것만이 훌륭한 시민의 일이오."에서 '훌륭한 시민의(agathou politou)'를 바로 앞 문장과 연결지어 '훌륭한 정치가의(agathou politikou)'로 대뜸 고쳐서 텍스트 읽기를 하는 게 옳겠다는 생각을 할 수도 있겠다. 아닌게아니라, J. Dalfen이 그의 주석에서는 아무런 언급도 하지 않고, 그리 번역했다. 그러나 바로 앞에서도 말하고 있듯이, 정치가는 '시민들이 훌륭하게 되는 이 방향으로 설득하고 강요함' 곧 그러지 않을 수 없도록 마음 쓰는 것, 곧 그리되도록 제도적으로 교육하는 것이지, 정작 '훌륭한 시민'이 되는 것은 결국 시민 자신의 몫이고 자신이 이룩할 일이겠다.

러 번 동의도 하고 인지도 한 걸로 생각하오. 곧, 몸과 관련해서도 혼 d
과 관련해서도 이 일은 이중의 것이라는 걸. 그리고 그 한쪽은 봉사적
인 것인데, 이것으로 해서, 우리 몸이 배가 고파할 때는 먹을 것을, 목
말라할 때는 마실 것을, 추워할 때는 옷, 깔개, 신발, 그리고 몸들이
욕망하는 다른 것들도 마련해 줄 수 있소. 그리고 나는 그대가 더 쉽
게 이해하도록, 같은 비유들을 일부러 그대에게 말하고 있소. 이것들
을 공급해 주는 자는 소매상이거나 교역상 또는 이것들 중의 어느 것
의 제조자이거나 빵 굽는 자, 요리사, 직물 짜는 자, 제화공, 무두장이 e
이기 때문인데, 이런 사람이 자신에게도 남들에게도 몸을 보살피는
자인 걸로 생각되는 건 전혀 놀라울 일이 아니오. 이런 모든 것들 이
외에도 체육 기술과 의술이 있다는 걸, 그리고 바로 이것이 진짜로 몸
을 보살피는 것이라는 걸 모르는 모든 사람에게는 말이오. 의술이야
말로 이 모든 기술을 통할하고 이것들이 하는 일들을 이용하는 게 합
당하기도 하오. 음식들 중에서 무엇이 몸의 훌륭한 상태[271]에 좋고 나
쁜지를 의술은 알고 있지만, 이들 다른 모든 것은 이를 모르고 있어 518a
서요. 바로 이 때문에 또한 이것들, 곧 다른 기술들은 몸을 다루는 일
과 관련해서 종 노릇을 하는 것이 어울리는 것들이오, 봉사하는 것들
이며 자유롭지 못한 것들이지만, 체육과 의술은 정당하게도 이것들
의 주인들이오. 그러니까 이들 똑같은 것들이 혼의 경우이기도 하오.
내가 말하는 것을 때로는 그대가 이해하는 걸로 내겐 여겨지기도 하
고, 내가 말하는 것을 아는 자로서 동의도 하고 있소. 그러나 조금 뒤
에 그대는 이 나라에 훌륭하디훌륭한 인간들[272]이 이 나라의 시민들

271) 479b에서 해당 각주 참조.

272) 여기에서의 이 표현에는 약간 빈정대는 투가 섞여 있다고 보아야겠다. 그리고 '훌륭하디훌륭한'이라는 표현과 관련해서는 470e에서 이미

b 중에 있었던 걸로 말하기에 이르렀는데, 내가 그들이 누구누군지를
물으니까, 정치(나랏일들: ta politika)와 관련된 사람들로, 마치 이런
사람들과 아주 닮은 사람들을 내게 제시하게 된 것으로 생각되오. 가
령 내가 체육과 관련해서 몸을 보살피는 자들로서 훌륭한 이들이 누
구누구가 있었거나 있는지 물으면, 그대는 아주 진지하게 내게 말하
는 거요. "빵 굽는 사람 테아리온과 시켈리아 식 요리책을 쓴 미타이
코스 그리고 상인 사람보스입니다. 이들은 몸들의 놀라운 봉사자들이
었는데, 처음 사람은 놀라운 빵들을 마련해 주었으며, 다음 사람은 요
c 리를, 그다음 사람은 포도주를 마련해 주어섭니다."[273] 그래서 내가
이런 말을 그대에게 한다면, 그대는 아마도 역정을 낼 것이오. "여보
시오, 그대는 체육에 대해서 아무것도 모르오. 그대는 내게 욕망들의
봉사자들과 그것들을 만족시켜 주는 사람들을 말하고 있는데, 이들
은 이것들과 관련해서는 아무런 훌륭하디훌륭한 것이 없다는 것도 모
르오. 그들은 그럴 기회가 되면, 사람들의 몸을 채우고 살찌게 함으로
써, 이들에게서 칭찬을 받지만, 이들의 원래 살마저 잃게 만드오. 그
d 러나 이들은 또한 무경험으로 해서 자기들에게 잔치를 베풀어 준 사
람들이 자기들의 병과 원래 살의 상실 원인임을 탓하지 않고, 그때 그
들과 함께 있다가 뭔가 조언해 준 사람들을 탓하오. 건강은 신경 쓰
지 않아서 있었던 그때의 과식이 많은 시간이 경과한 뒤에 이들에게

자세한 각주를 달았었다.

273) Dodds는 이들 셋에 대해서 이렇게 소개하고 있다. Theariōn은 아테네에 유명한 빵집을 가졌었고, Mithaikos는 시라쿠사이의 유명한 요리사였다고 한다. 시라쿠사이인들의 식탁(Syrakosion trapeza) 또는 시라쿠사이식 식탁(Syrakosia trapeza)은 소문난 호화판 식탁(상차림)이었던 것 같다. Sarambos는 포도주 판매상이었던 것 같다.

518d

병을 가져다주게 되었을 때는, 이들을 탓하며 비난하고, 할 수만 있다
면, 이들은 해치겠지만, 앞서의 저들은, 나쁜 일들의 장본인들인 저들
은 칭찬할 것이오." 그리고, 칼리클레스여, 지금 그대는 이와 아주 닮 e
은 짓을 하고 있소. 그대는 이들이 욕망하는 것들을 풍성하게 대접하
고 있는 사람들을 칭찬하고 있소. 또한 이들이 이 나라를 위대하게 만
든 거로도 사람들은 말하고 있소. 그러나 저들 이전 사람들로 해서 이
나라가 부르트고 곪아 있다는 사실은 감지하지 못하고들 있소. 절제 519a
와 올바름(정의)은 없이, 항구들과 조선소들 그리고 성벽들과 공물,
이런 따위의 어리석은 것들[274]로 나라를 채운 것이오. 그래서 허약함
의 이 발작 자체가 오게 될 땐, 그때 현존하는 조언자들을 탓하게 되
나, 테미스토클레스와 키몬 그리고 페리클레스는 찬양하게 되는데,
이들은 [그들에게 있어서의] 나쁜 일들의 장본인들이오. 한데, 그대
가 조심하지 않으면, 그들은 그대를 붙잡을 것이며, 내 친구인 알키비
아데스도 붙잡을 것이오. 자기들이 획득하게 된 것에 더해 원래 갖고
있던 것들을 잃게 될 때는 말이오. 비록 그대나 그가 나쁜 일들의 장 b
본인들이 아니지만, 어쩌면 부차적인 사람들이라 해서일 것이오. 또
한 실로 나로서는 이전 사람들과 관련해서 이해할 수 없는 일이 지금
일어나고 있는 걸 보기도 하고 듣기도 하오. 나라가 정치인들 중의 누
군가를 불의를 저지른 자로 다루게 될 땐, 이들이 끔찍한 일을 당하고
있는 것처럼 역정을 내며 격노하는 걸 내가 목격해서요. 나라에 많은

274) 원어는 phlyariai(＝fooleries)인데, Dodds는 사람들이 위업들로 말하는 이런 일들을 소크라테스가 이렇게 말하는 것은 소크라테스적인 이상인 절제와 올바름(정의)에 대한 칼리클레스의 492c에서의 발언에 대한 응수라 한다. 그러나 욕망 충족 및 권력 추구와 관련된 칼리클레스의 발언은 491b부터 확인하는 것이 더 실감이 나겠다.

519b

좋은 일을 했는데, 결국엔 나라에 의해 파멸을 당하고 있다는 게 이들
의 주장이오. 이는 전적인 거짓말이오. 한 사람인 나라의 지도자가 자
c 신이 선도하는 바로 그 나라[275]에 의해 부당하게 파멸당하는 일은 결
코 있을 수 없기 때문이오. 정치가인 체하는 그 많은 이들과 소피스테
스(현자)인 체하는 그 많은 이들은 실은 똑같아 보이오. 왜냐하면 소
피스테스들은 다른 일들에서는 현명하면서도, 이런 이상한 짓을 해
서요. 이들은 [사람으로서의] 빼어남(훌륭함)의 교사들이라 주장하면
서도, 제 제자들이 자신들에게 불의를 저질렀다고 종종 고소하니까
요. 이들은 자기들에게서 혜택을 보고서도, 보수도 떼어먹고 다른 은
d 혜도 갚지 않는다는 거요. 그리고 이 주장보다 더 불합리한 것이 무엇
이겠소? 그 선생에 의해서 불의는 제거되고, 올바름(정의)은 갖게 되
어, 훌륭하고 올바르게 된 사람들이 [이제는] 지니고 있지도 않은 이
것으로 불의를 저지른다는 주장이 말이오. 이게 그대에게는 이상하게
여겨지지 않소, 친구여? 그대는 정말로 나로 하여금 대중연설을 하듯
말하지 않을 수 없게 하였소, 칼리클레스여! 응답을 하려 하지 않음으
로써 말이오.

칼리클레스: 하면, 선생께선, 만약에 누군가가 선생께 대답을 하지
않으면, 말씀을 하실 수가 없으신가요?

e 소크라테스: 어쨌든 할 수는 있소. 이젠 어쨌거나 긴 논변을 늘어놓
겠소. 그대가 내게 대답을 하고자 하지 않는 터라. 하지만, 친구여, 우

275) 이른바 나라의 지도자(prostatēs poleōs)라는 정치인들은 정작 시민들의 도덕적인 측면, 곧 [사람으로서의] 훌륭함(덕: aretē = goodness)에 대해서는 마음을 쓰지 않았던 사람들이다. 반면에 소피스테스들은, 비록 다른 뜻에서나마, 그 시대의 아테네인들에 필요한 aretē(= excellence: 빼어남)를 가르치는 걸 표방했다.

519e

정의 신에 맹세코,[276] 말하시오. 누군가를 훌륭한 사람으로 만들었다고 주장하는 사람이, 자신에 의해서 훌륭한 사람으로 되었고 지금도 그런 사람인데, 그런데도 나쁘다고, 이 사람에 대해 비난을 한다는 것은 불합리한 걸로 그대에겐 생각되지 않소?

칼리클레스: 제겐 그렇게 생각되네요.

소크라테스: 그러니까 이런 것들을 말하면서 사람들에게 [사람으로서의] 빼어남을 가르친다고 주장하는 사람들에 대해 듣지 않소?

칼리클레스: 저야 듣죠. 하지만 아무런 가치도 없는 사람들에 대해 520a
무엇 때문에 말씀을 하시는 겁니까?

소크라테스: 한데, 그대는 왜 저들, 즉 나라를 선도하며 나라가 가능한 한 최선의 것이도록 마음 썼다고 주장하다가, 상황에 따라, 반대로 나라를 가장 나쁜 것으로 비난하는 자들에 대해 무엇 때문에 말하오? 이들이 저들과 뭔가 다르다고 생각하오? 친구여, 소피스테스와 변론가는 같거나, 어떤 점에서는 가깝거나 비슷하오. 내가 폴로스를 상대로 말했듯 말이오. 하지만 그대가 변론술은 아주 훌륭한 무엇인 듯이 생각하되, 다른 쪽은 멸시하는 것은[277] 무지 탓이오. 그러나 b
실은 소피스테스의 기술(sophistikē)이 변론술(rhētorikē)보다도 더 훌륭하오. 이는 입법술이 재판술보다도 그리고 체육이 의술보다도 더 나은 정도이오.[278] 그러나 나로서는 대중연설가들과 소피스테스들만

---

276) 500b에서 해당 각주를 참조할 것.

277) 이는 칼리클레스가 변론술을 훌륭하게 구사하는 정치인들을 염두에 두어서다. 물론 고르기아스의 경우는 예외로 하고서겠다.

278) 플라톤에 의하면, 입법에서는 법률에 최대한 '지성을 배분'하는 마음가짐과 함께 이에 따라 시민들이 행동하도록 어릴 때부터 습관을 들이는 교육적이고 도덕적인 측면이 강조되겠지만, 재판은 이에 순응하지 못한 잘못된 결과에 대한 처벌이다. 입법과 사법의 이런 관계는 체육이 건

은 자신들이 가르치는 자에 대해, 자신들에게는 고약하다고 해서, 비난하는 것이 용납될 수 없거나, 아니면 바로 이 주장으로 해서, 자신들이 말하길 이롭도록 해 주었다는 사람들을 실은 아무것도 이롭게 해 주지 않았던 걸로, 저들 자신들을 동시에 비난하고 있는 것이라 나는 생각했소. 그게 그렇지 않소?

c 칼리클레스: 물론입니다.

소크라테스: 또한 보수를 받지 않고 그냥 선행을 베푸는 것은, 만약에 이들이 진실을 말했다면, 이들만이 가능했을 것이 어쨌든 명백할 것 같소. 왜냐하면 누군가가 이와는 다른 선행의 혜택을 받았다면, 이를테면, 훈련교사를 통해서 달리기가 빨라졌을 경우, 그는 아마도 보답의 기회를 빼앗게 될 것이오. 만약에 훈련교사가 그에게 무료로 베풀고, 최대한의 달리기 속도를 전수해 주고서 돈을 받게 되는 보수의
d 계약을 하지 않는다면 말이오.[279] 사람들이 부당한 짓을 하는 것은 그야 더딤으로 해서가 아니라, 불의로 해서니까. 안 그렇소?

칼리클레스: 네.

소크라테스: 그러니까 만약에 누군가가 바로 이것 곧 불의를 제거한다면, 그로서는 결코 불의를 당할 염려는 없을 것인즉, 이 사람에게만은 이 선행을 베푸는 것이 안전하오. 정녕 누군가가 진실로 사람들을 훌륭하게 만들 수 있다면 말이오. 그렇지 않소?

칼리클레스: 그렇습니다.

소크라테스: 결국 이런 까닭으로 다른 조언들의 경우에는 돈을 받

강을 위한 것이라면, 의술은 건강에 문제가 생겼을 때의 사후 처방인 관계와 비슷하다고 해서 하는 비유이겠다. 마찬가지로 법정에서의 변론술은 예방적인 것이 아닌 사후의 일과 관련된다고 할 것이다.

279) c7의 텍스트 읽기에서 autǭ는 생략하고서 읽었다.

520d

고서 조언을 해 주는 것 같소. 이를테면, 집짓기나 다른 기술들과 관련해서는 그게 전혀 부끄러울 게 없소.

칼리클레스: 어쨌든 그런 것 같습니다. e

소크라테스: 그렇지만 적어도 이 활동과 관련해서는, 곧 누군가가 어떤 방식으로 최대한 훌륭할 수 있겠으며 자신의 가정과 나라를 가장 훌륭하게 경영할 수 있겠는지를 조언하는 걸 마다하는 건 부끄러운 일로 간주될 것이오. 만약에 누군가가 자신에게 돈을 지불하지 않을 경우에는 그런다는 것은 말이오. 안 그렇소?

칼리클레스: 네.

소크라테스: 그 까닭은 이런 것임이 명백하기 때문이오. 선행들 중에서도 이것만이 그 혜택을 입은 자가 그 보답을 하고 싶어 하도록 만드니, 선행을 베풀고서 이 선행에 대한 보답을 받게 될 경우에, 이 징표는 아름다운 것으로 여겨질 것이오. 그렇지 않다면, 그건 아니오. 이게 이러한 것이오?

칼리클레스: 그렇습니다. 521a

소크라테스: 그렇다면 그대는 나라에 대한 어느 쪽 보살핌을 위해서 나를 부르고 있는지 내게 구분 지어 말하시오. 아테네인들이 최대한 훌륭해지도록, 마치 의사처럼, 그들과 싸워 대는 보살핌이오, 아니면 봉사하는 자로서 그리고 즐겁도록 해 주는 자로선가요? 진실을 내게 말해 주시오, 칼리클레스! 그대가 나를 상대로 솔직히 말하기 시작했던 것처럼, 그대가 생각하고 있는 바를 계속해서 말해 주오. 그러니 이제 제대로 그리고 진솔하게 말하시오.

칼리클레스: 그러니까 봉사하실 분으로 말씀드리고 있는 것입니다.

소크라테스: 그렇다면, 지극히 진솔한 자여, 그대는 나를 비위 맞출 자로서 부르고 있는 것이오. b

521b

칼리클레스: 선생께서 그리 일컫는 게 더 좋으시겠다면, 미시아 사람이라 일컫죠,[280] 소크라테스 님! 적어도 이런 짓은 하시지 않으시겠다면 …

소크라테스: 그대가 자주 말한 것, 곧 누구든 그러고 싶은 자가 나를 죽일 것이라는 말은 하지 마오. 내가 다시금 "사악한 자가 선한 자를!"[281] 하고 말하지 않도록 말이오. 또한 내가 뭔가를 갖고 있다면 빼앗을 것이라고도 말하지 마오. 내가 다시 말하지 않도록 말이오. "하지만 빼앗더라도, 이것들을 이용할 수가 없을 것이고, 내게서 부당
c 하게 빼앗았듯, 이렇게 갖고서 부당하게 이용할 것이고, 부당하게 그런다면, 부끄럽게 그럴 것이고, 부끄럽게 그런다면, 부당하게 그럴 것이다"라고 말이오.

칼리클레스: 소크라테스 님, 제게는 선생께서 이런 일들 중의 어느 하나도 겪지 않을 것이라 아주 믿고 계신 걸로 생각되네요. 마치 이런 것들과는 멀리 떨어져 사시기라도 하여, 어쩌면 몹시 사악하고 천박한 자에 의해 법정으로 이끌리어 가는 일은 없을 것이라고 말입니다.

소크라테스: 칼리클레스여, 그렇다면 나는 정말로 어리석은 자일 것이오. 만약에 내가 이 나라에서 무슨 일이 일어나건, 이는 당하게 마련이라는 생각을 하지 못한다면 말이오.[282] 실은 이 사실을 나는 잘

---

280) 앞에서 소크라테스가 '비위 맞출 자'를 말하니까, 그러지 말고 차라리 '미시아인'이라 말하는 게 더 통쾌할 테니, 그리 지칭하라는 뜻으로 하는 말이겠다. Mysia는 소아시아 북서부에 있던 나라로, 트로이아에서 동남쪽에, 코카서스에서는 그 북쪽에 있던 고대의 나라로서, 이 나라 사람들은 나약해서, 자신들을 지킬 생각은 않고, 납작 엎드리는 족속들이라 해서 멸시당했던 것 같다.

281) 486b, 511a~b에서.

282) 486a~b에서 칼리클레스가 언급한 내용이기도 하다. 《국가(정체)》

521c

알고 있소. 만약에 내가 정말로 이 위험들 중에서 그대가 말하는 어떤 일과 관련되어 법정에 출두한다면, 나를 고소한 자는 사악한 자일 d
것이고, ―선량한 자는 그 누구도 불의를 저지르지 않은 사람을 고소하지는 않을 테니까, ―내가 죽게 되더라도 조금도 이상할 게 없다는 걸. 무엇 때문에 내가 이 사태를 예상하는지 그대에게 말해 주기를 그대는 바라오?

칼리클레스: 물론입니다.

소크라테스: 나는 참된 치술로 정치하는 걸[283] 시도하는 소수의 아테네인들 중의 한 사람이라 생각하는데, 이는 나 혼자만이는 아님을 말하느라 해서지만, 요즘 사람들 중에서는 나 혼자라 생각하오. 그러니까 내가 매번 하는 말들은 기쁘라고 하는 것이 아니니, 가장 즐거운 것(to hēdiston)을 위해서가 아니라, 가장 좋은 것(to beltiston)을 위

편 492d에서도 비슷한 언급이 보이는데, 실제로 소크라테스가 그렇게 당한 경우이다. 그 진행 과정이 《소크라테스의 변론》 편에 잘 기술되어 있다. 당시의 아테네인들이 '툭하면 소송하는 짓거리(소송하기 좋아함: philodikia)'는 기가 찰 일이었다. 크세노폰의 《회고록》 II. 9에는 소크라테스와 같은 부락민이고 막역한 친구 사이였던 크리톤이 하는 말로 이런 게 나온다. "아테네에서의 삶은 자기 일이나 하려는 사람에겐 힘들어. … 지금 몇몇 사람들이 내게 소송을 제기하고 있는데, 내게서 부당한 일을 그들이 당해서가 아니고, 내가 성가신 일에 매달리기보다도 돈을 지불하는 쪽을 더 선호한다고 믿고서야." 그래서 소크라테스가 양들을 이리들에게서 보호하기 위해 개를 키우듯, 그들에게서 그를 보호해 줄 수 있는 사람을 고용하는 게 나을 것이라는 권유를 하니까, 행여 그 사람이 배신을 하는 일이 더 두렵다고 한다. 이에 친구들이 언변과 일처리에 능하지만 가난한 아르케데모스라는 사람을 소개해 주어, 이 문제를 해결케 했고, 이 사람은 유능하며 성실해서 마침내 그들의 친구가 되었다고 한다.

283) '참된 치술로 정치하는 것'에서 원어로 '참된 치술'은 hē hōs alēthōs politikē tekhnē이고, '정치하는 것'은 prattein ta politika이다.

e 해서이며. 나는 그대가 권고하는 이들 '정교한 것들'[284]은 하고 싶지
도 않아서, 법정에서 무슨 말을 할지 나는 모르오. 그러나 내가 폴로
스를 상대로 말했던 바로 그것[285]과 똑같은 말이 내게 적용되오. 의사
가 요리사의 고발로 해서 아이들 앞에서 재판을 받듯, 내가 재판을 받
게 될 것이기 때문이오. 이런 사람이 아이들 앞에 붙잡혀 와서 무슨
변론을 하겠는지 생각해 보오. 가령 누군가가 이런 말을 하면서 그를
비난할 경우에 말이오. "어린이들이여, 여기 이 사람은 여러분에게 많
은 나쁜 짓을 했어요, 바로 여러분 자신들에게요. 여러분 중에서도 가
522a 장 어린 사람들을 병든 부위를 태우거나 째서[286] 상하게 하며, 지극히
쓴 약을 주는가 하면 억지로 굶기고 목마르게도 함으로써, 지치고 숨
막히게 하여 당황케 하죠. 나처럼 많은 맛있는 온갖 것들로 여러분을
흡족하게 해 주는 일은 없었어요."[287] 이런 곤란한 처지에 처한 의사
가 무슨 말을 할 수 있을 것이라 그대는 생각하오? 아니면, 혹시 그가
"이 모든 걸 내가 한 것은, 어린이 여러분, 건강을 위해서였다오." 하
고 진실을 말하기라도 한다면, 이런 재판관들이 얼마나 소리를 질러

284) 여기서 말하는 '정교한 것들(ta kompsa)'은 칼리클레스가 철학적 이론이나 논의를 그렇게 표현한 데(486c) 대해, 이번에는 소크라테스가 칼리클레스가 권고하는 실제 시민 생활과 관련된 실용적인 것들에 대한 반어적 표현으로 쓰인 것이다.

285) 464d~e에서.

286) 476c에서 해당 각주 참조.

287) Dodds는 이 부분의 주석에서 요리사가 어린이들 앞에 의사를 세워 놓고, 자기와 의사 중에 어느 쪽이 진정으로 그동안 어린이들을 위했는지 판가름해 줄 것을 요구하는 이 장면이 아테네 시민들로 이루어진 배심원들 앞에 자신을 세워 놓은 그의 고소인들에 대한 '재치 있는 패러디'로 말하고 있다. 훗날 그가 법정에서 겪게 될 사태들에 대한 예기적 언급은 b 이후에서도 이어진다.

522a

댈 것이라 생각하오? 큰 소리가 아니겠소?

칼리클레스: 아마도 그럴 것입니다.

소크라테스: 어쨌든 그리 생각해야 할 것이오.[288] 그러니까 그대는 이 사람이 무슨 말을 해야만 할지 전적으로 당혹스런 상태에 있는 것으로 생각하는 게 아니오? b

칼리클레스: 물론입니다.

소크라테스: 그렇지만 이런 건 내가 법정에 출두할 경우에 겪을 사태라는 걸 나 또한 알고 있소. 왜냐하면 나는 이들이 선행이나 도움이라 생각할 즐거움들을 제공했다고 이들에게 말할 수도 없겠지만, 그런 걸 제공한 사람들이나 그것들을 제공받은 자들을 내가 부러워하지도 않기 때문이오. 또한 누군가가 나를 두고 말하길 내가 젊은이들을 당혹하게 만듦으로써 타락하게 한다거나, 나이 든 사람들에게 사적으로나 공적으로나 쓴말을 함으로써 비난한다고 하면, 나는 진실을 말할 수가 없을 것이오. "이 모든 걸 제가 말하는 건 옳게 하는 것이며, c
또한 재판관 여러분, 저는 바로 여러분의 이 일을 하고 있는 것이지, 다른 것이 아닙니다."[289] 따라서 아마도, 무슨 일이 닥치건, 이를 내가

288) 텍스트 읽기에서 Dodds 등의 읽기를 따라 이 문장을 앞줄의 칼리클레스 아닌 소크라테스의 발언으로 옮겼다.

289) "이 모든 걸 제가 말하는 건 옳게(정당하게; dikaiōs) 하는 것이며, 또한 재판관(dikastai) 여러분, 저는 바로 여러분의 이 일(정당하게 판단 곧 판결하는 이 일 = dikazein)을 하고 있는 것이지, 다른 것이 아닙니다." 이 문장에 대해 주석을 단 사람들이나 번역을 한 사람들이 일대 혼란을 일으키고 있다. Dodds 역시 다른 사람들을 싸잡아 잘못 이해하고 있는 걸로 몰고 있는데, 그 역시 명석한 설명을 하지 않고 있기는 마찬가지인 것 같다. '재판관 여러분!(ō andres dikastai)'은 변론가들 또는 변론인들이 몇백 명이나 되는 배심원 성격의 재판관들(dikastai) 앞에서 상투적으로 쓰는 호칭이다. 그런데 엄밀한 뜻에서의 재판관(dikastēs)은

522c

겪게 될 것이오.

칼리클레스: 그렇다면, 소크라테스 님, 그런 상태에 있으며 스스로를 구조할 수도 없는 사람이 이 나라에서 훌륭히 지낼 수 있을 것으로 선생께는 생각되십니까?

소크라테스: 만약에 그에게 저 한 가지가 있다면, 칼리클레스여, 그대가 여러 번 동의한 그것이 있다면 말이오.[290] 인간들에 대해서고 신
d 들에 대해서고 불의한 것은 아무것도 말하지도 행하지도 않고, 스스로를 구조했다면야. 자기 구조의 이 능력은 가장 강력한 것이라는 데 우리가 여러 차례나 합의를 보았기 때문이오. 따라서 만약에 누군가가 나에 대해서도 남에 대해서도 내가 이 구조를 할 수 없다고 단정하기라도 한다면, 나는 창피할 것이오. 그 단정됨이 여러 사람 앞에서건 소수의 사람들 앞에서건 또는 일대 일의 대면 상태에서건 간에 말이오. 그리고 만약에 이 무능으로 해서 내가 죽기라도 한다면, 내가 괴롭겠죠. 그러나 비위를 맞추는 변론술의 부족으로 해서 내가 생을 마감하게라도 된다면, 그대는 내가 편안하게 죽음을 맞게 되는 걸[291] 보

---

dikē(정의, 재판 등; 이의 여러 가지 뜻들에 대해서는 478b에서 해당 각주를 참조할 것)의 판단자요 판결자이다. 그래서 소크라테스는《변론》첫머리(17a)에서 법정의 배심원들을 향해 '재판관(배심원) 여러분!'이라 부르지 않고, 자기를 당치도 않은 죄목으로 기소한 자들의 거짓들을 낱낱이 신랄하게 비판하며 아테네인들에게도 '쓴말'을 기탄없이 쏟아 낸 그에게 무죄 투표를 해 준 시민들을 향해서만 '재판관 여러분!'이라 부르는 것이 옳을 것이라며, 그리 부른다. 여기서도 칼리클레스를 비롯한 동석자들의 바른 판단을 촉구하며 그들을 부르고 있고, 자신은 정작 그러고 있음을 역설하고 있는 것으로 보아야 할 것이다.

290) 509b～c에서.

291) 소크라테스가 죽음을 맞이하는 장면과 관련해서 가장 그다운 면모를 접하게 되는 것은《파이돈》편 117b～e일 것이다.

게 될 것이라는 걸 나는 잘 알고 있소. 왜냐하면 전적으로 비이성적이 e
며 비겁한 사람이지 않은 한, 아무도 죽음 자체를 두려워하지는 않을
것이나, 불의를 저지르는 것은 두려워할 것이기 때문이오.[292] 많은 불
의한 것들로 혼을 가득 채우고서 저승에 이른다는 것은 모든 나쁜 것
들 중에서도 최악일 테니까. 한데, 그대가 원한다면, 이게 이러함을
그대에게 내가 이야기해 주고 싶소.

칼리클레스: 어쨌든 다른 것들도 끝맺으신 터이니, 이마저도 끝맺으시죠.

소크라테스: 그럼 들으시오. 이야기는 이렇소. 무척이나 아름다운 523a
이야기(logos)요. 이를 그대는, 내가 생각하듯, 신화(mythos)로 여기
겠지만, 나는 이야기로 여기오. 내가 이야기하려는 것은 사실인 걸로
그대에게 하려는 것이기 때문이오. 실은 호메로스가 이야기하듯, 제
우스와 포세이돈 그리고 플루톤은, 아버지에게서 관할권(arkhē)을 물
려받았을 때, 그것을 분할했소.[293] 그런데 크로노스 시대에 인간들과
관련해서 이런 율법이 있었는데, 이는 지금까지도 신들 사이에서 지
켜지고 있는 것이오. 인간들 중에서 삶을 올바르고 경건하게 보낸 자
가 삶을 마감하게 될 땐, 축복받은 자들의 섬들[294]로 떠나가서, 나쁜 b

---

292) 이런 대비는 《소크라테스의 변론》 편 39a에 잘 보인다.

293) 《일리아스》 15. 187~195 참조. 헬라스 신화에서 제1대 주신(主神)은 우라노스(Ouranos)이고, 제2대 주신은 크로노스(Kronos)이다. 이 크로노스와 레아(Rhea) 사이에서 난 삼형제인 제우스(Zeus)와 포세이돈(Poseidōn) 그리고 플루톤(Ploutōn)은 관할권 분할을 제비뽑기로 결정했는데, 플루톤은 지하의 어둠의 세계를 관할하게 되었다 해서 하데스(Haidēs)로 불리기도 하고, 포세이돈은 바다(hals)를 거처로 갖게 되었으며, 제우스는 넓은 하늘을 관할하게 되었다 한다. 그러나 대지(gaia)와 높은 올림포스는 크로노스의 아들딸 모두의 것으로 했다.

294) 원어는 makarōn nēsoi인데, 착한 사람들이 대개, 특히 전설적인 영

일들에서 벗어나 전적인 행복 속에서 거주하게 되지만, 불의하게 그리고 불경하게 삶을 보내다가 마감하게 된 자는 그 응보와 처벌의 감옥, 바로 타르타로스[295]라 일컫는 곳으로 가게 하는 것이오. 그러나 크로노스 시대에는 그리고 제우스가 관할권을 갖게 된 시대인 최근까지도 심판받는 자들도 살아 있는 상태로 심판자들도 살아 있는 상태로, 그들이 삶을 마감하게 되는 그날에 심판을 했다오. 따라서 심판들이 잘못 내려졌다오. 그래서 플루톤과 축복받은 자들의 섬들의 관리자들이 제우스에게로 가서 말하길, 자격 없는 사람들이 각 방향으로
c 자기들을 자주 찾아온다고 했다오. 그러니까 제우스가 말했다오. "그러면 이 사태가 벌어지는 걸 내가 중지할 것이오. 지금은 심판들이 잘못 내려지고 있기 때문이오. 심판을 받는 자들이 옷을 휘감은 상태로 심판을 받아서요. 살아 있는 상태로 심판을 받기도 하고요." 또한 말했다오. "왜냐하면 많은 사람이 사악한 혼들을 가졌으면서도 이를 자신들의 아름다운 몸들과 혈통 그리고 부로 휘감고 있는 터에, 심판이 있을 때는, 많은 증인까지 동행해서, 이들이 올바르게 살았다고 증언
d 도 하오. 그러니 심판자들도 이들로 해서 깜짝 놀랐으며, 동시에 자신들도 옷을 입은 상태로 심판을 하는데, 자신들의 혼 앞에는 눈과 귀 그리고 온 몸이 막을 치고 있었소. 바로 이것들 모두가 그리고 자신들 및 심판받는 자들을 휘감고 있는 것들이 이들에게는 앞을 가리는 방해물들이 된 것이오." 그래서 그가 말했다오. "따라서 첫째로, 이들이

웅들의 혼들이 사후에 겨울도 없는 이 섬들에서 아무런 근심 걱정 없이 살게 된다고 헬라스인들이 믿은 일종의 극락 군도(極樂群島)이다.

295) Tartaros는 하늘과 땅의 거리만큼 땅 밑에 있다는 심연으로서, 이곳은 일종의 유폐를 위해 사용된 곳이다. 제우스와 맞서 싸우던 티탄 족(Titanes)과 크로노스도 이곳에 유폐되었다 한다.

523d

죽음을 미리 아는 것이 중지되어야만 하오. 지금은 그들이 이를 미리
알기 때문이오. 그렇기에 이는 프로메테우스[296]에게도 이들로 하여금
이를 멈추게 하도록 알릴 것이오. 다음으로는, 이들 모두가 벌거숭이 e
로 심판을 받아야만 하오. 죽은 자들로서 심판을 받아야만 해서요. 그
리고 심판자도 죽은 자로서 벌거숭이가 되어야만 하는데, 각자가 죽
는 그 순간의 혼 자체를, 모든 친척들에서 떨어져 나와 그의 모든 장
식물을 지상에 남긴 상태인 그 혼을 혼 자체로만 관찰하는데, 심판이
올바른 것이게 하느라 해서요. 실은 내가 이를 그대들보다도 먼저 알
고서 이미 나의 아들들을 심판자들로 삼았소. 아시아[297] 출신의 미노
스와 라다만티스 둘을, 유럽(에우로페) 출신의 아이아코스 하나를 심
판자로 삼은 것이오.[298] 따라서 이들은 죽어서 초원에서 심판을 하게 524a

---

296) Promētheus는 아우 Epimētheus와 함께 티탄들(Titanes) 중의 하나인 이아페토스(Iapetos)의 아들 형제들이다. 이들 형제와 관련된 신화는 헤시오도스의 《일과 역일(曆日)》(*Erga kai Hēmerai*) 47~105행 및 《신들의 계보(*Theogonia*)》 507~616행에 나온다. Promētheus(Forethought)는 '미리 내다보며 생각함' 을 뜻하는 자이고, Epimētheus (Afterthought)는 '일을 그르치고 나서야 나중에 생각이 미침' 을 뜻하는 자이다.

297) 당시의 아시아는 소아시아와 이집트에서 리비아에 이르기까지의 아프리카 북단을 포함하는 지역을 가리켰다.

298) Minōs와 Rhadamanthys 및 Aiakos가 저승의 심판자들로 함께 언급되고 있는 것은《소크라테스의 변론》편 41a에도 보인다. 셋 다가 제우스의 아들들이지만, 아이아코스는 요정인 아이기나(Aigina)의 소생인데, 이 어머니의 이름을 따라 그의 탄생지인 이 섬의 이름도 아이기나로 지어졌다. 그리고 앞의 둘은 에우로페(Eurōpē)의 소생이다. 에우로페는 페니키아의 왕인 아게노르(Agēnōr)의 딸로서, 어느 날 바닷가에서 놀고 있다가, 거기로 헤엄쳐 온 아름답고 온순한 황소 한 마리를 보고서 그 등에 올라탔는데, 그 길로 이 황소는 크레테섬으로 헤엄쳐가 버렸다. 이 황소는 에우로페에게 반한 제우스가 변신한 것이고, 이 섬에서 에우로페는 미노스와 라다만티스를 낳았단다. 미노스는 트로이아 전쟁이 있기 3세대 전

524a 될 것인데, 세 갈래 길에서 두 갈래 길이 나고, 그 하나는 축복받은 자들의 섬들로 가는 길이지만, 다른 하나는 타르타로스로 가는 길이오. 아시아 쪽에서 오는 자들은 라다만티스가 심판하지만, 유럽 쪽에서 오는 자들은 아이아코스가 심판할 것이오. 반면에 미노스는 둘이 어떤 문제로 당혹스러워할 경우에, 사람들에게 갈 길과 관련해서 내리는 그 판결이 최대한 올바른 것이도록, 판결의 특권을 줄 것이오."

칼리클레스여, 이게 내가 들었던 것으로서 진실이라 믿는 것들이
b 오. 그리고 이 이야기들에서 나는 다음과 같은 것이 성립함을 추론하오. 내게 그리 생각되듯, 죽음은 두 가지 것들, 곧 혼과 몸이 서로에게서 떨어짐 이외의 다른 아무것도 아닌 것이오. 그러나 실제로 둘이 서로에게서 떨어지게 될 때에도, 이들 각각은 그 사람이 살고 있었을 때의 바로 그 자신의 상태 또는 습성[299]을 못지않게 갖고 있소. 몸은 제

크레테의 전설적인 왕이었다. 이른바 미노아 문명으로 알려진 크레테의 청동기 문화는 그의 이름을 딴 것이다. 그는 제우스의 총애를 받아, 9년마다 크레테의 이다(Ida)산에 있는 제우스의 동굴에서 왕권의 재신임을 받았다고 한다. 그 때문에 미노스는 한 왕의 칭호이기보다도 왕조적 성격을 갖는 칭호가 되었던 것 같다. 미노스는《오디세이아》11. 568~572에서도 저승에서 심판자 노릇을 하고 있는 것으로 그려져 있다. 그는 아우인 라다만티스와 함께 크레테의 입법자가 된다. 라다만티스는 죽지도 않고 '축복받은 자들의 섬들'(極樂群島: makarōn nēsoi)이라는 엘리시온(Elysion)으로 가서 그곳의 통치자로 되었다고 하는가 하면, 저승의 심판자로 되었다고도 한다.《법률》편 624b에서는 그를 가장 올발랐던 사람으로 언급하고 있다. 아이아코스는 그 경건함으로 해서 제우스의 보살핌을 받았다고 한다. 그는 아이기나섬의 입법자였으며 심지어는 신들 간의 분쟁을 중재하기도 했다고 한다.

299) '상태 또는 습성'으로 옮긴 것의 원어는 hexis이다. 이는 원래는 마음가짐이나 몸가짐의 경우처럼, 그런 '가짐'(having)을 뜻하나, 더 나아가 누군가가 마음가짐이나 몸가짐을 늘 그렇게 해 버릇함으로써 굳혀 갖게 된 '습성' 그리고 그렇게 '굳어진 상태'를 뜻하게 된 말이다. 이에서

524b

자신의 성질과 보살핌들 그리고 겪었던 것들이 명백히 보이오. 이를
테면, 누군가의 몸이 생시에 체격이 크거나 양육이 좋았다면, 또는 양 c
쪽 다라면, 그가 죽었을 때에도, 그의 시신이 크며, 비대했다면, 죽어
서도 비대하고, 그 밖의 것들도 그러하오. 또한 머리를 애써 길게 길
렀다면, 이 사람의 시신 또한 긴 머리를 하고 있소. 또한 누군가가 매
질이 필요한 불한당이어서 매질의 흔적인 상처 자국을 몸에 갖고 있
었거나, 채찍질 또는 다른 상처를 당하고 살았다면, 죽은 자의 몸 또
한 이것들을 갖고 있는 게 보이오. 또한 누군가가 살아 있을 때의 몸
의 사지가 부러지거나 비틀렸을 경우에도, 죽게 되면 이 또한 똑같
은 게 명백히 보이오. 한마디로, 살아 있는 동안 몸을 어떻게 간수했 d
건 간에, 이것들은 죽어서도 모두가 또는 많은 부분이 어느 기간 동안
명백히 보이오. 이는 혼의 경우에도 그러니까 똑같은 걸로 내게는 생
각되오, 칼리클레스! 혼이 몸에서 벗어나 벌거숭이가 되었을 때, 혼
에 있어서는 모든 것이 명백하게 드러나는데, 천성의 것들도, 사람
이 각각의 일에 대한 종사를 통해 혼이 겪게 된 것들 또한 그렇소. 그
리하여 이들이 심판자 앞에 이르게 되면, 곧 아시아 쪽에서 온 자들
이 라다만티스 앞으로 가게 되면, 라다만티스는 이들을 멈춰 세우고 e
서, 각자의 혼을, 누구의 것인지는 모른 채로, 관찰하오. 종종 대왕[300)]
이나 그 밖의 다른 왕 또는 권력자를 접하고선, 그 혼에 건전한 것이
라곤 전혀 없고, 거짓 맹세들이나 불의로 해서 채찍질을 당하거나 상

개인적인 '습관'과 이의 사회적 확장인 '관습', 즉 ethos(ἔθος)가 생기며, 다시 이에서 '인격' 또는 '성격'을 뜻하는 ēthos(ἦθος)(복수 형태는 ēthē(ἤθη)임)도 생기는데, 이에는 그 밖에도 성품, 성향, 품행 등의 뜻과 함께 사회적인 관습, 관례, 풍습 등의 뜻들이 있다.

300) 470e에서 해당 각주를 참조할 것.

525a 처투성이인 것을 간파하게 되었는데, 이것들은 그의 각 행위가 그 혼
에 각인했던 것들이오. 또한 모두가 거짓과 기만으로 해서 비뚤어진
것들이며 진실이라곤 없이 양육된 탓으로 정직한 것은 전혀 없었던
것이오. 그리고 멋대로 할 수 있는 자유(exousia)와 사치, 오만 무례
(hybris)와 행위들의 자제하지 못함(akrateia)[301]으로 해서 불균형과
추함으로 혼이 가득 차 있음을 보았소. 그러나 이 혼을 불명예스럽게
바라보다가 바로 감옥[302]으로 보내 버렸는데, 이곳으로 가서 적절한
b 수난들을 견디어 내게 될 것이오. 남에 의해서 옳게 처벌을 받는 모
든 이는 더 나아짐으로써 이롭게 되거나, 그가 겪을 것들을 막상 겪
고 있는 걸 다른 이들이 보고서는 두려워서 더 나은 이들로 되게 하
는 데 본보기가 되기에 적절하오. 한데, 신들과 인간들에 의해서 처
벌을 받음으로써 이롭게 된 자들은 고칠 수 있는 과오들을 저지른 이
들이오. 그렇지만 이들에게는 고통들과 아픔들을 통해서 이승과 저
승에서의 이로움이 생기게 되는 것이오. 달리는 불의에서 벗어나게
c 될 수가 없기 때문이오. 하지만 극단의 불의를 저지르고 이런 불의
한 짓들로 해서 불치의 상태가 된 자들은 본보기들로 되거니와, 이들
자신들은, 치유될 수 없는 상태인 자들이어서, 더는 아무런 이득도

301) 반대되는 말은 enkrateia(자제)이다. 자제하는 힘이 없음 곧 그러지 못함이 a-krateia이다. Burnet 판의 이 대화편에서만은 akratia로 되어 있지만, 다른 대화편들(《국가》 편 461b, 《법률》 편 636c, 734b, 886a, 934a, 《티마이오스》 편 86d 등에서는 한결같이 akrateia로 되어 있다. 그래서 Dodds는 이 대화편에서의 읽기도 akrateia로 고쳐 읽고 있다. 그런데 훗날 아리스토텔레스는 akrateia를 akrasia로 바꾼 용어를 쓰며, 이 문제를 《니코마코스 윤리학》 제7권에서 집중적으로 다루고 있다.

302) 원어 phroura는 대개 망루, 파수 등을 의미하기도 하지만, 드물게는 그런 감시를 받는 감옥을 뜻하기도 한다.

볼 수가 없지만, 다른 사람들은, 곧 이들이 과오들로 해서 더할 수 없이 크게 고통스럽고 무서운 고난들을 영원토록 겪으며 저 저승의 지옥에서 영락없는 본보기들로 매달려 있는 걸 보는 자들은 이득을 본다오. 이들은 불의한 자들 중에서 이곳에 오는 자들에게 구경거리들로 그리고 경고거리들로 된다오. 그런 자들 중의 한 사람으로, 만약 d
에 폴로스가 진실을 말하고 있다면, 나는 아르켈라오스[303]도 그리고 그런 참주라면 그 밖의 누구든 될 것이라 나는 주장하오. 이들 본보기들 중에서 다수는 참주들과 왕들 그리고 권력자들과 나랏일들을 하게 된 자들 출신들이라 나는 생각하오. 이들은 멋대로 할 수 있는 자유로 해서 최대의 가장 불경한 과오들을 저지르기 때문이오. 이들에 대해서는 호메로스도 증언하고 있소.[304] 왕들과 권력자들을 저승에서 영원토록 징벌을 받는 자들로 그가 그렸으니까. 탄탈로스[305]와 시시포 e

303) 470d~471c 참조.

304) 바로 다음에서 말하는 세 인물에 대해서는《오디세이아》11. 576~600에서 언급하고 있다.

305) Tantalos는 신화 속 인물로서, 제우스의 아들로 리디아(Lydia)의 시필로스(Sipylos)산 근방 지역의 왕이었는데, 아틀라스(Atlas)의 딸 디오네(Dionē)와 혼인해서, 펠롭스(Pelops)와 니오베(Niobē)를 자식으로 얻는다. 그는 1세대 인간으로서 신들과도 함께 식사를 할 수 있는 특전을 누렸으나, 이를 못된 짓을 하는 데 이용하다가 천벌을 받게 된다. 그는 자기가 듣게 된 신들의 비밀을 누설하는가 하면, 신들의 음식인 넥타르와 암브로시아를 훔쳐다가 인간들에게 나눠 준다. 그러다가 마침내 천인공노할 못된 짓까지 저지르는데, 그건 신들을 초대하여, 다른 동물의 고기와 함께 제 자식인 펠롭스의 인육을 대접함으로써, 신들이 과연 속아 넘어갈 것인지 시험을 한 것이다. 다른 신들은 다 알아채고서 먹지 않았으나, 딸 페르세포네를 잃고서 슬픔에 잠긴 데메테르 여신만은 그 어깻죽지 살을 먹는다. 신들은 나머지 부분들을 모으고, 데메테르가 먹어 버린 부분은 상아로 메워 그를 되살린 한편으로, 그 아버지에겐 영원히 벗어날 수 없는 벌을 내린다. 그 벌이 어떤 것인지는《오디세이아》11. 582~592에 충

525e

스[306] 그리고 티티오스[307] 말이오. 반면에 테르시테스[308] 그리고 누

분히 그려져 있다. 그는 못 속에 들어가 있고, 눈앞의 머리 위쪽으로는 갖가지 탐스런 과일들이 매달린 나뭇가지들이 드리워져 있다. 목이 마르고 배도 고파, 물을 마시려 들면, 턱밑까지 차 있던 물은 바닥까지 드러내며 멀찌감치 물러나고, 머리 위의 과일을 따서 먹으려고만 하면, 바람이 그것들을 가지와 함께 휙 올려 버림으로써, 애타는 괴로움에 시달린다.

306) Sisyphos는 바람의 신 아이올로스(Aiolos)의 아들로서, 코린토스를 세우고 성채를 구축한 왕이었다는 신화적 인물이다. 제우스가 요정 아이기나를 유괴한 대가로 아이기나 성채에 신선한 물이 솟는 샘을 선물하나, 이를 목격한 그는 이 사실을 그 아버지에게 폭로한다. 그 탓으로 제우스는 타나토스(Thanatos: 죽음의 신)를 그에게로 보내나, 인간들 중에서는 계책에 가장 뛰어났던 그는 타나토스를 포박하고서는 성안의 옥에 가두어 버렸다. 그 덕에 한동안 인간들의 죽음도 멈추어, 낭패해진 신들이 전쟁의 신 아레스(Arēs)를 보내, 타나토스를 풀어 주도록 경고한다. 그 후에 타나토스가 그를 다시 찾아갔을 때, 그는 아내에게 제 주검을 매장하지도 말고 제물도 바치지 말도록 이른다. 그런 상태로 저승으로 가게 된 그는 거짓으로 분개해하니, 저승의 신들이 그를 지상으로 보내, 아내를 벌하고 그의 주검을 묻을 수 있게 조처한다. 그러나 이승으로 돌아온 그는 다시 이승의 삶을 시작하여 장수까지 하게 된다. 그러나 마침내 죽어 저승으로 가니, 그곳 신들이 그가 받을 벌을 고안했는데, 그게 《오디세이아》 11. 593~600에도 묘사되어 있는 저 헛수고의 고역이었다. 두 손으로 거대한 돌을 언덕 정상으로 밀어 올려 넘기려 하나, 다시 뒤로 들판으로 굴러 내리기를 반복하니, 그때마다 땀은 사지를 타고 흘러내리고 머리 위로는 먼지가 일었다.

307) Tityos는 가이아(Gaia)의 아들로, 기간테스(Gigantes: 거인족)의 일원(Gigas)이었는데, 그에 대해서는 《오디세이아》 11. 576~581에서 언급되고 있다. 그는 아폴론과 아르테미스의 어머니인 레토(Lētō)를 납치하려다가 무참한 벌을 받는다. 이들 둘은 레토와 제우스 사이에서 난 자식들이다. 그는 저승에서 9플레트론(plethron: 에이커)이나 되는 면적의 공간에 뻗어 누운 자세로 두 마리의 독수리에 간을 쪼아 먹혔다고 한다.

308) Thersitēs는 트로이아 원정에 참가한 한 병사인데, 《일리아스》 2. 211~277에 걸쳐 그에 대한 언급이 나온다. 안짱다리에다 한쪽 다리는 절뚝거리고 허리는 구부정한 데다 제일 못생기고 비겁하면서도, 횡설수

525e
군가 그 밖의 사악한 개인이었을 경우에는, 아무도 그를 치유될 수 없
는 자로서 큰 징벌들로 시달리게 하지는 않았소. 그로서는 그런 잘못
을 저지를 수는 없었으니까. 이 때문에 그는 그럴 능력이 있은 자들
보다는 더 다행이기도 했소. 그렇지만 칼리클레스여, 몹시 사악한 사 526a
람들도 실은 권력 있는 자들 출신들이오. 그렇지만 이들 중에서 훌륭
한 사람들이 생기는 걸 막는 것은 아무것도 없어서, 이들이 생기게 된
건 어쨌든 몹시 감탄해 마지않을 만하오. 그건, 칼리클레스여, 불의를
저지를 수 있는 막강한 힘을 행사할 수 있는 자유의 처지에서 올바르
게 일생을 보내게 되기는 어렵거니와 많은 칭찬을 받을 만하기 때문
이오. 그렇지만 그런 사람들이 소수는 생기오. 이곳에서도 그리고 다
른 곳에서도 그런 이들이 생겼기에, 누군가가 맡게 되는 일들을 올바
르게 처리하는 이 빼어남에 있어서 훌륭하디훌륭한 사람들이 생기기
도 할 것이라고 나는 생각하오. 아주 존중받는 한 사람이, 다른 고장 b
의 헬라스인들 사이에서도 그런 한 사람이 생겼는데, 그는 리시마코
스의 아들 아리스테이데스[309]요. 그러나 친구여, 권력자들 중의 다수

설하면서 헬라스 군대의 총사령관인 아가멤논에 대해 함부로 욕을 해 대다가 오디세우스한테 치도곤을 당한다. 《국가(정체)》 편 620c에서는 악인이기보다는 익살꾼인 그가 저승에서 원숭이 차림으로 등장한다.

309) Aristeidēs는 468년경에 사망한 것으로 추정되는 아테네의 정치가로서, 490년에 있었던 마라톤 전투에서 그 역시 한 명의 장군(stratēgos)으로서 참전했으며, 플라타이아 전투에서도 아테네군의 지휘를 맡았던 것으로 알려져 있다. 아마도 489/8년에는 집정관(ho Archōn)이었으며, '정의로운 사람'으로 알려졌을 만큼 올곧고 애국적인 사람이었다고 한다. 그러나 라우리온 은광 수입을 이용한 테미스토클레스의 대대적인 전함 건조 계획에 반대했다가, 483년에 도편추방을 당했지만, 얼마 뒤에 돌아와, 480년의 살라미스 전투 때에는 한 섬(Psyttaleia)에서 중장비 보병대를 지휘했다고 한다. 여기서는 Lysimakhos가 그의 아버지인 걸로 말하

는 나쁜 사람들로 되오. 그러니까, 내가 말했듯,[310] 저 라다만티스가
이런 누군가를 접하게 되면, 이 자에 대해서는, 사악한 자라는 것 말
고는, 다른 아무것도 곧 그가 누군지도 어떤 가문의 사람인지도 전혀
모른다오. 그리고 그는 이를 간파하고서는, 이 자가 치유 가능한 자로
또는 치유가 불가능한 자로 판단되는지 표시를 해 주고선,[311] 타르타
c 로스로 보내 버렸다오. 이 자는 거기에 이르러서 자기에게 적절한 것
들을 겪게 될 것이오. 그러나 가끔은 경건하게 그리고 진리와 더불어
삶을 산 혼을, 사삿사람이나 다른 누군가의 혼을 보게도 되는데, 특히
나, 칼리클레스여, 내가 주장하는 바이지만, 제 자신의 일들이나 하
지, 사는 동안 이것저것 참견하는 짓은 하지 않은 철학자(지혜를 사랑
하는 자)의 혼을 보고서는 감탄하더니, 축복받은 자들의 섬들로 보냈
소. 아이아코스도 똑같은 일을 했는데, 이들 각각은 지팡이를 쥐고서
심판을 했다오. 반면에 미노스는 혼자만 황금 홀을 갖고서, 앉아서 심
사를 했다오. 호메로스의 오디세우스가 그를 본 것으로 말하듯이 말
d 이오.[312]

황금 홀을 쥐고서는, 죽은 자들의 혼들에 판결을 내리고 있는 걸.[313]

고 있지만, 이 이름은 훗날 손자가 다시 물려받는다. 그의 아들인 리시마코스는 그리 알려진 인물이 아니고, 《라케스》 편에 등장하는 인물로서, 소크라테스의 아버지 소프로니스코스(Sōphroniskos)와 친구 사이였으며, 같은 부락(市區: dēmos)인 알로페케(Alōpekē) 출신이었다.

310) 524e에서.

311) 《국가(정체)》 편 614c에 이런 장면이 나온다.

312) 《오디세이아》 11. 568~571.

313) 같은 책, 같은 권. 569. 그런데 여기에서 미노스가 판결을 내리는 걸 themisteuonta로 말하고 있는데, 이는 단순히 라다만티스나 아이아코스처럼 '지팡이를 쥐고서 심판하는 게(rhabdon ekhōn dikazei)' 아니라,

526d

칼리클레스여, 따라서 나는 이런 이야기들에 설복되었거니와, 어떻
게 하면 나의 혼을 심판자에게 최대한 건강한 상태로 보여 주겠는지
를 생각하고 있소. 그러므로 나는 많은 사람이 추구하는 명예들과는
작별하고서, 진리를 연마하여, 가능한 한 진실로 더할 수 없이 훌륭한
사람으로서 살다가 죽을 때는 죽도록 할 것이오. 그러나 나는, 내가 e
할 수 있는 한, 다른 모든 사람을 불러 모으기도 하지만, 역으로 특히
그대를 이 삶으로 그리고 이 경합으로 부르오. 이 경합이야말로 이곳
의 모든 경합에 맞먹는 것이라 나는 주장하오. 또한 이걸 나는 그대에
게 되돌려 나무라오.[314] 그대에게 재판이 그리고 방금 내가 말한 심판
이 있게 될 때, 그대는 스스로를 구조할 수가 없을 것이오. 그대가 심
판자, 곧 아이기나의 아들[315] 앞으로 가게 되어, 그대를 붙들고 이끌 527a
고 갈 땐, 내가 이곳에서 했던 것 못지않게, 그대는 입을 크게 벌리고
선 어지러워할 것이고, 어쩌면 누군가는 그대에게 불명예스럽게 귀싸
대기를 올리며 아주 모욕을 할 것이오.

그래서 이건 아마도 노파가 들려주는 설화처럼 그대에겐 생각되어, 이를 무시할 수도 있겠소만, 이는 무시해도 전혀 놀랄 일이 아닐 것이오. 어찌어찌 찾다가 이보다도 더 나으며 더 진실한 것들을 발견할 수도 있다면야. 그러나 지금 그대는 보고 있소. 바로 여러분이 오늘날의 헬라스인들 중에서도 가장 지혜로우신 세 분, 곧 그대와 폴로스 그리

524a에서 언급했듯, 둘 사이에 의견이 있거나 심판에 어려움이 발생할 때, '황금 홀을 쥐고서(khryseon skēptron ekhonta) 공정한 판결을 내리는' 것이다.

314) 이는 486a~d에서 칼리클레스가 소크라테스에게 걱정하는 투로 나무랐던 내용이고, 이를 508c~d에서 소크라테스가 되짚어 본 것이다.

315) 곧 아이아코스를 가리킨다. 524a의 본문 및 해당 각주를 참조할 것.

b 고 고르기아스 님이신데, 여러분께서는 저승에서도 유익한 것으로 보이는 바로 이 삶 이외의 다른 어떤 삶을 살아야만 한다고 증명해 보이실 수 없다는 것을. 그렇지만 그처럼 많은 주장들 중에서 다른 것들은 논박되고, 이 주장 하나만이 굳건합니다. 불의를 저지르는 걸 불의를 당하는 것보다도 더 조심해야만 한다는 것, 그리고 사람으로서 그 무엇보다도 수련해야만 하는 것은, 개인적으로나 공적으로나, 훌륭해 보임(to dokein einai agathon)이 아니라, 실제로 훌륭함(to einai agathon)이라는 것. 그러나 만약에 누군가가 어떤 점에서 나쁘게 된다면, 그는 벌을 받아야만 하며, 실제로 올바른(정의로운) 것(to einai dikaion) 다음으로 둘째로 좋은 것은 벌을 받고 교정되어 올바르게
c (정의롭게) 되는 것(to gignesthai dikaion)이라는 것. 그리고 일체의 비위 맞춤(아첨)은 자신과 관련되어서건 남들과 관련되어서건, 그리고 소수와 관련되어서건 다수와 관련되어서건, 피해야만 한다는 것. 그리고 변론술은 이렇게 곧 언제나 올바른(정의로운) 것을 위해서 이용되어야만 한다는 것, 그리고 그 밖의 일체 행위도 그걸 위해서 이용되어야만 한다는 것입니다.

그러니, 내게 설복되어, 그대가 이르게 되면, 이 이야기가 보여 주듯, 살아서도 죽어서도 그대가 행복할 곳인 이곳으로 따라오시오. 그리고선 누군가가 어리석다고 얕잡아 보고 모욕할 테면 하라고 내버려 두오. 그리고 단연코, 적어도 그대는 이 불명예스런 타격을 과감히 분
d 쇄하시오. 만약에 그대가 [사람으로서의] 훌륭함(덕: aretē)을 수련해서 참으로 훌륭하디훌륭하게 된다면, 그대는 아무런 두려운 일도 겪게 되지 않을 것이기 때문이오. 또한 이후로 이런 식으로 함께 수련을 한 다음에, 그래야만 할 것으로 판단된다면, 그땐 곧바로 정치(나랏일들)에 우리가 착수하거나, 또는 어떤 것이건 우리에게 그러는 것이 좋

527d

을 것으로 판단되는 것이면, 그땐 우리가 숙의 결정할 것이오. 지금보다는 숙의 결정하는 데 더 나아져 있을 테니까.[316] 실인즉, 지금은 어쨌든 우리가 그리 보이듯, 부끄러운 모습으로 있으면서, 이후로도 뭐나 되는 듯이 당당해한다는 것은, 똑같은 것들에 대해서 결코 똑같은 생각도 하지 못하는 우리가, 그것도 가장 중요한 것들에 대해서 그런
다는 것은, 그만큼 어리석은 상태에 우리가 이른 것이오. 따라서 이제 e
제시된 주장을 마치 안내자처럼 삼자고요. 이것이 최선의 삶의 방식이며 올바름(정의) 그리고 그 밖의 다른 [사람으로서의] 훌륭함도 수련하며, 살다가 죽을 것을 우리에게 지시해 주는 안내자로 말이오. 그러면 이를 우리가 따르고, 또한 다른 사람들도 부릅시다. 그대가 믿고서 나를 부르는 그것을 따르지는 말고요. 그건 아무런 가치도 없기 때문이오, 칼리클레스!

---

316) 526d에서의 "진리를 연마하여, 가능한 한 진실로 더할 수 없이 훌륭한 사람으로서 살다가 죽을 때는 죽도록 할 것이오."에서 시작하여, 이 대목까지를 읽고 있으면, 대뜸 생각나는 것이 《大學章句》의 經文 1章이다. 格物致知, 誠意正心, 修身 … 治國 등 《大學》의 기본 조목들 거의 다가 강조되고 있다. 또한 '[사람으로서의] 훌륭함(덕: aretē)을 수련해서 참으로 훌륭하디훌륭하게 되는 걸' '공동으로 수련한 다음에(koinē askēsantes) 그래야만 할 것으로 판단된다면, 그땐 나랏일들', 곧 정치에 적극적으로 참여할 수 있을 것임을 말하고 있다. 특히 진리의 연마(526d)와 [사람으로서의] 훌륭함의 이 '공동 수련'은 아카데미아의 설립 취지와도 전적으로 부합되는 것이다. 아니 바로 그 목적으로 아카데미아가 설립된 것임을 우리는 새삼 실감하고 확인하게 되는 것 같다.

《메넥세노스》편

《메넥세노스》 편(*Menexenos*) 해제

훗날 사람들이 이 대화편에 붙인 부제는 〈추도사(*epitaphios*)〉이다. 실제로 그 내용 또한 페리클레스의 둘째 부인이었던 아스파시아가 준비했다는 전몰자들에 대한 추도사 연설문 원고의 내용이 거의 다인 셈이다.

이 연설문 내용을 제외하고선, 이 대화편 첫머리에서 소크라테스가 메넥세노스를 만나게 되어, 그 추도사 내용을 그에게 들려주게 되는 경위의 대화가 잠깐이고, 끝에 가서 이를 들려주고 나서 아주 간단히 나누게 되는 대화가 있을 뿐이다. 아닌게아니라 아리스토텔레스도 그의 《수사학》(1415b31)에서 '그 추도사(*ho epitaphios*)'로 지칭하면서, 이 대화편의 235d3~4의 내용을 간략하게 "아테네인들을 아테네인들 앞에서 칭찬하기는 어렵지 않지만, 스파르타인들 앞에서는 그렇다고 소크라테스가 말하는데, 이는 진실이다"라고 적고 있다.

여기에서 소크라테스가 들려주는 이 연설문의 일부는 아스파시아가 즉흥적으로 말하는 것이었지만, 430년에 페리클레스가 했다는 추도사[1]를 아스파시아가 지었을 때, 그것에서 쓰고 남은 것들을 모아 붙인 것 같다고 말하고 있다.(236b) 그러니까, 비록 전몰자들에 대한 추도사이기는 하지만, 이런 경우에 변론술이 실제로 어떻게 구사되고 있는지를 이 대화편은 보여 주고 있는 셈이다. 그런 뜻에서 이 대화편은《고르기아스》편의 '속편' 또는 '부록' 성격의 것이라 할 수 있겠다.

전몰자들에 대한 추도사는 그 성격상 더더욱 과장이 심해서, 진실과는 상당히 거리가 있을 수밖에 없겠다. 그렇더라도 특히 거의 신화에 가까운 아테네라는 나라의 탄생과 관련된 부분은 '비위 맞추기'의 본보기라 할 정도로 민망스러운 것이다. 반면에 아테네인들이 세 차례에 걸친 페르시아와의 전쟁에서 자신들과 전체 헬라스를 지킨 일들은 세계사를 통해서도 가장 자랑스러운 일들에 속할 것이다. 그러나 이후의 아테네의 제국화 과정은 결코 자랑스러울 수가 없다. 그것이야말로 자신들이 배격하는 hybris(오만 방자함·오만 무례함)를 다른 나라들에 저지름임을 자각하지 못함이었으며 부끄러운 일이었다.

또한 238c~239a에서 잘 교육받고 훌륭한 나라에서 살게 됨을 말하며 최선자[들의] 정체 또는 민주정체, 법적인 평등을 누리되, [사람으로서의] 훌륭함과 평판에 따른 차이의 인정을 말한 부분에서 진정한 뜻에서 그러했는지가 문제다. 그들은 진정한 뜻에서 최선자[들의] 정체(aristokratia)를 구현하지는 못했다. 무엇보다도 그들은 '[사람으로서의] 훌륭함(aretē)'의 핵심인 지혜(sophia)가 지성(nous)에 기반을 둔 것이어야 함을 전혀 깨닫지 못하고 있었다. 바로 이 점이《고르기아스》편에서 소크라테스가 당대의 아테네인들에 의해 위대한 정치가들로 손꼽혔던 테미스토클레스나 밀티아데스 그리고 페리클레스 등이 아테인들을 훌륭한 시민들로 만드는 데는 실패했던 이유로 지적했

1) *Thoukydidou Historiai*, II, 35~46.

던 핵심점이기도 하다. 이들은 아테네의 외형적인 강대함에 이바지했을 뿐, 아테네인들의 혼이 진정으로 훌륭해지도록 하는 데는 여느 정치인들과 마찬가지로 별로 기여하지 못했기 때문이다. 그런 뜻에서 아테네에 정치인들은 많았지만, 참된 정치가는 없었던 셈이다.

말하자면, 이런 추도사를 통해 그 유가족들을 어느 면에서 위로는 하겠지만, 전체적으로는 '훌륭함(aretē)'의 허상을 덧씌우며 헛바람을 넣고 있는 '비위 맞추기' 연설인 것이다. 아테네가 진정으로 덧보태어 갖추어야만 할 덕목과 함께 지향해야만 하는 차원 다른 목표 곧 지혜와 지성을 갖춘 나라의 구현을 위한 좌표 설정은 전혀 염두에도 두지 않고, 오직 영광스런 전투들을 통한 성취만 부각하고 있는 셈이기 때문이다. 고작 다른 나라들에 형 노릇하거나 군림하는 제국의 모습이 진정으로 '훌륭한 나라' 일 수는 없겠기 때문이다.

목 차

이(238c~239a)

3) 자유를 지킨 전쟁: 마라톤 전투·살라미스 및 아르테미시온 해전·플라타이아 전투(239a~241e)

4) 헬라스인들끼리의 전쟁(242a~246a)

2. 후손들에 대한 당부: 조상들과 가족들을 부끄럽게 하는 일이 없도록 용기와 [사람으로서의] 훌륭함을 갖추도록 진력할 것을 당부함(246b~247c)

3. 부모들에 대한 당부: 자식들의 전사로 인한 슬픔을 수월하게 견디어 내길 바람. 절제와 용기를 갖춘 지혜로운 그리고 비탄하지 않는 부모이길(247c~248c)

4. 그 부모와 자식들에 대한 나라의 보살핌: 망자들의 자식들에 대해서는 아버지의 자격으로, 그 부모들에 대해서는 보호자들의 자격으로 모든 일에 대비해서 언제나 이들 모두에 대해 전적으로 보살핌(248d~249c)

III. 메넥세노스가 아스파시아의 연설문을 듣게 된 걸 고마워함(249d~e)

* 이 목차는 원전에 있는 것이 아니라, 대화 진행의 내용들을 미리 참고할 수 있도록, 편의상 순서에 따라 나열한 것일 뿐임.

대화자들

소크라테스: 이 대화편의 경우에는 그 설정 시기 자체를 말할 수가 없다. 이를테면, 소크라테스는 399년에 이미 사망했는데, 387년에 있었던 이른바 '왕의 평화' 곧 스파르타의 왕 안탈키다스가 페르시아의 왕과 협상을 통해 헬라스 전반에 걸친 문제의 대타협을 이룬 일(245e의 해당 각주 참조)을 언급하고 있기 때문이다. 그러니까 여기에서 플라톤은 소크라테스 시대 이야길 하고 있는 게 아니라, 바로 자신이 40세인 시절의 시점에서 그런 일들을 말하고 있는 셈이다.

메넥세노스: 《파이돈》 편(59b)에서 소크라테스의 최후의 날을 지켜본 문하생들 중의 한 사람으로 언급되며, 《리시스》 편에서는 대화의 주된 인물들 중에 한 사람으로 등장한다. 별달리 알려진 바는 없고, 소크라테스의 막내아들과 이름이 같다.

소크라테스: 메넥세노스, 아고라[1]에서 오는 길인가 아니면 어디서? 234a

메넥세노스: 아고라의 협의회 회관[2]에섭니다, 소크라테스 님!

소크라테스: 협의회 회관에는 특별히 무슨 일이라도 있어서였는가? 혹시 자네가 교육과 철학(지혜사랑)[3]을 끝낼 단계에 이르렀다고,

---

1) agora와 관련해서는 《고르기아스》 편 447a에서 해당 각주를 참조할 것.

2) 협의회(평의회: boulē) 자체에 대해서도 《고르기아스》 편 474a에서 해당 각주를 참조할 것. 협의회 회관(bouleutērion)은 협의회가 열리는 건물을 뜻한다. 아고라의 서쪽 경계 끝 중간 지점쯤의 옛길 옆에 "나는 아고라의 경계이다(ΗΟΡΟΣΕΙΜΙΤΕΣΑΓΟΡΑΣ)"라고 새겨진 '아고라의 경계비'가 지금도 있는데, 이 비석 쪽에서 길 건너 바로 맞은편에 협의회의 운영위원회(prytaneis)가 식사하던 원형 건물(Tholos) 터가 있고, 이에 바로 인접해서 신·구협의회 회관 터가 나란히 있다. 그리고 설명문 중에서 '경계'를 뜻하는 ΗΟΡΟΣ의 헬라스 문자 H는 η(에타)의 대문자가 아니라, 영어 H와 마찬가지로, 기원전 403년 이전에는 그대로 기음(氣音; rough breathing)이었다.

3) 당시에는 철학(philosophia) 곧 '지혜사랑'의 활동이 특히 젊은이들에겐 일종의 교양 교육이었다. 이와 관련된 언급이 《고르기아스》 편(485a~486d)에도 보인다. 그런데 투키디데스의 《역사(*Historiai*)》 II, xl, 1에서

234a

그리고 자신이 더 큰일들[4])로 관심을 옮길 뜻을 갖기에 족한 걸로 생각을 하고 있는 게 명백한 건가? 그래서, 놀라운 자여, 그 나이인 자
b 네가 연장자들인 우리를 다스리는 일에 착수함으로써, 그대의 집안이 우리를 돌보는 누군가를 제공하지 못하게 되는 일이 없도록 하려는가?

메넥세노스: 소크라테스 님, 그야 선생님께서 허락하시고 다스리도록 조언해 주신다면야, 힘써 볼 것입니다. 그래 주시지 않는다면, 그러지 않을 거고요. 그렇지만 제가 방금 협의회 회관에 간 것은 협의회가 누군가 전몰자들을 위해 연설할 자를 선택할 예정이라는 걸 들어섭니다. 장례식이 있을 것이라는 건 선생님께서 아실 테니까요.

소크라테스: 그야 물론이지. 한데, 누굴 선택했는가?

메넥세노스: 아무도 선택하지 않고, 내일로 미루었습니다. 하지만 아르키노스[5])나 디온이 선택될 것으로 저는 생각합니다.

c 소크라테스: 그렇지만 실은, 메넥세노스, 전사한다는 건 여러 모로 장한 일인 것 같아. 그리고 훌륭하고 장엄한 장례식인지라, 누군가가 가난한 자로서 죽게 될지라도, 찬사 또한 받게 되네. 비록 변변찮은 자라 할지라도, 지혜롭고 함부로 칭찬을 하는 법이 없으며 오래 걸려

언급되고 있는 페리클레스의 전몰자들에 대한 추도문을 보면, 이런 발언이 보인다. "우리는 사치하지 않고 아름다움을 사랑하며 유약하지 않고 지혜사랑을 한다(philosophoumen)." 그러고 보면, 교양 교육의 수준에서는 철학이 그들에게는 자랑스러운 것이었던 셈이다.

4) 여기서 말하는 '더 큰일들(ta meizō)'이란 바로 다음 문장이 시사하듯, 나랏일 곧 정치에 관여하는 걸 뜻한다.

5) Arkhinos는 403년 초에 30인 과두파 정권을 무너뜨리기 위해 봉기한 트라시불로스(Thrasyboulos)의 필레(Phylē) 전투에 가담한 민주파의 일원으로, 민주정권의 수립 후에 취한 그의 온건한 일처리로 칭찬을 받았다고 한다. 그러나 여기서 말하는 Diōn에 대해서는 정확한 정보가 없다.

234c

연설을 준비한 사람들에게서 말일세. 이들은 어찌나 훌륭하게 찬사를 하는지, 각자에게 갖추어져 있는 것들도 갖추어져 있지 않은 것들도 235a
치켜세우면서, 어쩌면 가장 아름다운 말들로 장식함으로써, 우리의 혼들을 미혹하게 하네. 또한 이들은 모든 방식으로 나라와 전사자들 그리고 우리의 앞선 조상들을 찬양하며, 아직 살아 있는 우리 자신들까지도 칭찬하네. 그래서, 메넥세노스여, 이들에게서 칭찬을 받고서는 나야말로 아주 우쭐하게 되는데, 선 채로[6] 매번 들을 때마다 홀리 b
게 되어, 그 당장에 내가 더 크고 더 고귀해지고 더 훌륭하게 된 걸로 여기게 되지. 또한 많은 경우에 딴 나라 손님들이 나와 동반해서 함께 듣게 되기도 하는데, 그들에게 내가 그 자리에서 더 당당해지기도 하네. 그들 또한 나에 대해서도 그리고 이 나라 전반에 대해서도 나와 똑같은 이런 것들을 느끼는 것으로 여겨지기 때문이지. 이 나라가 이전보다도 더 놀라운 것으로 생각되는 것은 연설자에게 설복된 탓일게고. 또한 내게는 이 당당함이 사흘도 넘게 지속되지. 이처럼 그 연 c
설이 귀에 쟁쟁하고 그 연설자의 또렷한 목소리가 귓속으로 스며들어서는, 네댓새가 지나서야 가까스로 제 정신이 들어, 지상의 어딘가에 있는 걸 깨닫게 되네. 이때까진 축복받은 자들의 섬들[7]에 살고 있는 게 아닌가 하고 생각하고만 있는 거지. 우리의 변론가들은 이토록 능란하네.

메넥세노스: 소크라테스 님, 선생님께서는 변론가들을 언제나 비웃으시네요. 그렇지만 이번에 선택되는 연사는 그다지 능숙하지는 않을 것으로 저는 생각합니다. 선택이 아주 즉각적으로 이루어지는 것이어

6) 텍스트 읽기에서 a7의 exestēka는 hestēka로 읽었다.

7) 이와 관련해서는 《고르기아스》 편 523b의 해당 각주를 참조할 것.

235c

서, 아마도 연사가, 마치 즉흥적으로 연설하듯, 할 수밖에 없게 되겠기 때문입니다.

d 소크라테스: 여보게, 무슨 근거로? 변론가들 각자에게는 연설문들이 준비되어 있기도 하거니와, 또한 적어도 그런 것들을 즉흥적으로 하는 게 어렵지도 않다네. 만약에 펠로폰네소스인들 앞에서 아테네인들을 좋게 말해야만 하거나, 아테네인들 앞에서 펠로폰네소스인들을 좋게 말해야만 한다면, 그야 설득력 있고 명망 있는 훌륭한 변론가가 필요하겠기 때문이네. 그러나 누군가가 이들 앞에서 바로 당사자들을 칭찬하며 그 경합을 벌일 경우라면, 잘 말하는 걸로 보인다는 건 전혀 대단한 일이 아니네.

메넥세노스: 그런 걸로는 생각지 않으십니까, 소크라테스 님?

소크라테스: 실상 단연코 그런 게 아니라고 생각하네.

e 메넥세노스: 그럼, 만약에 협의회가 선생님을 선택해서 요청한다면, 스스로 연설을 하실 수도 있다고 생각하십니까?

소크라테스: 메넥세노스여, 말하자면, 내가 연설할 수 있다는 것은 전혀 놀랄 일이 아닐세. 내게는 변론술과 관련해서 전혀 평범치 않은 선생이 있는데, 바로 이 여인이 다른 많은 사람들을 훌륭한 변론가들로 만들기도 했지만, 그중에서도 특히 한 사람을 출중하게 만들었으니, 크산티포스의 아들 페리클레스이네.

메넥세노스: 그 여인이 누구입니까? 혹시 아스파시아[8]를 말씀하시

8) Aspasia는 밀레토스 출신으로 440년대 초(449~446)에 아테네에 와서, 페리클레스가 이혼한 뒤인 445년경부터 그가 429년에 역병으로 사망할 때까지의 둘째 부인이었으며, 페리클레스에게 미친 영향력이 컸던 것으로 알려졌다. 변론술을 가르치고, 매우 지적인 여인이어서 소크라테스와도 토론을 했다고 한다. 그와의 사이에서 난 아들은, 전처의 두 아들이

235e

는 게 분명한지요?

소크라테스: 실은 그 여인을 말하네만, 메트로비오스의 아들 코노
스[9]도 어쨌거나 말하고 있는 걸세. 이들 둘은 내 선생들인데, 이 사 236a
람은 음악 선생이지만, 앞 여인은 변론술의 선생일세. 그러므로 이렇게 단련을 받은 사람이 말하는 데 능숙하다는 것은 전혀 놀라운 게 아닐세. 그러나 누구든 나보다도 잘 교육받지 못한 자라 할지라도, 음악은 람프로스[10]에게서 교육받되, 변론술은 람누스 구 출신의 안티폰[11]에게서 교육받았다 할지라도, 그렇더라도 이 사람은 아테인들 앞에서 아테네인들을 칭찬하고서는 좋은 평판을 얻을 수 있을 것이네.

메넥세노스: 그러면 만약에 선생님께서 연설하시도록 요청해 온다면, 선생님께서는 무엇을 말씀하실 수 있겠습니까?

소크라테스: 내 자신에 의한 것이라면, 아마도 자신이 말할 것은 아
무것도 없겠지만, 아스파시아가 어제도 이 사람들에 대한 추도 연설 b
끝마무리를 짓고 있는 걸 내가 들었네. 아테네인들이 자네가 말하는 바로 그 일, 곧 연설할 사람을 선택하게 될 것이라는 걸 들어서지. 그래서 말해야 할 것들 중 일부는 즉흥적으로 내게 말해 주는 것이었지

430년에 역병으로 사망한 뒤, 법적으로 적자로서 인정받게 되었다 한다.

9) Konnos는 《에우티데모스》 편 272c에서 키타라를 가르치는 사람으로 언급되며, 소크라테스가 그에게서 키타라 탄주를 같이 배우는 아이들이 자기를 놀리며, 선생인 그에게는 자기 같은 노인네를 가르친다고 해서 '노인네 선생' 으로 일컫는다고 말하는 장면이 나온다.

10) Lampros는 5세기의 음악가로, 여기에서 언급되고 있듯, 그리 높이 평가받지는 못했던 것 같다.

11) 여기서 말하는 Antiphōn(약 480~411)은 동명이인인 소피스테스 안티폰(5세기)과는 다른 인물이지만, 더러는 같은 인물로 보는 사람들도 있다. 그는 Rhamnous 부락민으로서, 아티케의 이름난 최초의 변론가로 알려져 있다.

만, 일부의 것들은 전에 생각해 두었던 것들로, 내 생각으로는 페리클레스가 한 추도사를 자기가 지었을 때, 그것에서 남은 것들을 모아 붙인 것 같아.

메넥세노스: 그러면 아스파시아스가 말한 것들을 기억하실 수 있겠는지요?

소크라테스: 적어도 내가 잘못하지 않는다면야. 어쨌거나 그분에게서 배우기는 했지만, 내가 잊어버리게 되었을 때마다[12], 하마터면 언
c 어맞을 뻔했네.

메넥세노스: 그렇다면 왜 들려주시지 않으십니까?

소크라테스: 하지만 이 선생의 연설을 공개했다가, 이분이 나를 꾸중하는 사태가 일어나지 않았으면 해서네.

메넥세노스: 그럴 리가요, 소크라테스 님! 말씀하세요. 제게는 아주 기쁘게 해 주실 겁니다. 말씀하시고 싶은 게 아스파시아의 것이든 또는 누구 것이든, 말씀하시기나 하세요.

소크라테스: 하지만 아마도 자네는 나를 비웃을 게야. 내가 나이를 먹은 사람이면서 아직도 아이처럼 군다고.

메넥세노스: 천만의 말씀입니다, 소크라테스 님! 무슨 방식으로든 말씀하세요.

소크라테스: 그렇지만 어쨌거나 자넬 기쁘게 해야겠지. 설령 자네
d 가 날더러 옷을 벗어 던지고 춤을 추라고 해도, 자넬 기쁘게 해 주고 싶은 거의 그런 심정이네. 어쨌든 우리 둘뿐이니까. 그럼 듣게나. 내

12) 텍스트 읽기에서 c1의 hot'를 hote나 hoti 둘 중의 어느 쪽으로 읽을 것인가가 문제될 수도 있겠으나, hote로 읽었다. 어떤 표현을 잊을 때마다 때리는 시늉을 반복했을 법하기 때문이겠는데, 더구나 그 앞의 plēgas가 그 반복을 말하는 복수이다.

236d

가 생각하기로는, 그 여인은 바로 전사자들부터 말하기 시작해서 이렇게 말했으니까.

이분들은 자신들에게 합당한 것들을 우리의 행사 수행을 통해서 받
았으며, 이것들을 받고서 정해진 운명의 여정을 가고 있습니다. 공적
으로는 나라에서 장송(葬送)을 받고, 사적으로는 가족들에게서 받았
습니다. 그렇지만 이제 국법이 이 사람들에게 보답해 드리도록 지시
하는 남은 영예를 추도사로써 해야만 합니다.[13] 훌륭하게 행한 행위 e
들에 대해 하게 되는 훌륭한 추도사로 해서 그 행위자들에 대한 추모
와 영예가 듣는 사람에게서 생기게 되기 때문입니다. 요구되는 추도
사는 바로 이런 것입니다. 전사자들을 족히 찬양하게 되는 것이어서,
살아 있는 자들에게 마음에 들게 권유하는 것으로서, 자식들과 형제
들로 하여금 그들의 훌륭함을 본받도록 하되, 부모 그리고 아직도 살
아계신 웃어른들이 계시다면, 이분들을 위로하는 것입니다. 그러면 237a
우리에게 어떤 것이 그런 연설이 될까요? 우리가 어디서부터 시작함
으로써, 살아서는 그 훌륭함으로 해서 제 주위 사람들을 즐겁게 하고
서는, 최후 또한 산 자들의 안전과 맞바꾼 훌륭한 이들을 옳게 찬양하
게 되겠습니까? 이들이 훌륭한 사람들로 태어났듯, 이들을 찬양함에
있어서도 그렇게 해야 하는 것이 자연스런 것으로 제게는 생각됩니

13) 추도사 첫머리에서 '행사 수행(ergōi)' 으로 옮긴 것은 여기서 말하는 '추도사(epitaphios logos)' 와 구별되는 일체의 장례 절차를 가리켜 하는 말이다. 입관 전의 시신 공개(prothesis), 그다음이 묘지로의 운구(運柩) 곧 시신 호송의 장례 행렬(ekphora) 그리고 마지막으로 매장(thēkē, taphē)이 그것들이다. 《파이돈》 편 115e에 이에 대한 언급이 보인다. 투키디데스《역사》2. 34를 참조할 것.

237a

다. 그러나 이들이 훌륭한 사람들로 된 것은 훌륭한 분들에게서 태어
남으로 해섭니다. 따라서 첫째로 이들의 고귀한 태생을 찬양하고, 둘
b 째로 양육과 교육을 찬양합시다. 그리고서 이에 더해, 그 행적들의 수
행을 적시하도록 합시다. 이들이 자신들의 그 수행을 얼마나 훌륭하
고 값있는 것으로서 보여 주었는지를 말입니다. 첫째로, 이들에게 있
어서 그 고귀한 태생이 비롯된 것은 조상들의 출생이 외래인계가 아
니라는 것이며, 그들이 다른 곳에서 와서 이 땅에서 이들 자손들을 거
류민들로 살아가게 한 것이 아니라, 토착민들로 진짜 고향에서 거주
하며 살아가고, 다른 사람들처럼 계모에 의해서 양육된 것이 아니라,
c 자신들이 거주하는 땅인 친모에 의해서 양육되었습니다. 그리고 이제
는 자신들을 낳아 키우고서 받아들이는 이 땅의 친숙한 곳들에 죽어
서 누워 있습니다. 따라서 먼저 이 어머니 자신을 영예롭게 하는 것이
무엇보다도 타당합니다. 이렇게 함으로써 동시에 이들의 고귀한 태생
도 영예롭게 되기 때문입니다.

이 땅은 우리만이 아니라 모든 사람에게서도 여러 이유로 칭찬받
을 만하지만, 으뜸으로 중대한 것은 신들의 사랑을 받는다는 것입니
다. 우리의 이 주장에 대해서는 이 땅을 두고 다투던 신들의 다툼과
d 판결[14)]이 증언하고 있습니다. 신들이 찬양하는 바로 이 땅이 모든 인

14) 아테네(Athēnai)의 주권 신(수호신) 지위를 놓고 아테나(Athēnaia의 단축형 Athēna: 호메로스에서는 Athēnē)와 포세이돈(Poseidōn)이 서로 다투었다는 설화를 두고 하는 말이다. 바다와 지진을 관장하는 포세이돈이 전체가 하나의 바윗덩어리인 아크로폴리스의 바위를 그의 삼지창으로 치니, 소금물이 솟아올랐다. 아테나 여신 또한 창으로 바위를 치니, 올리브 나무(elaia)의 싹이 트며 돋아 오르는데, 열매들까지 주렁주렁 달고 있었다고 한다. 제우스가 중재토록 임명한 12신들은 감탄하며 아테나를 선택했다는 전설이다. 아테네의 은화에 여신과 함께 올리브 나뭇가지가 새

237d

간들에 의해 찬양받는 게 어찌 당연하지 않겠습니까? 이 땅에 대한
둘째 찬양은 당연히 이것일 겁니다. 그 시절에는 온 지구가 온갖 동
물, 곧 짐승들과 가축들을 태어나고 자라게 했지만, 이 시절의 우리
땅은 맹수들이 태어나게 하지 않은 깔끔한 곳으로 드러났습니다. 하
지만 동물들 중에서도 인간을 골라서 태어나게 했으니, 인간은 모든
동물들 중에서도 이해력이 뛰어나고 유일하게 정의와 신들을 믿습니
다. 이 주장에 대한 큰 증거는 여기 이 땅이 이들의 그리고 우리들의 e
조상들을 낳았다는 것입니다. 왜냐하면 출산을 하는 모든 것은 자기
가 낳는 것에 적합한 영양물을 갖고 있기 때문인데, 이로 해서 여인
또한 정말로 출산을 했는지 또는 하지 않았는지가 명백해집니다. 그
러나 만약에 태어난 것을 위한 영양물의 샘을 갖고 있지 않다면, 남의
아이를 제 아이로 데리고 온 것입니다. 이야말로 우리 땅 우리 어머
니가 인간들을 낳았다는 충분한 증거를 제공합니다. 당시에는 이 땅
만이 처음으로 인간에게 맞는 영양물로 밀과 보리 곡식을 결실케 했
기 때문이거니와,[15] 이것에 의해서 인류가 더할 수 없이 훌륭하게 양 238a

겨져 있는 것은 그 때문이기도 하다.

15) 데메테르(Dēmētēr) 여신과 관련된 이야기이겠다. 이 여신은 크로노스(Kronos)와 레아(Rhea) 사이에 태어난 딸로서, 모든 곡물을 포함한 농산물의 여신이다. 여신과 제우스 사이에 태어난 딸 페르세포네(Persephonē)는 그냥 '그 딸', '그 처녀' 또는 '그 소녀'라는 뜻으로 Korē로도 일컫는다. 이 딸을 지하세계를 관장하는 신인 하데스(Hądes)가 납치해 가자, 어머니는 딸을 찾아 온 세상을 떠돌다가, 지친 상태로 노파로 변장한 채 엘레우시스(Eleusis)에 왔는데, 아테네에 통합되기 전의 이곳의 왕 켈레우스(Celeus)와 왕비 메타네이라(Metaneira)의 환대를 받고, 이들의 신생아를 돌보아 준다. 여신은 이 아이를 영생하도록 하느라 불 속에서 아이를 들고 그 사멸성(死滅性)을 불태워 버리려 하지만, 그 현장을 왕후한테 들키고 만다. 이에 여신은 사실을 말하고, 이후로 저를 기리는 종교

육되는데, 이 땅이 정말로 이 생물을 낳아서입니다. 이와 같은 증거를 수용하기에 적합한 쪽은 여인보다는 땅이 더 적절합니다. 왜냐하면 잉태와 출산에서 땅이 여인을 흉내 내는 것이 아니라, 여인이 땅을 흉내 내니까요. 이 땅은 이 곡물에 인색하지 않고, 다른 [곳] 사람들에게도 나누어 주었습니다. 이것 다음은 올리브유의 산출로, 이는 노고에 대한 원조로서, 그 자손들을 위해 [그 나무를] 싹트게 한 것입니다. 이
b 땅은 이들에게 영양을 공급하고 성장케 하여 청춘이 되었을 때, 신들을 이들의 통솔자들 및 스승들로 모셨습니다. 그들의 이름들을 이런 경우에는 대지 않는 게 적절합니다. 우리가 알고 있으니까요. 이들이 우리의 삶을 일상생활에 대비케 하였으며, 최초로 기술들을 가르쳐 주고, 이 지역의 수호를 위한 무기의 소유와 이용 또한 가르쳤습니다.

이들의 조상들이 이렇게 태어나서 교육을 받고서는 나라체제를 갖
c 추고서 거주했으니, 이에 대해 간략히 언급하는 게 옳습니다. 나라 체제(정체: politeia)는 인간들의 생활양식(trophē)이어서, 아름다운 나라체제는 훌륭한 인간들의 생활양식이지만, 그 반대의 것은 나쁜 인간들의 그것입니다. 따라서 우리의 선조들은 아름다운 나라체제에서 자랐기에, 바로 그 체제로 해서 그들도 지금의 사람들도, 이들 중의

적 의식을 행하도록 지시하는데, 이것이 곧 엘레우시스 비교(秘敎)의 기원이다. 이 아이를 데모폰(Dēmophōn)이라고 하는가 하면, 일설에는 트리프톨레모스(Triptolemos)라고도 한다. 그야 어쨌든 여신은 엘레우시스의 왕자들 중의 하나였던 트리프톨레모스로 하여금 자기를 섬기는 종교를 전승케 하며, 그에게 곡물의 씨앗들을 주어, 세상 사람들에게 이로써 농사짓는 법을 전파케 한다. 그런데 하데스는 페르세포네를 지하세계로 납치해 가서 아내로 삼은 다음, 제우스의 중재로 겨울 동안만 자기와 함께 머물게 하고, 봄이면 다시 지상으로 어머니 곁으로 보냈다고 하는데, 이는 농사와 관련된 자연의 순환, 곧 봄에서 가을까지의 농사철 그리고 농사철이 아닌 겨울로의 바뀜과 연관시킨 신화적 허구인 셈이다.

238c

전몰자들도 훌륭한 인간들임을 밝히어야만 합니다. 그때도 지금도 같은 이 나라체제는 최선자[들의] 정체(aristokratia)[16]였는데, 이 나라체제로 지금도 그리고 그때부터 대체로 늘 나라 관리를 해 왔습니다. 그러나 어떤 이는 이를 민주정체(dēmokratia)로 일컫지만, 누군가는, 자기 좋을 대로, 다른 이름으로 부르나, 다수자의 시인을 동반한 진실 d
에 있어서 최선자[들의] 정체입니다. 왕들은 우리에게 늘 있으니까.[17] 왕들은 때로는 가문에서 배출되지만, 때로는 선출됩니다. 그러나 대

16) 영어 aristocracy는 귀족정치로 번역하는 말이다. 그러나 플라톤이나 아리스토텔레스가 말하는 aristokratia는 어원 그대로 '최선자들([hoi] aristoi = the best)의 통치체제(kratia = rule)'를 뜻하는 말인데, 어느 시점의 한 나라에서 최선자는 단수일 수도 있고, 복수일 수도 있겠다. 그래서 이의 우리말 번역으로 '최선자[들의] 정체'라는 표현을 썼다. 이는 절대권을 행사하는 페르시아의 군주체제나 참주제 또는 '사람됨'의 차원과는 아무런 상관도 없는 소수의 가문들이나 부자들인 개인들(oligoi)이 집권한 경우의 과두정체(oligarchia)와는 완연히 구별되는 정치체제이다. 플라톤이 《국가(정체)》 편에서 말하는 '철인 치자'의 체제나 《법률》 편의 끝 쪽에서 밝히고 있는 [새벽녘] '야간회의(ho nykterinos syllogos)'를 가지며 '자유와 우애 그리고 지성의 공유'를 구현하는 나라체제가 그런 것일 것이다. 이런 뜻에서라면, 다음에서 밝히고 있듯, 건전한 '다수자의 시인을 동반한' 것인 한의 민주정체, 더 나아가 '하나의 기준, 곧 지혜롭거나 훌륭한 걸로 판단되는 자가 권력을 가지며 다스리는' 나라도 '최선자[들의] 정체'일 것이다. 투키디데스의 《역사》 II. 37에서도 페리클레스는 비슷한 말을 하고는 있으나, 그런 정체를 어디까지나 민주정체(dēmokratia)로만 말하고 있다.

17) 여기에서 "왕들은 우리에게 늘 있으니까"가 의미하는 것은 두 가지 뜻으로 이해할 수 있겠다. 이론상으로는 《국가(정체)》 편에서 말하는 '철인 치자'가 하나밖에 없을 경우의 '철인 왕' 그리고 《정치가》 편에서 말하는 이상적인 치자(治者)라 할 '왕도적 치자(basileus)'가 그 하나이겠다. 둘째로는, 아테네의 경우, Kodros 왕 이후, 왕정이 폐지되고 해마다 선출되는 9명의 archontes 중에서 서열 2위인 자의 직위가 basileus(= king)여서 하는 말일 수도 있겠다.

238d

개는 대중이 나라를 통제하지만, 관직과 권력은 언제나 최선자들로
판단되는 이들에게 부여하며, 다른 나라들의 경우에서처럼, 허약함으
로 해서도, 가난으로 해서도, 또는 아버지들의 무명함으로 해서도 아
무도 배제되는 일이 없으며, 그 반대의 경우들로 해서 존경받지도 않
습니다. 그러나 하나의 기준, 곧 지혜롭거나 훌륭한 걸로 판단되는 자
e 가 권력을 가지며 다스립니다. 우리에게 있어서 이런 나라체제의 원
인은 출생의 평등입니다. 다른 나라들은 온갖 부류의 고르지 못한 인
간들로 구성되어 있어서, 이들의 나라체제들도 고르지 못하니, 참주
체제들이나 과두체제들입니다. 따라서 서로를 어떤 자들은 노예들로
어떤 자들은 주인들로 여기며 삽니다. 그러나 우리와 우리의 동족들
239a 은 모두가 한 어머니의 형제들로 태어나서, 서로의 노예들로도 또한
주인들로도 생각지 않고, 동등한 출생이 우리로 하여금 자연스럽게
법적인 평등을 추구하지 않을 수 없도록 하며, [사람으로서의] 훌륭함
(덕: aretē)[18]과 지혜의 평판 이외의 다른 어떤 것에 의해서도 서로 간
에 복종하는 일이 없도록 합니다.

바로 이 때문에 이들 전사자들의 부친들도[19] 우리의 아버지들도 이
들 자신들도 전적인 자유 속에서 자라고 태생 또한 훌륭하기에 많은
훌륭한 행적들을 모든 사람에게 사적으로도 공적으로도 보여 주었습
b 니다. 자유를 위해서, 그리고 헬라스인들을 위해 헬라스인들과, 모든
헬라스인들을 위해 이민족들[20]과 싸우지 않으면 안 된다고 생각해섭

18) 《고르기아스》 편 479b에서 해당 각주를 참조할 것.

19) 텍스트 읽기에서 239a5의 ge는 te로 읽음.

20) 헬라스(Hellas)인들은 자신들을 [hoi] Hellēnes라 하는 반면에 헬라스어를 쓰지 않는 이민족들을 [hoi] barbaroi(the barbarians)라 했다. 그러나 이를 바로 '야만인들'로 번역하는 것은 옳지 않다. 특히 메디아인들

239b

니다. 그러니까 에우몰포스[21]와 아마존족[22]이 이 땅으로 침공해 왔을

그리고 기원전 6세기부터는 주로 페르시아인들을 가리켜 그렇게 지칭하기 시작했다. 하지만 5세기에 접어들어 세 차례에 걸친 페르시아 전쟁을 거치면서, 헬라스적 가치 및 사고방식과 극단적으로 대조되는 페르시아인들의 행태에 접하게 되매, 여태껏 주로 언어적 차이를 갖고서 지칭하던 이 용어가 차츰 헬라스와 문화적 차이를 보이는 나라들의 사람들을 지칭하는 말로 쓰이기 시작하여, 마침내는 이른바 the barbarians라는 뜻을 갖게도 된다.

21) 설화에 의하면, Eumolpos는 트라케 사람으로, 포세이돈의 아들인데, 지은 죄로 망명길에 엘레우시스에 들렀다가, 엘레우시스 비교(秘敎)와 연관된다. 다시 트라케로 돌아가 왕이 되나, 아테네와 다투던 엘레우시스의 지원 요청을 받고, 아테네 왕 에레크테우스에 맞섰다가 전사한다.

22) 아테네의 전설적 영웅인 테세우스(Thēseus)왕의 영웅담은 헤라클레스의 영웅담과 막상막하라 할 정도이다. 그중의 하나로 아마존족(Amazones)의 여왕 안티오페(Antiopē 또는 Hippolyta)를 데려와 아내로 삼았는데, 이 여왕을 데려가기 위해 아마존족이 아티케를 침공해서 아크로폴리스까지 점령했으나, 결국 패퇴했다고 한다. 그리고 카드모스의 후손들이란 테베인들을 가리키는데, 오이디푸스가 테베에 닥친 재앙이 자기 탓임을 알고서, 왕위에서 물러난 뒤, 두 아들 에테오클레스와 폴리네이케스가 왕위 승계 다툼을 해서, 오이디푸스는 둘이 서로 죽이라는 저주를 한다. 결국 한 해씩 교대로 왕 노릇을 하기로 합의하되, 형 에테오클레스가 먼저 1년을 하기로 한다. 그러나 한 해가 지나도 형이 물러나지 않으매, 그동안 아르고스의 왕 아드라스토스의 왕궁에 가서 그 딸과 혼인하고 지내던 폴리네이케스는 장인인 왕과 다른 사위 등 일곱이 병사들을 이끌고, 테베의 일곱 성문을 공격한다. 두 형제는 서로의 손에 죽고, 아르고스의 군대는 패주하고, 아드라스토스를 제외한 나머지 지휘관들은 모두 전사한다. 전후에 테세우스가 테베로 가서, 아르고스의 시신들을 돌려보내게 한다. 그러나 조국을 공격한 포리네이케스의 시신을 묻는 걸 금지한 크레온의 지시와 이를 거부하는 안티고네 사이의 대립은 소포클레스의 비극 작품을 통해 널리 알려진 바다. 그리고 마지막으로, 헤라클레스의 후손들 이야기는 이런 것인 것 같다. 제우스가 어느 날 태어나는 페르세우스의 첫 후손이 주변 지역의 사람들을 다스릴 것임을 맹세했는데, 그가 마음에 품고 있었던 자는 다름 아닌 자기의 아들 헤라클레스였다. 이에 질투를

때, 그리고 그 이전에도 그랬을 때 어떻게 막아 냈는지, 그리고 카드
모스의 후손들을 상대로 아르고스인들을 어떻게 도왔으며 또한 헤라
클레스스의 후손들은 아르고스인들을 상대로 어떻게 도왔는지도 제
대로 이야기하기에는 시간이 모자랍니다. 게다가 시인들이 이들의 빼
어남을 이미 시가로 훌륭히 찬양해서 모두에게 길게 이야기했습니다.
c 따라서 만약에 우리가 똑같은 것들을 산문으로 찬양한다면, 아마도
우리는 이등으로 결판날 것입니다. 그러니까 이것들은 이런 까닭으로
그냥 두는 게 좋겠는데, 그것으로 그 가치를 갖기도 하니까요. 그러
나 가치 있는 것들로 가치 있는 명성을 아직까지 어떤 시인도 얻지 못
한 채로 여전히 잊힌 상태로 있는 것들, 이것들에 대해서 찬양하며 다
른 사람들에게도 졸라서, 그 일들을 한 사람들에게 어울리는 방식으
로 이것들을 서정적 노래들 그리고 다른 형태의 시[23]로 짓도록 상기
시켜야만 하는 걸로 제게는 생각됩니다. 그러나 제가 말하는 그것들
d 가운데서도 첫째 것은 이것들입니다. 아시아를 지배하고 유럽을 노
예화하던 페르시아인들을 이 땅의 자손들이, 곧 우리의 조상들이 제

느낀 헤라 여신은 에우리스테우스가 먼저 태어나게 했다. 헤라클레스는 테베의 조공을 면제케 도와준 보답으로 크레온 왕의 딸 메가라와 결혼하고 아이들도 낳았다. 그러나 얼마 지나 헤라 여신이 그로 하여금 광기 발작을 일으키게 하여, 그 아내와 자식들까지도 적으로 착각하고 죽여 버리게 한다. 이 참담한 일로 추방되어, 델피로 신탁을 구하러 갔는데, 아르고스의 티린스로 가서 그곳 왕 에우리스테우스가 12년 동안 부과하는 노역들을 치르고 영생을 얻으라는 해답을 얻는다. 그런데 에우리스테우스는 헤라클레스 사후에도 그의 후손들을 괴롭히는 터라, 아테네로 피신한 이들을 추격하게 하였는데, 이 추격자들을 아테네인들이 처리하고서 구해줬다고 한다.

23) '서정적 노래들 그리고 다른 형태의 시'와 같은 표현이 《파이드로스》 편 245a에도 보인다.

239d

지했거니와, 이들을 먼저 기억하는 게 옳으며 이들의 용기(훌륭함: aretē)[24]를 찬양해야만 합니다. 그러므로 만약에 누군가가 그 찬양을 훌륭하게 하려고 한다면, 그 시대에 자신이 있었던 걸로 생각하고서 보아야만 합니다. 그땐 온 아시아가 이미 그 셋째 왕에게 예종하게 되었습니다. 그 첫째인 키로스는 자신의 백성들인 페르시아인들
을 자신의 뜻대로 해방함과 동시에 그들의 주인들이었던 메디아인들 e
을 노예들로 만들고,[25] 여타의 아시아를 이집트에 이르기까지[26] 지배했습니다. 반면에 그 아들[27]은 이집트와 리비아까지 진출할 수 있었으며, 셋째인 다레이오스는 육지로는 스키타이까지 그 지배 권역을
확정 짓고, 함선들로는 바다와 섬들을 지배하여, 아무도 그에게 맞설 240a
생각을 못 했습니다. 모든 인간들의 생각들이 예종 상태였습니다. 페르시아 제국은 이처럼 많고 큰 전투적인 종족들을 예속시켰습니다. 그러나 다레이오스는 우리와 에레트리아인들을 비난하고, 우리가 사르디스에 대해 도모했다고 주장하고선, 50만을 수송선과 함선에 태워

24) 이 경우에는 aretē를 '용기'로 번역하는 게 더 적절하겠기에 그리했다. 《고르기아스》 편 479b에서 해당 각주를 참조할 것. 이후로는 대체로 이 뜻으로 쓰이고 있다. 덩달아 agathos도 '용감한' 또는 '용기 있는'으로 번역한 경우가 많은 것도 같은 이유에서다. 물론 전쟁과 관련된 일반적인 언급이기 때문이다.

25) 559년의 일이었다.

26) 옛날의 헬라스인들은 이 세상의 땅덩이를 북쪽에서 북서쪽의 유럽(Eurōpē)과 남쪽의 아프리카 리비아 쪽에서 동쪽의 소아시아 지역을 포함하는 아시아로, 비슷한 크기의 두 덩어리로 나누어 보았다. 기원전 5세기의 헤로도토스 시대에 이르러서야, 아프리카와 아시아를 따로 떼어서 보고, 아시아도 남쪽의 인도양에서 북쪽의 돈강에 이르는 지역을 그 경계로 보았다.

27) Kambysēs(529~522)를 말한다.

240a

서 그리고 300척의 전함을 보냈습니다. 지휘관으로서는 다티스를 보내면서, 그가 자신의 머리를 붙어 있는 상태로 갖고 있기를 바란다면,
b 에레트리아인들과 아테네인들을 이끌고 오라고 말했습니다.[28] 다티

---

28) 여기에서 말하고 있는 것은 490년에 벌어진 Marathōn 전투와 관련된 것인데, 이의 발단은 이러하다. 밀레토스의 참주 Aristagoras는 500년에 민주정권이 들어선 키클라데스의 제일 큰 나라인 Naxos에 대해 못마땅하게 여겨, 페르시아의 대왕 Dareios의 아우(조카?)로서 Sardis의 총독인 Artaphrenes로 하여금 이를 점령해서, 페르시아의 전략 기지로 삼도록 종용하니, 솔깃해진 아르타프레네스는 출정을 했지만, 정복엔 실패했다. 이에 난처해진 그는 오히려 스스로 참주이기를 포기하고서 제 나라를 민주화하고선, 499~494년에 걸쳐 소아시아의 이오니아인들이 페르시아에 반기를 들고 일어나도록 해서, 사르디스까지 쳐들어가서 불을 지르고선, 에페소스로 후퇴했다. 이 봉기에 앞서, 아리스타고라스는 헬라스 본토로 가서, 도움을 간청했는데, 스파르타는 거절했지만, 아테네는 함선 20척을, 에레트리아는 함선 5척을 지원했다. 그러나 아테네가 그렇게 적극적으로 돕기로 한 데는, 이오니아인들이 같은 헬라스인들이라는 이유보다도, 다른 이유가 있어서였다. 527~510년에 걸쳐 아테네의 참주였던 Hippias는 505년에 추방되어, 사르디스로 아르타프레네스 총독에게로 가서, 자신의 권토중래를 도모하는 일에 지원을 받기로 약속이 되어 있었던 것이다. 그야 어쨌거나, 페르시아의 다레이오스(=다리우스) 왕은 이 반란을 평정한 뒤에 그 보복으로, 490년에 아르타프레네스와 다티스의 지휘하에 히피아스를 대동케 하고서 원정대를 출정시켜, 에게해를 건너, 헬라스 본토 공략에 나서는데, 이 전쟁이 바로 마라톤 평원에서의 전투였다. 마라톤만(灣)이 페르시아 군대의 상륙 지점으로 선택된 데는 뭣보다도 이 지역(Parnēs산 너머의 동북지대)이 히피아스 일가(Peisistratos 가문)의 연고 지역인 데다가 아테네 도심에서 먼 거리에 군대를 끌어내게 함으로써, 어쩌면 친페르시아 세력이 정권 전복을 도모할 수 있을지도 모른다는 기대 때문이었다. 그러나 기병대가 빠진 페르시아 군대의 약점을 높은 곳에서 간파한 밀티아데스의 속전속결 전략을 채택한 아테네군은 가운데가 약해 보이게 하는 전술로 페르시아군을 포위하여 공격함으로써 대승을 거둔다. 아테네의 군대와 플라타이아의 원군을 합친 수는 약 1만 명이었고, 페르시아 군대는 그 배였으나, 전사자들의 수는 192명 대

240b

스는 에레트리아로 항해해 들어가서, 당시의 헬라스인들 중에서 전
쟁과 관련된 일들에서는 가장 이름나고 적지 않은 수의 사람들에게
로 가서, 이들을 3일 만에 제압했습니다. 아무도 도망가지 못하게 이
들 나라의 전역을 샅샅이 뒤졌는데, 이런 식으로 했습니다. 그의 병
사들이 에레트리아 영토의 경계지대로 가서는 한쪽 바다 쪽에서 다
른 쪽 바다까지 일정 간격을 두고 서로의 손을 붙잡고서 전 지역을
통과했는데, 이는 아무도 자기들에게서 달아나지 못했다고 왕에게 말 c
할 수 있기 위해서였습니다. 그들은 똑같은 의도를 갖고, 에레트리아
를 떠나 마라톤으로 상륙했는데, 그들로서는 아테네인들도 똑같이 꼼
짝 못 하는 상태로 에레트리아인들과 함께 묶어서 이끌고 갈 준비가
되어 있었던 상태였습니다. 그러나 이런 일들이 벌어지고 또한 계획
되고 있는데도, 헬라스인들 중에서는, 라케다이몬인들[29]을 제외하고
는, 아무도 에레트리아인들을 그리고 아테네인들을 돕지 않았습니다.
그러나 라케다이몬인들은 전쟁이 끝난 그다음 날 도착했습니다. 다
른 사람들은 모두가 겁에 질려, 당장의 안전만 다행스러워하며, 조용

6,400명이었다고 한다. 패잔병들을 그들의 선박 쪽으로 추격하는 한편으로, 본대는 즉시 아테네로 회군하여, 아르타프레네스가 이끄는 페르시아의 함대가 수니온을 돌아 아테네 시내로 진군하려는 시도를 막게 했다.

29) Lakedaimōn인들은 곧 스파르타인들을 가리킨다. 라케다이몬은 Lakonikē라고도 하는데, 펠로폰네소스 반도에서 북쪽의 Arkadia와 북서쪽의 Messēnia와 경계가 맞닿은 지역으로, 700년경부터 스파르타가 이 지역을 사실상 지배했기 때문에, 라케다이몬 사람들이란 곧 스파르타인들을 지칭한다. 그러나 헬라스의 나라들 중에서는 유일하게 적극적으로 합세하려던 스파르타의 군대는, 마침 그때가 도리아 부족이 늦여름에 9일간 기리는 아폴론의 제전(ta Karneia: Apollōn Karneios의 제전)이 열리고 있던 중이라, 바로 이어지는 문장에서 밝히고 있듯, 이미 상황이 끝나 버린 다음 날 도착했다.

d 히 있었습니다. 누군가가 바로 이런 상황에 처하여 본다면,[30] 마라톤
에서 이민족들의 군대를 맞아 전체 아시아의 오만을 징벌하고서 이민
족들에 대해 전승비를 세운 최초의 사람들이 그 용기(훌륭함)에 있어
서 어떤 사람들이었는지를 알 수 있을 것입니다. 그들은 지도자들로
서, 페르시아의 군대가 싸워서 이길 수 없는 군대가 아니라, 모든 다
수와 모든 부(富)도 용기 앞에서는 물러난다는 사실을 가르치는 선생
e 들입니다. 따라서 저는 그 사람들을 우리의 몸뿐만 아니라, 우리의 자
유와 이 대륙에 있는 모든 이의 아버지들이라 주장합니다. 왜냐하면
헬라스인들은 그 행적에 주목하고서, 마라톤에서 싸운 이들의 제자들
이 되어, 안전을 위해 훗날의 전투들도 위험을 무릅쓰고 감행해 냈기
때문입니다. 그러므로 이 연설을 통한 으뜸상은 그들에게 바쳐져야만
241a 하고, 버금상은 살라미스를 중심으로 그리고 아르테미시온에서의 해
전[31]에서 싸워 이긴 사람들에게 바쳐져야만 합니다. 이 사람들의 많

30) 239d에서 "만약에 누군가가 그 찬양을 훌륭하게 하려고 한다면, 그 시대에 자기가 있었던 걸로 생각하고서 보아야만 합니다."라고 했던 것과 같은 맥락의 말이다.

31) 앞서 언급한 마라톤 전투(490년)에서 대패한 페르시아에서는 다레이오스의 왕위를 계승한 크세르크세스(485~465)가 헬라스에 대한 대규모의 원정을 준비했다. 헬레스폰토스해협에 다리를 놓고, 아토스산 밑으로 운하를 트는 등, 곳곳에 병참 기지를 내어 20만(90만은 과장) 정도의 지상군을 지원하게 하는 한편으로, 600척의 함선들이 동원된 원정대였으니, 480년에 벌어진 제2차 페르시아전쟁이다. 트라케와 마케도니아를 통과해서, 템페 협곡의 협로를 우회하여 통과한다. 마침내 테르모필레의 협로에서 스파르타의 레오니다스 왕이 아폴론 제전 기간임에도 300명의 결사대와 함께 지원병들을 이끌고 와서, 협로인 육로를 막고서 선두에서 이틀 동안 막대한 손실을 페르시아군에 안겼으며, 같은 날 에우보이아 북단의 아르테미시온 갑 근처에서도 쌍방의 함선들이 부딪쳐 페르시아 해군은 강풍까지 만난 해전에서 많은 함선들을 잃었다. 그러나 에피알테스라

241a

은 전공도 누군가가 쭉 이야기할 수 있겠지요. 육지와 바다로 해 오는 그 공격들을 버티어 내며, 이를 어떻게 막아 냈는지를 말입니다. 그러나 그중에서도 가장 훌륭한 것이라 제게 생각되는 것으로, 마라톤에서 싸운 사람들에 이은 위업을 이룩했다는 이 사실을 저는 언급할 것입니다. 마라톤에서 육지에서 싸운 사람들은 소수의 사람들로 다수의
이민족들을 막아 낼 수 있었다는 그 정도만 헬라스인들에게 보여 주 b
었지만, 아직 함선으로는 불명한 데다, 페르시아인들이 바다에서는 수로도 부로도 기술로도 그리고 군사력으로도 무적이라는 명성까지도 갖고 있었기 때문입니다. 바로 이 점에서 그때 해전을 한 사람들

는 이름의 배신자가 페르시아군에 협로의 옆길을 가르쳐 주는 통에 길이 뚫리고, 이들은 장렬하게 전사했다. 헬라스의 군대는 여지없이 밀리고, 헬라스의 함대도 살라미스로 후퇴한다. 중부 헬라스의 보이오티아인들과 포키스인들 그리고 로크리스인들은 재빨리 친페르시아로 돌아선다. 헬라스의 지상군은 코린토스 지협을 가로질러 구축한 성벽 뒤로 후퇴한다. 아티케 지역은 점령되고, 아테네의 아크로폴리스 신전들은 불탄다. 아테네의 아녀자들은 아이기나섬이나 펠로폰네소스 반도의 트로이젠 지역으로 피신하고, 남자들은 살라미스섬으로 가서 해군과 합세한다. 헬라스의 함대는 아테네의 육지 쪽과 살라미스섬 사이의 지협에서 살라미스섬을 배경 삼은 상태로 이들보다 훨씬 더 우세해 보이는 페르시아의 함대에 포위되어 버렸다. 그야말로 영락없는 풍전등화의 처지가 되어 버린 꼴이었다. 그 와중에 해군을 총지휘한 테미스토클레스(그와 관련해서는 《고르기아스》 편 455e의 각주 참조)는 밤중에 함선들이 도망갈 것이라는 거짓정보를 흘린다. 마침내 양쪽으로 탈출구를 막느라 좁은 공간으로 한꺼번에 몰려든 페르시아의 함선들이 서로 엉키며 기동력을 잃게 된 순간, 아테네가 주축을 이룬 헬라스의 함대가 일제히 역공을 함으로써 페르시아의 함대는 대파되고, 피비린내가 진동하는 전투는 하루 사이에 끝난다. 아테네와 엘레우시스 평야 사이의 아이갈레오스산(해발 485미터) 밑에서 옥좌에 앉아 이 전투를 지켜본 크세르크세스는 팔레론으로 후퇴하여 1/3의 군대를 이끌고 본국으로 돌아간다. 그러나 육군의 대부분은 마르도니오스의 지휘 아래 테살리아로 후퇴하여, 그해 겨울을 난다.

241b

을 칭찬할 가치가 있습니다. 마라톤에 이은 두려움에서 헬라스인들을
벗어나게 하고, 이들이 함선과 사람의 수적인 많음을 겁내는 걸 그치
게 한 것입니다. 바로 이 양쪽 사람들, 곧 마라톤에서 싸운 사람들 그
c 리고 살라미스에서 해전을 치른 사람들로 해서 다른 헬라스인들이 교
육을 받게 되었는데, 한편으로는 육지에서 싸운 사람들로 해서 그리
고 다른 한편으로는 바다에서 싸운 사람들로 해서 이민족들을 두려워
하지 않는 걸 배우고 이에 익숙해지게까지 된 것입니다. 셋째 것으로
저는 플라타이아에서의 위업[32]을 말하는데, 수에 의해서도 용기에 의
해서도 헬라스의 안전을 굳히게 되었으니, 이때 이것은 라케다이몬인
들[33]과 아테네인들의 공동 위업이었습니다. 실상 최대의 가장 어려
웠던 위험을 이들 모두가 막아 냈거니와, 이 용기로 해서 이제 우리에
d 게서도 칭송을 받거니와, 장래에도 후손들에게서 받을 것입니다. 그
러나 이 뒤에도 헬라스인들의 많은 나라가 여전히 이민족과 함께였지
만, 대왕 자신은 헬라스인들에게 다시 도모할 궁리를 하고 있다는 전

---

32) 테살리아에서 그해 겨울을 난 마르도니오스 휘하의 페르시아 군대는 이듬해(479년) 다시 아티케를 침공해 들어온다. 아테네의 지원 요청을 받은 스파르타와 펠로폰네소스의 군대가 파우사니아스의 지휘하에 진군해 오매, 페르시아군은 보이오티아로 후퇴, 테베의 동맹군과 합세한다. 그러나 아테네 군대가 스파르타군과 합세하며, 연속적인 소규모의 산발적인 전투로 페르시아의 군대를 지치게 하다가, 마침내 우수한 중장비 보병들을 이용한 전투와 스파르타의 용맹스런 군대의 전투력에 힘입어 승리한 데다, 마르도니오스까지 전사하니, 페르시아 군대는 패주하게 된다. 헬라스의 연합군은 테베를 공략한 다음, 친 페르시아의 과두파 정권을 실권시키고 민주파가 지배토록 한다. 육지에서의 전투와 함께, 헬라스의 함선들은 여러 갈래로 진출해서 페르시아의 해군 세력을 꺾어 놓음으로써, 그 영향력을 약화시킨다.

33) 곧 스파르타인들을 가리킨다.

241d

갈이 왔었죠. 따라서 전체 이민족 세력을 바다에서 휩쓸어 내쫓음으
로써 선인들의 위업에 안전의 완성을 이룬 사람들을 언급하는 것이
합당합니다. 이들은 에우리메돈강 하구에서 해전을 한 사람들[34]과 키 e
프로스로 원정을 간 사람들 그리고 이집트로 또한 다른 여러 곳으로
도 항해를 한 사람들인데, 이들에 대해 언급하고 고마워도 해야만 합
니다. 이들이 대왕으로 하여금 겁을 먹도록 함으로써 자신의 안전에
유념토록 만들되, 헬라스인들의 파멸을 도모하지 못하도록 만들었으
니까요.

그리고 실은 이 전쟁은 모든 나라가 이민족들에 항거해서 자신들
및 같은 언어를 쓰는 다른 나라들을 위해서 치러 냈던 것입니다. 그러 242a
나 평화가 찾아오고 이 나라가 명성을 얻게 되니, 사람들 사이에서 잘
되어 가는 자들에게 일어나기 쉬운 바로 그 일이 닥쳤으니, 처음엔 부
러움이, 그러나 부러움에서 시샘이 생긴 겁니다. 이 사태가 내켜 하지
않는 이 나라를 헬라스인들과의 전쟁으로 몰아넣었습니다.[35] 그 뒤에

34) Eurymedōn강은 로도스섬에서 동쪽으로 팜필리아 인근의 강인데, 467년 전후로 이 강의 하구에서 키몬(Kimōn) 지휘하의 아테네 군대가 페르시아 군대를 상대로 한 해전에서 그리고 이어서 뭍에서의 싸움에서도 승리한 걸 두고 하는 말이다.

35) 헬라스어로 '부러움'은 zēlos이고, '시샘'은 phthonos이다. 마라톤(490년)에서의 승리에 이어, 살라미스 해전(480년)에서도 대승을 거두고, 마침내는, 비록 스파르타의 협공을 통해서이기는 하지만, 플라타이아(479년)에서도 온 헬라스를 페르시아라는 초강대국의 위협에서 벗어나게 한 아테네가 이제까지와는 달리 해양 강국으로 급기야 부상하게 된다. 478~477년에는 이오니아인들(이오니아 지역으로 이주해서 나라를 세운 헬라스인들)이 페르시아에 대항하는 연대 세력 형성에서 이제까지 행사해 온 스파르타의 주도권에 염정을 느껴 오던 터라, 그 대신에 아테네와 동맹관계를 맺고서, Dēlos를 그들의 총회장소(synedrion)로 정하고, 각각의 회원국은 일정 비율의 함정을 동맹에 기부하거나 그럴 여력이 없는

242a

전쟁이 일어났을 때, 타나그라[36]에서 보이오티아인들의 자유를 위해
b 서 라케다이몬인들과 맞붙어 싸우게 되었는데, 전쟁이 일어난 것 자
체가 시비 거리였지만, 그 뒤의 결과가 판가름을 냈습니다. 그들은 자
기들이 돕던 보이오티아인들을 남겨 둔 채로 떠나가 버렸지만, 사흘

작은 나라들은 돈을 내놓기로 한다. 이렇게 해서 결성된 것이 '델로스 동맹'이다. 이렇게 되니, 특히 스파르타의 '시샘'이 점점 더해 가고, 그만큼 아테네와의 분쟁도 커 간다. 그러나 467년에 이 동맹에서 낙소스(키클라데스 군도에서 가장 큰 섬나라)가 탈퇴하려 하자, 그 성벽들을 허물게 하고 함선들을 넘겨받고 조공까지 바치게 한다. 이후로 동맹국들은 아테네의 종속국들의 처지로 바뀌어 간다.

36) 457년에 스파르타는 아테네를 견제하기 위해서 아티케 북쪽 경계 지역에 강력한 세력을 구축하는 구상을 하게 되는데, 이를 위해서 반아테네의 과두정권이 집권한 보이오티아에서 테베가 주도하는 연합세력을 형성토록 꾀한다. 그래서 스파르타는 1,500명의 중장비 보병과 1만 명의 동맹군을 이끌고 코린토스만을 건너 중부 헬라스로 진입한다. 이에 아테네는 코린토스 만으로 함대를 보내니, 스파르타 군대는 바닷길로는 귀환할 길이 막히게 되었음을 알고서, 보이오티아 남쪽에서 머물며 상황 전개를 지켜보기로 한다. 아테네는 동원할 수 있는 총병력과 동맹군들을 규합한 것이 1만 4,000명에 이르렀는데, 여기에는 테살리아의 기병도 얼마간 포함되었다. 양쪽 군대가 만난 것은 보이오티아의 Tanagra 인근에서였다. 격전이 벌어져 양쪽 다 병력 손실이 컸는데, 그 와중에 테살리아의 기병들이 도망해 버려, 승리는 스파르타의 차지가 된다. 전투에서 승리한 스파르타군은 그 길로 귀환한다. 그로부터 62일 뒤에 아직도 겨울이 끝나지 않은 비전투기에 아테네는 미로니데스 장군의 인솔하에 보이오티아로 침공해 들어가서, 오이노피타에서 과두파 보이오티아인들에 승리하니, 곳곳에 흩어져 있던 민주파 보이오티아인들이 그들을 환영한다. 이렇게 해서 보이오티아 동맹이 해체되고, 그 각국이 아테네와 조약관계를 맺는다. 그 지역에서의 테베의 영향력도 사라지고, 로크리스인들도 그들의 과두정권을 버렸고, 테베와 전쟁 상태에 있던 포키스도 아테네와 동맹관계를 맺게 된다. 또한 오랫동안 숙적 관계에 있던 아이기나도 그들의 성벽을 허물고 전함들을 내놓고서 델로스 동맹의 일원으로 된다. 455년까지 아테네의 승승장구는 펠로폰네소스의 일부에까지 이어진다.

242b

째 되는 날 우리 군대가 오이노피타에서 승리함으로써 부당하게 추방
되었던 자들을 정당하게 복귀시켰습니다. 바로 이들이 페르시아 전쟁
이후 최초로 자유를 위해 이제는 헬라스인들을 상대로 헬라스인들을
위해 도와줌으로써, 훌륭한 사람들이 된 것이며 자기들이 도왔던 사
람들을 자유롭게 해 준 것입니다. 이들이 나라가 부여하는 영예를 받 c
고서 여기 이 무덤에 묻힌 최초의 분들입니다. 그러나 이 이후에 대규
모의 전쟁이 벌어졌고, 온 헬라스인들이 진군해 와서 이 땅을 유린하
며 이 나라에 맞지 않는 보은을 했습니다. 우리 군사들은 해전에서 이
들에게 승리하여, 그들을 지도하는 자들인 라케다이몬인들을 스파기
아[37]에서 사로잡았습니다. 이들은 그들을 죽여 버릴 수 있었으나, 그
러지 않고 돌려보내고서 평화를 이룩했습니다. 동족을 상대로 싸워 d
야만 하는 것은 승리하기까지이고, 한 나라에 대한 개별적인 분노로
헬라스인들의 공익을 손상해서는 안 되지만, 이민족을 상대로는 파
멸 때까지 싸워야만 한다고 생각해섭니다. 바로 이 사람들이 칭찬받
을 자격이 있으니, 이들이 이 전쟁을 치러 내고서 여기 누워 있습니
다. 그러니까, 만약에 누군가가 이민족들을 상대로 한 이전의 전쟁에
서 다른 나라 사람들이 아테네인들보다도 더 훌륭했을 것이라고 우긴
다면, 그가 우기는 건 진실이 아니라는 사실을 이들이 증명해 보였으
니까요. 이들은 이 경우에도, 불화하는 헬라스에서 전쟁에 우세하여, e
다른 헬라스인들의 선봉에 선 자들을 굴복시킴으로써 보여 주었기 때
문입니다. 한때는 함께 이민족들을 공동으로 이겼던 그들을 단독으
로 이긴 겁니다. 그러나 이 평화 다음에 세 번째의 바라지 않은 끔찍

37) Sphagia는 Sphaktēria라고도 하는데, 펠로폰네소스의 남서쪽 Pylos만에 있는 좁고 길쭉한 바위섬인데, 425년에 이곳에 있던 스파르타의 수비군 292명을 아테네 군대가 포로로 잡았다.

242e

한 전쟁이 터졌을 때,[38] 이 전쟁에서 전사한 많은 훌륭한 이들이 여기
243a 에 묻혀 있습니다. 많은 이들이 시켈리아 인근에서 레온티니인들[39]의 자유를 위해서 [싸우고서] 아주 많은 전승비를 세웠죠. 서약들로 해서 이들을 도우려 그 지역들로 항해해 갔지만, 항해의 원거리로 해서 이 나라가 곤경에 처하게 되고, 지원도 할 수 없게 되어, 전쟁을 포기하고 불행을 맞게 된 것입니다. 이들에 대해서는 이들의 적들이, 비록 맞서 싸우긴 했지만, 그 절제와 용기에 대해 칭찬하기를, 친구들이 다른 사람들에 대해서 하는 것보다도, 더 많이 합니다. 그런가 하면, 많이는 헬레스폰토스[40]해협을 따라 벌어진 해전들에서 하루에 적들의
b 함선들을 모조리 나포했으며, 다른 많은 전투에서도 승리했습니다.[41] 제가 끔찍하고 바라지 않은 전쟁의 양상이 벌어졌다고 말한 것은 다음 것을 말합니다. 이 나라에 대해서 다른 헬라스인들이 갖게 된 대결의식의 정도는 이런 것이라는 겁니다. 이들은 우리와 함께 공동으로 축출했던 가장 적대적인 대왕에게 메시지를 보내길 감행했는데, 이는

38) 415년에 아테네 함대의 시켈리아 원정대가 떠났던 일을 가리킨다.

39) Leontini(Leontinoi)는 낙소스(Naxos)인들이 729년에 이주하여 세운 나라로서, 시켈리아 동중부 해안 지대에 있었으며, 주로 시라쿠사이의 지배를 받다가, 433/2년에 아테네와 동맹관계를 결성했으며, 427년에는 고르기아스가 대표단을 이끌고 아테네를 방문하여, 이를 더 굳건히 했다. 시켈리아 원정대가 간 것은 415년이었다.

40) Hellēspontos는 오늘날 Dardanelles로 불리는 해협으로, 에게해에서 헬레스폰토스해협-Propontis(Marmara)해-Bosporos해협-흑해로 연결된다. 이 해협에는 헬라스의 여러 식민지들이 산재했다.

41) 아마도 410년에 Cyzicos에서 알키비아데스가 지휘한 아테네 군대가 60척의 적 함선을 나포하거나 침몰시킨 전투를 말하는 것 같다. 페르시아의 지원까지 받던 스파르타는 이 전투에서 패하고서, 현재 상태(status quo)에서의 화평을 제의하나, 과격한 호전파 클레오폰의 거부로 무산되었다.

243b

저들만을 위해서 대왕을, 헬라스인들에 맞서는 이 이민족을 다시 데려오는 것이거니와, 이 나라에 대항해서 모든 헬라스인들과 이민족들까지 결집한 것입니다.[42] 바로 이 일로 해서 이 나라의 힘과 훌륭함이
빛나게 되었습니다. 적들이 이미 이 나라가 전쟁으로 피폐했다고 생 c
각했을 때, 그리고 미틸레네에서 함선들이 봉쇄당했을 때에도, 60척의 함선으로 지원하느라, 스스로들 함선들에 올랐으니까요.[43] 이들은 적들을 격파하고, 친구들을 구함으로써 가장 용감한 자들로 인정받았습니다만, 어울리지 않는 불운을 맞았으니, 바다에서 동료들을 건져 올리지 못해 그곳에 수장되었던 겁니다.[44] 우리는 이들을 언제나
기억하고 찬양해야만 합니다. 그들의 용기로 해서 그때의 해전을 이 d
겼을 뿐만 아니라, 다른 전쟁도 이겼기 때문입니다. 이들을 통해서 이 나라는 결코 전쟁으로 피폐하지는 않는다는, 세상 모든 사람들로 해

---

42) 스파르타가 아테네에 대항하기 위해 412년에 페르시아와 동맹관계를 맺은 것을 말하고 있다.

43) 407년의 일이었고, Mytilēnē(오늘날의 Mytilini)는 헬라스에서 일곱째로 큰 섬인 Lesbos에서 제일 큰 나라(polis)였다.

44) 406년에 레스보스해협 입구 미틸레네 맞은편의 소아시아 대륙에 인접한 작은 섬 Arginous[s]ai에서의 스파르타와 아테네 사이의 해전에서, 비록 아테네가 스파르타 함대의 함선 70척을 포획하거나 파괴한 반면에 아테네는 25척의 함선만(침몰 13척, 사용 불능 상태 12척)을 잃은 큰 전과를 올리긴 했으나, 폭풍으로 이들 함선의 승무원들을 제대로 구조하지 못하게 되었는데, 아테네는 이때의 장군들 8명에 대해 집단적 책임을 지워, 도망한 2명을 제외한 6명을 모두 처형했다. 소크라테스는 이들의 재판에 대해 법적으로는 개개인에 대한 재판을 할 수 있을 뿐, 집단적으로 민회에서 사형 선고를 내릴 수는 없다는 주장을 편 것으로 알려져 있다. 《소크라테스의 변론》 32a~c에서 소크라테스가 법정에서 이와 관련된 언급을 하고 있다. 이번에도 스파르타는 현재 상황에서의 화평을 제의하나, Kleophōn이 또 거부케 한다.

243d 서도 그렇게 되지는 않는다는 명성을 얻게 되었으니까요. 이런 판단은 진실이기도 합니다. 하지만 다른 사람들 아닌, 우리 자신들의 불화로 해서 우리 스스로 정복당했습니다. 여전히 지금도 저들한테는 우리가 지지 않는 사람들이지만, 우리 스스로가 우리 스스로를 이기기도 하고 지기도 한 것입니다. 그러나 그다음에 조용해지고 다른 나라
e 사람들과는 평화도 누리게 되었지만, 우리에겐 내전이 벌어졌는데, 이런 식이었습니다. 정녕 파당 간에 다툴 수밖에 없는 운명이라면, 저마다 자신이 병을 앓듯, 제발 그처럼 나라가 병치레를 하고 말기를 기원하지 않는 사람이 없었습니다. 피레우스에서 그리고 시내에서 시민들이 얼마나 기쁘게 그리고 친근하게 서로들 어울렸던지, 다른 헬라스인들의 기대와는 어긋난 것이었습니다. 또한 엘레우시스에 있던 자
244a 들을 상대로 한 전투는 얼마나 적절히 끝냈던지![45] 그리고 이 모든 것의 원인은 다름 아닌 진짜 친족 관계였으니, 이는 말이 아닌 실제로

45) 431년에 시작됐던 펠로폰네소스 전쟁이 결국 404년 4월에 스파르타의 승리로 끝나니, 아테네에서는 이들의 비호를 받은 극단적인 과두정권이 들어선다. 특히 Kritias를 비롯한 30인이 전권을 휘두르는데, 반대파인 민주정권의 사람들과 시민들 그리고 거류민들을 1,500명이나 처형하고, 이들의 재산을 빼앗았다. 그야말로 '못 할 짓이 없는 자들(panourgoi)' 이어서, 이들은 '30인 참주들' 로 불리었다. 403년 1월에 망명 중이던 민주파의 해군 지휘관 Thrasyboulos가 망명자들을 이끌고 아테네의 외곽에서 무장 봉기를 하니, 지지 세력이 불어나 피레우스로 이동하여, 저들의 군대를 격파하는데, 이 전투에서 크리티아스도 죽었으며, 이때는 그해 5월이었다. 이어 30인 체제는 온건파로 구성된 '10인 위원회' 로 교체되고, 이들이 트라시불로스 세력과 교섭한 끝에, 스파르타의 지휘관 Pausanias의 협조까지 얻어, 마침내 화해하게 되어, 이 해 9월에 민주체제가 복원되고, 엘레우시스(Eleusis)로 도망간 30인 인사들과 소수의 사람들을 제외하고는, 모두에게 대사면이 시행된다. 이들 대부분은 이후 2~3년 사이에 죽게 된다.

244a

굳건하고 동족이 제공하는 우애였습니다. 그러나 이 전쟁에서 서로에 의해서 죽게 된 사람들에 대해서도 기억하고서, 지금의 이런 상황에서 우리가 할 수 있는 것으로써, 곧 이들을 관할하는 신들에게 기원과 제례로써 기원을 하여, 이들이 화해토록 해야만 합니다. 우리도 화해했으니까요. 그들이 서로에게 손을 댄 것은 악의로 해서도 적의로 해서도 아니고 불운으로 해서니까요. 이에 대해서는 살아 있는 우 b
리 자신들이 증인들입니다. 혈통으로는 그들과 똑같은 사람들이면서, 서로 간에 행하고 당한 일들에 대해서 서로 용서하고 있으니까요. 그 다음으로는 우리에게 평화가 완전히 이루어져서, 이 나라가 조용히 지냈습니다. 이민족들에 대해서는 이들이 이 나라에 의해서 호되게 당하고서도 부족함이 없이 방어해 낸 걸 용서했습니다.[46] 그러나 헬라스인들에 대해서는 이 나라가 화가 나 있습니다. 이 나라로 해서 혜택을 입고서 어떤 걸로 그 보답을 했는지를 기억하고서죠. 이민족들과 c
협력관계를 맺고서는, 한때는 자기들을 구원해 주었던 함선들을 빼앗고, 또한 우리가 그들의 것들이 대신 무너지지 않게 막아 주었던 그 성벽들을 무너뜨린 겁니다.[47] 그래서 이 나라는 더 이상 헬라스인들

46) 텍스트 읽기에서 b6의 [hikanōs]는 군더더기라 삭제하고서 읽었다.

47) 404년 4월에 정식으로 아테네가 스파르타에 항복했다. 이에 앞서, 405년 1월에 헬레스폰토스해협의 트라케 쪽 반도인 케르소네소스의 아이고스강(Aigos potamos: Aegospotami) 주변의 해안에 정박해 있던 아테네의 180척이나 되는 함대가, 지휘관들의 불찰로, 페르시아의 연합 함대까지 이끌고 온 스파르타의 해군 지휘관인 Lysandros의 5일간에 걸친 현혹 작전에 휘말린 끝에, 병사들이 하선한 상태에서 기습을 당하여 궤멸되고, 다만 Konōn 장군만 재빨리 8척의 함선들에 군사들을 승선시켜 탈출한다(코논의 훗날과 관련해서는 《고르기아스》 편 455e에서 테미스토클레스와 관련된 둘째 각주 끝 쪽에서 언급된 내용을 참조할 것). 이 전투에서 아테네는 치명타를 맞게 된 것이다. 아테네의 들판은 전쟁으로 이미 황폐화

244c

간에 서로 또는 이민족들에 의해 노예가 되는 걸 막아 주지 않기로 작

된 데다, 헬레스폰토스해협을 통한 곡물 조달이 끊긴 터라, 아테네인들은 점점 아사 상태로 접어들고 있었다. 사정이 이런 터에 리산드로스는 아테네의 패잔병들을 아테네로는 기꺼이 돌려보내니, 이들은 굶주린 상태로 슬픈 소식만 갖고 오는 데다가, 아사자들의 수만 늘어난다. 마침내 아테네가 항복의 뜻을 밝히나, 리산드로스가 제시한 조건은 피레우스 항구에서 시내로 연결된 장성(長城)들의 성벽(역시 《고르기아스》 편 455e의 해당 각주들 참조) 허물기와 12척 외의 나머지 함선 인도였다. 아테네로서는 도저히 받아들일 수 없는 조건들이기에, 재교섭을 시도하나, 넉 달이 넘도록 답을 주지 않으니, 더는 버틸 수 없어, 간청 끝에 스파르타로 가서, 승낙을 얻어 낸다. 스파르타의 동맹국들은 이 기회에 아테네를 노예 나라로 만들어 버리자고 제안하지만, 스파르타인들은 전체 헬라스가 지난 날 직면했던 그 최대의 위기들에 큰 공헌을 했던 나라를 노예화할 수는 없는 일이라 하여, 그런 조건으로 화평조약을 맺게 된다(이런 사정들과 관련해서는 크세노폰(Xenophōn)의 *Hellēnika*, II, I. 10~ii. 23에서 언급하고 있음). 그런데 여기에서 말하고 있는 아테네의 함선들 및 성벽들과 관련해서는 특별한 사연들이 있다. 페르시아가 마라톤에서의 패배를 설욕하기 위해, 또다시 침공을 준비하고 있다는 소식을 접한 헬라스인들, 특히 아테네인들은 이에 대한 대책을 신탁을 통해 물었는데, 땅 끝으로 도망하라는 응답이었다. 애가 타, 다시 물어서 얻은 답은 '나무로 된 성벽(to xylinon teikhos)'을 제우스께서 주실 거라는 것이었다. 이를 두고 여러 해석이 많았으나, 이를 배들로 확신한 사람이 테미스토클레스였다. 그렇지 않아도 그는 앞서 라우리온(Laurion) 은광에서 나온 막대한 은의 국고 수입을, 시민 각자에게 10드라크메씩 나눠 주도록 예정되어 있던 걸, 아이기나(Aigina)와의 전쟁에 대비해 배 200척을 건조하는 데 쓰도록 설득했었는데, 이제 급박한 상황에서 그야말로 적기에 페르시아의 대대적인 2차 침공에 대항해서 사용하게 된 것이다(이와 관련해서는 헤로도토스의 《역사(*Historiai*)》 VII, 138~145를 참조). 이는 풍전등화의 아테네를 그리고 전체 헬라스를 구하는 기막힌 조처였던 셈이다. 아테네 도심을 에워싼 성벽과 아크로폴리스의 성채도 다 버리고, 시민들을 살라미스섬으로 대피시킨 상태에서, 이들 함선을 이용한 살라미스(Salamis) 해전에서의 그의 작전이 480년의 역사적인 대승이었다.

244c

심했으며, 그렇게 지냈습니다. 따라서 우리가 이런 마음 상태에 있었
으므로, 라케다이몬인들은 자유의 지원자들인 우리가 위축된 걸로 여
기는 한편으로 어느새 남들을 노예화하는 게 자신들의 일인 줄로 생 d
각하고서, 이를 실행해 갔습니다. 한데, 제가 무엇 때문에 이야길 길
게 끌고 가야 합니까? 이것들 다음의 일들로 제가 말하고자 하는 것
들은 옛날에 일어난 옛사람들의 일들이 아니니까요. 헬라스인들 중에
서도 으뜸가는 자들인 아르고스인들과 보이오티아인들 그리고 코린
토스인들이 공포에 질려 이 나라의 필요성을 얼마나 절감하게 되었는
지 우리 자신들이 알고 있기 때문입니다. 또한 그야말로 뭣보다도 놀
라운 일은 열성으로 멸망시키려 했던 이 나라 이외에는 다른 어디에
서도 대왕으로선 구원을 얻을 수 없는 처지가 될 정도로 곤경에 이르
게 되었다는 것입니다. 특히나 이 나라에 대해서 누군가가 이 나라를 e
비난하고자 하는 것이 온당하려면, 이런 말로, 곧 너무 동정적이며 약
자를 돌보는 나라라고 비난하는 경우에나 옳게 하는 것이겠습니다. 더
더구나 이 나라는 자신들에게 부당한 짓거리를 한 자들 중에서 노예가
될 처지인 누구도 돕지 않겠다고 스스로 결정한 바대로 그 때에도 버티
어 내지도 지켜 내지도 못하고, 뜻을 굽히고서 도왔습니다. 이 나라는 245a
헬라스인들을 도와 노예 상태에서 벗어나게 하여, 그들 스스로 자신
들을 서로 다시금 노예로 만들 때까지는, 자유인들이게 했습니다. 다
른 한편으로는 이 나라가 대왕을 돕는 짓은 감행하지 않았으니, 이는
마라톤과 살라미스 그리고 플라타이아에서의 전승비들을 부끄럽게 하
는 것이라 해서였죠. 그러나 망명자들이 그리고 자원한 자들이 도우는
것만은 동의하는 방식으로 하여 구원했습니다.[48] 그런데 다시 성벽을

48) 바로 앞의 각주에서 언급한 코논과 관련된 이야기다. 405년 스파르타

b 구축하고 배들을 건조하게 되고서는, 전쟁을 할 수밖에 없게 되었을 때는, 전쟁을 받아들이고서, 파로스[49]인들을 위해서 라케다이몬인들과 전쟁을 했습니다. 한데, 대왕은 라케다이몬인들이 해전에서 포기하는 걸 목격하고선, 스스로 떨어져 나가고자 해서,[50] 이전에 라케다이몬인들이 자기에게 넘겨주었던 [아시아] 대륙의 바로 그 헬라스인들을[51] 자기에게 넘겨줄 것을 요구했습니다. 자신이 우리 그리고 다른 동맹군들과 동맹하려면, [그래야만 된다는 것이었지만,][52] 그는 우리가 그러려 하지 않을 것이라 믿고서, 그게 그로서는 그 떨어져 나감

c 의 구실로 삼게 되었으면 해서였습니다. 그런데 다른 동맹국들의 경우엔 그가 잘못 판단했습니다. 왜냐하면 코린토스인들도 아르고스인들도 보이오티아인들도 그리고 그 밖의 다른 동맹국 사람들도 자기에게 그들을 넘겨주고자 했으며 계약하고 서약도 했으니까요. 만약에 돈을 주겠다면, 대륙의 헬라스인들을 넘겨주겠다는 것이었습니다. 그러나 다만 우리만 그들을 넘겨주려고도 서약하려고도 하지 않았습니

의 기습 공격을 신속하게 피하여 함선 여덟 척과 함께 도망한 코논 장군은 망명자 신분으로, 살라미스 출신인 키프로스의 에바고라스(Evagoras, Euagoras)와 함께, 페르시아의 함대지휘관으로 재등장한다(397년). 394년에 Knidos 해전에서 스파르타를 상대로 대승을 거두고서, 이듬해 아테네의 성벽 축조와 용병들을 위한 자금을 갖고 귀국한다.

49) Paros는 아테네의 동남쪽 에게해에 원형을 이룬 키클라데스 군도([hai] Kyklades nēsoi = the Cyclades) 중의 하나이고, 이 섬의 유명한 대리석은 유연성이 좋아서 조각용 대리석으로 쓰였다. 394/3년에 코논의 지휘 아래 치른 전쟁인 것 같다.

50) 곧 이때까지의 스파르타와의 동맹관계를 파기하고자 하는 걸 뜻한다.

51) 243b의 해당 각주를 참조할 것.

52) 괄호 속의 문장은 원문에는 없지만, 이해를 돕기 위해, 행간의 의미를 살려서 보충했다.

245c

다. 진실로 바로 이처럼 이 나라의 고상함과 자유로움은 굳건하고 건강하며 성향이 이민족들을 혐오하는데, 이는 순수하게 헬라스적이며 d 이민족들과 섞이지 않음으로 해섭니다. 펠롭스의 자손들도 카드모스의 자손들도 아이깁토스와 다나오스의 자손들도 또한 다른 많은 사람들이 출생으로는 이민족들이지만, 법적으로는 헬라스인들인데,[53] 이들은 우리와 함께 살지 않습니다. 우리는 헬라스인들 자신으로 살지, 이민족과 반반인 상태로 살지 않는데, 이로 해서 이 나라에는 다른 민족 성향에 대한 혐오감이 깊이 깔려 있었습니다. 그렇긴 하지만, 덩달아 우리는 외톨이가 되었는데, 이는 헬라스인들을 이민족들에게 넘겨 e 줌으로써 부끄럽고 불경스런 짓을 저지르려 하지는 않은 탓으로 해서였습니다. 따라서 이로 해서 이전에도 우리가 전쟁에 졌을 때와 똑같은 처지가 되었지만, 신의 도움으로 그때보다는 더 좋게 전쟁을 치렀습니다. 선박들과 성벽들도 보존해 갖고, 우리 자신의 식민지들도 전쟁에서 벗어날 수 있게 된 데다, 적들 또한 전쟁에서 벗어나게 되어 만족스러워하게 되어섭니다.[54] 그렇지만 이 전쟁에서도 우리는 훌륭한 사람들을 잃었으니, 코린토스에서의 거친 땅을 만나고 레카이온에

---

53) 전설상으로 Pelops는 리디아의 왕 Tantalos의 아들로, 그 후손들이 다스린 나라가 미케네이고, Kadmos는 페니키아 Tyros의 왕 Agēnōr의 아들로서 테베를 세웠다. Aigyptos와 Danaos 형제는 각기 이집트와 리비아를 다스리나, 아이깁토스의 위협을 느낀 다나오스는 Argos로 가서 왕이 되었다 한다.

54) 387년에 스파르타의 왕 Antalkidas가 전체 헬라스와 페르시아의 문제 해결을 위해 협상했는데, 아시아 대륙의 헬라스인들의 나라들은 페르시아의 소관으로 하나, 헬라스의 나라들에 대해서는 참견하지 않기로 한다. 아테네는 동의하지 않아, 이듬해 스파르타 함대가 헬레스폰토스해협을 봉쇄하니, 어쩔 수 없이 아테네도 받아들이고, 테베는 놀라서 받아들인다. 이는 '왕의 평화' 또는 '안탈키다스의 평화' 라고도 불린다.

246a 서 반역을 겪어서였습니다.[55] 그러나 대왕도 자유롭게 해 주고 바다에서 라케다이몬인들을 몰아낸 사람들도[56] 용감했습니다. 저는 이 사람들을 여러분께 상기시키거니와, 여러분은 이런 사람들을 함께 칭송하고 찬양하는 게 적절합니다.

바로 이 업적들이 여기 누워계신 분들 그리고 나라를 위해 죽으신 다른 많은 분의 것들로, 많은 훌륭한 것들이 언급된 바지만, 더 많고

b 더 훌륭한 것들이 아직도 많이 남아 있습니다. 이 모두를 이행하려는 자에겐, 여러 밤낮도 충분치 않을 것입니다. 따라서 이들을 기억하고서, 모든 사람이 이들의 자손들에게, 마치 전쟁에서처럼, 조상들의 전열에서 이탈하지도 비겁함에 져서 자발적으로 후퇴하지도 않도록 충고해야만 합니다. 그러니, 용감한 사람들의 자제들이여, 지금도 앞으

c 로도 나 자신이 여러분 중의 누굴 어디서 만나게 되더라도, 최대한 용감하도록 진력할 것을 상기시키고 격려할 것입니다. 그러나 현재는 그 아버지들이, 자신들이 위험을 무릅쓰려고 할 때, 만약에 무슨 일이라도 당하게 된다면, 언제나 남아 있을 사람들에게 전하도록 우리에

---

55) 코린토스는 펠로폰네소스 반도의 관문에 해당되는 곳이었기 때문에, 스파르타로서는 헬라스 본토의 중부 지방에 대한 영향력 확보를 위해서는 이 나라에 교두보를 확보하는 것이 절실히 필요한 사안이었다. 그런 터에 아테네, 보이오티아, 아르고스, 메가라 등과 동맹관계를 형성한 코린토스에는 집권 세력과는 반대인 친스파르타 세력이 형성되어 있어서, 이들이 모반을 꾀하고 있음을 감지하여 내전이 일어나고, 양쪽 지지 세력인 나라들도 이 와중에 휘말려들게 된다. 여기에서 언급되고 있는 Lekhaion은 코린토스의 항구가 있는 곳인데, 대승을 거둔 스파르타는, 비록 항구는 정복하지 못했으나, 이 도심 정복에는 성공한다. 이때의 전쟁은 393~392에 벌어졌던 일이고, 이어지는 전쟁은 388년까지 계속되는데, 이를 전후한 시기의 전쟁을 아울러 코린토스 전쟁(395~387년)이라 일컫는다.

56) 245a의 해당 각주에서 언급한 코논과 그 휘하의 헬라스인들을 가리킨다.

246c

게 일러준 것들을 말하는 게 정당합니다. 하지만 저는 그분들 자신들에게서 들은 것들과, 그때 그분들이 말씀하신 것들을 증거로 삼아, 그분들이 그럴 힘만 있었다면, 지금 여러분에게 기꺼이 말씀하심 직한 것들을 여러분에게 말할 것입니다. 그러나 여러분은 제가 전하는 것들을 그분들 자신들에게서 듣는 걸로 여겨야만 합니다. 그분들은 이렇게 말씀하셨습니다.

"아이들아, 너희가 용감한 아버지들의 아이들이라는 건 지금의 사 d
실이 명시하고 있다. 우리로서는 명예롭지 못하게 살 수는 있지만, 오히려 명예롭게 죽는 쪽을 택한다. 너희와 너희의 후손들을 치욕에 처하도록 함에 앞서, 또한 우리의 아버지들과 선대의 모든 친족을 부끄럽게 함에 앞서 말이다. 이는 자신의 가족들을 부끄럽게 하는 자로서는 삶이 살 게 못 되며, 그런 자와는 사람이고 신이고 간에 아무도 친구가 되지 않을 것이라 여겨서다. 땅 위에 있을 때도 죽어서 지하의 저승에 있게 될 때도 말이다. 그러니 우리가 하는 말을 기억하고서, 혹시 너희가 뭔가 다른 것이라도 수련을 한다면, 용기(aretē)도 함께 수련해야
만 하느니라. 이게 부족하면 모든 게, 소유물들도 하는 일들도, 모두 e
가 부끄럽고 나쁘다는 걸 알고서 말이다. 부도 비겁함(anandria)과 함께 그걸 소유한 자에게는 준수함을 가져다주지 않기 때문이야. 그런 사람은 남을 위한 부자이지, 자신을 위한 부자는 아니니까. 몸의 아름다움이나 힘도 비겁하고 못된 자와 동거하는 것은 어울리지가 않고 부적합해 보이며, 그런 상태에 있는 자를 더 잘 드러나 보이게 하며 그 비겁함을 드러내지. 올바름(정의)과 그 밖의 [사람으로서의] 훌륭함(aretē)
과 떨어진 상태의 모든 지식은 못된 짓[57)]이지 지혜로 보이진 않아. 이 247a

57) 원어 panourgia의 어원적 의미는 '모든 짓거리를 다 함'을 뜻하므로,

것들 때문에 처음에도 마지막에도 그리고 전 과정을 통해서 우리들과
우리 이전의 분들을 영예로 해서 최대한으로 능가하도록 전적으로 온
열성을 다하도록 해라. 만약에 그렇지 못하고, 우리가 용기에 있어서
너희를 이길 경우에는, 그 이김은 우리에게 수치를 가져다주겠지만,
우리가 질 경우에는, 그 짐은 우리에게 행복을 가져다준다는 걸 알라.
최대한으로 우리가 지고 너희가 이기는 경우는, 조상들의 명성을 잘
b 못 이용하지도 않으며 이를 남용하지도 않고, 아무것도 아니면서 무
엇이나 되는 듯이 생각하는 사람으로서는 자신으로 해서가 아니라 조
상의 명성으로 해서 스스로를 명예롭게 하는 것보다 더 부끄러운 것
은 아무것도 없다는 사실을 아는 때야. 조상들의 명예는 후손들에겐
훌륭하고 화려한 보물 창고이기 때문이니라. 하지만 이 재화와 명예
의 보물 창고를 이용하고서는, 자신의 개인적인 재산과 명예는 궁해
서, 후손들에게 물려주지 못한다는 것은 부끄럽고 남자답지도 못하
c 지. 그리고 만약에 너희가 이것들을 수행한다면, 친구들로서 친구들
인 우리 곁으로 너희가 오게 될 것이야. 너희에게 어울리는 운명이 너
희를 데려다준다면 말이다. 이를 소홀히 하고 겁쟁이 짓을 했다면, 아
무도 좋은 마음으로 맞아들이지 않을 것이야." 그러면 아이들에겐 이
것들을 말한 걸로 하죠.

"반면에 우리들 중에 더러는 부모들이 계시겠는데, 이들에게 불행
한 사태가 일어날 경우에는, 함께 비탄할 것이 아니라, 되도록 수월하
게 이를 견디어 내시도록 언제나 격려해야만 합니다. 슬퍼할 것이 더
d 필요하지는 않으니까요. 현재의 불행으로도 슬퍼하기는 넘칠 것이기

못된 짓도, 영악한 짓도 마다하지 않는 걸 뜻한다. 헬라스어로 그런 사람을 일컬어 panourgos라 한다.

247d

때문이죠. 그들로 하여금 치유하고 위로하며 기억하게 해야만 합니
다. 그들이 기원한 것들 대부분을 신들이 들어주었다는 것을. 왜냐하
면 그들은 자신들의 아이들이 불사하기를 기원한 것이 아니라 용감하
고 영광스런 자들이기를 바랐는데, 가장 용기 있는 자들이 되었기 때
문입니다. 그러나 죽게 마련인 사람에게 제 생애에서 모든 것이 제 뜻
대로 되기는 쉽지가 않습니다. 그리고 불운을 용기 있게 견디어 냄으
로써, 이들은 진실로 용감한 아이들의 아버지들이며 그 자신들도 그
런 사람들인 걸로 생각되지만, 불운에 굴복하는 아버지들은 우리들의 e
아버지들이 아니지 않을까 하는 의심을 갖게 하거나, 아니면 우리를
칭찬하는 자들이 거짓을 말하는 걸로 생각됩니다. 그러나 둘 중의 어
느 경우여서도 안 되거니와, 그들은 실제로 우리의 틀림없는 찬양자
들이며, 자신들을 진실로 남자들의 아버지들인 남자들로 보이게 하는
자들로 제시한 것입니다. 실상 옛말로 '무엇이나 지나치지 않게'[58]는
훌륭하게 한 말인 것 같습니다. 진실로 훌륭히 말한 것이니까요. 누구
에게고 간에 행복으로 또는 이에 가까이 인도하는 모든 것이 제 자신
에게 달려 있고, 다른 사람들의 잘되고 못됨에 따라 자신의 일들도 좌 248a
우되게 마련인 것들에 매달려 있지 않는 이 사람에게 삶은 가장 훌륭
하게 준비되어 있기 때문인데, 이 사람이 절제 있는 자이며, 이 사람
이 용기 있는 자이고 지혜로운 자입니다. 이 사람은, 재화나 아이들
이 생기거나 잃게 되었을 때, 이 속담을 아주 잘 따를 것입니다. 스스
로에 대한 믿음으로 해서 그는 지나치게 기뻐하지도 슬퍼하지도 않는

58) 원어는 Mēden agan이며, "너 자신을 알라(Gnōthi sauton)" 등과 함께 이른바 헬라스의 '일곱 현인들(七賢: hoi hepta sophoi)'이 델피의 아폴론 신전 입구의 벽에 새겨서 남겼다는 '간결한 표현(brakhylogia)'의 잠언들 중의 하나이다. 《프로타고라스》 편 342a~b 참조.

b 것으로 보일 것이기 때문입니다.[59] 우리는 적어도 그런 분들을 존경
하고 우리의 아버지들도 그런 분들이시기를 바라며 그런 분들이시라
말하거니와, 이제 우리도, 지금 당장 죽어야만 한다면, 스스로를 그
런 사람들로서, 곧 지나치게 괴로워하지도 두려워하지도 않는 자들로
서 보여 주는 것입니다. 따라서 우리의 부모들께서도 같은 이 생각을
하시며 여생을 보내시기를, 그리고 통곡하시며 비탄하시는 게 우리
를 전혀 기쁘게 하지 않는다는 걸 아시길 바랍니다. 혹시라도 망자들
c 에게 살아 있는 자들에 대한 어떤 지각이 있다면,[60] 자해를 하며 불운
들을 견디기 힘들어함으로써, 아주 불쾌할 수도 있을 겁니다. 그분들
이 그것들을 가볍고 적절하게 견디어 내시는 게 우릴 기쁘게 할 것입
니다. 이제 우리 일도 끝을 맞게 되겠는데, 이야말로 사람들에게 가장
아름다운 것이어서, 이는 비탄하기보다는 찬미하는 것이 오히려 적절
합니다. 그러나 우리의 아내들과 자식들에 대해 보살피며 양육함으로
써, 이에 마음을 돌리게 하여 불운을 최대한 잊은 상태에 있게 하며,
더 훌륭하고 더 바르게 살아, 우리에게도 더욱 사랑받게 될 것입니다.
d 그러면 이로써 우리들의 부모님들께 전하는 말로는 충분합니다. 그러
나 나라에 대해서는 권고하고 싶군요. 우리의 부모와 자식들을 보살
피길, 이들은 적절히 교육시켜 주되, 저들은 걸맞게 노년의 부양을 받
도록 말입니다. 하지만 지금 우리는 우리가 그리 권고하지 않을지라
도, 나라가 충분히 보살필 것이라는 걸 알고 있습니다."
"망자들의 아이들과 부모들이시여, 그러니까 이것들이 그들이 우
e 리에게 전하라고 지시한 것들입니다. 그리고 저는 제가 할 수 있는 대

59) 《국가(정체)》 편 387d~e에서도 이런 점을 강조하고 있는 대목이 보인다.

60) 《법률》 편 865d~e 및 927a 참조.

248e

로 열성껏 전하고 있습니다. 또한 저는 그들을 대신해서 간청합니다.
아이들은 저들의 아버지들을 본받을 것이나, 부모들께선 스스로를 위
해 자신을 가지시길. 저희가 개인적으로건 공적으로건 여러분들의 노
후부양을 할 것이며, 저마다 여러분들 중의 누구와 어디서 만나게 되
건 보살필 테니까요. 나라의 보살핌에 대해선 짐작건대 여러분 자신
들도 알고 계십니다. 전사자들의 자식들 및 부모들과 관련해서는 나
라가 법률을 제정해서 보살핀다는 사실을. 또한 다른 시민들과는 달
리, 이들의 부모들이 해를 입는 일이 없도록 보호하라는 지시가 최고 249a
의 관직에 내려져 있습니다. 그런가 하면 그 자식들은 나라가 함께 키
우거니와, 이들로 하여금 고아의 처지가 최대한 드러나지 않게 열성
을 쏟아야 하며, 이들이 아직 아이들일 때는 아버지의 모습으로 임합
니다. 또한 어른이 다 되면, 언제고 그들 자신의 중무장 보병 장비 차
림을 갖추게 하고서 그들 자신의 일자리로 보냅니다. 아버지의 용기
를 보여 주게 한 도구들을 줌으로써, 아버지가 종사했던 일들을 보여
주고 기억하게 하면서요. 그와 동시에 예시(豫示)를 얻기 위해서, 중 b
무장을 갖추고서, 조상의 화덕[61]에 가는 것부터 시작해서, 힘차게 [가

61) 여기에서 '화덕'으로 옮긴 것의 원어는 hestia(=영어 hearth)이다. hestia는 원래 불씨를 간직해 두는 화로나 화덕 또는 벽난로(정확히는 재가 있는 그 바닥)인데, 그게 있는 가옥 또는 그 공간을 의미하기에, 가정과 가족 또는 그 공간의 주인공에 대한 상징적 의미를 갖기도 한다. 헬라스의 각 나라에는 영빈관 성격을 갖는 Prytaneion이라는 건물이 있어서, 이곳의 화덕에는 언제나 불이 타고 있는데, 이는 Hestia 여신에게 바치는 성화이기도 하다. 새로 식민지를 개척하게 되면, 이곳에서 불을 가져갔다. 전사한 아버지를 이어 청년이 된 아들이 전사로서의 완전 무장을 하고, 그 집의 hestia로 나아가는 것은, 우리 식으로 말해, 조상의 신주들을 모신 사당으로 고유(告由)하러 가는 것과 비슷한 의미를 갖는 것으로 볼 수 있을 것 같다.

족을] 거느립니다.[62] 또한 나라는 망자들 자신들의 영예를 기림에 있어서 결코 소홀해서는 안 되는데, 해마다 나라는 각자 개별적으로 하게 되는 행사들과 함께 공동으로 의식을 행하며, 이에 더해 체육경기와 경마 및 일체의 시가(詩歌) 경연도 엽니다. 그리고 사실상의 망자
c 들의 상속인 및 아들의 자격으로, 아들들의 경우에는 아버지의 자격으로, 그리고 이들의 부모들의 경우에는 보호자들의 자격으로 임하여, 모든 일에 대비해서 언제나 이들 모두에 대한 전적인 보살핌을 수행합니다. 이를 명심하고서, 불행을 더욱 유연하게 견뎌야만 합니다. 망자들에게도 살아 있는 사람들에게도 이렇게 함으로써 여러분들이

62) Dionysos(일명 Bakkhos) 신의 제전(祭典)들에 대한 통칭은 [ta] Dionysia [hiera](디오니소스 제전)인데, 아테네의 경우에 이 제전으로는 네 가지가 있었다. 아테네의 달력으로 Poseideōn달(11월 말경~12월 하순)에 열린 '시골(지방) 디오니소스 제전' (ta kat' agrous Dionysia)을 시작으로, 마지막 네 번째 제전은 '시내 디오니소스 제전' (ta en astei Dionysia) 또는 '대 디오니소스 제전' (ta megala Dionysia)이라 한 것으로, Elaphēboliōn달(2월 말경~3월 하순)의 10일째 날부터 14일까지에 걸친 5일간의 행사였다. 겨울이 끝나고, 항해 길도 열리는 계절이라 많은 외국의 방문객들도 찾아오는 때에 열리는 것이었다. 갖가지의 행사와 함께 첫 이틀 동안에는 아테네의 10개 행정 단위의 부족(部族: phylē)들이 준비한 디티람보스(dithyrambos: 서정적인 디오니소스 합창 송가)가 공연되었으며, 그다음 3일간에는 3인의 비극 작가가 각기 세 편의 비극과 한 편의 사티로스(satyros) 극을 갖고 경연을 벌였고, 이 5일간의 오후에는 5명의 희극 작가가 각기 한 편씩의 희극을 갖고 경연을 했다. 그런데 비극 경연이 열리는 날에 이 극장에서는 먼저 색다른 행사를 가졌다. 포고하는 사람이 들어와서 완전 무장을 한 젊은이들을 옆에 세우고선, 전사자들의 아들들인 이들이 청년이 되기까지 나라 곧 시민들이 양육해서, 이제는 이처럼 완전 무장을 갖추고서, 행운과 함께 가산과 가족을 거느리는 등의 자신들의 일자리로 갈 것임을 격려와 함께 공포하고선, 관람석의 앞자리로 초대했다 한다. 이 행사와 관련해서는 *Aischines Orat. In Ctesiphontem*, 154~155 참조.

249c

가장 사랑을 받을 것이며, 가장 수월하게 치유하고 치유 또한 받을 것이기 때문입니다. 이제 여러분들도 그리고 다른 분들 모두도 관례에 따라 망자들에 대해 이미 함께 애도했으니, 떠나십시오."

메넥세노스여, 이게 자네에게 들려주는 밀레토스의 여인 아스파시 d
아의 연설문이네.

메넥세노스: 맹세코, 소크라테스 님, 여자 분이시면서, 그런 연설문을 지으실 수 있다면, 선생님께서 말씀하시는 아스파시아 님은 어쨌든 복 받으신 분이십니다.

소크라테스: 하지만 자네가 못 믿겠다면, 나를 따라 오게. 그러면 그분이 말씀하시는 걸 듣게 될 걸세.

메넥세노스: 아, 소크라테스 님, 아스파시아 님은 제가 여러 번 뵈었거니와, 어떤 분이신지도 알고 있습니다.

소크라테스: 그렇다면, 뭔가? 그분에 대해 경탄하지도 않고, 지금 그 연설문에 대해 그분께 고마워하지도 않는 겐가?

메넥세노스: 소크라테스 님, 이 연설문에 대해 그분께만이 아니라,
이를 선생님께 말씀하신 분이 누구시든 그분께도 저는 고마워하고 있 e
습니다. 또한 다른 많은 걸로도 말씀해 주신 분께 제가 고마워하고 있습니다.

소크라테스: 잘된 걸세. 날 헐뜯지는 않도록. 내가 그분의 많은 훌륭한 정치적인 연설문들을 자네에게 또다시 전해 줄 수 있게 말일세.

메넥세노스: 염려마세요, 제가 헐뜯을 일은 없을 겁니다. 전해 주시기나 하세요.

소크라테스: 그건 그럴 걸세.

《이온》편

ΠΛΑΤΩΝΟΣ
ΙΩΝ

《이온》 편(*IŌN*) 해제

이 대화편은 《크리톤》 편 및 《소 히피아스》 편과 함께 플라톤의 대화편들 중에서는 가장 짧은 것들에 속한다. 또한 소크라테스의 사망(399년) 이후 10년 이내, 그러니까 플라톤이 28세에서 37세가 되기까지의 시기인 가장 초기에 저술한 것들 중의 하나로 추정되는 것이다. 소크라테스의 철학적 행각을 재구성해 봄으로써 스승의 철학적 작업이 실질적으로 어떤 것이었는지를 다방면으로 확인·점검해 보는 의도를 갖는 저술들이 초기 대화편들의 기본 특징이라고 한다면, 이 대화편은 바로 그 대표적인 것들 중의 하나인 셈이다.

이 대화편은 아스클레피오스 축제에서 으뜸상을 받고서 오는 길인 이온이라는 음송인을 소크라테스가 만나게 되어, 둘 사이에 오고 간 대화가 그 내용이다. 음송인의 원어는 rhapsōdos인데, 이의 어원은 rhaptō(엮다, 꿰매다) + aoidē(노래)이고, 가인(歌人)은 aoidos이다. 그리고 '음송'은 rhapsōdia이다. 또한 rhapsōdos는 헤시오도스처럼 자신의 시를 음송한 시인, 이른바 음유시인을 지칭하기도 했다. 그러니까 이야기 주제들의 구절구절을 일정 운율에 짜 맞추어 가며 엮어 노래하는 자를 뜻하는 말이었다. 마치 어떤 주제의 수를 놓듯. 그러나 나중엔 여기 등장하는 이온처럼 직업 삼아 무대에서 한 손으로 지팡이(rhabdos)를 짚고 이 손을 뻗친 상태로 호메로스 등의 서사시를 음송하고 다닌 자[1)]를 지칭했다. 이와 달리 키타라(kithara)를 탄주하며 서정시를 노래하는 자는 kitharǭdos라 했다.

이온은 호메로스를 전문으로 음송하며 해설하는 데 누구보다도 탁월한 자다. 소크라테스는 그의 그런 기술(tekhnē)을 부러워하며, 그 시범을 언젠가 보여 줄 것을 부탁하면서도, 이를 보는 건 다음 기회로 미루고, 제 질문에 대한 대답을 청한다. 호메로스만이 아니라 헤시오도스 등, 다른 시인들에 대해서도 정통한지를 그에게 묻는다. 이온은 그렇지 못하고, 다른 시인들에 대한 이야기에는 전혀 관심이 없고, 그런 이야기를 누군가가 하게라도 되면, 자신은 졸기만 한다며, 자신도 그 이유가 궁금하단다. 시인들은 같은 것들을 말하는 경우가 많은데, 이와 관련해서 비교하며 비판하지는 못하고, 졸기나 하는 이유를 소크라테스는 이렇게 말해 준다. "그건 그대가 전문적인 기술(tekhnē)이나 지식(epistēmē)을 갖고서 호메로스에 대해서 말할 수가 없다는 것이오. 왜냐하면 만약에 그대가 전문적인 기술을 갖고서 그럴 수 있었다면, 그대는 다른 시인들 모두에 대해서도 말할 수 있었을 것이기 때문이오. 전체로서의 시작술(詩作術: poiētikē)이란 게 어쩌면 있겠기 때문이오."(532c) 그런데도 이온이 호메로스와 관련해서 훌륭하게 말하기가 가능한 것은 그를 움직이는 '신적인 힘'으로 해서라고 하며, 이를 헬라스인들이 '헤라클레스의 돌'로 일컫는 자석의 힘 현상에다 비유한다. 그것은 자석의 힘에 이끌리어 매달린 쇠 반지가 다른

---

1) 《국가(정체)》 편 끝 쪽에 수록된 사진들 중에서 음송인이 음송하는 모습을 참조할 것.

쇠 반지를 매달리게 하고, 이 반지는 다시 다른 쇠 반지를 매달리게 하여 일종의 긴 고리를 형성하는 현상에다 비유할 수 있다고 한다. 그 힘의 근원은 무사 여신들이다. 이 여신들이 자석 구실을 해서 신들리게(entheos) 한 시인이 제 정신이 아닌 열광 상태에서 곧 영감에 사로잡힌 상태에서 시를 지으니, 그 연결 고리의 최초인 자요, 그 중간자가 나름으로 영감에 사로잡힌 음송인이며 그 최종자들이 관중 곧 청중이라는 비유다.

《소크라테스의 변론》 편(20e~22d)에 시인들의 바로 그런 상태와 관련된 언급이 나온다. 여기에는 카이레폰(Khairephōn)이라는 소크라테스의 열렬한 추종자가 당대에 소크라테스 이상의 현자가 있는지를 델피의 신탁에 물었더니, '없다'는 응답을 얻게 되어, 이를 그에게 알린 이후의 사태 진행과 관련된 자신의 행각에 대한 언급이 보인다. 이에 의하면, 그는 언제나 무지자를 자처해 온 터라, 그럴 리가 없다고 여겨, 그 반증을 제시함으로써, 신탁의 뜻이 무엇인지를 확인하기 위한 현자 찾기 편력에 들어간다. 먼저 많은 아테네인들의 존경을 받는 한 정치인부터 찾아가 문답해 본 결과, 전혀 현명한 자가 아닌 게 밝혀져, 그의 미움을 사게 되었고, 이 일로 훗날 법정에 서게도 되었던 것이다. 가장 평판이 좋은 자들이 거의가 가장 모자라는 자들인 반면에, 이들보다는 한결 못한 걸로 여겨지고 있는 다른 사람들이 분별이 있다는 점에 있어서는 더 나은 이들이라 여겨졌다고 한다. "정치인들 다음으로 비극 시인들과 디티람보스 시인들 그리고 그 밖의 다른 시인들한테도 찾아갔습니다. 이로써 그들보다도 더 무지한 저 자신임이 현장에서 드러났으면 해서였습니다. 그래서 저는 그들의 시들 중에서 제가 보기에 그들이 가장 힘들여 쓴 것으로 여겨지는 것들을 골라서는, 그것들이 무엇을 뜻하는지를 그들한테 따져 묻곤 했는데, 이는 동시에 그들한테서 제가 무언가를 배우게도 되었으면 해서였습니다. 여러분! 사실은 여러분께 진실을 말씀드리기가 참으로 부끄럽습니다. 그렇더라도 말씀드리지 않으면 안 되겠죠. 왜냐하면 이들이 지은 시들에 대해서는 이들 자신보다도 같이 있던 사람들 거의 모두가 더 잘 말할 수 있었을 테니까요. 따라서 저는 다시금 시인들의 경우에도 오래 걸리지 않고서 이 사실을 깨닫게 되었습니다. 즉 이들은 자기들이 짓는 시들을 지혜(sophia)에 의해 짓는 것이 아니라, 어떤 소질(physis)에 의해서 그리고, 마치 예언자들이나 신탁의 대답을 들려주는 사람들처럼, 영감을 얻은(신들린) 상태에서(enthousiazontes) 짓게 되는 것이라는 걸 말씀입니다. 이들 또한 많은 아름다운 것을 말하기는 하지만, 자신들이 말하는 것들에 대해서 아무것도 알지 못하니까요. 시인들 역시 그런 어떤 처지에 처하여 있게 된 것으로 저에겐 보였습니다. 그뿐만 아니라 저는 동시에 이들이 시작(詩作: poiēsis)으로 인해서 자신들이, 결코 그렇지 못한 다른 것들에 있어서도, 가장 현명한 사람들인 줄로 스스로 여기고 있다는 것을 알게 되었습니다."

시인의 '시작(詩作)'이, 아니 예술 일반의 창작 행위가 시인이나 예술가의 '어떤 소질(tis physis)'만이 아니라, 어떤 형태의 영감(epipnoia)에 적잖이 힘입고 있다는 것은 오늘날에도 결코 부인될 것이 아닐 것이다. 그러나 헬라스인들은 이 영감의 근원을, 534a의 본문과 이 부분의 세 각주들에서 밝히고 있듯, 무사 여신들에서 찾고 있는 게 다르다. 그리고 음송인은 신들린 시인에 덩달아 신들린 그 해설자이다. 시인의 자성(磁性)에 매달린 쇠 반지인 셈이다. 그런 자신의 처지를 소크라테스가 알려 주는 데도, 이온은 마치 자신이 《일리아스》에 등장하는 지휘관들의 능력과 자격을 갖추고 있기라도 한 듯이 착각하고 자기도취에 빠진 채로 여전히 헤어나지 못하고 있다.

이 대화편은 이온이라는 호메로스 전문의 음송인의 '신들림(enthousiasmos, enthousia)' 현상을 매개로, 시인들의 시작 행위의 산물도 어느 면에서는 같은 성격의 산물이지, 지혜의 소산은 아님을 밝히고 있는 셈이다. 따라서 플라톤 시대의 그 시점에서 이제 참된 교육의 내용이나 수준도 호메로스 등의 시들에 머물 것이 아니라, 참된 의미에서의 지혜사랑(philosophia)에 연계된 것이어야 함을 일깨우려는 데 이 대화편의 집필 의도가 있었다고 할 것이다. 그가 멀지 않아 아카데미아 학원을 세우게 되는 것도 그런 취지에서다. 《국가(정체)》편, 특히 제10권에서 시의 존재론적 위상을 다루게 되는 것도 물론 그런 취지와 관련되어 있다.

목 차

I. 서두 대화: 소크라테스가 이온을 만남. 호메로스를 전문으로 음송하는 그는 아스클레피오스 축제에서 으뜸상을 받고서 오는 길이었음(530a~b)

II. 호메로스의 생각으로 시간을 보내며, 그가 말한 것들을 이해하고, 이를 청중에게 해설해 주는 그의 기술이 부럽다며, 언젠가 그 시범을 보고 싶다고 말함(530b~d)

III. 그의 음송 시범은 다음 기회에 듣기로 하고, 그가 호메로스에 대해서는 정통하면서도, 다른 시인들에 대해서는 그렇지 못한 까닭들을 밝힘(531a~542b)

1. 시 전반에 대한 전문적 기술(tekhnē) 및 지식(epistēmē)이 없어서임을 지적함: 전체로서의 어떤 기술에 대한 이해처럼, 전체로서의 시작술(詩作術)에 대한 이해가 없음을 말함(531d~533c)
2. 그런데도 호메로스와 관련해서 훌륭하게 말하기가 가능한 것은 '신적인 힘'으로 해서임을 말함. 그것은 자석에 연이어 매달린 쇠 반지들의 긴 고리의 일환과 같음. 그 힘의 근원은 무사 여신들임. 이 여신들이

신들리게 한 시인이 제 정신이 아닌 상태에서 곧 영감에 사로잡힌 상태에서 시를 지으니, 그 연결 고리의 최초인 자요, 그 중간자가 나름으로 영감에 사로잡힌 음송인이며 그 최종자들이 관중 곧 청중이라는 비유(533d～536e)

3. 각각의 영역에는 전문 기술이 있고, 대상이 다르면 그 기술 또는 지식도 다름. 그런데도 이온은 음송인일 뿐이면서도, 《일리아스》에서의 장군들과 관련된 활약들을 꿰고 있다고 해서, 자신은 음송인에 불과하면서도 동시에 장군의 역량 또한 지닌 듯이 착각하고 있음을 지적함(537a～542b)

* 이 목차는 원전에 있는 것이 아니라, 대화 진행의 내용들을 미리 참고할 수 있도록, 편의상 순서에 따라 나열한 것일 뿐임.

대화자들

(대화의 설정 시기: 기원전 412년 이전 또는 405년 무렵)

이온: 이 대화편 말고는 달리 알려진 바는 없고, 에페소스(Ephesos) 출신의 음송인으로 등장한다. 에페소스는 소아시아의 이오니아 해안 지대에 코드로스(Kodros) 왕의 아들 안드로클로스(Androklos)가 이끈 아테네의 이주민들이 세운 나라로서, 그 아래쪽의 밀레토스(Milētos)와 함께 이오니아 지역에서는 쌍벽을 이루기도 했다. 아르테미스(Artemis) 신전으로 유명한 나라이기도 하다. 철학자 헤라클레이토스가 이곳 출신이며, 우리말 신약성서에서 '에베소'로 지칭하는 곳이 바로 이곳이다.

소크라테스: 이 대화가 이뤄진 시기 설정의 단서를 우리는 이 대화편의 541d에서 접하게 되는데, 여기에서 우리가 맞닥뜨리게 되는 것은 두 개의 가능한 시기다. 아테네가 안드로스 사람 파노스테네스를 코논을 대신하도록 장군으로 지명하면서 함선 네 척과 함께 보낸 일을 여기서 언급하고 있는데, 이때는 407~406년이었으니, 이 대화가 있었던 시기는 그 이후가 되겠다. 그런가 하면 이 대목에서 조금 더 뒤로 가면, "에페소스 사람들은 옛날부터 아테네인들이었음"을 말하

고 있는데, 아테네인들이 세운 나라인 데다 아테네를 중심으로 한 델로스 동맹의 일원이었던 에페소스였지만, 412년 무렵에는 반발해서 스파르타 편을 들게 된다. 따라서 앞의 경우를 고려한다면, 그 시기는 405년 무렵으로 잡을 수 있겠고, 이때는 소크라테스가 64세일 때가 되겠다. 반면에 412년 이전으로 잡는다면, 56세였을 때가 되겠다. 어느 경우이거나, 이온이 음송 경연에 나갈 정도였다면, 아무래도 나이는 소크라테스보다는 다소간에 젊었을 것으로 보아, 말투를 이에 따라 정했다.

소크라테스: 반갑소, 이온! 지금 어디서 오신 건가요? 혹시 에페소 530a
스의 댁에선가요?

이온: 천만에요, 소크라테스 님! 에피다우로스의 아스클레피오스 제전[1)]에서 오는 길입니다.

1) 원어는 ta Asklēpieia이고 단수 형태인 to Asklēpieion은 의신(醫神) Asklēpios의 신전을 뜻한다. 아스클레피오스는 아폴론과 인간인 코로니스(Korōnis) 사이에서 난 영웅적 인물이면서도 아폴론이 전수한 의술에 능하여 의술의 신으로 신격화되었으며, 의학의 창립자이다. 그는 환자의 치료에 신앙과 정상적인 의술을 함께 썼던 것으로 알려져 있다. 이 신에 대한 숭배의 중심지가 펠레폰네소스 반도의 동북쪽 Argolis 반도에 있던 작은 나라였던 에피다우로스(Epidauros)였으며, 이곳에는 의술 학교가 있었다. 아스클레피오스의 아들을 Asklēpiadēs라 일컫는데, 훗날 의사들을 그의 후예라 하여 복수 형태로 Asklēpiadai라 한다. 히포크라테스도 그들 중의 한 사람이었으며, 그는 훗날 그의 고향인 Kōs섬에 의술 학교를 세운다. 지금도 여름이면 헬라스의 고대 연극이 공연되고 있는 에피다우로스 극장으로 들어가는 길의 입구와 인접한 상당히 넓은 공간에 아스클레피오스 신을 숭배하던 신전 유적지가 있고, 이 극장은 실은 이 성역의 일부로서 배경을 이루는 야트막한 산의 자락에 자리 잡고 있는데, 오늘날 우리기 접하는 극장은 1만 2,000명을 수용하는 규모의 것으로 기원전 2

530a

소크라테스: 에피다우로스 사람들이 그 신을 기리는 음송인들[2]의 경연까지 열었다는 건가요?

이온: 물론입니다. 또한 다른 시가의 경연도요.

소크라테스: 그래서요? 그대가 경연을 했다는 건가요? 경연한 것은 어떻게 되었고요?

b 이온: 우리가 으뜸상을 차지했죠, 소크라테스 님!

소크라테스: 반가운 말씀이오. 그럼 판아테나이아 제전[3]에서도 우리가 우승하도록 해요.

이온: 신이 바란다면, 그렇게 될 것입니다.

소크라테스: 그리고 실은, 내가 그대들 음송인들을 그 기술로 해서

세기에 지어진 것이고, 그 이전에 지은 것은 6,000명 수용의 것이었다고 하는데, 이것도 3세기 초의 것이었다 한다. 애초의 것인 옛 극장의 모습은 무대와 관람객 사이에 있는 합창 가무단의 춤 공간인 반원형의 오르케스트라(orkhēstra)에서나 찾아볼 수 있는 것이라 한다. 이곳에서 있었다는 시가 경연은 이 신을 기리는 행사의 일환이었다. 420년경에는 아테네에도 이 신의 성소(聖所)가 바로 디오니소스 극장 위쪽의 아크로폴리스의 비탈에 마련되었는데, 그 유적지는 지금도 남아 있다.

2) '음송인'의 원어는 rhapsǫdos이다. 어원상으로는 '노래(ǫdē)를 뽑는 사람'이란 뜻인데, 서사시(epē), 특히 호메로스의 시를 직업적으로 음송하는 자들을 rhapsǫdoi라 했다. 또한 이는 헤시오도스처럼 자신의 시를 음송했던 이른바 음유시인에게도 적용되는 말이다. 해제 첫머리를 참조할 것.

3) 아테네 사람들은 그들의 역법(曆法)으로 Hekatombaiōn달(6월 하순~7월 하순에 해당) 28일을 아테네의 수호신인 아테나 여신의 탄생일로 여겨, 이날을 전후해서 축제를 가졌는데, 이를 '판아테나이아'(Panathēnaia)라 했다. 이에는 해마다 이달의 28~29에 열리는 '판아테나이아 소축제'(ta mikra Panathēnaia)와 4년마다 이달의 21~28에 걸쳐 열리는 '판아테나이아 대축제'(ta megala Panathēnaia)가 있었다. 각종 경기와 승마 경주, 시가 경연, 그리고 본문에서 말하고 있듯, 음송인들의 시 음송도 있었다 한다.

530b

부러워한 게 여러 번이오, 이온! 그대들의 기술에는 몸치장을 하고 될 수 있는 한 아름다워 보이도록 하는 게 언제나 어울리기도 하지만, 다른 많은 훌륭한 시인들과, 특히 누구보다도, 시인들 중에서도 가장 훌륭하고 가장 신적인 호메로스와 함께 시간을 보내야만 하는 것이, 그리고 그의 서사시만이 아니라, 그의 생각까지도 철저히 이해하게 되어야만 하는 것이 부럽기 때문이오. 시인이 말한 것들을 이해하지 못 c
한다면, 결코 훌륭한 음송인이 되지 못할 테니까요. 왜냐하면 음송인은 청중에게 시인의 생각을 해설해 주는 자가 되어야 해서요. 그러나 이를 훌륭히 하는 것은 시인이 말하는 바를 알지 못하고서는 불가능하죠. 그러니 이 모든 것이 부러워할 만하죠.

이온: 진실을 말씀하십니다, 소크라테스 님! 어쨌거나 그 부분이 제 기술에서 가장 힘든 일이기도 한데, 호메로스와 관련해서는 제가 누구보다도 가장 훌륭하게 말한다고 스스로는 생각하고 있습니다. 람프사 d
코스의 메트로도로스도, 타소스의 스테심브로토스도, 글라우콘도,[4] 또한 일찍이 이 세상에 태어났던 다른 누구도, 제가 하듯, 호메로스와 관련해서 그처럼 많은 훌륭한 생각들을 말할 수는 없었으니까요.

소크라테스: 잘 말씀하셨소, 이온! 내게 그 시범을 보여 주는 걸 거

---

4) Mētrodōros는 5세기 초에 활동한 사람으로, 헬레스폰토스해협 끝 쪽에 있던 Lampsakos 출신으로 철학자 아낙사고라스의 제자였는데, 그는 호메로스에 등장하는 영웅들을 천체들 및 우주 현상에다 비유했다고 한다. 이를테면, 아킬레우스는 태양에, 헥토르는 달에, 아가멤논은 아이테르(aithēr)에 비유하는 식이었다. 트라케(Thrakē) 앞바다에 있는 섬 Thasos 출신의 Stēsimbrotos는 5세기 중엽에 활동했으며, 호메로스에 대한 저술을 썼으며 역사가이기도 하다. Glaukōn은 달리 알려진 바는 없고, 아리스토텔레스의 《시학》 1461b1에서 언급되고 있다. 달리 어디 출신인지를 밝히지 않은 걸로 미루어, 아테네인인 것 같다.

530d

절하지는 않을 게 명백할 테니까.

이온: 아닌게아니라, 소크라테스 님, 제가 얼마나 호메로스를 훌륭하게 장식하는지를 들으시는 보람이 있을 겁니다. 그래서 저는 제가 호메로스의 숭배자들[5]에게서 금관을 씌워 받을 자격이 있다고 생각하고 있습니다.

소크라테스: 하지만 그대의 낭송을 들을 짬을 내가 따로 내도록 하
531a 겠소만, 지금은 내게 이만큼은 대답을 해 주시오. 그대는 호메로스에 대해서만 정통한가요, 아니면 헤시오도스와 아르킬로코스[6]에 대해서도 그런가요?

이온: 결코 그렇지는 않고, 호메로스와 관련해서만 그렇습니다. 제게는 그것으로 족한 걸로 여겨지기 때문입니다.

소크라테스: 한데, 호메로스와 헤시오도스가 무언가에 대해 똑같은

---

5) Homēridai인데, 어원상으로는 '호메로스의 아들들'이란 뜻이다. 호메로스의 숭배자들이나 모방자들을 뜻하기도 하고, 레스보스와 사모스 사이의 중간 거리쯤에 위치한 키오스(Chios)섬에서 호메로스의 후손들임을 자처하며 산 동료 집단을 가리키기도 한다. 《국가(정체)》 편 599e에도 이들에 대한 언급이 보인다.

6) Hēsiodos(기원전 8세기)는 보이오티아(Boiōtia)의 아스크라(Askra) 출신으로, 호메로스에 버금가는 서사시인이며 , 유명한 《신들의 계보(神統紀)》(*Theogonia*)를 통해 신들의 계보를 정리했고, 《일과 역일(曆日)》(*Erga kai hēmerai*)을 통해서는 자연의 이치에 순응하며 부지런하고 성실하게 순리대로 사는 삶과 관련된 교훈시를 남기고 있다. 그 밖에도 몇 권의 책을 남겼다. 《고르기아스》 편에서 그와 관련된 언급들을 각주들에서 참조할 것. Arkhilokhos는 Paros 출신인데, 파로스는 키클라테스 군도의 한가운데 있는 섬으로서, 섬세한 조상들을 만드는 데 이용되는 대리석 산지이다. 그는 리디아의 왕 기게스(Gygēs: 약 687~652)와 동시대인으로서, 이때 Thasos로 가서, 용병 활동을 했다. 그는 iambos 운율 곧 ⏑–(단장) 운율로 시를 쓴 창시자로 알려져 있다.

531a

걸 말하는 게 있나요?

이온: 저로서는 많이 있는 걸로 생각합니다.

소크라테스: 그렇다면 그 경우들과 관련해서 그대는 호메로스가 말하는 것들을 헤시오도스가 말하는 것들보다도 더 훌륭히 해설할 수 있는 건가요?

이온: 그들이 똑같은 말을 하는 경우들과 관련해서는 어쨌든 마찬가지로 그러겠죠, 소크라테스 님!

소크라테스: 그러면 똑같은 걸 말하지 않는 경우들은 어떤가요? 이 b
를테면, 예언술과 관련해서 호메로스도 헤시오도스도 뭔가를 말하고
있소.

이온: 물론입니다.

소크라테스: 그러면, 어떻소? 이들 두 시인이 예언술과 관련해서 같게 말하는 것들 또는 다르게 말하는 것들을 그대가 훌륭한 예언자들 중의 누군가보다도 더 훌륭하게 해설하게 되겠소?

이온: 예언자들 중의 누군가가 그러겠죠.

소크라테스: 그러나 만약에 그대가 예언자라면, 그래서 그 두 시인이 같게 말하는 것들에 대해서 해설할 수 있다면, 그리고 다르게 말하는 것들에 대해서도 해설할 줄 안다면, 그렇지 않을 것이오.

이온: 그건 명백합니다.

소크라테스: 그런데 도대체 그대는 호메로스에 대해서는 그리도 정 c
통하면서, 헤시오도스나 다른 시인들에 대해서는 그렇지 못한가요?
혹시 호메로스가 다른 시인들 모두가 말하는 것들과는 다른 어떤 것
들에 대해서 말하나요? 그도 이런 것들에 대해서 많은 걸 자세히 이
야기하지 않았던가요? 곧, 전쟁에 대해서도, 훌륭한 사람들 또는 나
쁜 사람들 간의, 또는 사사로운 사람들과 장인들 간의, 신들 서로 간

의 또는 이들과 인간들 간의 교류가 어떻게 이루어졌는지도, 그리고 또 하늘의 사태들과 저승의 사태들에 관련해서도, 그리고 또 신들과
d 영웅들의 탄생들에 대해서도 말이오. 호메로스가 시를 지은 것은 이런 것들과 관련된 것이 아닌가요?

이온: 진실을 말씀하십니다, 소크라테스 님!

소크라테스: 어떤가요, 다른 시인들은? 같은 이것들에 대해 시를 짓지 않았나요?

이온: 네, 그렇긴 하나, 소크라테스 님, 그들과 호메로스가 같은 수준으로 시를 짓진 않았습니다.

소크라테스: 그야 물론, 더 못하게 짓겠죠?

이온: 많이 못하게죠.

소크라테스: 하지만 호메로스는 더 낫게 지었겠고?

이온: 물론, 맹세코, 더 낫게 지었죠.

소크라테스: 그렇다면, 친애하는 이온이여, 수와 관련해서 여럿이 말하고 있을 경우, 그중의 누군가 한 사람이 가장 잘 말할 때, 잘 말하는 사람을 누군가가 알아볼 게 틀림없지 않소?

이온: 동의합니다.

e 소크라테스: 그러면 잘못 말하는 사람들도 알아보는 바로 이 사람이 같은 사람인가요, 아니면 다른 사람인가요?

이온: 아마도 같은 사람일 것입니다.

소크라테스: 그러니까 이 사람은 산술에 밝은 사람이겠소?

이온: 네.

소크라테스: 어떻소? 많은 사람들이 건강에 좋은 식품들에 대해 어떤 것들이 좋은지를 말할 경우에, 누군가 한 사람이 가장 잘 말한다면, 가장 잘 말하는 자가 가장 훌륭하게 말한다는 걸 알아보는 자와

531e

더 못하게 말하는 자가 더 못한 말을 하는 걸 알아보는 자가 다른 사람이오, 아니면 같은 사람이오?

이온: 아마도 같은 사람일 게 명백합니다.

소크라테스: 이 사람은 누군가요? 그에 대한 호칭은 무엇이오?

이온: 의사입니다.

소크라테스: 그러면 요컨대 우리는 이렇게 말할 수 있겠소. 많은 사람이 같은 것들에 대해 말할 때, 누가 잘 말하고 누가 잘못 말하는지는 언제나 같은 사람이 알아볼 것이라고. 만약에 잘못 말하는 사람을 532a
알아보지 못한다면, 같은 것에 대해서, 잘 말하는 사람도 알아보지 못할 것이 명백하오.[7)]

이온: 그렇습니다.

소크라테스: 그러니까 같은 사람이 양쪽 것들에 대해 정통하게 되겠소?

이온: 네.

소크라테스: 그렇다면 호메로스 그리고 다른 시인들이, 이들 중에는 헤시오도스와 아르킬로코스도 포함되는데, 어쨌든 같은 것들에 대해 말하긴 하지만, 같게 말하지는 않으며, 한쪽은 잘 말하지만, 다른 시인들은 더 잘못 말한다고 그대는 주장하고 있는 게 아니겠소?

이온: 또한 저는 진실을 말하고 있습니다.

소크라테스: 그러니까, 정녕 그대가 잘 말하는 자를 알아본다면, 더 잘못 말하는 자들이 더 잘못 말하고 있다는 사실도 그대는 알아보겠소. b

이온: 어쨌든 그런 것 같습니다.

소크라테스: 그렇다면, 친구여, 이온이 호메로스와 관련해서도 정

7) 《국가(정체)》 편 409c~d 및 《법률》 편 816a~e를 참조할 것.

532b

통하지만 다른 시인들에 대해서도 마찬가지로 그렇다고 우리가 말하더라도 틀리지 않을 것이오. 그대는 같은 것들을 말하는 모든 이들에 대해서는 같은 사람이 충분한 비판자가 될 것이며, 시인들은 모두가 거의 같은 것들을 갖고 시를 짓고 있다는 데 어쨌든 스스로 동의하고 있어서요.

이온: 그러면, 소크라테스 님, 도대체 제가 이러는 까닭은 무엇입니까? 가령 누군가가 다른 시인에 대해서 말을 할 경우에, 저는 주목
c 하지도 않고 아무런 말할 가치 있는 것도 말해 주지 못하고, 속절없이 졸기나 하다가, 누군가가 호메로스와 관련해서 상기케라도 하면, 곧바로 깨어나 정신을 차리고서 할 말이 많아집니다.

소크라테스: 친구여, 그거야 짐작하기가 어렵지 않고, 누구에게나 명백한 것인데, 그건 그대가 전문적인 기술(tekhnē)이나 지식(epistēmē)을 갖고서 호메로스에 대해서 말할 수가 없다는 것이오. 왜냐하면 만약에 그대가 전문적인 기술을 갖고서 그럴 수 있었다면, 그대는 다른 시인들 모두에 대해서도 말할 수 있었을 것이기 때문이오. 전체로서의 시작술(詩作術: poiētikē)이란 게 어쩌면 있겠기 때문이오. 안 그렇소?

이온: 네.

d 소크라테스: 그러니까 누군가가 다른 어떤 전체로서의 기술을 얻게 될 때에도, 같은 탐구 방식이 모든 기술에 적용되지 않겠소? 무슨 뜻으로 내가 이 말을 하는지 그대는 내게서 듣기를 요망하오, 이온?

이온: 네, 맹세코, 소크라테스 님, 저로서야. 현명하신 여러분의 말씀을 듣게 되는 건 반길 일이니까요.

소크라테스: 그대가 하는 말이 진실이기를 바라오, 이온! 한데, 그대들 음송인들과 배우들 그리고 그대들이 그들의 시들을 노래하는 그

532d

사람들은 아마도 지혜로울 테지만, 나는 진실 이외의 것은 말하지 않
소. 문외한답게요. 방금 내가 그대에게 물었던 이것과 관련해서도 보 e
시오, 내가 말한 것이 얼마나 평범하고 문외한다운 것이며 누구나 알
수 있는 것인지를. 누군가가 전체로서의 [어떤] 기술을 파악하게 되
면, 그 탐구는 같은 것이라는 거요. 논의를 통해 파악하도록 합시다.
실상 화법(畫法)이라는 전체로서의 기술이 있죠?

이온: 네.

소크라테스: 그러니까 많은 훌륭한 그리고 변변찮은 화가들이 지금
도 있고, 이전에도 있지 않았어요?

이온: 물론입니다.

소크라테스: 그러면 그대는 일찍이 아글라오폰의 아들 폴리그노토
스[8]와 관련해서 그가 잘 그린 것들과 그렇지 못한 것들을 지적해 보
이는 데는 능란하지만, 다른 화가들에 대해서는 그럴 수 없는 누군가
를 본 적이 있소? 그리고 누군가가 다른 화가들의 작품들을 보여 줄 533a
경우에는, 조는가 하면 당황하고 아무런 할 말도 없지만, 폴리그노토
스나 화가들 중에서도 그대가 바라는 다른 누군가와 관련해서 그 한
사람에 대해서만 의견 제시를 해야만 할 경우에는, 잠이 깨어 집중을
하고 무얼 말하건 잘해 내게 되겠소?

이온: 단연코, 아닙니다. 그러지는 않을 게 분명합니다.

소크라테스: 어떻소? 조각상 제작에서 메티온의 아들 다이달로스[9] 또

---

8) 《고르기아스》 편, 448b에서 해당 각주를 참조할 것.

9) Daidalos는 아테네의 전설적인 명장(名匠)이다. 크레테의 미노스 왕궁에 괴물 소 미노타우로스를 가두어 두기 위해 미궁(labyrinthos)을 만들었다가, 그곳에서 빠져나오는 방법을 아리아드네에게 가르쳐 주었다는 걸 구실 삼아 미노스가 놓아 주지 않고, 아들 Ikaros와 함께 이 미궁에 가

533a

는 판오페우스의 아들 에페이오스 또는 사모스 사람 테오도로스[10] 또
b 는 다른 어떤 조상조각가 한 사람과 관련되어, 이들의 잘 제작된 작품들을 설명하는 데는 능통하지만, 다른 조상조각가들의 작품들의 경우에는 뭘 말할지 몰라 당황해하고 조는 누군가를 일찍이 본 일이 있소?

이온: 단연코, 그렇지 않습니다. 그런 사람은 본 적이 없습니다.

소크라테스: 한데 사실, 내가 생각하듯, 아울로스 취주에서든 키타라[11] 탄주에서든 키타라에 맞춘 가창에서든 음송에서든, 올림포스나 타미라스[12] 또는 오르페우스[13]나 이타케의 음송인 페미오

두어 버린다. 이에 밀랍과 새의 깃털들로 날개를 만든 다음, 이를 이용해서 아들과 함께 탈출하나, 아들은 너무 태양 가까이 날았다가 밀랍이 녹아 떨어져 죽었으나, 그는 무사히 이카리아(Ikaria)섬(사모스섬 왼쪽에 있음)에 안착했다는 이야기는 잘 알려져 있는 것이다. 또한 조상(彫像: agalma)의 두 다리를 자연 상태로 따로 떨어져 있게 한 것(agalma periskeles)을 만들기 시작한 조각가가 바로 그였다는데, 그가 만든 조상들(아마도 나무로 만든 조상들, 즉 xoana였던 듯)은 마치 살아 있는 듯해서 눈을 움직이며 걸어다녔다고 한다. 이런 묘사는 《메논》 편(97d)에도 보인다. 그런데 《에우티프론》 편(11b)에서는 소크라테스가 '우리 선조이신 다이달로스…' 라 말하고 있는데, 이는 그의 부친인 소프로니스코스가 석수(石手 또는 조각가)였고, 소크라테스 자신도 한때는 같은 일을 했다니까, 가통(家統)으로 말하면, 그도 다이달로스의 후예인 셈이라 해서 그런 말을 했을 것이다.

10) 호메로스의 《오디세이아》 8. 493~495에는 Epeios가 아테네 여신의 도움을 받아 목마를 만들고, 이 속에 오디세우스가 일리오스를 함락한 사람들을 숨기고 성안으로 들어간 것으로 말하고 있다. Theodōros는 550~522년경에 활동한 사모스의 건축가·조각가·금속세공사였다. 사모스의 헤라 신전 및 에페소스의 아르테미스 신전 건설에 관여했다.

11) aulos 및 kithara에 대해서는 《고르기아스》 편 501e의 해당 각주를 참조할 것.

12) 여기에서 말하는 Olympos는 프리기아인 이름이다. 사티로스 또는 실

533c

스[14]에 대해서 해석하는 데는 정통한 사람이, 에페소스 사람인 이온 c
에 대해서는 당황하며 그가 훌륭하게 음송을 하는 것들과 그러지 못하는 것들에 대해 의견 제시를 하지 못하는 그런 사람을 그대는 결코 보지 못했을 것이오.

레노스들 중의 하나로 두 개의 아울로스를 함께 쓰는 아울로스 음악의 창시자라는 마르시아스의 가르침을 받았다는 그는 아울로스 음악을 본격적으로 헬라스에 보급하고, 상응하는 작곡도 한 것으로 전한다. 《법률》 편(677d)에 이들에 대한 언급이 보인다. 아리스토텔레스의 《정치학》(1440a8~12)에서는 올림포스의 노랫가락이 혼의 성품에 적잖은 영향을 미치는 예로서 언급되고 있다. Thamyras(또는 Thamyris)는 트라케의 이름난 가인이었는데, 무사 여신들과 겨루어도 이길 자신이 있다고 뽐내다가, 여신들이 그를 눈멀게 하고 그의 기예마저 잊어버리게 했다고 한다. 그에 대한 이 이야기는 《일리아스》 2. 596~600에 나온다.

13) 설화에 의하면, Orpheus는 트라케(Thrakē) 사람(또는 트라케의 河神) Oiagros의 아들이라고도 하고, 아폴론과 무사(Mousa) 여신들(Mousai = Muses) 중의 하나인 칼리오페(Kalliopē: '아름다운 음성'의 뜻) 사이에 태어난 아들이라고도 한다. 그는 한때 디오니소스의 추종자였으며, 오르페우스 비교(秘敎)의 창시자이다. 그는 다음에서 언급하는 키타라 또는 리라 탄주와 함께 이에 맞추어 노래하는 가인(歌人: lyraoidos)으로도 유명한데, 이는 그가 남긴 것으로 전해지는 오르페우스의 교리(敎理)가 담긴 시들을 통해서도 확인된다. 그의 아내 에우리디케(Eurydikē)는 참나무의 요정(dryas)이기도 한데, 그를 짝사랑하게 된 아리스타이오스(Aristaios)에게 쫓기다가 뱀을 밟아 물려서 그 독으로 죽게 된다. 이에 오르페우스는 지하세계로 가서, 노래로 하데스와 페르세포네의 마음을 움직여 다시 아내를 데리고 나오는 걸 허락받는다. 그러나 지상으로 나올 때까지는 아내 쪽을 뒤돌아보지 않는다는 조건을 달았는데, 이를 참지 못하고 뒤돌아본 탓으로 영영 아내를 잃게 되었다. 이후로 그는 아폴론만 경배하고, 디오니소스를 공경하지 않은 탓으로 디오니소스 광신도들(Mainades)에 의해 사지가 찢기는 죽임을 당한다.

14) Phēmios는 오디세우스가 없는 동안 페넬로페의 구혼자들의 강요로 마지못해 음송을 했던 자다. 그에 대해서는 《오디세이아》 1. 153~155 및 22. 330~356에서 언급하고 있다.

533c

이온: 이에 대해서는 선생님께 반론을 할 수가 없네요, 소크라테스 님! 그러나 호메로스에 대해서는 제가 누구보다도 훌륭하게 말하며 막힘이 없으며 남들도 모두 제가 훌륭하게 말한다는 걸 인정하고 있습니다만, 다른 사람들에 대해서는 제가 그러지 못한다는 사실을 제 스스로 의식하고 있습니다. 그럴진대 이게 무슨 영문인지 봐 주세요.

소크라테스: 나도 그러고 있는 중이오, 이온! 그래서 그게 어떤 것
인 걸로 내게 생각되는지를 어쨌든 그대에게 밝혀 보이게 되겠소.
d 호메로스와 관련해서 그대가 훌륭하게 말하는 것, 이것은, 방금 내
가 말했듯, 실은 [전문적] 기술이 아니라, 그대를 움직이는 신적인 힘
(theia dynamis)이오. 마치 에우리피데스가 자석이라 이름 지은 돌
에 있는 힘처럼 말이오. 많은 사람은 그걸 헤라클레스 돌[15]이라 일컫
소. 그리고 이 돌은 쇠 반지들 자체를 끌어당길 뿐만 아니라, 이들 반
지들에 힘까지 생기게 해서, 다시 이 돌과 똑같은 작용을 할 수 있도
e 록 함으로써, 다른 반지들을 끌어당기게 하여, 가끔은 아주 긴 쇠 반
지들의 고리가 서로 매달리게까지 해서요. 이것들 모두에 있어서 그
힘은 그 돌에 의존하고 있소. 이처럼 무사 여신도 스스로 사람들을 신
들리게 만들고, 이들 신들린 자들로 해서 다른 신들린 자들의 무리가
매달리게 되는 것이오.[16] 모든 훌륭한 서사시인들은 [전문적] 기술로
해서가 아니라 신들인 상태에서 그리고 영감에 사로잡힌 상태에서 이

15) 에우리피데스가 hē Magnētis lithos(=the magnet)라 말했고(토막글 567), '헤라클레스 돌(Hērakleia lithos, hē Hērakleia)'이라는 표현은 《티마이오스》 편 80c에도 복수 형태로 보인다.

16) '신들린'으로 옮긴 말의 원어는 entheos 곧 '신(theos)이 안에(en) 들어가 있는' 또는 '신으로 그득한' '영감을 받은' '사로잡힌' '열광하는' 등을 뜻한다. 이의 명사형은 enthousia 및 enthousiasmos이고, 영어 enthousiasm은 이에서 유래한다.

533e

모든 아름다운 시들을 읊으며, 훌륭한 서정시인들도 마찬가지이니까 요. 마치 코리반테스[17]의 의식을 치르는 사람들이 제정신이 아닌 상
태에서 춤을 추듯, 이처럼 서정시인들도 제정신이 아닌 상태에서 이 534a
들 아름다운 시들을 짓소. 그러나 음조 맞춤과 리듬으로 진입하게 되면, 열광 상태가 되고 영감에 사로잡히게 되는데, 마치 광란 상태의 박코스 여신도들이 강물에서 꿀과 젖을 길어 올리듯 하오.[18] 이들은

---

17) Korybantes(단수는 Korybas)는 소아시아 프리기아(Phrygia)의 키벨레(Kybelē) 여신의 제관(祭官)들을 가리킨다. 이 여신은 풍요와 자연의 신이며, 질병을 낫게 하는 신으로 알려져 있는데, 이 제례에는 요란스런 춤과 악기 연주가 수반되었던 것 같다. 5세기에는 헬라스에도 알려지고, 젊은 제우스와 어린 디오니소스를 기리는 종교 행사 등과 결부되면서, 특히 밀교의식(orgia)을 통해 팀파니와 아울로스 연주에 맞춘 열광적인 춤을 추며 신도들은 거의 광란의 상태에 몰입했던 것 같다. 그래서 정신 질환을 앓는 사람들이 이 의식을 통해 일종의 동종 요법(homeopathy)적인 치료를 받았던 것 같은데, 이는 그런 방법으로 지친 상태로 깊은 잠에 빠졌다가 깨어남과 동시에 정신적 정화를 얻게 되는 것으로 여겨졌던 것 같다. 바로 이어지는 문장에서 말하는 '심장이 뛰고 눈물이 쏟아지는' 상태를 겪게 되는 것 같다. 이런 의식을 치르는 사람들을 hoi Korybantiōntes라 하는데, 이는 '코리바스적인 열광 상태에 빠진 사람들'을 뜻하기도 한다. 《크리톤》 편(54d)과 《법률》 편(790d) 그리고 《향연》 편(215e) 등에도 이들에 대한 언급이 보인다.

18) 이를 연상케 하는 비슷한 표현이 《파이드로스》 편 253a에 보인다. '박코스 여신도들'의 원어는 [hai] Bakkhai이다. 박코스(Bakkhos: 라틴어 음역으로는 Bacchus)는 포도주의 신 Dionysos의 이칭(異稱)이다. 이 신을 섬기는 신도들(Bakkhoi)에는 특히 여신도들(Bakkhai)이 많고, 이들은 또한 그 광신적인 행태 때문에 mainades(단수는 mainas이고, 그 뜻은 '광란하는 여자들'임)라고도 한다. 이들은 정상적인 일상생활의 틀을 벗어나 산야를 헤매며, 나르텍스(narthēx)라는 산형 화서(繖形花序) 식물로 만든 지팡이(thyrsos)를 꼭대기엔 솔방울을 달고 담쟁이덩굴이나 포도나뭇잎 덩굴 따위를 휘감아 갖고서는, 이를 휘두르며 노래하고 춤추고 다니며, 이아코스(Iakkhos: 디오니소스에 대한 주문적(呪文的) 외침인 호

534a

제정신인 상태에서는 이 짓을 하지 않소. 서정시인들의 혼도 같은 짓을 하는데, 이는 그들 스스로가 말하는 바요.[19] 물론 시인들이 우리에

칭)를 외치다가 신들린 상태(enthousiasmos)가 되면, 초인적 힘을 발휘하여 나무를 뿌리째로 뽑는가 하면, 들짐승들을 잡아 갈기갈기 찢어 날로 먹기도 했다. 이런 신들린 상태에 빠져듦으로써 현실의 온갖 질곡'에서 벗어나는' 엑스타시스(ekstasis = stepping-out-of)를 체험하게 되었다고 한다. 이런 체험을 통해서 일시적이나마 일종의 구원과도 같은 해방감(lysis, apallagē)을 누리게 되었던 것 같다. 이른바 디오니소스 밀교가 구원종교의 일종으로 여겨졌던 것도 그런 이유로 해서였다. 이와 관련해서 더 자세한 내용을 알고 싶은 독자는 졸저 《헬라스 사상의 심층》(18~21쪽)을 참조할 것.

19) 《파이드로스》 편(245a)에는 시인들이 시적 영감(epipnoia)에 힘입어 시를 짓는다고 해서 이를 일종의 광기(mania)의 소산으로 간주하는 언급이 보인다. "그것은 무사들(Mousai)에 의한 사로잡힘(katokōkhē)과 그 광기(mania)이다. 이것은 섬세하고 순결한 혼을 붙잡아 일깨워서 서정적 노래들 그리고 다른 형태의 시에 맞추어 박코스 신도 같은 열광 상태에 빠지게 하여, 옛사람들의 수도 없이 많은 행적들을 미화해서 후대의 사람들을 교육한다. 하지만 무사들이 내리는 광기 없이, 그러니까 시작(詩作) 기술로 충분히 시인이 될 것이라 믿고서, 시의 관문에 이르게 되는 자는 그 자신도 미완인 채로 또한 맨 정신인 그의 시도 광기를 갖게 된 자들의 시로 해서 빛을 보지 못하게 된다." Mousa(영어로는 Muse)에는 아홉 자매가 있어서, 곧잘 복수 형태(Mousai = Muses)로 불리는데, 이들은 제우스와 Mnēmosynē 사이에 난 딸들이라 한다. 시가와 춤 그리고 철학이나 천문학 등 모든 지적 탐구도 이들의 소관사이다. 시가 또는 음악을 의미하는 헬라스어 mousikē [tekhnē]는 Mousa가 관장하는 기예(技藝: tekhnē)라는 뜻이다. 아닌게아니라, 여기서도 말하고 있듯, 헬라스의 시인들은 자신들이 시를 짓게 되는 것을 Mousa에 의한 감흥으로 해서라고 여겼다. 호메로스의 《일리아스》 첫 줄은 이렇게 시작한다. "여신이시여(thea), 펠레우스의 아들 아킬레우스의 분노를 노래하소서." 이 여신은 무사 여신을 지칭한 것이다. 그의 《오디세이아》 첫머리 두 줄에서는 아예 무사(mousa)로 여신을 부르고, 무사가 이야길 들려줄 것을 청한다. "무사시여(mousa), 제게 이야기해 주소서. 트로이아의 신성한 도성을 함락

게 말하고 있기 때문이오. 그들은 무사 여신들의 어떤 화원들과 계곡 b
들에서 노래들을 따서 우리에게 날라다 준다는 거요. 마치 꿀벌들처
럼, 그들도 그처럼 날아서. 역시 그들은 진실을 말하고 있소. 실상 시
인은 날개가 달려 가볍고 성스러운 존재여서, 신들리고 제정신이 아
니며 더는 그 안에 지성이 자리를 잡고 있지 않은 상태[20]로 되기 전에
는 시를 지을 수가 없을 것이오. 그걸 소유물로 지니고 있는 한은, 사
람은 누구도 시를 지을 수가, 신탁의 예언을 노래할 수가 없소. 따라서
시인들이 사물들과 관련해서 많은 아름다운 것들을 짓고, 마치 그대가
호메로스와 관련해서 하듯, 말하는 것은 [전문적] 기술로 해서가 아니 c
라, 신적인 시혜[21]로 해서이기에, 각자가 훌륭하게 시를 지을 수 있는

케 하고서./ 오래도록 많이도 떠돈 다재다능한 그 사내를." 헤시오도스의 경우에도 이는 마찬가지이다. 그의 《일과 역일(曆日)》의 첫머리는 이렇게 시작한다. "노래들로 영광스럽도록 하시는 피에리아의 무사들이시여,/ 이리로 오셔서, 그대들의 아버지 제우스에 대해 말씀하시고, 찬미하소서." Pieria는 무사들이 자주 출몰했다는 곳으로 마케도니아 남서쪽에 있다. 그리고 그의 《신들의 계보》에서는 무사 여신들이 등장해서 노래하게 되는 모습을 10행까지 언급하고서는, 여신들이 다른 신들을 그리고 신들의 탄생을 노래하는 형태로 전개된다. 또한 30~34에서는 이 여신들이 월계수의 단단한 가지를 꺾어 자기에게 지팡이로 삼도록 주고서는 신이 내리는 말씀들을 제게 영감으로 불어넣었다(enepneusan)고 하며, 일어날 일들과 이전에 있었던 일들 그리고 축복받은 신들의 이야기를 노래하도록 일렀다고 한다.

20) 참고삼아 이 부분을 원문으로 밝히면 이렇다. "신들리고(entheos) 제정신이 아니며(ekphrōn = ek + phrēn; 정신 나간, 열광하며) 더는 그 안에 지성이 자리를 잡고 있지 않은 상태(ho nous mēketi en auto einai)." 그리고 ekphrōn(제 정신이 아닌, 정신 나간)의 반대어는 emphrōn(제정신인)이다. 곧 phrēn(심장, 마음, 정신, 분별, 생각)이 제자리에 있음과 없음을 나타내는 말이다.

21) 원어는 theia moira인데, '신적인 섭리'로도 번역되는 것으로서, 영어

534c

것은 무사 여신이 흥분케 한 대상에 대해서 뿐이오. 어떤 이는 디티람보스[22]들을, 어떤 이는 찬미의 노래들을, 어떤 이는 히포르케마[23]들을, 어떤 이는 서사시를, 어떤 이는 이암보스[24] 시들을 짓소. 그러나 이들은 저마다 다른 것들에는 변변치 못하오. 왜냐하면 이들이 시들을 언어로 표현하는 것은 [전문적] 기술로 해서가 아니라 신적인 힘[25]으로 해서이기 때문이오. 만약에 그들이 한 가지 것에 대해 [전문적] 기술로 해서 훌륭하게 말할 줄 알게 되었다면, 다른 것들 모두에 대해서도 그럴 줄 알았을 테니까요. 이런 이유로 신은 이들 시인들에게
d 서 지성을 빼앗아 버리고서는, 이들을 종들로, 신탁의 예언자들로 그리고 신적인 예언자들로 이용하는데, 이는 그걸 듣는 자들인 우리가 이처럼 큰 가치를 지닌 것들을 말하는 이들이, 지성이 빠져나간 상태인 자들이 아니라, 신 스스로가 말하는 이이며, 이들을 통해 그가 우리에게 음성을 전달하고 있다는 걸 우리가 알도록 하려 해서였소. 이 주장에 대한 가장 큰 증거는 칼키스 사람 티니코스[26]인데, 이 사람은

로는 divine dispensation으로 번역하는 것이니, 우리가 흔히 말하는 '하늘의 뜻' 또는 '천행(天幸: hermaion)'으로 이해해도 될 것이다. 이 표현은 《소크라테스의 변론》 편(33c), 《메논》 편(99e), 《파이드로스》 편(244c) 등에도 보인다.

22) 《고르기아스》 편 501e의 해당 각주를 참조할 것.

23) 원어는 hyporkhēma인데, 춤과 무언극 동작이 동반되는 노래를 뜻한다.

24) iambos는 ∪–(단장) 운율의 시를 지칭한다. Arkhilokhos가 그 대표적인 시인이다.

25) 원어는 theia dynamis이다.

26) Tynnikhos는 기원전 5세기 초(?)의 Khalkis의 시인이지만, 달리 알려진 바가 없다. 전하는 이야기로는 아이스킬로스가 파이안을 지어 달라는 부탁을 받고서, 이를 거절한 이유는 티니코스와 겨룰 만큼 훌륭한 걸 지을 수 없다고 해서였다고 한다. 칼키스는 Attikē 동쪽의 해안을 마주하고

534d

누군가가 언급할 만한 다른 아무런 시도 결코 지은 적이 없지만, 모
두가 노래하는 파이안[27]으로서 무릇 노래들 중에서도 가장 아름다운
것, 바로 그걸 그가 말했는데, 그건 단순히 "무사 여신들이 지은 것이
야"[28] 한 것이오. 그야 이것에서 무엇보다도 신이 우리가 의아해하는 e
일이 없도록 이 점을 우리에게 밝히어 보여 주는 것으로 내게는 생각
되기 때문이오. 곧, 이들 아름다운 시들은 인간에 맞는 것들도 아니며
인간들의 것들도 아니고, 신에 맞는 신들의 것들이거니와, 시인들은
신들의 해설자들로서, 저마다 어느 신에건 신에게 사로잡힌 거죠. 이
를 보여 주느라고 신은 일부러 가장 하찮은 시인을 통해서 가장 아름
다운 노래를 불렀소. 혹시, 이온, 그대에게는 내가 진실을 말하고 있 535a
지 않은 걸로 생각되오?

이온: 맹세코, 아닙니다. 어쨌든 제게는 그리 생각됩니다. 그 말씀으로 해서 제 혼이 어떤 식으로건 감동을 받았으니까요, 소크라테스님! 또한 훌륭한 시인들이 우리에게 시들을 해설하게 되는 것이 신들

길게 뻗은 섬 에우보이아(Euboia)에 있었던 한 나라였다.

27) 원어는 paiōn 또는 paian(복수는 paiōnes 또는 paianes이며, 영어로는 paean임)이다. 고유 명사로서의 Paian 또는 Paiōn은 병을 치료해 주는 신을 지칭했으나, 나중에는 아폴론과 의신 아스클레피오스(Asklēpios)를 주로 지칭했다. 노래로서의 '파이온' 또는 '파이안'은 이들 신들에게 바쳐진 노래이다. 질병이나 역병 등의 나쁜 일들에서 구원해 주고 무사하게 된 데 대해 특히 아폴론에게 감사하는 노래이다. 물론 그 대상이 되는 신은 아폴론만은 아니다. 이를테면, 지진에서 살아남은 뒤에 포세이돈(Poseidōn)에게 감사하는 경우다.

28) 원어는 "heurēma ti Moisan."이다. 여기서 '지은 것'으로 옮긴 heurēma는 영어로는 invention, godsend를 뜻한다. 곧 어떤 시인이 지은 것이 아니라, 무사 여신들이 그런 감흥을 주어 시인으로 하여금 그대로 언어로 표현케 했다는 뜻으로 하는 말이겠다.

535a

쪽에서의 신적인 시혜(섭리)로 인한 것이라 제게는 생각되는군요.

소크라테스: 그러니까 그대들 음송인들은 다시 시인들의 시들을 해설하는 거고요?

이온: 이 또한 선생님께서 진실을 말씀하시는 겁니다.

소크라테스: 그러니까 그대들은 해설자들의 해설자들이 된 게 아닌가요?

이온: 전적으로 그러네요.

b 소크라테스: 잠깐, 이온! 내게 이를 말해 주오. 내가 그대에게 뭘 묻건, 숨기지 않도록 해 주오. 그대가 서사시를 훌륭하게 음송하며 관중들[29]을 특히 놀라게 할 때, 오디세우스가 문지방으로 뛰어올라, 구혼자들에게 자신을 드러내보이게 되며, 발 앞에 화살들을 쏟아 놓는 오디세우스[30]를 노래할 때나, 헥토르에게 돌진하는 아킬레우스[31]나, 또는 안드로마케나 헤카베나 프리아모스에 대해 뭔가 동정하면서 노래할 때,[32] 그때 그대는 제정신인 상태인가요, 아니면 넋이 나간 상태

c 가 되어, 그대의 신들린 상태인 혼이 일어난 일들의 곁에 있는 것으로

---

29) '관람하는 청중'이 더 정확한 표현이겠다.

30) 《오디세이아》 22. 2~4. 오디세우스가, 35~41에서 마침내 자신의 정체를 드러내기 직전에, 제 아내를 괴롭히던 구혼자들을 홀로 모두 모이게 한 뒤에, 자기만이 다룰 수 있는 활에 시위를 얹어 바야흐로 그들을 향해 쏘기 위한 준비를 하는 장면이다.

31) 마치 먹이를 낚아채려는 독수리처럼 덤벼드는 헥토르와 그를 향해 돌진하는 아킬레우스의 장면이다. 《일리아스》 22. 312 전후.

32) Hektōr의 아내 Andromakhē가 슬퍼하는 장면은 《일리아스》 6. 372~502, 22. 437~515, 24. 723~746에 보이며, 트로이아의 왕 Priamos의 아내 Hekabē가 슬퍼하는 장면은 같은 책, 22. 79~89, 430~436, 24. 747~760에, 그리고 프리아모스가 슬퍼하는 장면은 같은 책, 22. 33~78, 408~428, 24. 160~717에 보인다.

535c

생각하는지, 그래서 그들이 이타케[33]에 있거나 또는 트로이아에 있거나 또는 그 서사시들의 장면들이 어떻게 전개되건 간에 말이오?

이온: 소크라테스 님, 어쩌면 그리도 또렷하게 그 증거를 제게 말씀해 주시는지! 저는 선생님께 숨김없이 말할 것입니다. 사실 제가 슬픈 일을 말할 때는, 울어서 제 두 눈은 눈물로 그득하답니다. 또한 두렵거나 섬뜩할 때는, 두려움으로 해서 머리카락이 쭈뼛이 서고 심장이 뜁니다.

소크라테스: 왜 그렇겠소? 이온, 이런 경우에 이 사람을 우리가 제 d
정신인 걸로 말하겠소? 다채로운 옷차림과 황금 관으로 성장을 하고서는 제례와 축제에서, 그걸 전혀 망가뜨리지도 않았는데도, 통곡을 한다면, 또는 2만 명[34] 이상의 친근한 사람들 앞에 서서는 아무도 그의 옷을 벗기거나 해치지 않는데도 무서워한다면 말이오.

이온: 단연코 아닙니다. 전혀 아닙니다, 소크라테스 님! 진실을 말할진대.

소크라테스: 그러니까 그대는 알고 있겠소 그려? 그대들이 관중들 중의 많은 이들에게 똑같은 작용을 미치고 있다는 걸.

이온: 그 또한 아주 익히 알고 있습니다. 제가 매번 이들이 울며 겁 e
에 질려 있는 걸 그리고 말하는 대사들에 덩달아 놀라는 걸 위쪽 연단에서 내려다보고 있으니까요. 실은 저 또한 이들에게 몹시 신경을 써야만 합니다. 이들을 내가 울게 만들면, 제 자신이 돈을 받게 되어 웃게 되겠지만, 이들을 웃게 만들 경우에는, 제 자신은 돈을 잃게 되어 울게 될 테니까요.

---

33) Ithakē는 오디세우스의 고향으로 헬라스의 서쪽에서는 제일 큰 섬인 Kephallēnia의 오른쪽 상단에 인접한 섬인 왕국이었다.

34) 관람객들을 말한다.

535e

소크라테스: 그렇다면 이 관객이 내가 헤라클레스의 돌에 의해 서
로에게서 힘을 얻어 갖게 되는 걸로 말한 그 반지들에서 최종자라는
걸 그대는 알고 있소? 반면에 그 중간자가 그대 음송인과 배우이고,
536a 최초인 자가 시인 자신이오. 그러나 신은 이들 모두를 관통해서 사람
들의 혼을 자신이 원하는 데로 이끌고 가는데, 서로가 그 힘을 의존하
는 상태로요. 또한 그 돌(자석)에서 시작되듯, 합창 가무단과 그 선생
들 그리고 조교들의 아주 큰 사슬이 연결되어 있는데, 이는 무사 여신
에 매달린 반지들에 옆으로 연결되어 있소. 그리고 시인들 중에서도
한 시인은 다른 무사에 연결되어 있고, 다른 시인은 다른 무사에 연결
되어 있는데, 이를 우리는 영감에 사로잡힌다고 하지만, 비슷한 표현
b 이오. 왜냐하면 붙잡힌 것이기 때문이오. 한데 이들 첫 반지들, 곧 시
인들에 저들 나름으로 연결되어 있어서, 신들린 상태가 되어 있는 것
이오. 더러는 오르페우스에, 더러는 무사이오스[35]에 연결되어 있는
것이오. 그러나 많이는 호메로스에 사로잡혀 있거나 붙잡혀 있소. 이
온, 그대는 그들 중의 한 사람이며 호메로스에 사로잡혀 있소. 그래
서 누군가가 다른 시인을 노래할 때는, 그대는 잠을 자며 무슨 말을
할지 당황스러워하오. 그러나 누군가가 이 시인의 노랫가락을 터뜨
리기라도 하면, 그대는 바로 깨어나고 그대의 혼은 춤을 추거니와 할
c 말이 많아지죠. 그대가 호메로스에 대해서 하는 말을 하게 되는 것은

35) Mousaios는 달의 여신 셀레네(Selēnē)의 아들이라고도 하며, 전설적인 시인 및 가인(歌人)으로, 그리고 오르페우스의 제자 또는 동료로 알려져 온다. 그 때문에, 여기서처럼, 오르페우스와 무사이오스는 오르페우스 교리를 대표하는 인물들로 곧잘 짝지어지기도 한다(《국가》 편 364e 참조). 그의 아들로 알려져 있는 에우몰포스(Eumolpos) 역시 전설적 인물로 엘레우시스(Eleusis) 비교(秘教)의 창시자이고, 그의 후손들은 이 종교의 제관(祭官)들이었다.

536c
전문적인 기술이나 지식으로 해서가 아니라, 신적인 시혜와 [영감에]
사로잡힘[36]으로 해서이기 때문이오. 마치 코리반테스의 의식을 치르
는 사람들[37]이 자신들이 사로잡힌 상태로 있게 하는 그 신에 속하는
노랫가락만을 민감하게 감지하며, 그 가락에 맞춘 춤 동작과 말에는
막힘이 없지만, 다른 것들에 대해서는 관심도 없듯이 말이오. 아, 이
온, 그대도 이처럼 누군가가 호메로스에 대해 언급하게 될 땐, 그대는
할 말이 많지만, 다른 사람들에 대해선 당혹스러워하오. 그대가 내게
묻는 바로서, 무엇 때문에 그대가 호메로스에 대해서는 할 말이 많지 d
만, 다른 사람들에 대해서는 그렇지 못한지에 대한 원인은 그대가 호
메로스의 대단한 예찬자인 것이 [전문적] 기술로 해서가 아니라 신적
인 시혜로 해서라는 점이오.

이온: 선생님께선 훌륭히 말씀하십니다, 소크라테스 님! 그렇지만, 선생님께서 제가 [영감에] 사로잡혀 광기 상태에서 호메로스를 예찬하는 것이라는 걸 제게 납득시킬 수 있을 만큼 그처럼 훌륭히 말씀하신다면, 제가 놀라겠지요. 하지만, 만약에 선생님께서 제가 호메로스에 대해서 말하는 걸 들으신다면, 제가 선생님께 그리 생각되시지 않을 것이라 저는 생각합니다.

소크라테스: 그렇더라도 나도 듣고 싶소. 하지만 먼저 이에 대해 내
게 대답하기 전에는 아니오. 호메로스가 말하는 것들 중에서 무엇에 e
대해서 그대가 훌륭하게 말하오? 어쨌든 모두에 대해서 그렇지는 않
을 게 명백할 테니까.

이온: 잘 알아 두십시오, 소크라테스 님! 무엇에 대해서고 그러지

36) 원어는 katokōkhē이다.
37) 533e에서 해당 각주 참조.

536e

못하는 건 없습니다.

소크라테스: 그대가 알지 못하는 것들에 대해서야 그러지 못할 게 확실하잖소? 호메로스야 말하지만.

이온: 한데, 호메로스가 말하지만, 제가 모르는 것들, 그게 어떤 것들인가요?

537a 소크라테스: 기술들에 대해서도 호메로스는 분명히 여러 군데서 많은 걸 말하고 있지 않소? 이를테면, 전차 몰기와 관련해서도. 그 서사시 대목을 내가 기억하고 있다면, 내가 그대에게 말하겠소만.

이온: 그야 제가 말하죠. 제가 기억하고 있으니까요.

소크라테스: 그러면 내게 말해 주구려. 네스토르가 아들 안티로코스에게 파트로클로스를 위한 전차 경주에서 반환점과 관련해서 조심하도록 일러 주느라 하는 말을.

이온: 그는 이렇게 말합니다.

비스듬히 기대듯 해라, 너 자신도. 반들반들한 좌석 칸에서
b 가볍게 그것들의 왼쪽으로. 하지만 오른쪽 말엔
소릴 지르며 박차로 차되, 두 손으론 고삐를 늦춰라.
반환점에선 네 왼쪽 말이 그걸 건드리듯 해라.
잘 만들어진 바퀴의 통이 바로 그 끝에 이르도록.
허나 돌을 건드리는 건 피해라.[38)]

38) 《일리아스》 23. 335~340. 아킬레우스가 둘도 없는 막역한 친구 파트로클로스를 죽인 헥토르를 죽인 다음, 그 혼백을 위로하기 위해 상을 걸고 전차 경주 대회를 갖게 되어 벌어지는 장면의 일부이다. 여기서 '돌'(340행)은 경주 코스의 반환점으로 놓인 두 개의 흰 돌(329행) 중의 하나를 가리킨다. 여기에 인용된 335행에서 '반들반들한 좌석 칸에서'의

소크라테스: 충분하오. 그러면, 이온, 호메로스가 이 서사시를 옳게 c
말하고 있는지 아니면 그렇지 않은지, 이를 의사 또는 전차를 모는 자 중에서 어느 쪽이 더 잘 알겠소?

이온: 전차를 모는 자인 게 틀림없습니다.

소크라테스: 그가 이 기술을 가져서인가요 아니면 다른 어떤 점에 선가요?

이온: 아닙니다, 그가 그 기술을 가져섭니다.

소크라테스: 그러니까 기술들 각각에는 그것에 의해서만 알 수 있게 하는 어떤 기능이 신에 의해서 주어지는 게 아니겠소? 조타술에 의해서 우리가 아는 것을 의술에 의해서도 우리가 알게 되지는 않을 것이기 때문이오.

이온: 확실히 아닙니다.

소크라테스: 의술에 의해서 아는 것들, 이것들을 목공술에 의해서도 알게 되지는 않을 것이오.

이온: 확실히 아닙니다.

소크라테스: 그러니까 이처럼 모든 기술과 관련해서도, 다른 기술 d
에 의해서 우리가 아는 것들을, 그것과는 또 다른 기술에 의해서 우리가 알게 되는 건 아니겠죠? 그러나, 그것에 대해 대답하기 전에 이걸 먼저 대답해 주오. 기술은 각기 다른 것이라 그대는 말하오?

'반들반들한' 의 원문 euxestọ̄는 오늘날 전하는 호메로스 텍스트들에서는 euplektọ̄(술 장식이 잘된)로 되어 있다. 따라서 이 텍스트들에 의하면, 이 부분은 '술 장식이 잘된 좌석 칸에서' 가 되겠다. 그리고 337행의 '박차로 차다' 의 원문은 kensai(kenteō의 aorist infinitive: 부정법 명령)인데, 이는 말의 속도를 급격히 높이기 위해서 박차(kentron)로 말의 배를 차는 행위를 뜻한다.

537d

이온: 네.

소크라테스: 그러면 내가 그리 판단하는 것처럼, 대상들이 다르면, 그 지식도 다르듯, 이처럼 기술도 각기 다른 것으로 내가 일컫는 것은 각기 다른 것인데, 이는 그대의 경우에도 그러한지?

e 이온: 네.

소크라테스: 짐작건대, 실인즉 만약에 어떤 지식이 같은 대상들에 대한 것이라면, 왜 이걸 우리가 서로 다른 것이라 말하겠소? 양쪽에서 우리가 알게 되는 것이 적어도 같은 것이라면 말이오? 마치 이 손가락들이 다섯이라는 걸 내가 알고 있듯, 그대도, 나처럼, 이것들에 대해 같은 것들을 알고 있소. 그리고 만약에 우리가 같은 기술인 산술에 의해서 같은 것들을 나와 그대가 아는 것인지 아니면 다른 기술에 의해 그러는 것인지를 내가 그대에게 묻는다면, 그대는 같은 것에 의해서라고 말할 게 틀림없소.

이온: 네.

538a 소크라테스: 그러므로 방금 내가 그대에게 물으려 했던 것인데, 지금 대답해 주오. 모든 기술의 경우에 그대에겐 이렇게 생각되는지. 곧, 같은 것들은 같은 기술에 의해서 알게 되나, 같지 않은 것들은 다른 기술에 의해 알게 되는 게 필연적이지만, 만약에 그게 다른 기술이라면, 다른 것들을 알게 되는 게 필연적이라고.

이온: 제겐 그렇게 생각됩니다, 소크라테스 님!

소크라테스: 그렇다면 누구든 어떤 특정 기술을 갖고 있지 않다면, 그 기술에서 말하게 되는 것들이나 행하여지는 것들을 훌륭히 알게 될 수는 없지 않겠소?

b 이온: 진실을 말씀하십니다.

소크라테스: 그러면 그대가 말한 서사시 구절과 관련해서 호메로스

가 훌륭하게 말하고 있는지 또는 그렇지 못한지를 더 훌륭하게 아는 쪽은 그대이겠소 전차를 모는 자이겠소?

이온: 전차를 모는 자입니다.

소크라테스: 그대는 음송인이지 전차를 모는 자가 아니겠기 때문이오.

이온: 네.

소크라테스: 한데, 음송 기술은 전차몰이 기술과는 다른 것이오?

이온: 네.

소크라테스: 정녕 그게 다른 것이라면, 그 지식 또한 다른 것들에 대한 것이겠소.

이온: 네.

소크라테스: 그런데 어떻소? 부상을 입은 마카온에게 네스토르의 첩 헤카메데가 키케온을 마시도록 주는[39] 걸로 호메로스가 말할 때는. 그는 대강 이렇게 말하오. c

39) kykeōn은 프라므노스 포도주(Pramneios oinos)에 염소 치즈를 강판에 갈아서 넣고 그 위에 흰 보릿가루를 뿌려 만든 음료인데, 이에다 꿀을 섞을 경우도 있다고 한다. 이 포도주는 검은 빛깔의 짙고 화끈한 맛을 지닌 것이라 하는데, 그 원료인 포도 자체가 건포도 비슷한 상태의 것이었던 것 같다. Pramnos 또는 Pramnē는 에게해의 키클라데스 군도와 사모스섬 사이에 있는 이카로스섬에 있는 산이라고도 하나, 이 이름을 가진 산은 여러 지역에 있었던 걸로도 전한다. 그리고 이 포도주는 소아시아의 에페소스 근방에서 유래했다고도 한다. 그런데 이런 알코올 성분은 부상을 입은 사람에겐 상처를 덧나게 할 수도 있었겠지만, 예사롭게 쓴 건 아닌 것 같다. 그러기에 엘레우시 비교의 성지(《고르기아스》 편 493a의 해당 각주 참조)로 가는 사람들이 미리 이 음료를 마셨다고도 한다. 이와 관련해서는 C. Kerényi, *Eleusis*(Princeton, 1991)의 부록 I을 참조할 것. 이 키케온 음료에 대해서는 《국가(정체)》 편 408b에서도 언급되고 있다.

538c

프라므노스 포도주 위에 청동 강판으로 간
염소 치즈를 넣었다. 마실 것에는 풍미로 양파를 곁들이고.[40)]

이것들을 호메로스가 옳게 말하는지 그렇지 않은지를 훌륭하게 판별하는 것은 의술에 속하오 아니면 음송 기술에 속하오?

이온: 의술에 속합니다.

소크라테스: 그럼, 어떻소? 호메로스가 이 말을 할 경우에는.

d 여신은 납 봉돌처럼 바다 깊숙이 돌진했다.
그게 들소 뿔 아래에서 제 자리를 지키며
사나운 물고기들에게 재앙을 가져다주듯.[41)]

---

40) 《일리아스》 11. 639~640. 640행 끝 쪽의 "마실 것에는 풍미로 양파를 곁들이고."는 오늘날의 《일리아스》 텍스트에서는 "그 위에다는 흰 보릿가루를 뿌렸다."로 되어 있다. 이 시구와 관련된 전후의 장면은 596~652이다. Makhaōn은 의신 아스클레피오스의 아들이다. 의관으로 참전한 셈이다.

41) 《일리아스》 24. 80~83. 역시 오늘날의 텍스트와는 각 행에 한 단어씩이 다르다. 이 시구는 아킬레우스가 헥토르의 시신을 아버지 프리아모스에게 내주지 않고, 몇 번이고 파트로클로스의 무덤가로 끌고 돌면서 욕보이는 걸 보다 보다 견디기 힘들어진 신들이 제우스에게 탄원해서, 그 어머니이며 바다의 요정인 Thetis를 데려와 그를 설득하기 위해, 테티스에게로 신들의 사자인 Iris를 보내게 된 장면을 보여 주는 것이다. 먼저 이리스가 재빨리 바다로 잠수하는 장면을 마치 낚싯줄에 매단 납 봉돌이 그 무게로 낚시와 낚싯줄을 끌어당기며 바다 깊숙이 잠기는 장면에다 비유하고 있는 것이다. 그런데 '들소 뿔 아래에서 제 자리를 지키며'는 아마도 사나운 물고기가 미끼는 물지 않고 봉돌과 함께 낚싯줄을 쉽게 끊어버리지 못하게 들소 뿔로 보호 장치를 했던 걸로 추정된다.

538d

그가 뭘 말하고 있는지 그리고 그가 말하는 것들이 훌륭하게 말하는 것인지 아니면 그렇지 못한지, 이를 판단하는 것은 음송의 기술보다는 낚시 기술 쪽에 속하는 것이라고 우리는 주장하겠소?

이온: 그야 낚시 기술에 속하는 게 명백합니다, 소크라테스 님!

소크라테스: 그러면 그대가 내게 질문을 할 경우, 내게 이렇게 묻는다고 상정해 보오. "그렇다면, 소크라테스여, 당신은 호메로스에서 e
의 이들 기술들 각각이 판별하기에 적절한 것들을 찾아내니, 자, 예언자와 예언술에 속하는 것들을 찾아 주시오. 어떤 것들이 잘 또는 잘못 지어졌는지를 그로서 구별할 수 있기에 적절한 것들인지를." 얼마나 쉽게 그리고 참된 대답을 내가 그대에게 하는지 지켜보시오. 그는 여러 군데서 그리고 《오디세이아》에서도 말하고 있기 때문이오. 이를테면, 멜람푸스 가문의 예언자인 테오클리메노스[42)]가 구혼자들을 향해 말하는 것들과 같은 것이오.

딱한 자들이여, 왜들 이 몹쓸 일을 겪고 있소? 밤[의 어둠]으로 539a
그대들의 머리와 얼굴 그리고 그 아래로 관절들이 감싸여 있소만,
비통한 울음이 터지고, 뺨은 눈물로 젖었으니.

---

42) Melampous는 이른바 Melampodidai(멜람푸스 가문)를 이룬 예언자 일가의 선조이다. 전설에 의하면, 그의 집 하인들이 죽인 뱀들의 어린 새끼들을 그가 돌보아 주었더니, 이것들이 어느 날 잠들어 있는 그의 귀를 핥아 주었는데, 그 이후로 뱀이나 맹금류의 말을 그가 알아듣게 되었다 한다. 심지어는 나무에 구멍을 내는 벌레가 감옥의 지붕이 무너질 것임을 알리는 걸 그가 알아듣고, 그 예언을 했다고도 한다. Theoklymenos는 그의 자손이다. 이 사람은 아로고스에서 친척 한 사람을 살해하고서는 그 보복을 피해, 필로스로 도망해 와 있다가, 오디세우스의 소식을 수소문하느라 그곳에 온 그의 아들 Tēlemakhos를 꼬드겨, 그가 이타케로 돌아갈 때, 자신을 동행케 했던 탓으로 이런 예언을 할 수 있게 된 것이다.

539a

문 앞이 유령들로 가득하고, 뜰 또한 가득하네.
저녁의 어둠이 내려, 에레보스[43]로 서둘러 가고 있네. 해는
b 하늘에서 완전히 사라지고, 고약한 안개가 퍼졌네.[44]

《일리아스》에서도 여러 군데서 그래요. 이를테면, 성벽 싸움에서요. 여기에서 그는 말하오.

[참호를] 건너려 꾀하는 그들에게로 새가 날아와서다.
높이 나는 독수리가 군사들 왼쪽으로 질러갔다.
c 피로 물든 커다란 뱀을 발톱으로 낚아채고서,
살아 있어서 아직도 굼틀거리는 걸. 놈은 조금도 싸움을 잊어 먹지 않았다.
실은 저를 잡아채고 있는 새의 목 옆 가슴을 물었다.
제 몸을 뒤쪽으로 구부리고선. 새는 놈을 제게서 땅으로 떨어트렸는데,
고통으로 괴로워서였다. 군사들 한가운데로 내리 던진 것이다.
d 그리고선 신음소리 내며 바람결을 타고 날아갔다.[45]

---

43) Erebos는 지상에서 저승으로 가는 사이의 어둠의 통로를 지칭한다.

44) 《오디세이아》 20. 351~357. 여기에서는 354행이 통째로 빠져 있고, 351~352행에서 역시 오늘날 전하는 텍스트와는 한 단어씩이 다르다. 351행 첫머리의 a deilioi(아, 불쌍한 자들이여!)를 대신하는 daimonioi는 빈정대는 투의 뜻으로 해석했다. 이 장면은 오디세우스가 아들 텔레마코스의 도움을 받으며 페넬로페의 구혼자들에게 바야흐로 무서운 복수를 시작하기 직전의 예언 장면이다.

45) 《일리아스》 12. 200~207. 참호를 넘어 적의 함선들을 파괴하려는 트로이아의 군사들 머리 위 왼쪽으로 독수리가 날아가는 것도 불길하지만, 그 발톱으로 뱀을 낚아챈 상태로 날아가다가 그것마저 떨어트린다는 것

539d

이것들 그리고 이와 같은 것들이 예언자가 검토하고 판단하기에 적합한 것들이라 나는 말하오.

이온: 선생님께서 말씀하시는 건 어쨌든 진실입니다, 소크라테스 님!

소크라테스: 이온, 그대가 말하는 이것들도 어쨌든 진실이오. 자, 그러면 그대도, 내가 《오디세이아》에서 그리고 《일리아스》에서 어떤 종류의 것들이 예언자에 속하는 것들이고, 어떤 종류의 것들이 의사에 속하는 것들이며, 또한 어떤 종류의 것들이 낚시꾼에 속하는 것들인지를 그대에게 골라내 주었듯, 이처럼 그대도 내게 골라내 주시오. e
그대는 나보다 호메로스의 시들에 대해서는 더 친숙하기도 하겠기 때문이니, 어떤 종류의 것들이 음송인에 속하는 것들이며, 이온, 또한 음송 기술에 속하는 것들인지도, 다른 사람들에 비해 음송인이 고찰하고 구별하기에 적합한 것들을 말이오.

이온: 제 대답은 "그 모두입니다", 소크라테스 님!

소크라테스: 이온, 정작 "그것들 모두"를 그대가 말하고 있는 건 아닐 것이오, 이온! 혹시 그대가 그리도 잊길 잘하오? 그렇지만 음송하는 사람이 잘 잊는다는 것은 어쨌든 어울리지가 않을 것이오.

이온: 그렇지만 왜 제가 잘 잊는다는 거죠? 540a

소크라테스: 음송 기술은 전차를 모는 기술과 다른 것이라고 그대가 말했다는 걸 기억하지 못하오?

이온: 기억하죠.

소크라테스: 그러니까 다른 것이면 다른 걸 알게 된다고 그대가 동의하지 않았소?

은 더더욱 불길한 징조가 되겠다.

540a

이온: 그랬죠.

소크라테스: 그렇다면 그대의 주장에 따르진대 음송 기술도 음송인도 모든 걸 알게 되는 건 어쨌든 아니겠소.

이온: 아마도 그와 같은 것들은 제외하고서겠죠, 소크라테스 님!

b 소크라테스: '그와 같은 것들'이란 대강 다른 기술들에 속하는 것들을 제외한 것들을 말하는 거겠소. 모두는 아니니, 바로 어떤 종류의 것들을 그가 알게 되겠소?

이온: 제가 생각하기로는, 남자가 말하기에 적절한 것들과 여자가 말하기에 적절한 그런 종류의 것들, 노예에게 그런 것들과 자유인에 그런 것들, 또한 통솔자에게 그런 것들과 따르는 자에게 그런 것들입니다.

소크라테스: 그러면 바다에서 폭풍우를 만난 배의 통솔자에게는 어떤 종류의 것들을 말하는 게 적절한지를 음송인이 조타수보다도 더 잘 알게 될 것이라고 그대는 말하고 있는 것이오?

이온: 아닙니다. 그거야 조타수가 더 잘 알게 되겠죠.

c 소크라테스: 그러나 환자의 통솔자로서는 어떤 종류의 것들을 말하는 게 적절한지를 음송인이 의사보다도 더 잘 알게 되겠소?

이온: 그것 또한 아닙니다.

소크라테스: 그러나 노예가 어떤 걸 말하는 게 적절한지는 음송인이 알게 될 것이라고 그대는 말하고 있는 것이오?

이온: 네.

소크라테스: 이를테면, 소 치는 노예가 사나워진 소들을 진정시키면서 말하기에 적절한 것들을 음송인은 알게 되겠지만, 소 치는 사람은 그러지 못한다고 그대는 말하는 것이오?

이온: 분명히 그건 아닙니다.

소크라테스: 그러나 양모 작업과 관련해서 실 잣는 여인이 말하기

540c

에 적절한 그런 것들은?

이온: 그건 아닙니다. d

소크라테스: 그러면 남자가 장군으로서 병사들에게 권고할 때 말하기에 적절한 것 그런 것들은 그가 알게 되겠소?

이온: 네, 그와 같은 것들은 음송인이 알게 될 것입니다.

소크라테스: 어떻소? 음송 기술이 장군의 용병술이오?

이온: 어쨌든 장군이 어떤 것들을 말하는 게 적절한지는 제가 알고 있겠죠.

소크라테스: 아마도 그대가 장군의 소양 또한 있어서겠소, 이온!
그리고 만약에 그대가 말을 모는 데도 익숙하고 동시에 키타라를 탄
주하는 데도 익숙하다면, 말들을 잘 몰고 있는지와 잘못 몰고 있는지
를 그대는 알 것이기 때문인데, 가령 내가 그대에게 묻는다고 해요. e
"이온, 말들을 잘 몰고 있는지를 그대가 아는 것은 무슨 기술에 의해
서요? 그대가 말을 모는 사람인 한에선가요[46] 또는 키타라 탄주자인
한에서인가요?" 하고. 그대는 내게 뭐라 대답하겠소?

이온: "말을 모는 사람인 한에서"라고 저는 대답할 것입니다.

소크라테스: 그러니까 키타라를 잘 탄주하는 사람들을 그대가 판별했다면, 그대는 동의할 것이오. 그대가 키타라 탄주자로서, 이 기술에 의해서 판별한 것이지, 말을 모는 사람으로서는 아니라고.

이온: 네.

소크라테스: 그대가 군사(軍事)를 알기 때문인데, 그대가 이를 아는 것은 그대가 장군의 소양이 있어서인가요 아니면 훌륭한 음송인이

---

46) '…인 한에서'는 줄여서 '…으로서'로 이해해도 되는 표현이다. 헬라스어 ᾗ는 영어로 [in so far] as에 해당한다.

서인가요?

이온: 제게는 아무런 차이가 없는 걸로 생각됩니다.

541a 소크라테스: 어떻게 그럴 수 있소? 아무런 차이가 없다는 게요? 음
송 기술과 장군의 지휘술이 한 가지라는 거요 두 가지라는 거요?

이온: 제게는 한 가지로 생각되네요.

소크라테스: 그렇다면 누구든 훌륭한 음송인이라면, 이 사람은 훌륭한 장군이기도 하오?

이온: 물론입니다, 소크라테스 님!

소크라테스: 그러니까 누구든 훌륭한 장군이면, 그는 훌륭한 음송인이기도 하겠소.

이온: 그 경우는 아닌 것으로 제게는 생각됩니다.

소크라테스: 그렇지만 누구든 훌륭한 음송인이면, 훌륭한 장군이기
b 도 한 것으로 그대에게는 생각되오?

이온: 물론입니다.

소크라테스: 그러니까 그대는 헬라스인들 중에서 가장 훌륭한 음송인이 아니오?

이온: 아주 그렇죠, 소크라테스 님!

소크라테스: 이온, 그대는 장군으로서도 헬라스인들 중에서 가장 훌륭하오?

이온: 잘 알아 두십시오, 소크라테스 님! 이것들 또한 호메로스에게서 배웠죠.

소크라테스: 그러면, 신들에 맹세코, 이온, 도대체 왜 그대는 양 쪽
다, 곧 장군으로서도 음송인으로서도, 헬라스인들 중에서 가장 훌륭
하면서도, 돌아다니면서 헬라스인들에게 음송은 하면서도, 장군으로
c 서는 활동을 하지 않소? 혹시 헬라스인들에게 금관을 쓴 음송인의 필

요성은 크나, 장군의 필요성은 전혀 없어서라고 그대에게는 생각되기라도 하오?

이온: 소크라테스 님, 그야 우리 나라는 여러분들에 의해 다스려지고 군사들의 지휘도 받기에,[47] 장군이 전혀 필요 없지만, 여러분의 나라와 라케다이몬인들의 나라는 저를 장군으로 뽑지도 않을 거고요. 여러분들은 자신들이 능히 할 수 있다고 생각하기 때문이죠.

소크라테스: 아, 이온! 그대는 키지코스 사람 아폴로도로스[48]를 모르오?

이온: 그가 뭐하는 사람인데요?

소크라테스: 다른 나라 사람인데도 아테네인들이 자주 자신들의 장군으로 뽑았던 사람이오. 또한 안드로스 사람 파노스테네스와 클라조 d
메나이 사람 헤라클레이데스[49]를, 이들이 다른 나라 사람들인데도,

---

47) 에페소스는 코드로스(Kodros) 왕의 아들 안드로클로스(Androklos)가 이끈 아테네의 이주민들이 세운 나라로서, 이오니아 지역의 나라들을 속국화한 페르시아가 아테네에 패한 뒤로는 아테네가 주도하는 델로스 동맹의 일원이었다. 이 대화편의 설정 시기인 412년 무렵에는 이에서 탈퇴하고서, 얼마 동안은 스파르타의 편을 들기도 했다. 에페소스에 대해서는 이온에 관련된 대화자 소개글을 참조할 것.

48) Kyzykos 사람으로서의 Apollodōros에 대해서는 달리 알려진 바가 없다. 키지코스(영어 표기로는 Cyzicus)는 흑해(Pontos)로 진입하기 전의 바다(Propontis = 오늘날의 터키 Marmara해) 남쪽 해안 지대에 역삼각형 비슷하게 생긴 갑의 잘록한 목에 해당하는 곳에 위치한 나라였다.

49) Andros에 있던 Konōn을 아테네가 에페소스 북쪽의 Notion으로 급파하면서, 대신 네 척의 함선과 함께 안드로스 사람 Phanosthenēs를 보냈다(크세노폰의 《헬레니카》 I. 5. 16~20에 그와 관련된 언급이 나온다). 안드로스는 키클라데스 군도 중에서 동쪽 북단에 위치한 섬으로서, 에우보이아 섬의 남단과 마주하고 있다. Klazomenai 사람 Hērakleidēs에 대해서는 달리 알려진 바는 없고, 아리스토텔레스의 《아테네의 나라체제》 41 끝 쪽에 민회에 참석한 사람들에게 주는 수당을 "왕이라는 별명으로

541d

이 나라가 주목할 만한 사람들임을 보여 준 이들을 장군직 및 다른 관직들에도 기용해요. 그러니 에페소스 사람인 이온이 주목할 만한 사람이라고 판단된다면, 그를 장군으로 뽑고, 명예롭게 하지 않겠소? 어떻소? 에페소스 사람들은 옛날부터 아테네인들이 아니었소, 또한
e 에페소스는 어느 나라에 비해서도 작은 나라가 아니지 않소? 그러나 실상, 이온, 만약에 그대가 호메로스를 기술과 지식으로써 칭찬할 수 있다고 말하는 것이 진실이라면, 그대는 잘못하고 있는 것이오. 호메로스와 관련해서 많은 아름다운 것들을 알고 있다고 하며 그걸 보여 줄 것이라고 내게 약속한 사람이라면, 그는 나를 속이고 있으며 그걸 보여 주는 것과는 한참 거리가 머오. 그대는 그대가 정통한 것들, 이것들이 무엇들인지도 어쨌든 말하려 하지 않소. 내가 진작부터 간청하고 있는데도 말이오. 마치 영락없는 프로테우스[50]처럼 요리조리 바

불린 클라조메나이 사람 헤라클레이데스가 2오볼로스로 올렸다(393년)"는 언급이 나온다. 아마도 그는 페르시아 왕의 사신으로 423년에 아테네에 왔던 것 같고, 나중에 아테네에 와서 명예영사로서 활동하며 정착하였다가, 400년경에는 시민 자격을 얻게 되고, 민주파의 열렬한 지지자였던 것 같다. 클라조메나이는 이오니아의 에페소스 북쪽에 있었던 나라로, 철학자 Anaxagoras가 여기 출신으로, 그 역시 아테네에 정착했으며 페리클레스와 가까운 사이였다.

50) Prōteus는 바다의 주신(主神)인 포세이돈(Poseidōn)의 종신(從神)으로서, 자기가 원하는 대로 얼마든지 제 모습을 바꿀 수 있는 능력을 갖고 있다. 그는 또한 예언의 능력을 갖고 있어서, 그의 예언의 도움을 받고자 하는 자들한테서 시달림을 받는 것을 피하기 위해 자신의 이 변환자재(變幻自在)의 능력을 이용했다. 그러나 《오디세이아》 4. 382~570을 보면, 트로이아 전쟁에 참전한 뒤 귀향 중이던 스파르타의 왕 메넬라오스(Menelaos)가 이집트 인근의 파로스(Pharos)섬에서 역풍을 만나 20일 동안이나 묶여 있다가, 연방 변신하는 이 신(같은 책, 같은 곳, 456~458)을 교묘한 방법으로 붙잡아서는 무사한 귀향(歸鄕)의 방도를 알아내는 장면이 나온다. 《국가(정체)》 편 381d 및 《에우티프론》 편 15d에서도 그

541e

꿔가며 온갖 모습으로 변신하다가, 마침내 장군의 모습을 하고서 나를 피해 버렸소. 호메로스의 지혜에 있어서 그대가 얼마나 정통한지 542a
를 보여 주지 않기 위해서였소. 그러므로 만약에 그대가 전문가라면, 내가 방금 말했듯, 호메로스와 관련해서 보여 줄 것이라고 약속함으로써 나를 속였는데, 그대는 잘못하고 있소. 그러나 만약에 그대가 전문가가 아니라, 내가 그대에 대해 말했듯, 호메로스에서 비롯된 신적인 시혜로 해서 영감에 사로잡혀서, 이 시인과 관련해서는 아무것도 모르면서, 많은 아름다운 것들을 말한다면, 그대가 잘못하는 건 아무것도 없소. 그러니 선택하시오. 그대가 우리에게서 잘못하는 사람 또는 신적인 사람 중에 어느 쪽으로 간주되기를 바라오?

이온: 그건 많이 다릅니다, 소크라테스 님! 실은 신적인 쪽으로 간 b
주되는 것이 훨씬 더 좋습니다.

소크라테스: 그러면 이온, 이 더 좋은 쪽, 곧 호메로스에 대한 전문가적인 찬양자가 아닌 신적인[51] 찬양자인 쪽이 우리가 그대에게 귀속시키는 것이오.

와 관련된 언급이 보인다.

51) 곧 '영감에 사로잡힌' 또는 '신들린'의 뜻으로 하는 말이다.

관련 사진

◀ 민회(ekklēsia)가 열렸던 곳인 프닉스(Pnyx)의 연단.
아고라 남서 방향으로 400미터 거리에 있음

◀ 민회(ekklēsia)가 열렸던 프닉스(Pnyx).
높은 쪽에 연단과 석벽이 보인다.
왼쪽으로 400미터쯤의 건너편에 파르테논 신전이 보인다.

참고 문헌

1. 1. 《고르기아스》, 《메넥세노스》, 《이온》의 원전·주석서·역주서

Burnet, J., *Platonis Opera*, III, Oxford: Clarendon Press, 1903.

Bury, R. G., *Plato, IX, Timaeus, Critias, Cleitophon, Menexenus, Epistles*, Loeb Classical Library, Cambridge, Mass.: Harvard University Press, London: W. Heinemann, 1929.

Canto, M., *Platon: Gorgias*, Paris, Flammarion, 1993.

Canto, M., *Platon: Ion*, Paris, Flammarion, 2001.

Croiset, A., *Platon: Œuvres Complètes*, Tom. III-2, *Gorgias-Ménon*, Paris: Les Belles Lettres, 1923.

Dalfen, J., *Platon: Gorgias, Platon, Werke*, V. VI 3, Göttingen: Vandenhoeck & Ruprecht, 2004.

Dodds, E. R., *Plato: Gorgias*, Oxford: Clarendon Press, 1959.

Fowler, H. N. and Lamb, W. R. M., *Plato, VIII, Statesman·Philebus·Ion*, Loeb Classical Library, Cambridge, Mass.: Harvard University Press, London: W. Heinemann, 1925.

Irwin, T., *Plato: Gorgias*, Oxford: Clarendon Press, 1979.

Jackson, R., Lycos, K. & Tarrant, H. (trs, eds.), *Olympiodorus: Commentary on Plato's Gorgias*, Leiden; Boston; Köln: Brill, 1998.

Lamb, W. R. M., *Plato, III, Lysis, Symposium, Gorgias*, Loeb Classical Library, Cambridge, Mass.: Harvard University Press, London: W. Heinemann, 1925.

Loayza. D., *Platon: Ménexène*, Paris, Flammarion, 2006.

Macgregor, J. M., *Plato: Ion*, Cambridge: the University Press, 1912.

Méridier, L., *Platon: Œuvres Complètes*, Tom. V-1, *Ion-Ménexène*, Paris: Les Belles Lettres, 1931.

Thompson, W. H., *Gorgias of Plato*, London: Whittaker & Co., 1871.

2. 《고르기아스》, 《메넥세노스》, 《이온》의 번역서

Allen, R. E., *The Dialogues of Plato*, Vol. I: *Euthyphro · Apology · Crito · Meno · Gorgias · Menexenus*, Yale University Press, 1984.

Cope, E. M., *Plato's Gorgias*, Cambridge: Deighton, Bell, and Co. & London: Bell and Daldy, 1864.

Hamilton, W., *Plato: Gorgias*, Penguin Books, 1960.

Robin, L. & Moreau, M. J., *Platon, Œuvres Complètes*, I, Éditions Gallimard, 1950.

Schleiermacher, F. / Hofmann, H. / Kurz, D., *Platon Werke*, I, II, Darmstadt: Wissenschaftliche Buchgesellschaft, 1977, 1973.

Woodruff, P., *Plato: Two Comic Dialogues: Ion and Hippias Major*,

Indianapolis: Hackett Publishing Company, 1983.

Zeyl, D. J., *Plato: Gorgias*, Indianapolis: Hackett Publishing Company, 1986.

3. 기타 참고 문헌

Aischines, *Orationes: In Ctesiphontem*, TLG.

Autenrieth, G., *Homeric Dictionary*, (tr. R. Keep), Exeter: Duckworth, 1984.

Benardete, S., *The Rhetoric of Morality and Philosophy*: Plato's *Gorgias* and *Phaedrus*, The University of Chicago Press, 1991.

Brandwood, L., *A Word Index to Plato*, Leeds: W. S. Maney and Son Ltd., 1976.

Brownson, C. L., *Xenophon: Hellenica*, I, Loeb Classical Library, Cambridge, Mass.: Harvard University Press, London: W. Heinemann, 1918.

Burnet, J., *Platonis Opera*, II, IV, V, Oxford: Clarendon Press, 1901, 1902, 1907.

Bywater, L., *Aristotelis De Arte Poetica*, 2nd ed., Oxford: Clarendon Press, 1911.

Bywater, L., *Aristotelis Ethica Nicomachea*, Oxford: Clarendon Press, 1894.

Campbell, D. A., *Greek Lyric*, V, Loeb Classical Library, Cambridge, Mass.: Harvard University Press, London: W. Heinemann, 1993.

Crombie, I. M., *An Examination of Plato's Doctrines*, I, London/New York:

Routledge & Kegan Paul, 1962.

Denniston, J. D. and Page, D., *Aeschylus: Agamemnon*, Oxford: Clarendon Press, 1957.

Denniston, J. D., *The Greek Particles*, Oxford: Clarendon Press, 1966.

Diels/Kranz, *Die Fragmente der Vorsokratiker*, I, II, Bonn: Weidmann, 1954.

Dover, K. J., *Greek Popular Morality* in the time of Plato and Aristotle, Univ. of California Press, 1974.

Duke, Hicken, Nicoll, Robinson et Strachan(edd.), *Platonis Opera*, I, Oxford: Clarendon Press, 1995.

Erler, M. & Brisson, L.(edd), *Gorgias-Menon*, Sankt Augustin: Academia Verlag, 2007.

Eupolis, *Fragmenta*, TLG.

Evelyn-White, *Hesiod and The Homeric Hymns and Homerica*, Loeb Classical Library, Cambridge, Mass.: Harvard University Press, London: W. Heinemann, 1914.

Friedländer, P., *Plato*, 2, (tr. Meyerhoff), New York: Pantheon Books, 1964.

Godley, A. D., *Herodotus*, I, III, Loeb Classical Library, Cambridge, Mass.: Harvard University Press, London: W. Heinemann, 1926, 1922.

Grant, M. and Kitzinger, R.(edd.), *Civilization of the Ancient Mediterranean: Greece and Rome*, I, New York: Charles Scribner's Sons, 1988.

Gulick, C. B., *Athenaeus*, III: *The Deipnosophists*, VI-VII, Loeb Classical Library, Cambridge, Mass.: Harvard University Press, London: W. Heinemann, 1929.

Guthrie, W. K. C., *A History of Greek Philosophy*, Vol. 4, Cambridge University Press, 1975.

Henderson, J., *Aristophanes*, I, II, Loeb Classical Library, Cambridge, Mass.: Harvard University Press, London: W. Heinemann, 1998.

Hicks, R. D., *Diogenes Laertius*, I, II, Loeb Classical Library, Cambridge, Mass.: Harvard University Press, London: W. Heinemann, 1925.

Hornblower, S. and Spawforth, A. (edd.), *The Oxford Classical Dictionary* (3rd ed.), Oxford University Press, 1999.

How, W. W. & Wells, J., *A Commentary on Herodotus*, Vol. 1, 2, Oxford: Clarendon Press, 1928.

Howatson, M. C. (ed.), *The Oxford Companion to Classical Literature*, Oxford University Press, 1990.

Kahn, C. H., *Plato and the Socratic Dialogue*, Cambridge University Press, 1996.

Kerényi, C., *Eleusis*, Princeton University Press, 1991.

Kraut, R.(ed.), *The Cambridge Companion to Plato*, Cambridge University Press, 1992.

Liddell, Scott and Jones, *Greek-English Lexicon: Revised Supplement*, Oxford: Clarendon Press, 1996.

Liddell, Scott and Jones, *Greek-English Lexicon*: With a Supplement, Oxford: Clarendon Press, 1968.

Macdowell, D. M., *Aristophanes: Wasps*, Oxford: Clarendon Press, 1971.

Marchant, E. C. & Todd, O. H., *Xenophon, Memorabilia and Oeconomicus; Symposium and Apology*, Loeb Classical Library, Cambridge, Mass.: Harvard University Press, London: W. Heinemann, 1923.

Oman, C. W. C., *A History of Greece*, London: Longmans, 1968.

Rackham, H., Aristotle, XX, *The Athenian Constiution and The Eudemian Ethics*, Loeb Classical Library, Cambridge, Mass.: Harvard University Press, London: W. Heinemann, 1952.

Riginos, A. S., *Platonica*, Leiden: E. J. Brill, 1976.

Rogers, B. B., *Aristophanes*, II, III, Loeb Classical Library, Cambridge, Mass.: Harvard University Press, London: W. Heinemann, 1924.

Ross, W. D., *Aristotelis Ars Rhetorica*, Oxford: Clarendon Press, 1959.

Ross, W. D., *Aristotelis Politica*, Oxford: Clarendon Press, 1957.

Sandys, J. E., *The Odes of Pindar*, Loeb Classical Library, Cambridge, Mass.: Harvard University Press, London: W. Heinemann, 1937.

Schenkl, H., *Themistii Orationes quae supersunt*, Leipzig: BSB B.G. Teubner Verlagsgesellschaft, 1971.

Sealey, R., *A History of the Greek City States*, Berkeley·Los Angeles·London: University of California Press, 1976.

Shorey, P., *What Plato Said*, The University Chicargo Press, 1933(reprint 1978)

Slings, S. R., *Platonis Respublica*, Oxford: Clarendon Press, 2003.

Smith, C. F., *Thucydides*, I(1928), II(1930), III(1921), IV(1923), Loeb Classical Library, Cambridge, Mass.: Harvard University Press, London: W. Heinemann.

Stanford, W. B., *The Odyssey of Homer*, Books I–XII, London: St Martin's Press, 1965.

Stanford, W. B., *The Odyssey of Homer*, Books XIII–XXIV, London: St Martin's Press, 1965.

Taylor, A. E., *A Commentary on Plato's Timaeus*, Oxford: Clarendon Press, 1928.

Thompson, H. A. & Wycherley, *The Agora of Athens*, Princeton: The American School of Classical Studies at Athens, 1972.

Way, A. S., *Euripides*, III, IV, Loeb Classical Library, Cambridge, Mass.: Harvard University Press, London: W. Heinemann, 1912.

Wilamowitz-Moellendorff, U. von, *Platon: Sein Leben und seine Werke*, Berlin: Weidmann, 1959.

Willcock, M. M., *The Iliad of Homer*, Books I-XII, London: St Martin's Press, 1978.

Willcock, M. M., *The Iliad of Homer*, Books XIII-XXIV, London: St Martin's Press, 1984.

Ziegler, K. & Sontheimer, W., *Der Kleine Pauly*, 1-5, München: Deutscher Taschenbuch Verlag, 1979.

《大學》

박종현 지음, 《헬라스 사상의 심층》, 서광사, 2001.

박종현 지음, 《적도(適度) 또는 중용의 사상》, 아카넷, 2014.

박종현 편저, 《플라톤》(개정 · 증보판), 서울대학교 출판부, 2006.(절판)

박종현·김영균 공동 역주, 《플라톤의 티마이오스》, 서광사, 2000.

박종현 역주, 《플라톤의 네 대화편: 에우티프론, 소크라테스의 변론, 크리톤, 파이돈》, 서광사, 2003.

박종현 역주, 《플라톤의 필레보스》, 서광사, 2004.

박종현 역주, 《플라톤의 국가(政體)》(개정 증보판), 서광사, 2005.

박종현 역주, 《플라톤의 법률》: 부록 《미노스》, 《에피노미스》, 서광사, 2009.
박종현 역주, 《플라톤의 프로타고라스/라케스/메논》, 서광사, 2010.
박종현 역주, 《플라톤의 향연/파이드로스/리시스》, 서광사, 2016.

고유 명사 색인

※ 스테파누스 쪽 수 앞의 * 표시는 그곳에 해당 항목과 관련된 주석이 있음을 뜻한다.

[ㅈ]

[ㅋ]

[ㅌ]

[ㅍ]

[ㅎ]

내용 색인

[ㄱ]

※ 스테파누스 쪽 수 앞의 * 표시는 그곳에 해당 항목과 관련된 주석이 있음을 뜻한다.

[ㄴ]

[ㄷ]

[ㅅ]

[ㅈ]

[ㅊ]

[ㅋ]